Hans-Jürgen Fründt

Sylt-Handbuch

525sylsm

Rüm Hart, klaar Kiming

Großes Herz, klarer Horizont

Sylt-friesischer Stolz

Impressum

Hans-Jürgen Fründt
REISE KNOW-HOW Sylt-Handbuch

erschienen im
REISE KNOW-HOW Verlag Peter Rump GmbH
Osnabrücker Str. 79, 33649 Bielefeld

© REISE KNOW-HOW Verlag Peter Rump GmbH 1999, 2002,
2004, 2006, 2008, 2009, 2011, 2012, 2016
10., neu bearbeitete und aktualisierte Auflage 2020
Alle Rechte vorbehalten.

ISBN 978-3-8317-3406-1

Gestaltung und Bearbeitung
Umschlag: Günther Pawlak, Peter Rump (Layout),
    JB Bild|Text|Satz (Realisierung)
Inhalt: Günther Pawlak (Layout),
    JB Bild|Text|Satz (Realisierung)
Fotonachweis: der Autor (hf), Susanne Muxfeldt (sm),
    Andrea Hesse (ah), https://stock.adobe.com
    (Autorennachweis jeweils direkt am Bild)
Kartografie: Thomas Buri
Faltplan: Ingenieurbüro B. Spachmüller
Lektorat (Aktualisierung): Andrea Hesse

Druck und Bindung:
mediaprint solutions GmbH, Paderborn

Printed
in
Germany

Bibliografische Information
der Deutschen Nationalbibliothek
Die Deutsche Nationalbibliothek verzeichnet diese
Publikation in der Deutschen Nationalbibliografie;
detaillierte bibliografische Daten sind im Internet über
http://dnb.dnb.de abrufbar.

Anzeigenvertrieb
KV Kommunalverlag GmbH & Co. KG,
Alte Landstraße 23, 85521 Ottobrunn,
Tel. 089-928096-0, info@kommunal-verlag.de

Reise Know-How Bücher finden Sie in allen gut sortierten
Buchhandlungen. Falls nicht, kann Ihre Buchhandlung
unsere Bücher hier bestellen:
D: Prolit, prolit.de und alle Barsortimente
CH: AVA Verlagsauslieferung AG, ava.ch
A, Südtirol: Mohr Morawa Buchvertrieb, mohrmorawa.at
B, LUX, NL: Willems Adventure, willemsadventure.nl
oder direkt über den Verlag: **www.reise-know-how.de**

Bildlegende Umschlag und Vorspann
Titelbild: Möwe an einem Sylter Strand
    (https://stock.adobe.com©Calado)
Vordere Umschlagklappe: Bohlenweg bei List (sm)
S. 1: Strandkorb vor dem Hörnumer Leuchtturm (sm)
S. 2/3: Sylter Strandleben (hf)
Umschlag hinten: der Leuchtturm List-Ost (sm)
Hintere Umschlagklappe: Reetdachhaus in Westerland (sm)

652syhf

Wir freuen uns über Kritik, Kommentare
und Verbesserungsvorschläge, gern auch
per E-Mail an info@reise-know-how.de.

Alle Informationen in diesem Buch sind
vom Autor mit größter Sorgfalt gesammelt
und vom Lektorat des Verlages gewissenhaft
bearbeitet und überprüft worden.

Da inhaltliche und sachliche Fehler nicht
ausgeschlossen werden können, erklärt der
Verlag, dass alle Angaben im Sinne der
Produkthaftung ohne Garantie erfolgen
und dass Verlag wie Autor keinerlei
Verantwortung und Haftung für inhaltliche
und sachliche Fehler übernehmen.

Die Nennung von Firmen und ihren Produkten und ihre Reihenfolge sind als Beispiel
ohne Wertung gegenüber anderen anzusehen. Qualitäts- und Quantitätsangaben sind
rein subjektive Einschätzungen des Autors
und dienen keinesfalls der Bewerbung von
Firmen oder Produkten.

Hans-Jürgen Fründt

SYLT-HANDBUCH

Vorwort

Wind. Überall Wind! Nichts spüren eben eintreffende Besucher deutlicher. Kaum den Hindenburgdamm hinter sich, wird man von einer frischen Brise empfangen – oder einem kühlen Lüftchen – oder einem steifen Nordwest, je nachdem. Der Wind belebt die Gemüter, pustet Abgase und schlechte Laune weg, befreit vom Alltagsstress. Auf die Frage, warum gerade Sylt als Urlaubsziel gewählt wurde, kommt als häufigste Ant-

wort: „Die Luft, das Klima". Mal so richtig durchatmen und mit Muße den Wolken auf ihren Bahnen zuschauen.

Sylt, das ist das Zusammenspiel von Wellen und Strand, Natur und Klima. Sylt, das bedeutet endlose Strandspaziergänge und Herumlümmeln im Strandkorb. Sylt heißt aber auch Scampi und Fischbrötchen, Radtouren und Promis gucken. Und immer das Wetter genießen. Meist ist es besser als auf dem Festland, aber nicht so beständig. Wolken und Sonnenschein wechseln ruck, zuck. Wer am Strand liegt, muss sich drauf einstellen, erfahrene Sylt-Urlauber ken-

nen das Spiel: Sonne da – Plünnen runter, Sonne weg – Plünnen anziehen.

Doch die Insel begeistert nicht nur im Sommer. Auch im Herbst und zur Jahreswende zieht es viele Fans hoch nach Sylt. Die Elemente locken dann erst recht! Die anrollende Nordsee, das Tosen der Wellen, der sich im Wind wiegende Strandhafer und natürlich die eindrucksvolle Dünenlandschaft.

Neben den Naturschönheiten bietet Sylt ein buntes Panoptikum von schrillen Lokalen, urigen Friesenhäusern, stillen Dörfern und Westerländer Beton, wo jeder seinen Traumplatz finden kann.

Ich wünsche Ihnen, dass auch Sie sich von der Sylter Luft gefangen nehmen lassen, die, wie jemand mal formulierte, prickelnd wie Champagner sein kann.

Hans-Jürgen Fründt

☑ Am Strand von Kampen

sy20169 hf

Inhalt

1 Westerland   24

Quirliges Inselzentrum   26

2 Der Süden der Insel   60

Natur pur   62

3 Die Ostdörfer   90

Friesisches Brauchtum   94

4 Der Norden der Insel   136

Vielfalt und viel Strand   138

5 Acht Wander- und Radtouren auf Sylt   192

Karten

Übersichtskarten

Thematische Karte

Orts- und Stadtpläne

Exkurse

Westerland

Der Süden der Insel

Die Ostdörfer

Der Norden der Insel

Ausflüge von Sylt aus

Praktische Reisetipps von A bis Z

Die Natur

Die Nordfriesen

Acht Wander- und Radtouren

☑ Einer der beiden Leuchttürme von List

sy25171 sm

Nicht verpassen!
Die Highlights der Region erkennt man an der **gelben Hinterlegung**

MEIN TIPP: ...
... steht für spezielle Empfehlungen des Autors, abseits der Hauptpfade.

🦋 **Der Schmetterling** ...
... kennzeichnet Tipps mit einer ökologischen Ausrichtung.

🧒 **Der Kinder-Tipp** ...
... kennzeichnet Sehenswürdigkeiten und Attraktionen, an denen auch kleine Sylt-Urlauber ihren Spaß haben.

Ziffern in Kartenlegenden
4 Die Ziffern in den farbigen Kästchen bei den **Praktischen Tipps** der Ortskapitel verweisen auf den Legendeneintrag im Stadtplan.

Preiskategorien Hotels, Pensionen, Privatzimmer (DZ in der HS)
① bis 50 Euro
② 50–75 Euro
③ 75–100 Furo
④ 100–125 Euro
⑤ über 125 Euro

Preiskategorien Ferienwohnungen, Ferienhäuser (HS)
① bis 50 Euro
② 50–75 Euro
③ 75–100 Euro
④ 100–125 Euro
⑤ über 125 Euro

Updates nach Redaktionsschluss
Auf der Produktseite dieses Reiseführers in unserem **Internetshop** finden Sie zusätzliche Informationen und wichtige Änderungen.

Sylt auf einen Blick

Lage und Merkmale

„Oben links", ganz **im Norden Schleswig-Holsteins,** liegt das zu den **Nordfriesischen Inseln** gehörende Sylt. Es ragt schon ein wenig hinein nach Dänemark, so könnte man meinen, jedenfalls nach dem Grenzverlauf auf dem Festland zu urteilen. Aber das täuscht, tatsächlich verläuft die Grenze knapp nördlich der Inselspitze. Obwohl das schon mal anders war – viele Jahre gehörte Sylt tatsächlich zu Dänemark.

Sylt hat eine **einzigartige Form** (auf unzähligen Autoaufklebern zu bewundern), es ist knapp **40 Kilometer lang** und **sehr schmal** – an der schlanksten Stelle bei Rantum misst die Insel gerade einmal **500 Meter.** Allerdings ist dies eine Ausnahme, die bauchige Mitte und selbst der schlanke Norden sind schon deutlich breiter.

Sylt ist durch einen **Eisenbahndamm mit dem Festland verbunden,** eine direkte Straßenanbindung gibt es nicht. Urlauber müssen also per Zug anreisen. Alternativ bietet sich noch das Flugzeug an oder die Autofähre vom benachbarten Dänemark.

Landschaftlich prägen weite **Dünentäler** und große **Heideflächen** die Insel, im Osten tiefes **Marschland.** Besonders prägend für die Insel ist aber der **breite Sandstrand,** der entlang der gesamten Westküste verläuft. Die Ostseite hat keinen nennenswerten Strand, sie wird vom **Wattenmeer** geprägt.

Charakteristik der Ferienorte

Westerland ist der Hauptort und quirliger Mittelpunkt der Insel, er liegt sehr **zentral am Weststrand.** Hier findet man alles, und davon viel: Hotels, Geschäfte, Kneipen, Restaurants, Supermärkte und Menschen. Auch Kirchen übrigens. Westerland hat sicher auch einige idyllische Ecken, aber speziell das Kurzentrum vor dem Strand zählt nicht dazu, hier wurde vor Jahrzehnten viel Beton verbaut.

Im **Inselnorden** liegen drei Orte: **Wenningstedt** (Familienbad), **Kampen** (Treff der Reichen und Schönen) und **List** (früher vom Militär geprägt, heute mit einem großzügigen Gastronomie- und Shoppingangebot am Hafen sowie mehreren guten Hotels).

Der **Inselsüden** besteht aus zwei kleineren Orten, die sich zuletzt doch entscheidend entwickelten: **Rantum** und **Hörnum** mit seinem kleinen Hafen.

Im **Osten** der Insel liegen die sogenannten Ostdörfer, die zumindest teilweise noch ländlich geprägt sind **(Archsum, Morsum),** sowie das schöne Inseldorf **Keitum** mit seinen jahrhundertealten Kapitänshäusern. **Tinnum** wirkt dagegen eher wie ein Vorort. Das kleine **Munkmarsch** spielte von gut 100 Jahren eine wichtige Rolle in der touristischen Geschichte, heute ist es ein Kleinst-Ort am Rande von Keitum. Allen Ostdörfern fehlt ein „richtiger" Strand.

> Warten auf die Urlauber

Anreise

Mit eigenem Fahrzeug und Autozug

Ab **Hamburg** verläuft die **Autobahn 23 bis Heide,** und von dort führt die **Bundesstraße 5** bis hoch zur dänischen Grenze, aber in einem gewissen Abstand zur Nordseeküste, also nicht durch die Ferienorte. Die Anreise mit dem eigenen Fahrzeug ist gut durchführbar und natürlich auch bequem. Auf die Insel geht es dann mit einem **Autozug ab Niebüll,** der Sylt in ca. 30–40 Minuten Fahrt erreicht. Personen bleiben im Auto sitzen, während der Zug über den Hindenburgdamm rollt, und fahren in Westerland wieder hinunter.

Auf der **Insel** selbst herrschen **keine Einschränkungen für Autofahrer,** wie etwa auf den Ostfriesischen Inseln. In der Hochsaison wird es allerdings **voll auf den wenigen Straßen,** und Park-

plätze sind durchaus mal knapp. Und noch ein Aspekt: An Brückentagen und im Sommer zum Bettenwechsel am Samstag **staut sich der Verkehr** an der Verladestation Westerland zum Autozug teilweise kilometerweit zurück, sodass man schon mal **mehrere Stunden warten** muss, denn nur bei einer Gesellschaft der beiden Autozug-Anbieter kann man reservieren. Wer dem entgehen will, nutzt die **Autofähre ab List** zur **Nachbarinsel Rømø,** von wo man über einen **Autodamm** das dänische Festland erreicht.

Mit der Bahn

Per Bahn ist die Nordseeküste generell gut zu erreichen: Die „Marschbahn" fährt von Hamburg entlang der Westküste hoch bis Sylt und passiert etliche Orte nahe der Nordseeküste. Im Sommer sind einige Züge allerdings auch sehr voll, speziell an den Wochenenden.

sy20021 sm

sy20022 hf

Dann kommen zu den Urlaubern und den täglichen Pendlern noch viele Menschen aus Hamburg und Schleswig-Holstein, die sich einen schönen Tag auf Sylt gönnen wollen.

Mit dem Flugzeug
Das Flugangebot wurde in den letzten Jahren beständig erweitert. So gibt es Verbindungen von den großen Städten wie Berlin, München, Düsseldorf, Zürich, aber auch von kleineren wie Kassel.

⌂ Zelten in den Dünen
auf dem Campingplatz Westerland

⊳ Mit Gegenwind ist zu rechnen:
Radler am Nössedeich

Unterkünfte

Es gibt mehrere Zehntausend Betten auf Sylt, überwiegend sind es **Ferienwohnungen** in allen denkbaren Ausführungen von ganz schlicht bis top-luxuriös. Jeder Ort gibt ein umfangreiches **Unterkunftsverzeichnis** heraus. Obendrein hat auch jeder Ort wenigstens eine spezialisierte **Vermietungsagentur** mit großem Angebot.

Hotels sind in allen Orten zu finden, die meisten stehen in Westerland. Es gibt seit Jahren einen Trend zu **luxuriösen Häusern,** die gute Mittelklasse ist nicht so häufig vertreten. Eher findet man noch kleinere, inhabergeführte Häuser mit teils überraschend langer Tradition.

Sieben **Campingplätze** verteilen sich über die Insel, bis auf Tinnum und Morsum liegen sie alle an der Westseite, nicht weit entfernt vom Meer.

Drei **Jugendherbergen** existieren, sie liegen in Hörnum, List und Westerland.

Familien mit Kindern

Viele Familien mit kleinen Kindern urlauben in **Wenningstedt** oder in **Westerland.** Dort gibt es ein sehr breites Angebot für die lieben Kleinen, und der Weg zur großen Sandkiste am Strand ist eh nie weit. Aber auch in den anderen Orten am Weststrand wird eine Menge für Kids angeboten. Den Ostdörfern fehlt der Sandstrand.

In den Ortskapiteln sind Tipps für kleine Urlauber mit einem speziellen **Symbol** gekennzeichnet (siehe „Hinweise zur Benutzung" auf Seite 9).

Unterwegs auf Sylt

Mit dem Auto erreicht man jeden Ort, das **Straßennetz** ist nicht engmaschig, aber recht gut ausgebaut. In den Süden und Norden Sylts führt nur jeweils eine Straße, im Osten sind es einige mehr. Eng wird es manchmal mit den **Parkplätzen,** die meist einen Obolus kosten (frei parkt man z.B. in List am Hafen).

Man kann die Insel auch per **Linienbus** gut erkunden. Ausgehend von Westerland fahren Busse in alle Orte, auf den Hauptstrecken nach Hörnum im Süden und List im Norden sogar alle 20 Minuten (im Sommer, sonst etwas seltener).

Sylt **per Fahrrad** zu erfahren ist sicher eine gute Idee. Es gibt viele Radwege, und nach Hörnum und vor allem nach List sogar einen, der getrennt von der Autostraße mitten durch die Dünen verläuft. Man darf nur nicht den **Wind** un-

terschätzen. Aber dafür gibt es die Möglichkeit, sein Rad auch per Bus zu transportieren, oder man leiht sich gleich ein E-Bike aus; alle Fahrradverleiher haben diese Räder im Angebot.

Ausflüge auf die Nachbarinseln und aufs Festland

Zu den benachbarten Inseln **Föhr, Amrum, Helgoland** und zu einigen **Halligen** fahren regelmäßig **Ausflugsschiffe ab Hörnum,** überwiegend von der Flotte der Adler-Reederei. Flyer liegen überall aus, ansonsten kann man sich auch im Hauptbüro in der Boysenstraße 13 in Westerland erkunden.

Von **List** pendelt die reguläre **Autofähre** zur **dänischen Insel Rømø.** Dieses kleine Eiland lohnt schon einen eigenen Besuch, aber von hier kann man mit dem eigenen Fahrzeug noch einige sehr interessante Orte auf dem dänischen Festland besuchen, wie beispielsweise **Ribe, Løgumkloster** oder **Tønder.**

Auch auf dem **Festland in Schleswig-Holstein** gibt es lohnende Ziele, etwa das dem Maler **Emil Nolde** gewidmete **Museum** oder die Stadt **Husum,** in der *Theodor Storm* lebte und seine bekannten Bücher schrieb (beispielsweise den „Schimmelreiter").

Kultur, Feste und Sportevents

Fast ganzjährig wird auf der Insel ein **breites Programm** geboten. Es gibt viele Lesungen, Konzerte (auch in Kirchen, so z.B. regelmäßig in Keitum), und vor allem in der Sommersaison finden ständig kulturelle Veranstaltungen statt. Schon seit vielen Jahren bietet hier das „Meerkabarett" in Rantum über viele Wochen ein hochwertiges kulturelles Programm, auch in Kampen kommen viele bekannte Namen zu den Lesetagen, und in den Veranstaltungssälen in Wenningstedt und Keitum treten ebenfalls häufig Künstler auf. In Westerland ist ständig etwas los, von den Harley-Days bis zum Weinfest. Weiterhin wird auch großer Sport geboten, teilweise auf Weltklasse-Niveau (Polo, Windsurfen, Kiten, Beachvolleyball, Segeln), aber auch im Kleinen (Strandgymnastik, Ringreiten). Obendrein feiert jeder Ort irgendwann sein Hafen-, Dorf-, Erntedank-, Schützen-, Sommer- oder sonstiges Fest. Dazu kommen die zahlreichen Weihnachts- oder Ostermärkte, die Krokusblüte in Husum oder die zahlreichen Konzerte des Schleswig-Holstein Musik Festivals, die auch auf den Inseln stattfinden. Es lohnt sich also wirklich, die örtlichen Veranstaltungskalender aufmerksam zu studieren.

sy20025 sm

◁ Wer wird Herr der Ringe? Beim Ringreiten

Wann reisen?

Im **Sommer** wird es sehr **voll,** ebenso zu **Ostern** und mittlerweile auch zum **Jahreswechsel.** Ansonsten verteilt es sich. Vor allem **Mai** und **Juni** sind **sehr schöne Reisemonate,** auch der **September** ist meist sehr angenehm. Und wie steht es mit der Nordsee im **Winter?** Eine tolle Idee, aber … Man ist schon wirklich sehr alleine in den Orten. Viele Restaurants, Geschäfte und sogar Hotels sind geschlossen. Die Tage sind kurz, man muss etwas mit sich selbst anzufangen wissen, ein großes Programm für die wenigen Gäste gibt es nicht. Außerdem ist es kalt. Durch die Feuchtigkeit vom Meer und den Wind fühlen sich die sowieso schon niedrigen Temperaturen noch ein paar Grad kälter an. Andererseits bläst genau dieser kalte Wind alle trüben Gedanken fort. Man kommt gut durchblutet nach einem Spaziergang zurück, und das ist genau der richtige Moment für ein typisches norddeutsches Heißgetränk wie Pharisäer, Rumgrog oder Tote Tante. Also, bei einer Reise an die Nordseeküste im Winter kann man Kälte versprechen, Wind sowieso, Schnee nicht, Regen ist nicht unwahrscheinlich. Heißt: Der Koffer ist größer und voller gepackt als im Sommer.

⌃ Der Strand bei Rantum, ein bisschen wie von Emil Nolde gemalt

Ellenbogen

Ellenbogen

Königshafen

Uthörn

Mövenberg

NORDSEE

List

★ *Erlebniszentrum Naturgewalten*

Listland

Mellhörn

Westerheide

Klappholttal

4

Die Insel im Überblick

Kampen

Uwe-Düne ★
Rotes Kliff ★

S Y L T

Wenningstedt   Braderup

Munkmarsch

Westerland

1

Sylt Aquarium ★

ℹ *St.-Severin*

Tinnum   ★ *Altfriesisches Haus*

Ⓜ *Sylt Museum*

Tierpark ★   Keitum ★ *Steinzeitliche Gräber*

★ *Eidumer Vogelkoje*

Morsum-Kliff ★

Rantum-becken

Archsum   Morsum

3

Rantum

🧭
500 m

NORDSEE

2

Hörnum

1 **Westerland | S. 24**

Mittig liegt die Inselmetropole Westerland. Alle, die nicht mit der Fähre von Dänemark anreisen, kommen hier an. Es gibt zahlreiche **Geschäfte** (S. 56), **Hotels** (S. 43), **Galerien** (S. 59) und sehr viele **Lokale** (S. 49). In allen Aspekten hat Westerland das größte und breitgefächertste Angebot der Insel. Wer ein flottes **Nachtleben** (S. 53) sucht, ist in Westerland richtig. Auch die Gay-Community findet hier Lokale. Sportive Gäste kommen am **Brandenburger Strand** (S. 42) auf ihre Kosten, und mit der **Friedrichstraße** (S. 34) lockt die wohl beliebteste Flaniermeile der Insel.

2 **Der Süden der Insel | S. 60**

4 **Der Norden der Insel | S. 136**

Rantum (S. 64) hat Kontakt zum Watt und zur offenen Nordsee. Früher mussten die Bewohner mehrfach vor den Wanderdünen flüchten. Den einstmals armen Ort zieren heute schmucke Reetdachhäuser in den Dünentälern und ebenso schöne Häuser an der Wattseite – nachdem dort ein Deich gezogen wurde und die Überflutungsgefahr damit gebannt ist. Ganz im Süden liegt **Hörnum** (S. 78), ein kleiner Ort, der lange etwas im touristischen Abseits lag. Heute gibt es auch hier erstklassige Hotels und einen Golfplatz. Die Dünenlandschaft ist zauberhaft, schrumpft allerdings nach jeder Sturmflut.

Wenn überhaupt ein Ort auf Sylt die „Reichen und Schönen" anzieht, dann ist es **Kampen** (S. 161). Diesen Ruf hat der Ort schon seit vielen Jahrzehnten, weshalb sich hier auch zahlreiche höherpreisige Geschäfte und Lokale befinden. Doch dies ist nur eine Facette von Sylt, und es gibt einige andere. Beispielsweise sieht es im nur drei Kilometer entfernten **Wenningstedt** (S. 142) völlig anders aus. Der Ort gilt als Familienbad. Hier stehen keine millionenteuren Reetdachvillen, sondern praktische Häuser mit Ferienwohnungen. Die Lokale sind geerdet, und am Strand wird kein Champagner geschlürft, sondern Bier. Nachbar auf der Wattseite ist das kleine Dorf **Braderup** (S. 155), zugleich ländlich und exklusiv, doch wenig touristisch. Ganz im Norden liegt **List** (S. 176), früher eine Militärsiedlung, heute ein gern angesteuerter Ort mit der größten Fischbude von Gosch und einer zauberhaften Dünenlandschaft.

3 **Die Ostdörfer | S. 90**

Bei den fünf Ostdörfern ist an erster Stelle **Keitum** (S. 100) zu nennen, das schönste Dorf der ganzen Insel. Einige Dutzend prächtige, 200 oder gar 300 Jahre alte Friesenhäuser und ein harmonisches Ortsbild zeichnen es aus. Die Natur beginnt gleich vor der Tür, genauso im östlichsten Dorf **Morsum** (S. 120). Dort erhebt sich das **Morsum-Kliff** (122), wo Jahrmillionen alte Gesteinsschichten zu bewundern sind, die sich zusammengepresst präsentieren wie in einem gewaltigen Freilichtmuseum. **Archsum** (S. 115) liegt dazwischen, ein kleines Dörflein mit wenigen Bauernhöfen und mittlerweile auch sehr schicken Reetdachhäusern. **Munkmarsch** (S. 95), ein Minidorf knapp außerhalb von Keitum an der Wattseite, war früher eines der Einfallstore für Sylt-Urlauber; heute geht es hier ziemlich ruhig zu. Schließlich ist da noch **Tinnum** (S. 129), das fast verschmolzen ist mit Westerland und durch die Bahnlinie geteilt wird.

Februar

Biikebrennen am 21.2. ist ein erster Saisonhöhepunkt. Bei dem urfriesischen Fest wird der Winter mit einem großen Feuer verabschiedet, und früher auch die Männer, die auf Walfang gingen. Heute gibt's zum Feuer friesische Ansprachen und hinterher Grünkohl satt. Ansonsten werden die Ferienwohnungen überholt und die neue Saison vorbereitet, viele Sylter sind selbst im Urlaub.

April

Die erste Reisewelle rollt zu Ostern an, es finden mehrere **Ostermärkte** statt.

Juni

Die **kurzen Nächte** um den 20. Juni sind ganz besonders zauberhaft, denn durch die nördliche Lage der Insel wird es kaum richtig dunkel. Viele kulturelle und sportliche **Veranstaltungen** finden statt, in Westerland löst ein Event das andere ab.

| JAN | FEB | MÄR | APR | MAI | JUN |

Januar

Noch bis zum 6. Januar (Heilige Drei Könige) herrscht kurzfristig Hochsaison, nachdem Tausende auf Sylt den Jahreswechsel feierten. Ein Highlight ist dabei das **Neujahrsbaden in Wenningstedt.** Nach dem 6.1. fällt die Insel in eine Art Winterschlaf.

März

Noch ist es ruhig auf der Insel, aber Ende des Monats findet der **Syltlauf** statt, ein Volkslauf über 33,333 km von Hörnum nach List, der viele Besucher nach Sylt lockt.

Mai

Die ersten **wassersportlichen Events** finden statt, und ab Pfingsten folgt nun im Zwei-Wochen-Rhythmus bis August in den Ostdörfern **Ringreit-Turniere.** Viele Besucher schätzen die milden Temperaturen und die schon spürbar langen Abende.

September

Der Sommeransturm ist überstanden, jetzt kommen viele Urlauber, die nicht an die Ferien gebunden sind. Ende des Monats großer **Windsurf-Cup** vor Westerland.

Juli

Hochsaison, mit Beginn der Sommerferien wird es sehr voll. Was auch bedeutet, dass man in etlichen Restaurants nur im Schichtsystem essen und einen Tisch reservieren kann. Zugleich gibt es auch in diesem Monat sehr viele **sportliche und kulturelle Veranstaltungen.**

Oktober

In den **Herbstferien** kommen noch einmal viele Familien nach Sylt. Es ist schon spürbar frisch, aber bei Sonnenschein kann es auch ein zauberhafter und wahrlich „goldener" Oktober sein.

JUL	AUG	SEP	OKT	NOV	DEZ

August

Zweiter Teil der **Hochsaison** mit langsam abflauender Tendenz in der zweiten Monatshälfte. Weiterhin viele **Festivitäten** in den Dörfern und **sportliche Events** vor allem in Westerland.

November

Eine der **ruhigsten Phasen** überhaupt, so mancher Sylter macht jetzt selbst Urlaub.

Dezember

Bis Weihnachten herrscht Ruhe, sogar etliche Geschäfte und Lokale haben bis dahin geschlossen. Am 25. Dezember sperren aber alle wieder auf, denn ab dem erstem Weihnachtstag kommen Tausende zu einem **Kurzbesuch** auf die Insel, um den Jahreswechsel hier zu verbringen. In dieser kurzen, **14-tägige Hochsaison** wird es sehr voll, und wieder kann man in vielen Restaurants nur im Schichtsystem essen.

FÜNF AUSSICHTSDÜNEN

sy20002 sm

Jensmettenberg bei List | 185

Diese Düne liegt genau am Ortsrand von List neben dem Friedhof. Ein Holzbohlenweg schlängelt sich von der Ausfallstraße zum Westrand durch die Dünen, und über eine Treppe wird eine Plattform mit Sitzbänken auf genau 33,90 Meter Höhe erreicht. Da kann man erstmal rasten. Und dann den Blick schweifen lassen, denn es bietet sich ein sagenhafter Ausblick über die Dünen zur einen Seite und zur anderen Seite über List, den Ellenbogen mit seinen beiden Leuchttürmen bis hinüber zur Nachbarinsel Rømø.

sy20001 sm

Ellenbogenberg bei List | 185

Diese Aussichtsdüne liegt beim Lister Weststrand unmittelbar neben dem Lokal Wonnemeyer Weststrandhalle. Es ist die einzige Aussichtsdüne, auf die man über einen recht steilen Weg auch per Rad hochfahren kann. Zu Fuß geht es aber auch auf 26,10 Meter Höhe. Von dort oben schaut man über die Lister Dünen, entlang der Nordseeküste und auf den Ellenbogen. Gleich unterhalb kann man sich dann im Bistro Wonnemeyer stärken.

sy20003sm

Uwe-Düne bei Kampen | 166

Die höchste natürliche Erhebung der Insel ist nicht nach *Uwe Seeler* benannt, sondern nach *Uwe Jens Lornsen,* dem Freiheitskämpfer aus Keitum. Es ist schon etwas mühsam, die 110 Stufen hochzusteigen. Aber oben auf 52,50 Metern hat man einen gigantischen Fernblick, klare Sicht vorausgesetzt. Dann erkennt man die Kirche von Keitum, die Hochhäuser von Westerland, das Wattenmeer und vielleicht auch den Fährhafen von List.

sy20004 sm

Himmelsleiter bei Westerland | 36

Dieser Aussichtspunkt liegt auf 26 Meter Höhe am Westerländer Strandübergang 49 und kann nur mit Kurkarte erklommen werden, was auch von der Strandseite möglich ist. Oben schaut man von einer Plattform über den Strand, über die Stadt Westerland bis zum Rantumbecken. Es gibt viele Details zu entdecken, Erklärungstafeln geben eine Orientierungshilfe. Übrigens: Hier oben kann es ziemlich windig sein!

sy20005 sm

Budersanddüne bei Hörnum | 85

Ganz im Inselsüden bei Hörnum hinter dem Hotel und Golfplatz gleichen Namens erhebt sich die Budersanddüne auf 28,80 Meter. Oben gibt es Sitzbänke und einen tadellosen Fernblick über den Golfplatz am Hotel vorbei bis zum Hörnumer Hafen und auch hinüber zu den Nachbarinseln Amrum (rechts) und Föhr (links). In die andere Richtung geschaut, erspäht man sogar das Festland mit den vielen Windrädern, jedenfalls bei klarer Sicht.

Fünf Orte der Stille

Morsum Odde | 125

Ja, auch Morsum hat einen Strand. Aber nur einen ganz kleinen, und der liegt „achter'n Diek" (hinterm Deich), ganz genau beim Strandübergang 99 hinterm Nössedeich. Dort rollt sich ein Streifen Sand aus, davor stehen vielleicht ein halbes Dutzend Strandkörbe sowie eine Tisch-Bank-Kombi. Keine Kneipe, keine Ablenkung, nur das Geschnatter der Vögel. Und der weite und hoffentlich gaaanz entspannte Blick aufs Watt.

sy20006 hf

Braderuper Heide | 156

Diese Zone ist einfach zu erreichen: per Auto oder Fahrrad über die Straße Üp di Hiir in Wenningstedt-Braderup bis zum Parkplatz fahren und dann zu Fuß weiter. Durch die schöne Heidefläche führen Bohlenwege (die man nicht verlassen darf!), und sehr rasch taucht man in diese urwüchsige Landschaft ein, man verschmilzt fast ein wenig mit der Natur. Weit wandert der Blick über die Heide und hinaus aufs Wattenmeer.

sy20007 hf

Weststrand bei List | 185

Viel los ist hier nicht, dafür liegt der Weststrand von List doch etwas zu sehr im Abseits. Also genau richtig für Einsamkeits-Sucher. Parkplätze gibt es vereinzelt, auch Bushaltestellen, und ganz Ausdauernde erwandern sich die Stille. Die Strände sind leer, denn hier gibt es kaum touristische Anlaufstellen. Keine Promenade, auf zig Kilometern keine Lokale, nur Natur. Ganz viel Natur.

sy20008 sm

Friedhof List | 183

„Dünenfriedhof" wird der Lister Friedhof auch genannt, und das trifft es sehr gut. Sehr idyllisch liegt diese parkähnlich angelegte und mit sehr viel Grün durchsetzte letzte Ruhestätte nämlich vor den mächtig aufragenden Sandbergen. Besucher spazieren sinnierend durch dieses unerwartete Kleinod, lassen sich einnehmen von einer sehr angenehmen Stimmung und Stille.

sy20009 sm

Wattseite zwischen Keitum und Munkmarsch | 110

Viele Besucher spazieren durch das schöne Keitum, aber nicht so viele gehen auch unterhalb des Dorfes an der Wattseite entlang. Ein einfacher Pfad führt in völliger Stille am Wattufer mit Schilfbewuchs hinüber nach Munkmarsch. Ideal, um ein paar Schritte in Ruhe zu gehen, den Vögeln bei ihrer Flugschau zuzusehen oder – mit etwas Glück – eine der wenigen Sitzbänke zu ergattern und sich hinaus aufs Watt zu träumen.

sy20010 sm

ZEHN BESONDERE STRANDLOKALE

sy20011 sm

Wonnemeyer Weststrandhalle bei List | 189
Ganz oben nahe der Inselspitze liegt diese urige Holzhütte mitten in den Dünen und fünf Kilometer außerhalb von List. In dem gemütlichen Holzbau gibt es „Feinheimisch-Küche", also Gerichte, die mit Produkten aus der Region zubereitet wurden. Bei kühlem Wetter drinnen, aber ansonsten gern auch auf der Terrasse, von wo man einen tadellosen Blick über die Lister Dünen genießt.

sy20012 sm

L.A. Sylt in List | 189
Weit weg vom Trubel am Lister Hafen liegt dieses kleine Beach-Bistro fast schon ein wenig versteckt direkt am Strand an der Wattenmeerseite von List. Ruhig ist es hier, und von der Terrasse schaut man entspannt dem Spiel von Ebbe und Flut zu, genießt die regionale Küche und lässt ansonsten den lieben Gott einen guten Mann sein, während die lieben Kleinen unten am Strand buddeln und vollauf beschäftigt sind.

sy20013 sm

Buhne 16 bei Kampen | 175
Eine Legende, die nördlich von Kampen am Strand liegt. Früher war die einfache Bude ein Tummelplatz der Reichen und Schönen am FKK-Strand, heute ist das Bistro ein Treff für jeden. Die Terrasse ist durch eine Düne vom Meerwind geschützt. Man hockt hier lässig und erfreut sich an einem gemütlichen Beachbar-Feeling im Barfußstil. Die Lage in den Dünen ist bestechend, aber 10 Minuten Fußmarsch vom großen Parkplatz entfernt.

sy20014 sm

Kaamps 7 in Kampen | 175
Das Lokal liegt wunderbar in den Kampener Dünen direkt am Strand, nennt sich nicht umsonst „Sunset Location". Direkt mit dem Auto hinfahren kann man nicht, auch das Fahrrad sollte man irgendwann stehen lassen, aber der Weg lohnt sich! Man hockt hier ganz entspannt, vor allem auf der umlaufenden Terrasse, erfreut sich am Blick auf die Natur und am guten Essen. Und hier den Sonnenuntergang zu erleben könnt' kaum schöner sein.

sy20015 sm

Strandbistro in Wenningstedt | 153
Beste Lage direkt unterhalb vom Kliff in Wenningstedt am Strand und auch unmittelbar neben der breiten Hauptzugangstreppe zum Strand, die man sogar hinunterrutschen kann. Drinnen ein überschaubarer, etwas rustikaler Gastraum, aber die Terrasse ist sowieso beliebter. Hier sitzt man gemütlich, vor Wind und Sonne geschützt, nur wenige Schritte oberhalb des Strandes und genießt neben dem Meerblick die Bistro-Küche.

Sunset Beach in Westerland | 52

Eine Surfschule und zugleich ein Restaurant am Brandenburger Strand in erstklassiger Lage. Das Lokal ist ein nicht zu großes Holzhaus, aber mit einer genialen Terrasse. Die kleinen Tischchen (Marke: Schulklassen-Pult) stehen versetzt und abgestuft unterhalb des Lokals, und so haben alle Gäste unverbauten Meerblick. Das ist einzigartig auf Sylt und speziell zum Sonnenuntergang äußerst begehrt.

sy20016 hf

Beach House Sylt in Westerland | 50

Gibt es ein höher gelegenes Restaurant auf Sylt? Jedenfalls nicht direkt am Strand. Hoch oben auf einer Düne liegt es, einige Stufen muss man schon hochsteigen. Aber dann entspannen sich die Gäste sofort, denn von der großen Terrasse hat man einen wunderbaren Blick über den Strand und aufs Meer. Hier den Sonnenuntergang zu erleben ist einfach göttlich, dazu wird dann auch die Musik kurzfristig einmal hochgefahren.

sy20017 sm

Strandoase in Westerland | 50

Knapp südlich von Westerland liegt dieses Lokal „mit Hüttencharme" (Eigenwerbung) direkt auf einer Düne. Auch hier kann man im behaglichen Innenbereich sitzen oder geschützt auf der Terrasse. Der Clou aber ist ein Platz im Strandkorb auf dem Steg mit Meerblick, was ganz besonders zur Sonnenuntergangszeit so beliebt ist, dass man die Plätze versteigern könnte.

sy20018 sm

Strandmuschel in Rantum | 75

Dieses relativ kleine Lokal liegt in den Dünen am Hauptzugangsweg von Rantum-City zum Strand, aber oberhalb des Strands. Die letzten Meter muss man zu Fuß gehen, per Auto kann man das Lokal nicht erreichen, auch nicht per Rad. Macht nichts, es ist nicht weit. Drinnen ist es gemütlich, vom Außenbereich schaut man verträumt auf die Dünen, und zum Sonnenuntergang gibt es jeden Abend Prosecco zum halben Preis.

sy20019 sm

Südkap in Hörnum | 87

Das Lokal macht seinem Namen alle Ehre, denn südlicher geht's nicht. Nicht auf Sylt. Das Südkap liegt an der Südspitze von Hörnum beim markanten rot-weiß gestreiften Leuchtturm. Man blickt hier nicht nur auf den Strand und aufs Meer, sondern auch hinüber zu den benachbarten Inseln: rechts Amrum, links Föhr. Wer sich's nicht merken kann, immer an RALF denken . . .

sy20020 sm

Westerland

Westerland, die Inselhauptstadt, ist das quirlige Zentrum der Insel Sylt mit zahlreichen Lokalen, Shops und Straßencafés. Diese sind leicht zu finden in den beiden Fußgängerzonen, an deren Ende sich der feine Sandstrand mit der angenehmen Flanierpromenade weit öffnet.

◁ Am Strand von Westerland

WESTERLAND

QUIRLIGES INSELZENTRUM

Nach Westerland müssen alle mal, denn (fast) alle Wege nach Sylt führen über die „Inselhauptstadt". Nur die Autofähre vom dänischen Rømø legt in List an. Doch auch sonst scheinen alle Urlauber gern mal einen Ausflug nach Westerland zu unternehmen – in welchem Inselort sie auch immer ihr eigentliches Quartier aufgeschlagen haben. Selbst in der Nebensaison wirken die Flaniermeilen Friedrich- und Strandstraße ziemlich voll, im Hochsommer sowieso.

Das ist aber auch kein Wunder, denn hier gibt es einfach alles: Kneipen, Cafés, Restaurants und Gosch. Auch Galerien sind zu finden, kleine und große Geschäfte und sogar Kaufhäuser. Zudem ist das Nachtleben in Westerland vielfältiger als irgendwo anders auf der Insel, und der Ort bietet den breitesten Strand mit einer fast zwei Kilometer langen Promenade. Ein paar Bausünden gibt es zwar auch, aber die muss man einfach übersehen.

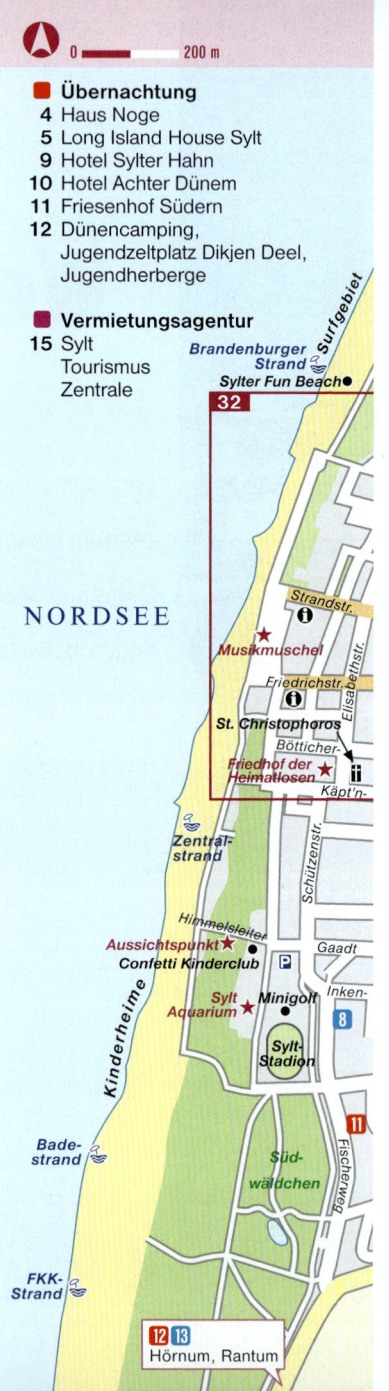

0 ▬▬ 200 m

■ **Übernachtung**
4 Haus Noge
5 Long Island House Sylt
9 Hotel Sylter Hahn
10 Hotel Achter Dünem
11 Friesenhof Südern
12 Dünencamping, Jugendzeltplatz Dikjen Deel, Jugendherberge

■ **Vermietungsagentur**
15 Sylt Tourismus Zentrale

Brandenburger Strand
Sylter Fun Beach ●
Surfgebiet
32

NORDSEE

Strandstr.
Musikmuschel ★
Friedrichstr.
St. Christophoros ★
Bötticher-
Friedhof der Heimatlosen ★
Käpt'n-
Elisabethstr.

Zentral-strand

Himmelsleiter
Aussichtspunkt ★
Confetti Kinderclub
Sylt Aquarium ★ Minigolf
Sylt-Stadion
Schützenstr.
Gaadt
Inken-
Kinderheime
8

Bade-strand

Süd-wäldchen
Fischerweg
11

FKK-Strand

12 13
Hörnum, Rantum

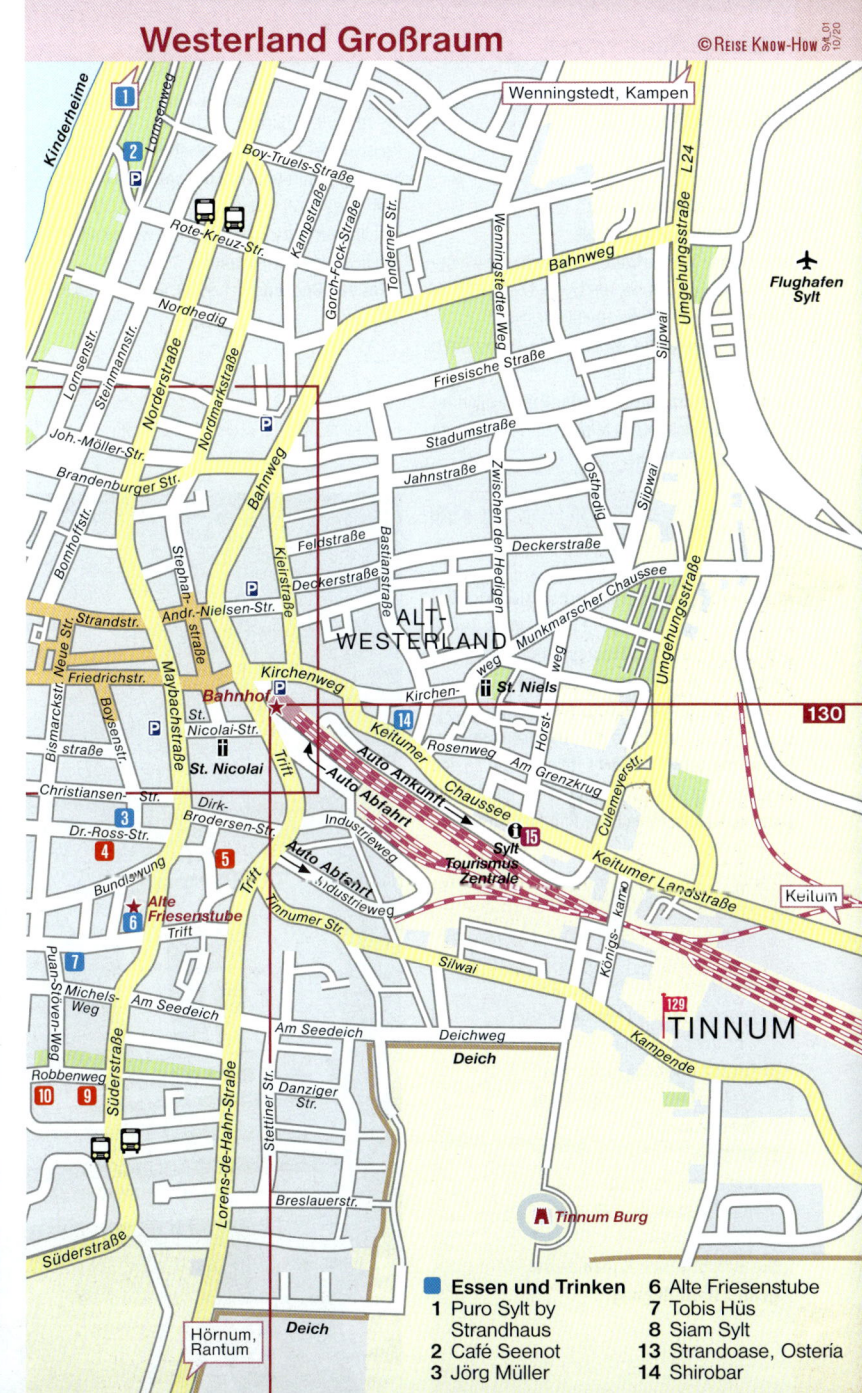

Westerland Großraum

© REISE KNOW-HOW

SyIt_01
10/20

Kinderheime

Wenningstedt, Kampen

Langewneg

Boy-Truels-Straße

Rote-Kreuz-Str.

Nordhedig

Lorrensstr.

Steinmannstr.

Norderstraße

Nordmarktstraße

Joh.-Möller-Str.

Brandenburger Str.

Bornhofstr.

Strandstr.

Neue Str.

Friedrichstr.

Bismarckstr.

straße

Borssenstr.

Christiansen-   Str.

Dr.-Ross-Str.

Bundlewung

Maybachstraße

Stephan-   straße

Andr.-Nielsen-Str.

Bahnweg

Kleinstraße

Deckerstraße

Feldstraße

Bastianstraße

Kampstraße

Gorch-Fock-Straße

Tonderner Str.

Wenningstedter Weg

Friesische Straße

Stadumstraße

Jahnstraße

Zwischen den Hedigen

Deckerstraße

ALT-
WESTERLAND

Munkmarscher Chaussee

Osthedig

Slipwai

Sliplwai

Bahnweg

Umgehungsstraße

L 24

Flughafen
Sylt

Umgehungsstraße

130

Kirchenweg

Bahnhof

St. Nicolai-Str.

St. Nicolai

Dirk-Brodersen-Str.

Trift

Alte
Friesenstube

Trift

Michels-   Weg

Pjan-Stöven-Weg

Robbenweg

10   9

Süderstraße

Am Seedeich

Süderstraße

Kirchenweg

St. Niels

Kirchen-

Rosenweg

Keitumer

Auto Ankunft   Chaussee

Auto Abfahrt

Industrieweg

Auto Abfahrt   Industrieweg

Tinnumer Str.

Am Seedeich

Lorens-de-Hahn-Straße

Stettiner Str.

Danziger
Str.

Breslauerstr.

14

Am Grenzkrug

Horst-   weg

Sylt
Tourismus
Zentrale

15

Kongs-   kamp

Silwai

Deichweg

Deich

Culemeyerstr.

Keitumer Landstraße

Keilum

129

TINNUM

Kampende

Deich

Tinnum Burg

Hörnum,
Rantum

Deich

Essen und Trinken

1 Puro Sylt by
  Strandhaus
2 Café Seenot
3 Jörg Müller

6 Alte Friesenstube
7 Tobis Hüs
8 Siam Sylt
13 Strandoase, Osteria
14 Shirobar

- **Friesischer Name:** Weesterlön
- **Vorwahl:** 04651
- **PLZ:** 25980
- **Tourist-Informationen:**

Tel. 99 80, www.westerland.de

Info-Center Westerland, Friedrichstraße 44, geöffnet: Mo–Fr 9–18, Sa 10–17, So 12–17 Uhr, im Winter Mo–Fr 10–16, Sa 10–14 Uhr

Tourist-Information, Strandstraße 35, geöffnet: Mo–Do 9–17, Fr 9–13 Uhr

Tourist-Information Westerland im Pavillon auf dem Bahnhofsvorplatz, geöffnet: tägl. 9–18 Uhr, im Winter tägl. 10–16 Uhr

- **Kurtaxe:** 1.5.–31.10. 3,30 €/Tag, Tagesgäste 4 €, 1.11.–30.4. 1,65 €/Tag, Tagesgäste 2 €, Kinder und Jugendliche unter 18 Jahren frei.
- **Strandkörbe:** Der Preis richtet sich nach der Mietdauer, wobei es drei Phasen gibt: 1 Tag, 2–4 Tage, ab 5 Tage. Obendrein wird in Hauptsaison (1.6.–31.8.) und Nebensaison (1.4.–31.5. und 1.9.–31.10.) unterschieden. Außerdem bemisst sich der Preis danach, ob der Strandkorb am zentralen Strandabschnitt steht (teurer) oder an den Randgebieten. Ergänzend gibt es bei einer Mietdauer ab 5 Tagen einen Rabatt für Frühbucher, die

bis zum 30.4. buchen. Nicht ganz einfach also. Preisbeispiel für die Hauptsaison am zentralen Strandabschnitt (teuerste Option): Tageskorb 12 €, 2–4 Tage: 10,50 €/Tag, ab 5 Tage 9,50 €/Tag, mit Frühbucherrabatt: 8,50 €/Tag. Alle weiteren Optionen liegen preislich darunter.

Infos und Buchung: Tel. 99 80, www.strandkorb-sylt.de.

⌄ Bäderarchitektur in der Friedrichstraße

NICHT VERPASSEN!

- ➡ Ein Bummel durch die **Friedrichstraße** gehört einfach dazu | 34
- ➡ Ein bestechender Rundblick über den Strand und die halbe Stadt bietet sich von der **Himmelsleiter** am Strandübergang | 36
- ➡ Fische aus den Tropen und aus der Nordsee sind im **Aquarium** zu bestaunen | 40
- ➡ **St. Niels,** eine historische und charmante Kirche in Alt-Westerland | 40

Diese Tipps erkennt man an der gelben Hinterlegung.

Überblick

Westerland liegt im Zentrum der Insel an deren Westseite. Knapp 9000 Menschen leben hier dauerhaft, ein Großteil des Wohnraums besteht wie überall auf der Insel aus Ferienwohnungen. Zusätzlich gibt es das inselweit größte Hotelangebot. Auch der Hauptbahnhof der Insel befindet sich in dem lebendigen Städtchen.

Gegründet wurde der Ort im frühen 15. Jahrhundert von Überlebenden aus dem untergegangenen Eidum (siehe auch Exkurs „Wie aus Eidum Westerland entstand"). 1462 wurde dann westlich von Tinnum ein Ort namens **Westerlant** beurkundet. Die frühen Siedler des 15. Jahrhunderts dachten gar nicht daran, nahe am Wasser zu bauen. Sie wussten, was eine anständige Sturmflut anrichten kann, und siedelten weit im Hinterland, fast beim heutigen Tinnum. Erst später,

sy20026 sm

sy20027 sm

als die Badegäste kamen, rückte man bautechnisch näher ans Wasser heran.

1855 begann der Fremdenverkehr, 1857 eröffnete das erste Hotel, 1869 das heute noch existierende Hotel Stadt Hamburg. Weitere aus dem 19. Jahrhundert erhaltene Häuser sind beispielsweise die Insel-Apotheke in der Friedrichstraße (1892) oder die Alte Post (1892), wo die Stadtbücherei untergebracht ist. Das Hotel Miramar, das immer noch direkt am Strand steht, wurde 1903 erbaut und die – optisch etwas gewöhnungsbedürftigen – Hochhäuser vor der Musikmuschel entstanden zwischen 1966 und 1968 in der allerersten Reihe.

Westerland ist heute das touristische Zentrum, was Shopping, Gastronomie und Supermärkte angeht. Architektonisch bietet es nicht viel Interessantes. Schöne alte Reetdachhäuser stehen etwas im Hintergrund in Alt-Westerland rund um die dortige St.-Niels-Kirche. Prägend für den Ort sind jedoch eher die beiden Fußgängerzonen Friedrich- und Strandstraße.

◁ Schönes Reetdachhaus in Westerland

Sehenswertes

Bahnhof

Wahrscheinlich haben die meisten Urlauber, die nach einer langen Reise den Kopfbahnhof von Westerland erreichen, keine echte Muße, dieses Gebäude näher zu betrachten, aber es lohnt sich durchaus. Eröffnet wurde der Bahnhof 1927, als Ziegelbau mit gezackten Vorsprüngen errichtet. Die eher kleine Empfangs-

Wie aus Eidum Westerland entstand

Die große „Manndrenke" 1362 vernichtete viele Orte, und Tausende Menschen ertranken. Auch das damalige Sylter Dorf Eidum war stark mitgenommen. 1436 ging Eidum nach einer erneuten fürchterlichen Sturmflut endgültig unter, die überlebenden Bewohner zogen ein paar Kilometer weiter ins Hinterland und gründeten einen neuen Ort: Westerland. Vertrieben vom Sand der näher rückenden Dünen, vor allem aber von den fürchterlichen Sturmfluten, errichteten sie auf einer erhöht liegenden Stelle ihre neuen Häuser. Die alten Eidumer nannten diesen Platz zunächst Südheding, erst nach etlichen Jahren wurde ihre neue Heimat „Westerland" getauft.

Um 1850 tauchten Überreste der alten Eidumer Kirche wieder aus dem Meer auf, allerdings waren diese nur bei Niedrigwasser zu sehen. Der Sage nach wurde die Kirche St. Nies in Alt-Westerland im 17. Jahrhundert mit Steinen des alten Eidumer Gotteshauses errichtet – die letzten Zeugnisse einer untergegangenen Ortschaft.

Westerland City

Lornsen-str.

Brandenburger Platz

Brandenburger

Westerstraße

Promenade

Villa Kunterbunt

Steinmannstraße

Syltness Center

Dr.-Nicolas-Straße

Strand

Bomhoftstraße

20 Sylter Welle

Strandstraße

19 18

21

12

13

23 22

Promenade

17 14

16 15

Elisabethstraße

Andreas-Dirks-Straße

Musik-muschel

Neue Str.

Galerie Mensing

25

Congress Centrum Sylt/ Info-Center Westerland

24

34

27

28 29 33

26

Friedrichstraße

30 32

straße

31

Margarethenstraße

Dünenstraße

Marien-straße

68 67

Elisabethstraße

63

69

Bötticherstraße

66 65

64 62

Bismarckstraße

Friedhof der Heimatlosen

St. Christophorus

61

Käpt'n-Christiansen-Str.

★ Himmelsleiter

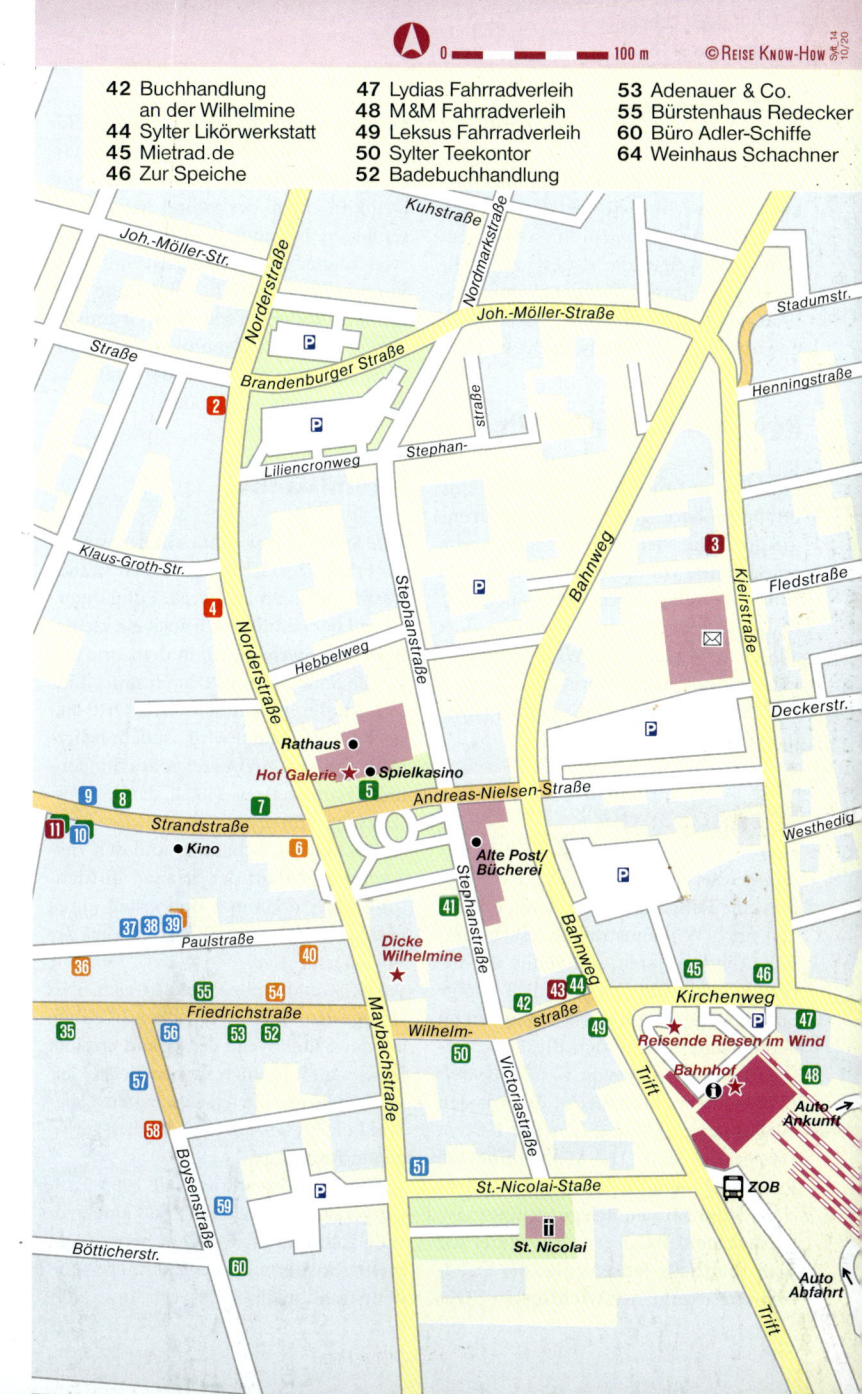

42 Buchhandlung an der Wilhelmine	**47** Lydias Fahrradverleih	**53** Adenauer & Co.
44 Sylter Likörwerkstatt	**48** M&M Fahrradverleih	**55** Bürstenhaus Redecker
45 Mietrad.de	**49** Leksus Fahrradverleih	**60** Büro Adler-Schiffe
46 Zur Speiche	**50** Sylter Teekontor	**64** Weinhaus Schachner
	52 Badebuchhandlung	

© REISE KNOW-HOW

0   100 m

halle trägt noch altdeutsche Schriftzüge („Presse", „Reisebedarf"), die Kassettendecke hätte man hier auch kaum erwartet, ebensowenig wie die ausladenden Kronleuchter. Die Türen schwingen, Schriftzüge zeigen die vorgesehene GehRichtung (einmal „Eingang", zweimal „Ausgang"), und außen befindet sich eine große Uhr, die nachts leuchtet.

Reisende Riesen im Wind

Draußen auf dem Vorplatz steht eine unübersehbare giftgrüne **Skulpturengruppe.** Die vier großen Figuren, die eine Familie von Mann, Frau und zwei Kindern symbolisieren, erschuf der Bildhauer *Martin Wolken.* Sie stehen dort alle leicht schräg mit im Wind wehenden Haaren und überproportional großen Füßen und waren durchaus umstritten in der Bevölkerung.

Friedrichstraße

Hinter diesem Straßennamen verbirgt sich eine **Fußgängerzone,** deren unterer Teil noch Wilhelmstraße heißt. In diesem Abschnitt steht die Statue der dicken **Wilhelmine.** Die gemütlich-üppige Springbrunnenfigur hockt versunken im Trubel und wäscht sich die Füße. Erschaffen wurde sie von *Ursula Hensel-Krüger,* einer Bildhauerin, die seit den 1960er Jahren bis zu ihrem Tod 1992 in Westerland lebte. Die Wilhelmine soll Freundlichkeit und Lebensmut ausdrücken, was auch ziemlich gut gelungen ist.

Nach dem Passieren der Ampel vor dem Kaufhaus Jensen folgt die Friedrichstraße, eine der **wichtigsten Stra-**

ßen der Insel. Tausende flanieren hier täglich durch, stöbern in den Geschäften, genehmigen sich einen Kaffee oder Drink in einem der zahlreichen Terrassenlokale. Benannt ist die Straße nach zwei ehemaligen Anliegern mit dem Vornamen Friedrich, die Ende des 19. Jahrhunderts Teile ihrer Grundstücke für einen Straßenumbau zur Verfügung stellten. 1976 wurde die Straße zur Fußgängerzone umgestaltet.

Strandstraße

Eine Spur ruhiger geht es in der parallel zur Friedrichstraße verlaufenden Strandstraße zu, einer weiteren **Fußgängerzone.** Hier befindet sich auch ein kleiner **Park** (am Spielcasino), in dem eine originelle Sonnenuhr in den Himmel blinzelt, auf der die Uhrzeit vieler Orte dieser Welt abgebildet wird. Zudem beherbergt der Park ein interessantes Blinden- und Tastmodell aus Metall, das die Westerländer Innenstadt zeigt. Man kann sehr schön die Bebauung und den zielstrebigen Verlauf der Straßen in Richtung Meer erkennen und erhält einen wirklich interessanten Überblick aus der Vogelperspektive.

Die Strandstraße verläuft weiter über wenige Hundert Meter, bis schließlich bei der Sylter Welle der Strand erreicht ist. Gesäumt ist auch sie von vielen kleinen inhabergeführten Geschäften, Cafés und Lokalitäten, aber bei deutlich geringerem Andrang.

Die Strandstraße ist seit 1986 Fußgängerzone und war ab 1888 eine zentrale Achse zwischen dem heute nicht mehr existierenden Ostbahnhof und den Strandhotels.

1

sy20028 sm

Sylter Welle

Diese **Badelandschaft** liegt direkt vor den Dünen. Die Becken werden von Nordseewasser gespeist: Es gibt einen Gezeitenpool, mehrere Riesenrutschen, Strömungskanal und Außenbecken, ein Heidenspaß für Jung und Alt. Aber auch sonst gibt es viel Abwechslung mit Sprudelbecken, Massagedüsen, Sauna-Grotte, Strandkörben und Ruhezonen.

■ **Sylter Welle,** Strandstr. 32, Tel. 99 81 11, www.sylterwelle.de, tägl. 10–22 Uhr. Frühschwimmen Di, Do, Sa 7–10 Uhr, die Eintrittspreise sind so komplex gestaffelt, dass man auf der Website nachschauen sollte.

MEIN TIPP: Im Eingangsbereich der Sylter Welle befindet sich auch das **E-Mobility Center,** wo Gäste E-Roller, E-Bikes und sogar E-Autos (Mercedes, Smart) mieten können. Tägl. 9–17.30 Uhr.

Syltness-Center

Das Syltness-Center liegt neben der Sylter Welle und hat auf 4500 m² ein sehr vielfältiges **Wellnessangebot.** In der oberen Etage liegen kostenlose Tageszeitungen aus.

■ **Syltness Center,** Doktor-Nicolas-Str. 3, Tel. 99 81 12, www.syltnesscenter.de, Angebote von morgens bis ca. 20.30 Uhr, Preise siehe Website.

⌃ Konzert in der Musikmuschel ·

Strandpromenade

Die Strandpromenade ist nur über ein **Kontrollhäuschen** zu erreichen, ohne Kurkarte kein Zutritt. Das verärgert zwar immer noch viele Urlauber, aber ihr Unmut verfliegt, sobald sie die Promenade erreicht haben. Hier zeigt sich Westerland tatsächlich von einer beeindruckenden Seite. Leichter Westwind, wolkenloser Himmel (im Idealfall), wärmende Sonne, Meeresrauschen – alle Sorgen werden weggepustet, **Entspannung** stellt sich ein. Markant steht die **Musikmuschel** unweit des Übergangs beim Hotel Miramar. Bereits Ende des 19. Jahrhunderts gab es an der Kurpromenade einen Musikpavillon, der aber mehrfach von Sturmfluten zerstört wurde. 1949 entstand dann die heutige Musikmuschel, in der während der Saison von Mai bis Oktober täglich außer montags (meist 11 und 15 Uhr) Konzerte gegeben werden. Links und rechts neben den Zuschauerbänken stehen zwei Skulpturen aus Muschelkalk, die 1913 ein Kurgast stiftete: „Triton auf dem Hippokampen" und „Europa auf dem Stier". Netter **Service:** Neben Toiletten gibt es hier auch Duschen und Schließfächer.

Bereits 1879 entstand eine erste Flanierpromenade direkt am Strand, sie wurde damals sehr treffend „Wandelbahn" genannt und bestand aus Holz. Sturmfluten und auch ein Feuer zerstörten sie schließlich, sodass 1912 eine neue, 800 Meter lange Promenade aus Stein errichtet wurde, die gleichzeitig als Küstenschutz dient. An beiden Enden verlängert sie sich auch heute noch mit Holzbohlen, von denen Treppenabgänge zum Strand führen. Insgesamt misst sie etwa zwei Kilometer.

Läuft man die Promenade südwärts, passiert man die beiden **Strandbistros** „Badezeit" und „Beach House Sylt", von deren Terrassen man abends einen herrlichen Blick auf den Sonnenuntergang hat. Ganz am Ende wird der mit 26 Meter höchste Strandübergang, auch ==Himmelsleiter== genannt, erreicht. Oben auf der Dünenspitze wurde eine **Plattform** angelegt, von der man einen tollen Rundumblick genießt. Hinweisschilder geben Erklärungen zu den einzelnen Blickrichtungen. Die Himmelsleiter ist leicht zu finden, man steigt die Stufen in der Verlängerung der Straße Gaadt in Höhe Dorint Hotel hoch.

Nordwärts kann man ebenfalls einen guten Kilometer auf der Strandpromenade gehen, das letzte Stück auf Holzbohlenwegen. Auch hier liegen einige Lokale, u.a. ein Gosch oder das urige Sunset Beach mit seiner einzigartigen gestuften Terrasse und den an Schulklassenpulte erinnernden Tischen.

▷ Der Friedhof gibt unbekannten Seeleuten eine letzte Heimat

1

Westerland

Sankt Nicolai

Die Kirche Sankt Nicolai liegt in der gleichnamigen Straße, in Sichtweite zum Bahnhof. Das Gotteshaus mit seinem 42 Meter hohen Turm wurde **1908 erbaut.** Drei Jahre zuvor hatte Westerland Stadtrechte erhalten. Da die alte Dorfkirche einfach zu klein geworden war, musste eine neue her. Aus dem alten Bau wurde der **Taufstein,** der höchstwahrscheinlich noch aus den Eidumer Tagen stammt, in die neue Kirche gebracht. Er wurde vermutlich schon im 12. Jahrhundert hergestellt und ist damit der älteste Kirchenschatz. Insgesamt zeigt sich der Innenraum von Sankt Nicolai ziemlich schmucklos und weitestgehend nüchtern, nachdem er 1962/63 völlig umgestaltet wurde. Farblich und künstlerisch stechen die **bunten Fenster** heraus, die der Ahrensburger (Schleswig-Holstein) Bildhauer *Siegfried Assmann* schuf.

Ebenso stammt das **Kreuz** über dem ansonsten recht schlichten Altar von ihm.

■ St.-Nicolai-Straße 4, tägl. außer Mi 9–16 Uhr.

Friedhof der Heimatlosen

Nur wenige Schritte neben der quirligen Friedrichstraße liegt die Heimstätte für Heimatlose, ein Friedhof für **unbekannte Seeleute,** deren Leichen an den Strand trieben. 1854 wurde er angelegt, ein Jahr später der erste Tote beigesetzt. Nach 50 Jahren erhielt der letzte unbekannte Seemann hier am 2.11.1905 seine letzte Ruhestätte. Insgesamt existieren 53 Gräber. Sie tragen Holzkreuze mit dem Datum der Auffindung, doch keine Namen – mit einer Ausnahme. *Harm Musker,* dessen Leiche 1890 an den Strand trieb, wurde nachträglich identifiziert. Er wurde nur 18 Jahre alt.

sy20029 hf

Prominenz auf Sylt

Der dänische König **Friedrich VI.** kam 1825 nach Tinnum und übernachtete in der Landvogtei. Vielleicht war er der erste prominente Gast auf Sylt, viele weitere sollten ihm folgen. 1888 reiste die rumänische Königin **Elisabeth** (1843–1916) nach Westerland und wohnte samt Gefolge im Hotel Roth. Sie schrieb unter dem Alias-Namen *Carmen Sylva* Gedichte und Romane. Die Elisabethstraße in Westerland wurde nach ihr benannt, u.a. weil sie einen Gedenkstein für den Friedhof der Heimatlosen stiftete, wo ertrunkene unbekannte Seeleute bestattet sind (siehe „Sehenswertes").

Auch der Schriftsteller **Theodor Storm** aus dem nahen Husum weilte auf Sylt und sammelte Material für sein Werk „Sylter Novelle", die er jedoch nicht mehr fertigstellen konnte. Reichspräsident **Paul von Hindenburg** weihte 1927 den Hindenburgdamm ein, blieb aber nur sehr kurz auf der Insel. Der Nationalsozialist **Hermann Göring** dagegen war vernarrt in Sylt und ließ sich in Wenningstedt gleich ein großes Haus bauen; „Mien Lütten" steht noch heute.

Frühe Gäste waren aber vor allem **Maler und Schriftsteller,** die hauptsächlich nach Kampen reisten. Zumindest einige wurden durch großzügige Einladungen angelockt, verbrachten teilweise mehrere Wochen dort. In Kampen betrieb *Clara Tiedemann* das **Haus Kliffende,** in dem regelmäßig Prominente logierten, darunter auch viele Kultur- und Kunstschaffende. Auch **Thomas Mann** reiste dreimal von seiner geschätzten Ostsee hinüber an die Nordsee nach Kampen, fand Gefallen an dem rauen Meer und badete in der Brandung, „…nach deren Prankenschlägen ich mich das ganze Jahr zurücksehnen werde".

In den Jahren vor und vor allem nach dem Zweiten Weltkrieg kamen viele namhafte Schauspieler wie **Hans Albers, Marlene Dietrich** oder **Curd Jürgens,** und ab den 1960ern reisten auch Unternehmer an, etwa **Friedrich Karl Flick** oder **Berthold Beitz.** Gefeiert wurde vorzugsweise im Strandlokal Buhne 16 bei Kampen, was durch die Presse weitergetragen wurde und so dieses kleine Lokal bundesweit bekannt machte.

Und spätestens seit den 1970er Jahren kamen Lebemänner wie **Gunther Sachs,** aber auch Spitzenpolitiker und ebenfalls die wichtigsten Presseleute, vor allem von den großen Hamburger Medien. **Axel Springer** („Bild", „Welt", „Hörzu") und **Rudolf Augstein** („Spiegel") hatten in Kampen bzw. Morsum Häuser, man traf sich am Strand vor der Buhne 16 oder im Gogärtchen in Kampen mit dem kongenialen Barkeeper *Karlchen,* der selber schon fast Prominenten-Staus hatte. **Werner Höfer** war damals einer der bekanntesten Fernsehjournalisten Deutschlands und bekennender Gogärtchen-Fan. Er leitete von 1953 bis 1987 die sonntägliche Fernsehsendung „Der Internationale Frühschoppen", eine Art Ur-Talk-Show, bei der mehrere Journalisten live über die Tagespolitik diskutierten (dabei Wein tranken und rauchten!). 1976 konnte *Höfer* nicht rechtzeitig nach Köln reisen, da ein Sturm über die Insel zog; kurzentschlossen leitete er die Sendung telefonisch von Sylt aus.

Auch heute noch kommen Prominente und Reiche nach Sylt. Etliche von ihnen kauften sich hier ein Haus und zahlten dafür teilweise mehrere Millionen Euro. Heutzutage suchen aber die wirklich Reichen und Prominenten eher weniger die Öffentlichkeit, sondern ziehen sich hinter die hohen Mauern ihrer schönen Reetdachvillen zurück. Halbwegs unerkannt am Sylter Strand spazieren zu gehen, dürfte heute allerdings sehr viel schwieriger sein, im Zeitalter des alltäglichen Smartphones.

An der Stirnseite des Friedhofs steht ein Findling mit dem Gedicht „Wir sind ein Volk vom Strom der Zeit" von Oberhofprediger *Rudolf Kogel* (1829–1896). Die rumänische Königin *Elisabeth* (1843–1916) stiftete ihn, nachdem sie 1888 Gast auf Sylt gewesen war. Nach ihr ist auch die nahe Elisabethstraße benannt.

■ **Friedhof der Heimatlosen,** Käpt'n-Christiansen-Straße, Ecke Elisabethstraße.

Sankt Christophorus

Direkt gegenüber steht die katholische Kirche Sankt Christophorus. Der Bau dieses im Jahr 2000 fertiggestellten Hauses soll an einen **Schiffskörper** erinnern, der markante Glockenturm ragt entsprechend wie ein Mast in den Himmel.

Anfang des 20. Jahrhunderts existierte eine kleine katholische Kapelle in Westerland. Dort feierte lange Zeit zumindest in der Urlaubssaison ein Pfarrer den Gottesdienst für katholische Urlauber und Sylter Bewohner, bevor 1937 eine eigene Gemeinde mit Pfarrstelle gegründet wurde. Nach dem Krieg wuchs die katholische Sylter Gemeinde durch den Zuzug von Heimatvertriebenen aus den ehemaligen Ostgebieten stark an. Entsprechend wurde eine größere Kirche errichtet. Diese musste 1997 nach nur 40 Jahren wegen witterungsbedingter Schäden abgerissen werden; bis 1999 wurde eine neue Kirche errichtet.

Das auffällige Gebäude mit den vier halbovalen Backsteinwänden soll an einen Schiffsrumpf erinnern. Im Inneren wirkt es recht nüchtern, dabei jedoch keineswegs abweisend. Im Zentrum stehen ein Lesepult und ein kreuzförmiges Taufbecken für Ganzkörpertaufen. Der dreieckige Turm symbolisiert einen Mast, oben schlagen vier Glocken.

■ **Sankt Christophorus,** Elisabethstraße.

Rund um Sankt Christophorus

In diesem Teil Westerlands stehen noch mehrere kleine, schmucke Häuser im Stil der **Seebäder-Architektur.** Insbesondere sind sie zu finden in den Straßen Gaadt, Dr.-Ross-Straße und Bun-

▽ Die Friesenstube von 1648

diswung. Im Gaadt steht auch eines der ältesten Häuser der Stadt, die noch nicht ganz 400 Jahre alte **Friesenstube,** erbaut 1648, heute ein Restaurant.

Sylt Aquarium

Das Sylter Aquarium zeigt zwei zentrale Themenbereiche: **die heimische Nordsee und die fernen Tropen** in insgesamt 25 Meerwasserbecken. Die beiden Wasserwelten sind nicht nur räumlich getrennt, sondern auch hinsichtlich der Temperatur mehr als unterschiedlich. Die Nordsee misst 13 Grad, während in den Tropen eine Wassertemperatur von 24 Grad vorherrscht. Insgesamt etwa 2000 Tiere wollen bestaunt werden, u.a.

507sy sm

in einem 170.000 Liter fassenden Großbecken namens „Helgoland" und in einem 500.000-Liter-Becken („Korallenwelt"), jeweils mit einem Glastunnel.

■ **Sylt Aquarium,** Gaadt 33, Tel. 836 25 22, www. syltaquarium.de, tägl. 10–18 Uhr, 13,50 €, Kinder 4–15 Jahre 10 €, Familie 35,50–42,50 € je nach Anzahl der Kinder.

Alt-Westerland

Ein Bummel durch Alt-Westerland vermittelt einen Eindruck, wie die Stadt vor einem Jahrhundert ausgesehen hat. Damals begann zwar schon ein zaghafter Tourismus, doch den Bewohnern fiel es nicht im Traum ein, ihre Häuser allzu dicht an der Küste zu bauen. Hier wirkt Westerland noch anheimelnd, fast still, und das nur wenige Minuten Fußmarsch vom Bahnhofstrubel entfernt.

Die Kirche Sankt Niels bildet immer noch eine Art Mittelpunkt in diesem dörflichen Teil. Erbaut um 1635, liegt sie recht idyllisch, umgeben von hohen Bäumen und einem alten Friedhof. Die hübsche Kirche hat einen **Glockenturm,** der erst 1875 entstand. Hier soll noch immer eine Glocke aus der untergegangenen Eidumer Kirche hängen. Vor dem Bau dieses Turmes läutete man von einem hölzernen Glockenstapel, wobei allerdings das Holz zu schnell verwitterte, sodass man den Turm errichtete.

Das Hauptportal hat einen inseltypischen Türgriff in Form eines geschwun-

◁ ▷ In Alt-Westerland: schön herausgeputztes Friesenhaus und die Kirche St. Niels

genen Fisches. Im Inneren steht zentral ein **barocker Flügelaltar** (15. Jh.), der ebenfalls aus der Eidumer Kirche stammt. Er zeigt die Marienkrönung, flankiert von Bischofsabbildungen. Auf den Seitenflügeln sind die 12 Apostel abgebildet. Der älteste Kirchenschatz ist das **Passionskreuz** aus dem 13./14. Jahrhundert, Taufstein und Kanzel entstanden um 1750. Der 14-armige Kronleuchter wurde 1682 erschaffen, der zweite Leuchter, achtarmig, soll sogar noch älter sein. An den Seitenwänden hängen Predigertafeln, die einen Überblick über alle Pastoren geben, die in der Gemeinde St. Nicolai wirkten. Nicht alle blieben lang: Wenn ein Prediger vom Festland überhaupt nicht mit den Insulanern zurechtkam, verschwand er bald wieder.

Draußen hängt an der südlichen Außenwand eine **Sonnenuhr** aus dem Jahr 1789, die auch Sylts Lage mit 54° 50' nördlicher Breite sowie den Breitengrad von Jerusalem (32° 40') angibt. Dort an der Außenwand stehen auch **Grabsteine** aus dem 17. und 18. Jahrhundert, die mit noch gut lesbaren Inschriften aus dem Leben verstorbener Sylter berichten.

Die Kirche steht übrigens unmittelbar an der Ortsgrenze zu Tinnum, die Mauer hinter dem Friedhof ist zugleich die **Ortsgrenze.** Wer um die Kirche herumspaziert bis zum Rosenweg, findet eine auffällige Pflasterung in Form eines Striches, die quer über die Straße verläuft. Hier hat man die Grenze nachgebildet.

■ **Sankt Niels,** Kirchenweg 37, tägl. 9–16 Uhr.

021 sy hf

sy20030 sm

Am Kirchenweg steht ein **Tast-modell von Alt-Westerland,** das nicht nur für Sehbehinderte interessant ist.

In unmittelbarer Nachbarschaft stehen etliche **Friesenhäuser,** teilweise unter Reet. Derlei findet man sonst im mondänen Westerland nur sehr vereinzelt, in Alt-Westerland sind die Häuser dagegen noch fester Bestandteil des Dorfbildes.

⌃ ⧉ Strand und immer wieder Strand:
Abstieg zum Strand über die „Himmelsleiter",
abendliches Glitzern
und dann das Licht der untergehenden Sonne

Strandprofil

Der Westerländer Strand ist Teil eines sich an der Westseite der Insel über 40 Kilometer ausrollenden Sandstrandes. Der Strand vor Westerland ist in mehrere Abschnitte unterteilt, die von 4.11 bis 4.90 durchnummeriert sind. Generell ist er bei Ebbe über 100 und bei Flut ca. 30–50 Meter breit. Der Zentralstrand unterhalb des Hotels Miramar und der Musikmuschel ist meist mit **Strandkörben** recht vollgestellt, doch diese stehen nie direkt am Flutsaum, sondern knapp unterhalb der Promenade. So bleibt noch genügend Platz für Ballspieler und Strandläufer.

Nach rechts (Blickrichtung Meer) folgt vor dem **Brandenburger Strand** eine reservierte Zone für **Surfer,** und dort befinden sich auch Plätze für **Beachvolleyball.** Noch weiter gen Wenningstedt folgen bei der Nordseeklinik ein **FKK-Bereich,** ein **Surfgebiet** und ganz außen bei 4.11 ein **Hundestrand.**

Zur anderen Seite, Richtung Rantum und Hörnum, liegen ein Strandabschnitt für Kinderheime (4.32) und drei Abschnitte für **FKK-Gäste** sowie ganz außen, bei 4.90, ein **Jugendstrand** vor der Jugendherberge Diekjen Deel und ein weiterer **Hundestrand.**

Praktische Tipps

Unterkunft

Vermietungsagenturen

In Westerland gibt es nicht nur zahlreiche Unterkünfte, sondern auch eine Reihe von Vermietungsagenturen, hier eine Auswahl:

Karte Seite 26
15 **Sylt Tourismus Zentrale,** Keitumer Landstraße 10 B, Tel. 60 26, www.sylt-tourismus.de. Große Auswahl, viele Häuser in Westerland, hat einen eigenen Katalog.

Karte Seite 32
21 **Riel Vermietung,** Andreas-Dirks-Str. 6, Tel. 16 06, www.riel-sylt-ferienwohnung.de. Hat über 500 FeWos im Angebot, mit eigenem Katalog.

24 **Hussmann Ferienwohnungen,** Andreas-Dirks-Str. 14, Tel. 83 63 30, http://hussmann-sylt. de. Hat FeWos in mehreren Orten, bietet auch Kaufobjekte an.

11 **Appartement Brüning,** Strandstr. 13, Tel. 58 58, www.appartement-brуening.de. Hat FeWos in Westerland und Wenningstedt.

3 **GB Vermietungsservice,** Kjeirstr. 19, Tel. 824 60, www.gb-sylt.de. Bietet FeWos in beinahe allen Inselorten an.

43 **König Appartement,** Wilhelmstraße 7, Tel. 995 92 20, www.sylturlaub-koenig.de. Bietet FeWos und Ferienhäuser in vielen Sylter Orten an.

21 **Appartementvermietung Reiher,** Andreas-Dirks-Str. 6, Tel. 98 76 10, www.reiher-sylt.de. Bietet neben Kaufobjekten viele FeWos an.

21 **Appartementvermietung Flemming & Co.,** Andreas-Dirks-Str. 6–8, Haus Metropol, Tel. 77 00, www.flemming-sylt.de. Viele Angebote speziell aus dem Kurzentrum von Westerland, aber auch FeWos in Wenningstedt, List und Keitum.

Hotels

Die Preisangaben gelten jeweils pro Doppelzimmer in der Hauptsaison (Kategorien ↗ Unterkunft).

Karte Seite 26
5 **Long Island House Sylt**④, Eidumweg 13, Tel. 995 95 50, www.sylthotel.de. Ein kleines, stilvolles Haus in ruhiger, aber nicht abseitiger Lage. Sorgsam und in klaren Formen und Linien eingerichtet. Garten mit Sonnenliegen. Reichhaltiges Frühstücksbüfett, u.a. mit Fischspezialitäten von Fisch-Blum.

10 **Hotel Achter Dünem**④, Lerchenweg 18, Tel. 823 60, www.hotel-achterduenem.de. Ein kleines, helles Haus in sehr ruhiger Lage im Süden von Westerland, teilweise mit Balkon, kaum 300 m vom Strand entfernt. Insgesamt 11 Zimmer, Sauna.

9 **Hotel Sylter Hahn**④, Robbenweg 3, Tel. 92 820, www.sylter-hahn.de Das Hotel liegt am südlichen Stadtrand an einem Wäldchen, sehr ruhig und nahe der Dünen. Es besteht aus mehreren Gebäuden im Landhausstil und bietet sowohl Apartments und Ferienwohnungen als auch Hotelzimmer. Es gibt einen Wellnessbereich, Wasserkocher und Nespresso-Maschinen sind auf den Zimmern. Hunde sind in den meisten Unterkünften willkommen. WLAN.

4 Haus Noge③-④, Dr.-Ross-Straße 31, Tel. 17 95, https://haus-noge-sylt.de. Eines der letzten Häuser im Bäderstil mit einem charmanten Gastgeber. Es hat sehr individuelle Zimmer, die nach unterschiedlichen Themen eingerichtet sind, das ganze Haus und die Zimmer sind mit viel Kunst und Accessoires wie Bildern, Puppen etc. dekoriert, könnte manchem etwas zu viel sein, hat aber eine individuelle Note. Eine Tafel im Eingangsbereich beschreibt das Haus folgendermaßen: „Ein wohltuendes Anti-Allergikum gegen die Mediokrität der üblichen Unterkünfte und Pensionen". WLAN.

Karte Seite 32

26 Hotel Miramar⑤, Friedrichstr. 43, Tel. 85 50, www.hotel-miramar.de. Ein Klassiker mit 90 gut eingerichteten Zimmern mit rollstuhlgerechtem Bad. In exponierter Lage direkt vor der Kurpromenade, sodass der Haus-Slogan „Logenplatz am Meer" voll erfüllt wird. Im Haus auch Restaurant, Cocktailbar, Beautyfarm, Massage-Angebote, Sauna und Pool.

4 Hotel Sylter Hof und Villa Kristina⑤, Norderstr. 7–9, Tel. 85 70, http://sylter-hof.de. Zwei miteinander verbundene Häuser: der modern gehaltene Sylter Hof, Villa Kristina im friesischen Stil. Außerdem gibt es u.a. eine Cocktailbar, eine Sauna, ein Schwimmbad, eine Beautyfarm sowie eine Sonnenterrasse. Langschläfer können bis 12 Uhr frühstücken.

67 Hotel Uthland⑤, Elisabethstr. 12, Tel. 986 00, www.hotel-uthland-sylt.de. Ein schickes Haus mit 16 Zimmern in zentraler Lage, 100 m vom Strand entfernt. Im Hamptons-Stil mit hellen Tönen und natürlichen Materialien gestaltet. Nette Bar und Kaffeestube, außerdem eine Gartenterrasse mit Strandkörben sowie ein moderner Wellnessbereich.

Mein Tipp: 58 SyltHotel Raffelhüschen⑤, Boysenweg 8, Tel. 83 62 10, www.sylthotel-raffelhueschen.de. Sehr zentral ganz in der Nähe der Friedrichstraße gelegen. 35 helle und komfortable Zimmer, einige mit Balkon oder sogar Terrasse samt Strandkorb zur Südseite, diese sind allerdings etwas

teurer. Reichhaltiges Frühstück aus hauseigener Bäckerei, nachmittags gibt's Kaffee und Kuchen gratis. Im Hause ist auch ein Wellnessbereich mit Sauna vorhanden.

Mein Tipp: 68 Hotel Niedersachsen⑤, Margarethenstr. 5, Tel. 922 20, www.hotel-niedersachsen.de. Zentral und doch ruhig gelegenes 36-Zimmer-Haus, jeweils knapp 100 m bis zum Strand und zur Friedrichstraße. Hinter der geschwungenen Holzfassade verbergen sich hochwertig ausgestattete Räume in hellen Farben, eingerichtet mit einem Faible für nordisches Design und viel Liebe zum Detail. Außerdem gibt es auch Ferienwohnungen und einen Bungalow. Eine Sauna ist vorhanden, und die Dachterrasse ist direkt mit dem Lift zu erreichen.

66 Hotel Diana②, Elisabethstr. 19, Tel. 988 60, www.singlehotel-sylt.de. Ein Single-Hotel seit vielen Jahren mit rund 30 Einzelzimmern. Reichhaltiges Frühstück. Es gibt eine nette Terrasse mit Strandkörben, eine Teeküche (gegen geringe Gebühr) und eine kleine Bibliothek.

65 Hotel Sylter Blaumuschel④, Bötticherstraße 13, Tel. 83 60 40, www.sylter-blaumuschel.de. Ruhige und doch citynahe Lage. Ein Ensemble von drei Häusern mit insgesamt 50 Zimmern und Suiten in modernem Design. Frühstück von 7–11.30 Uhr, es gibt eine kleine Bar, und die Zimmer sind mit Tablets versehen. Weiterhin hat das Hotel einen Wellnessbereich mit Schwimmbad, bietet Massagen, und es gibt einen Obstteller bei Anreise. WLAN.

2 Villa 54° Nord④, Norderstraße 21, Tel. 83 64 008, www.villa54-sylt.de. Kleines Haus in einer um 1900 erbauten Villa im Bäderstil. Es gibt fünf Apartments und zehn individuell gestaltete Zimmer, u.a. mit Flat-TV, Nespresso-Kaffeemaschine, Wasserkocher, iPod Docking-Station, WLAN. Frühstück kann täglich dazu gebucht werden und wird am langen Tisch eingenommen.

FeWos

Karte Seite 26

11 **Friesenhof Südern**⑤, Lerchenweg 29, www.syltrundum.de. In einem der ältesten Friesenhäuser Westerlands (erbaut 1747) sind heute fünf sehr schöne und unterschiedlich große FeWos untergebracht. Sehr ruhige Lage, vielleicht 300 m vom Strand entfernt. Jede Wohnung mit eigenem Eingang und eigener Terrasse. Das Haus liegt in einem großen Garten.

Jugendherberge, Camping

Karte Seite 26

12 **Jugendherberge,** Fischerweg 36–40, Tel. 835 78 25, www.djh.de. Die Jugendherberge liegt auf dem Gelände des Jugendzeltplatzes Dikjen Deel und hat 144 Betten.

12 **Dünencamping,** Rantumer Straße, Tel. 83 61 60, www.campingplatz-westerland.de, 1.4. bis 31.10. Der Platz liegt einen knappen Kilometer au-ßerhalb des Westerländer Zentrums und bietet knapp 350 Stellplätze. Zelte werden in einem gesonderten Dünental mit äußerst lockerem Sand aufgebaut! Vom Strand ist der Platz nur durch einige Dünen getrennt, gute Sanitäreinrichtungen und eine Kult-Kneipe: „Ostería".

12 **Jugendzeltplatz Dikjen Deel,** Fischerweg 36, Tel. 835 78 25, Juni bis Sept. Der Platz liegt etwa 1½ km hinter dem Westerländer Campingplatz in Richtung Rantum, sehr schön vor den Dünen. Aufgenommen werden nur einzeln reisende Jugendliche unter 18 Jahren und kleine Gruppen. Letztere übernachten in bereitgestellten Zelten für maximal acht Personen. Jugendliche unter 18 Jahren können in eigenen Zelten auf dem Gelände der Jugendherberge Dikjen Deel schlafen. Der Bus nach Hörnum hält vor der Tür.

⌂ Auf Sand gebaut: Zelte in den Dünen

Essen und Trinken

Restaurants

Karte Seite 26

6 Alte Friesenstube, Gaadt 4, Tel. 12 28, https://altfriesischestube.de, Di–So ab 18 Uhr. Ein sehr friesisch gehaltenes Haus, im Jahre 1648 erbaut und damit das älteste der Insel. Sogar die Speisekarte ist blau-weiß und bietet die Gerichte plattdeutsch an: „Zippelsupp" beispielsweise oder auch: „All'ns wat ut'n Meer kümmt". Die Karte ist erfreulich übersichtlich, mit Schwerpunkt auf friesischen Gerichten, darüber hinaus gibt es Empfehlungen auf der Tageskarte.

3 Jörg Müller, Süderstr. 8, Tel. 277 88, www.hotel-joerg-mueller.de, Mi–Mo ab 17 Uhr. JM, wie es über der Eingangstür in das Fenster eingearbeitet wurde, gilt unter Feinschmeckern als eine der Top-Adressen auf Sylt. *Jörg Müller* war lange Jahre einer der führenden Sterne-Köche der Insel, er hat aber seinen Stern zurückgegeben. Seitdem wird hier zwar weiterhin auf sehr hohem Niveau gekocht, jedoch frei von Haute-Cuisine-Ansprüchen und -Ritualen. Serviert werden regionale Speisen mit einer eigenen kreativen Note, vor allem Fisch und Lamm, auch als Drei- oder Vier-Gang-Menü.

7 Tobis Hüs, Gaadt 7, Tel. 23 111, www.tobishues.de, Mo–Sa ab 17 Uhr. Das Motto des Hauses lautet: „Zu Gast bei Freunden", und dies wird in dem nicht zu großen Restaurant gelebt. Die überschaubare Karte bietet Fisch und Fleisch, für Kinder gibt es eine eigene Karte. Die Spezialitäten sind frische Pasta aus dem Parmesanlaib oder Rindertartar, beides jeweils am Tisch zubereitet. Außerdem werden saisonal wechselnde Gerichte angeboten.

14 Shirobar, Keitumer Chaussee 5a, Tel. 96 75 449, https://shirobar.de, Mi–Mo 17.30–22.30 Uhr. Ein kleines Stück Japan auf Sylt, was sich auch in der Inneneinrichtung zeigt: Die ist sehr weiß gehalten, mit einem Touch Rosa. Serviert wird klassisch Sushi, auch vegetarisch, daneben gibt es weitere japanische Gerichte.

Karte Seite 32

31 Gode Stuv, Friedrichstr. 33, Tel. 220 55, www.godestuv-sylt.de, Do–Di ab 17 Uhr. Das Lokal wird in der Einrichtung seinem plattdeutschen Namen gerecht, denn man findet sich tatsächlich in einer „guten Stube" wieder. Die Wände sind mit Kunst geschmückt, es gibt Gerichte der Friesischen Inseln, Fisch, Fleisch, Fondue, Pasta, montags Ente.

37 Restaurant Mariso, Paulstr. 10, Tel. 29 97 11, www.mariso-sylt.de, Nebensaison tägl. ab 17 Uhr, Hauptsaison ab 12 Uhr. Der Name steht für „Mare e Sol" (Meer und Sonne) und die Küche ist mediterran inspiriert mit einem asiatischen Akzent. Unter anderem gibt es Tapas und Salate, kanarische Kartoffeln und Mojo-Sauce, auch Sushi, Fisch- und Fleischgerichte, darunter Steaks vom Sylter Galloway-Rind.

57 Sylter Stadtgeflüster, Boysenstr. 2, Tel. 995 55 91, www.sylter-stadtgefluester.de, tägl. 13–22 Uhr, in der Nebensaison Di Ruhetag. Angenehmes Café-Restaurant mit kleiner Terrasse im Herzen der Stadt, sehr nett im Beachhouse-Stil eingerichtet. Bietet eine überschaubare Auswahl u.a. auf einer abwechslungsreichen Tageskarte, nachmittags gibt es Kuchen, ab 17.30 Uhr gilt die Abendkarte.

17 Ingo Willms, Elisabethstraße 4, Tel. 99 52 82, http://willms-sylt.de, Mo–Sa 12–14.30, 17.30–22 Uhr. Ein Lokal zwischen den Hauptflaniermeilen Friedrichstraße und Strandstraße, mit kleiner Terrasse. Es gibt einen Mittagstisch, darunter auch gern gewählte Klassiker mit Produkten aus der Region, abends wird die Karte um mediterrane und Fisch-Gerichte ergänzt. Alles gekonnt angerichtet und geschmacklich auf sehr hohem Niveau.

51 Tellerrand, St.-Nicolai-Str. 1, Tel. 44 65 30, www.tellerrand-sylt.de, Mi–Mo ab 17 Uhr. Das Lokal stellt seine Gerichte so vor: „Gehobene deutsche Küche, modern interpretiert mit eurasischem Einfluss". Das klingt und schmeckt spannend, ein Beispiel ist der Heilbutt mit Bohnenpüree, Thai-Spargel, Honig und Sojasoße. Gekocht wird mit saisonalen Produkten aus der Region. Ergänzt ist die Karte mit vegetarischen Gerichten.

Westerland

1

9 Fisch Hüs, Strandstraße 10, Tel. 224 23, täglich 11.30–22 Uhr. Unprätentiöses Lokal mit kleiner Terrasse in der Fußgängerzone. Serviert wird, wie der Lokalname schon andeutet, viel Fisch, aber es gibt auch Fleischgerichte. Mittagskarte von 11.30–16.30 Uhr, und auch Menüs. Insgesamt günstig für Sylter Verhältnisse.

38 Pizzeria Riva, Paulstraße 10, Tel. 29 97 13, www.riva-sylt.de, tägl. 12–22 Uhr. Eine kleine Pizzeria (mit Terrasse), mit viel Holz eingerichtet. Gebacken wird im Steinbackofen, und die Pizzen werden auf Holzbrettchen serviert. Pasta gehört ebenfalls zum Angebot.

61 Seekiste, Käpt'n-Christiansen-Str. 9, Tel. 225 75, www.seekiste.de, Mo–Sa ab 17.30 Uhr. Kleines Traditionshaus seit 1971, im maritimen Schick mit blau-weißen Wandkacheln und seemännischen Bildern dekoriert. Die Küche konzentriert sich auf norddeutsche Gerichte, bietet aber auch mediterrane Speisen, zweimal sind Aktionstage: Dienstag (Ente) und Mittwoch (Reibekuchen), jeweils nach Vorbestellung.

Cafés und Bistros

Karte Seite 26

2 Café Seenot, Lornsenstr. 31, liegt genau am Strandübergang Rote-Kreuz-Str., Tel. 92 98 38, https://restaurant-seenot.de, tägl. ab 11.30 Uhr. Kleine und große Leckereien wie Milchreis, Kartoffelpuffer, Nürnberger Rostbratwürstchen, Salate, Suppen, auch Fisch und Fleisch sowie einige vegetarische Gerichte. Die Terrasse weist zum Meer und liegt fast auf Höhe des Strandes, mitten zwischen den Dünen gelegene ehemalige Rettungsstation.

1 Puro Sylt by Strandhaus, Lornsenweg 13, Tel. 299 88 74, tägl. ab 12 Uhr. Eine spanische Tapasbar in den Dünen, aber ohne Meerblick. Nette Atmosphäre und legere Stimmung, geboten werden u. a. spanische Tapas, die auch mit ihrem spanischen Namen auf der Karte stehen, auch vegetarische Varianten. Keine Kartenzahlung möglich.

8 Siam Sylt, Fischerweg 15, Tel. 64 44, https://siamsylt.de. Das nett gestaltete Lokal mit viel Bambusdekor im Süden des Ortes etwa in Höhe Sportplatz bietet gute thailändische Küche bei einer überschaubaren Karte. Auf Wunsch wird auch scharf gewürzt. Ab 17 Uhr, Mo Ruhetag.

MEIN TIPP: **13 Osteria,** auf dem Campingplatz, Tel. 298 19, www.osteria-sylt.de, Küche ab 12 Uhr, Mo Ruhetag. Originelle, skurrile Dekoration, verbunden mit tadelloser Küche. Die Macher haben es verstanden, auch Nicht-Camper in ihr Lokal zu locken, u.a. mit Frühstück bis 16 Uhr. Legere Atmosphäre mit italienisch angehauchter Küche und großen Mengen zum vernünftigen Preis, bei gutem Wetter auch im Innenhof im Strandkorb.

13 Strandoase, Lorens-de-Hahn-Str. 42, Tel. 446 46 96, https://strand-oase.de, So–Di 11.30–20.00 Uhr, Do–Sa 11.30–22.00 Uhr. Liegt wunderbar in den Dünen beim Strand, etwa 500 m nach dem Passieren des Campingplatzes in Richtung Rantum, mit Terrasse. Serviert werden regionale Spezialitäten (Fisch, Lamm), aber auch mediterrane Gerichte. Di, Do und So auf Vorbestellung Ente aus dem Ofen. Wechselnde Tageskarte.

Karte Seite 32

69 Badezeit, An der Promenade, Strandübergang Friedrichstraße, Tel. 83 40 20, www.badezeit.de, tägl. ab 11 Uhr. Bistro mit leckeren Gerichten und mit formidablem Blick aufs Meer. Es gibt eine Tages- und eine Strandkarte, im Angebot sind große Salate, Pasta, Fisch, Fleisch, darunter auch Lammbratwürste vom Keitumer Gänsehof.

70 Beach House Sylt, südliche Kurpromenade, etwa beim Übergang Käpt'n-Christiansen-Str., Tel. 288 78, https://beachhouse-sylt.de, ganzjährig ab 11.30 Uhr. Tadelloser Blick auf Strand und Meer von der erhöht liegenden Terrasse, Bistroküche mit Fisch, Fleisch, Salaten und Tagesgerichten, wenn einen der Hunger am Strand packt.

27 Café Extrablatt, Friedrichstr. 44, Tel. 449 62 97, www.cafe-extrablatt.de. Legeres Lokal vor dem Strandübergang. Ab 8 Uhr Frühstück (Nov. bis März ab 9 Uhr), ansonsten eine gute, nicht zu teure Bistrokarte, abends gibt's auch Cocktails. WLAN.

33 Café Orth, Friedrichstr. 30, Tel. 72 12, www.cafe-orth-sylt.de. Traditionsreiches Lokal, seit 1920, was man drinnen an der stilvollen Einrichtung mit tiefen, gemütlichen Sesseln und der kleinen Bar noch ahnen kann. Direkt an der Friedrichstraße gelegen mit einer Terrasse. Serviert werden hausgebackene Kuchen, ein breites Angebot an Kaffee- und Teesorten, auch Schokolade, und außerdem kleine Gerichte wie „Schnitzelbrot", Suppen, Salate und auch Frühstück.

MEIN TIPP: 10 Café Wien, Strandstr. 13, Tel. 53 35, www.cafe-wien-sylt.de, tägl. 9–21 Uhr. Ein schönes Kaffeehaus, das nicht nur erstklassige Kuchen, Torten, Schokolade und Pralinen anbietet, sondern auch auch kleine warme Gerichte. Drinnen ist es meist sehr voll, auf der kleinen Terrasse draußen sieht es auch nicht viel anders aus. Wer gar keinen Platz findet, kann die Kuchen auch am Tresen kaufen und mit nach Hause nehmen.

MEIN TIPP: 34 Fisch Blum, Neue Str. 4, Tel. 294 20, www.sylter-fisch.de, tägl. ab 11.30 Uhr. Ähnliches Prinzip wie bei Gosch, aber längst nicht so voll. Man bestellt sein Essen am Tresen und erhält einen Signalgeber, der piept, wenn alles fertig ist und man sich seinen Teller abholen kann. Hauptsächlich gibt es Fischgerichte, aber auch saisonale Speisen. Nebenan liegt noch eine Art Fischbratküche, wo Fischbrötchen, Fischsalate und Frischfisch sowie kleine Gerichte verkauft werden.

56 Gosch, Friedrichstr. 15 B, Tel. 237 45, tägl. ab 10.30 Uhr. Es gibt hier eine Gosch-typische Fischküche, aber auch ein schnelles Fischbrötchen auf die Hand. Wie üblich bei Gosch gilt Selbstabholung. Im oberen Stockwerk gibt es jetzt eine Bar.

☑ Das traditionsreiche Café Orth

sy20035 sm

59 **Das KünstlerCafé,** Boysenstr. 9, Tel. 957 50 00, www.kuenstler-cafe.de, tägl. 10–14, 17–22 Uhr. Sehr nettes, kleines Lokal, das sich die Räumlichkeiten mit einem Auktionshaus und einem kleinen Kaffeelager teilt. Angenehme Atmosphäre, Frühstück bis 14 Uhr, gute Bistroküche, auch schön arrangierte Tapas.

25 **Luzifer,** Andreas-Dirks-Str. 10, Tel. 92 77 22, www.luzifer-sylt.de. Direkt hinter der Promenade, schräg gegenüber der Musikmuschel gelegenes Lokal mit sehr großer Sonnenterrasse. Frühstück ab 9 Uhr, an bestimmten Tagen gibt es Themenabende, so beispielsweise am Mittwoch „Pastamania" ab 18 Uhr, oder am Donnerstag den „Wikingerschmaus" ebenfalls ab 18 Uhr.

1 **Sunset Beach,** Brandenburger Str. 15, nördlicher Brandenburger Strand, auf Höhe der Sylter Welle, Tel. 271 72, www.sunsetbeach.de, tägl. 10–22 Uhr. Eine etwas rustikale Holzbude mit einer pfiffig gestalteten Terrasse zum Meer. Es gibt eine Bistroküche, kühle Getränke und einen erstklassigen Blick auf den Strand und die Wellen.

62 **Café Mateika,** Bismarckstraße 13, Tel. 24 081, www.mateika.de., tägl. 9–18 Uhr. Traditionsreiches Kaffeehaus, das eine fast schon vergessene Gemütlichkeit und auch Ruhe bietet. Innen mit Pastellfarben dekoriert, außen eines der schönsten Jugendstilgebäude. Frühstück wird von 9 bis 13 Uhr serviert, Sa/So als Buffet. Ansonsten gibt es feine Backwaren, Torten, auch Wein und Sekt, diverse Heißgetränke und auch ein Bier.

28 **Café Leysieffer,** Friedrichstraße 38, Tel. 82 38 20. Top-Lage mit einer größeren Terrasse, separater Eisverkauf mit meist recht langer Schlange. Insgesamt ein breites Angebot: Frühstück, Bistro-Küche, Zwischendurch-Drink, Eis. Drinnen eine warme Theke mit Selbstbedienung. Sehr geschätzt ist hier der Milchreis mit Rotweinpflaumen.

16 **Casa Bianca,** Elisabethstr. 4, Tel. 23 102, https://casa-bianca-sylt.de, Mi–So ab 12 Uhr, im Winter ab 15 Uhr durchgehend. Anspruchsvolle italienische Küche, die ihren Preis hat, in einer legeren Atmosphäre. Pizza und Pasta dürfen trotzdem nicht fehlen, dazu Fisch- und Fleischgerichte und natürlich Antipasti.

39 **Pablito,** Paulstr. 6, Tel. 29 97 12. Liegt gleich neben der Wunderbar (siehe „Nachtleben") und nennt sich „die kleine Tapabar", ab 16 Uhr.

sy20034 hf

Westerland

64 **Weinhaus Schachner,** Bismarckstr. 12, Tel. 265 19, Mo–Sa 10–21 Uhr. Im Bistro des gut sortierten Weinhandels gibt es eine Speisekarte mit Kleinigkeiten wie Tapas oder Brotzeit.

Nachtleben (Karte S. 32)

40 **American Bistro Sylt,** Paulstr. 3, Tel. 92 70 50. American Style, abends gibt es amerikanische Küche mit Spareribs und Steaks.

63 **Cohibar,** Bötticherstr. 10, Tel. 226 73, tägl. 15–3 Uhr. Tropical Feeling auf Sylt mit vielen Cocktails. Auch spanische Tapas und Gerichte.

6 **Classic Club Sylt,** Strandstr. 3–5, Tel. 995 89 43, Fr, Sa ab 22 Uhr. Dancemusic der 1970er und 1980er Jahre, moderate Getränkepreise.

36 **Irish Pub,** Paulstr. 11, Tel. 29 96 21. Ein kleines, niedliches Haus, wo tägl. ab 18 Uhr das Guinness und 60 Whiskeysorten fließen.

14 **Kleist Casino,** Elisabethstr. 1A, Tel. 242 28, ab 20 Uhr. KC, wie der Clubname abgekürzt wird, ist eine Gay-Disco mit langer Tradition.

39 **Wunderbar,** Paulstr. 6, Tel. 217 01, Di–Sa 21–4 Uhr. Motto des Hauses: „Es war die Zeit des deutschen Schlagers". Dazu Erdnüsse satt auf den Tischen und die Schalen darunter. Raucherlokal.

54 **Barbushka,** Friedrichstraße 14, Tel. 0172 53 68 023, Di–So 15–23, Happy Hour 17–21 Uhr. Kleine, langgezogene Bar mit breiter Auswahl an Cocktails.

Inselrundfahrten

■ Täglich um 11 Uhr die zweistündige kleine, um 14 Uhr (Nov.–Feb. 13 Uhr) die dreistündige große Rundfahrt. Abfahrt: ZOB, Preis: Kleine Inselrundfahrt Erwachsene 17,50 €, Kinder 12,50 €, große Inselrundfahrt Erwachsene 20 €, Kinder 13,50 €. Infos und Tickets über den Info-Pavillon, Bahnhofsvorplatz, Tel. 836 10 29, www.svg-busreisen.de.

Ortsführungen

■ Der **Fremdenverkehrsverein Westerland** veranstaltet Gästeführungen durch Westerland (u. a. „Westerland einst und jetzt"), Rantum und Keitum (u. a. „Keitum, das Kapitänsdorf") sowie auch Touren zum Morsum-Kliff. Infos: Tel. 835 85 24, www. fvv-westerland.de.

■ Eine Inselkennerin und mit viel Humor gesegnet ist **Silke von Bremen.** Sie organisiert in der Saison (Ostern bis Ende Okt.) Führungen in den unterschiedlichen Ortschaften, auch in Westerland. Interessierte erfahren eine Menge Details, Histörchen und Wissenswertes, das in keinem Reiseführer steht. Genaue Termine finden sich im insularen Veranstaltungskalender, der im kostenlosen Heft „TV Sylt" abgedruckt wird, auf den überall ausliegenden Flyern oder auf *Silke von Bremens* Website. Infos und Kontakt: Tel. 355 74, www.guideaufsylt.de.

Aktivitäten

Schiffstouren (Karte S. 32)

60 **Adler-Schiffe** bieten diverse Ausflüge in die benachbarte Inselwelt bis nach Helgoland oder zu den Seehundbänken sowie auch thematische Fahrten („Piratenfahrt" für Kids). Verkaufsbüro für die Tickets: Boysenstr. 13, Tel. 98 70 888, www.adler-schiffe.de.

⟨ „Klasse, aufgemerkt! Wir behandeln heute das Thema Sonnenuntergang!" Im Sunset Beach gibt die Sonne Frontalunterricht

sy20036 hf

Fahrrad- und E-Fahrzeugverleih (Karte S. 32)

In Westerland gibt es genügend Vermieter von Fahrrädern, die meisten haben heute auch E-Bikes im Angebot und bieten auch eine Pannenhilfe an. Etliche Vermieter liegen beim Bahnhof.

48 M&M Bahnhof, auf dem Bahnsteig neben Gleis 1, Tel. 357 77, www.mm-sylt.de, mit sehr großer Auswahl.

45 Mietrad.de, Kirchenweg 7a, Tel. 350 40 54, www.mietrad.de. Hat u. a. Räder mit Kindersitz, E-Bikes, MTB, Kinderräder, Anhänger für Kinder oder Hunde.

49 Leksus, Trift 2, Tel. 83 50 00, https://leksus-fahrradverleih.de. Größeres Geschäft schräg gegenüber vom Bahnhof.

47 Lydias Fahrradverleih, Kirchenweg 10, Tel. 29 94 94, https://lydias-sylt.de. Breites Angebot von Standard-Rädern bis Mountainbikes, auch Kinderräder und Anhänger.

46 Zur Speiche, Kirchenweg 13, Tel. 88 92 668, www.zur-speiche-sylt.de. Große Auswahl, natürlich auch an E-Bikes.

20 Im Eingangsbereich der Sylter Welle (siehe „Sehenswertes") befindet sich auch das **E-Mobility Center,** wo Gäste E-Roller, E-Bikes und sogar E-Autos (Mercedes, Smart) mieten können. Täglich 9–17.30 Uhr.

Sportives

Karte S. 26

■ **Sylter Fun Beach:** In der Saison (1.7.–31.8.) wird am Brandenburger Strand täglich von 12 bis 18 Uhr eine Sporterlebniswelt geöffnet. Dort finden wechselnde Programme für jedermann statt, beispielsweise Beachvolleyball und Beach Soccer, und es werden auch Spiel- und Sportgeräte kostenlos verliehen.

■ **Minigolf,** Tel. 836 25 22, tägl. 10–18 Uhr. Ein Minigolfplatz mit 18 Bahnen liegt vor dem ausgeschilderten Aquarium am Schützenplatz.

⌂ Manchmal ist ein Bummel auf der Strandpromenade schon sportiv genug …

Karte S. 32

🔴 **Sylter Welle,** siehe „Sehenswertes".

1 **Surfschule Sunset Beach,** Brandenburger Str. 15, nördlicher Brandenburger Strand, auf Höhe der Sylter Welle, Tel. 271 72, www.sunsetbeach.de. Die Surfschule von *Hans Heinicke.* Kurse für Anfänger, zum Auffrischen und für Fortgeschrittene. Ebenso kann das Catsegeln erlernt werden und natürlich werden auch Surfboards sowie Kajaks vermietet. Angeschlossen ist das gleichnamige Bistro.

Spielkasino, Kino

🔴 **Spielkasino Westerland,** im Rathaus, Andreas-Nielsen-Str. 1, Tel. 23 04 50. Automatensaal ab 11 Uhr, Spielsaal ab 19.30 Uhr.

☐ Kitesurf World Cup vor Westerland

🔴 Ein Kino namens **Kinowelt** gibt es in der Strandstraße 9. Das Programm erfährt man unter Tel. 83 62 20 oder unter www.kinowelt-online.de.

🏃 Angebote für Kinder

Karte S. 26

🔴 **Confetti Kinderclub,** Schützenstr. 20–24, Tel. 85 04 44, Kontakt über das Dorint-Hotel. Bietet eine Erlebnisbetreuung für Kinder im Alter von 1 bis 13 Jahren.

Karte S. 32

🔴 **Villa Kunterbunt,** obere Strandpromenade, Höhe Brandenburger Strand, Tel. 99 82 75, Mai–Okt. Mo–Fr 10–17 Uhr, Nov.–April Mo–Fr 10–15 Uhr. Hier werden Kinder ab 4 Jahren gegen Gebühr stundenweise betreut, es gibt auch diverse Sonderaktionen sowie freies Spielen am Nachmittag.

7 **Lütt & Plietsch,** Strandstr. 6–8, Tel. 20 11 36, geöffnet: Mo–Sa 10–18, So 11–17 Uhr. Sylter Kinderladen mit einer großen Auswahl an Spielzeug, u. a. von der französischen Firma Djeco.

sy20037 sm

Einkaufen (Karte S. 32)

Buchhandlungen

52 **Badebuchhandlung,** Friedrichstr. 7, Tel. 226
09, Mo–Fr 9–19, Sa 9–18, So 11–17 Uhr. Hat eine
große Auswahl an Literatur und Titeln über Sylt und
bietet auch Postkarten an.

42 **Buchhandlung an der Wilhelmine,** Wil-
helmstr. 3, Tel. 219 29, meist 9–18 Uhr, im Sommer
länger. Kleiner, gut sortierter Buchladen, hat viel
Sylt-Literatur und bietet auch Muschellampen an.

32 **Buchhaus Voss,** Friedrichstr. 27, Tel. 835 62 57,
Mo–Fr 9.30–18, Sa 10–16 Uhr. Buchhandlung, die
auch viele Tageszeitungen, eine breite Auswahl an
Büchern zu Sylt und eine Abteilung mit Geschenk-
artikeln hat.

11 **Bücherwurm,** Strandstr. 13, Tel. 222 90, geöffnet: Mo–Fr 9–13 und 14–18, Sa 9–14 Uhr. Kleiner,
gut sortierter Buchladen, der ebenfalls Sylt-Titel,
Zeitungen, Zeitschriften und Postkarten anbietet.

Kunst

15 **Kunstsupermarkt,** Elisabethstr. 1, Tel. 835 77
86, www.kunstsupermarkt.de, Mo–Fr 11–18, Sa
11–16 Uhr. „Kunst erschwinglich zu machen", lautet
das Motto des Kunstsupermarktes. Zu genau festge-
legten Preisen zwischen 50 und 299 € können hier
Originale von unterschiedlichen Künstlern erworben werden in einem zwanglosen – supermarkt-
ähnlichen – Ambiente.

■ Siehe auch „Nützliche Adressen, Galerien".

Mode und Accessoires

53 **Adenauer & Co.,** Friedrichstr. 11, Tel. 995 59
57, Mo–Fr 10–18.30, Sa 10–18, So 11–17 Uhr, im
Winter So geschlossen. Legere Mode für Frauen und
Männer mit Bezug zur Nord- und Ostseeküste. Der
Inhaber ist tatsächlich der Enkel des ersten Bundes-
kanzlers *Konrad Adenauer.*

sy20039 sm

22 **Come In,** Andreas-Dirks-Str. 14, Tel. 835 61 79. Hier gibt es Mode mit dem Sylt-Logo, u.a. auch das Kult-Shirt „Ich will zurück nach …" und auf der Rückseite: „Westerland" mit der jährlich wechselnden Jahreszahl. Für viele ein beliebtes Sammlerstück.

30 **Kunstgewerbe Wegst,** Friedrichstr. 33, Tel. 226 00. Ein Geschäft, das Souvenirs, Syltschmuck, Strandartikel, Kunsthandwerk, kleine Geschenke, aber auch Bekleidung anbietet.

13 **Outback,** Strandstr. 19, Tel. 16 73. Kleine Boutique, in der „der kuh-lste Kult der Insel" angeboten wird, nämlich Mode und Accessoires mit dem Logo der „Sylt-Kuh". Diese wurde vor gut 20 Jahren kreiert, indem der Schriftzug „Sylt" in das schwarzweiße Fell einer Kuh eingearbeitet wurde. Gleich um die Ecke an der Bomhoffstraße befindet sich noch ein Outlet Store.

35 **Sansibar Store,** Friedrichstr. 21, Tel. 232 30. Liegt zentral und unübersehbar an der Friedrichstraße und bietet im Zeichen der gekreuzten Schwerter die Sansibar-Modekollektion an.

◁ Nur Mut …

29 **Scandic,** Friedrichstr. 32, Tel. 995 42 44. Kleines Geschäft mit schicker skandinavischer Damenmode.

55 **Bürstenhaus Redecker,** Friedrichstr. 16, Tel. 88 95 070. Einmalig! Eine kleine Bürstenmanufaktur, die seit Jahrzehnten besteht und eine unglaubliche Vielfalt an Bürsten, Besen, Rasierpinseln, Fußmatten etc. verkauft.

12 **Amor Lux,** Strandstraße 14, Tel. 889 51 74, Mo–Fr 10–18, Sa 10–17, So 11–17 Uhr (nur im Sommer). Hier gibt es maritime Freizeitmode aus der Bretagne, vor allem das markante blau-weiße Streifenshirt.

Lebensmittel und Spezialitäten

18 **Salatkogge,** Strandstr. 28, Tel. 235 59, 9–18 Uhr (meistens). Kleines Fischgeschäft, das u. a. Fischbrötchen, Räucherfisch, hausgemachte Salate und Fischspezialitäten verkauft.

MEIN TIPP: **23** **Sylter Fässchen,** Andreas-Dirks-Str. 12–14, Tel. 957 57 66, Mo–Fr 11–18, Sa 11–16 Uhr. Kleiner Spezialitätenhandel für ausgesuchte Brände, für Whiskey und Grappa sowie Öle und Essig. Von den Fässchen wird in unterschiedlich große Flaschen abgefüllt. Kompetente und humorvolle Beratung inklusive.

10 **Sylter Schokoladenmanufaktur,** Strandstr. 13, Tel. 299 15 01, 9–20 Uhr. Der kleine Laden neben dem Café Wien bietet 300 Sorten selbstgemachte Schokoladen, Pralinen und Trüffel.

8 **Sylter Tee Company,** Strandstr. 10, Tel. 889 17 17. Kleines Teefachgeschäft, sehr ansprechend in friesischen Farben dekoriert.

50 **Sylter Teekontor,** Wilhelmstraße 4, Tel. 988 89 80, Mo–Fr 10–18, Sa 10–16 Uhr. Gute Auswahl an losem Tee, an Tee-Utensilien und Geschirr.

19 Teehaus Ernst Janssen, Strandstr. 28, Tel. 29 98 11, Mo–Fr 10–18, Sa 10–14 Uhr. Kleines Teefachgeschäft, montags Teeseminare (19–21 Uhr), dienstags häufig Kleinkunstabende.

64 Weinhaus Schachner, Bismarckstr. 12, Tel. 265 19, Mo–Sa 10–21 Uhr. Gut sortierter Weinhandel mit Bistro. Breite Auswahl an Weinen, mit der Möglichkeit zu probieren. Außerdem ausgesuchte Feinkostwaren.

44 Sylter Likörwerkstatt, Wilhelmstraße 8, Tel. 265 19, Mo–Fr 11–18 Uhr. Kleiner Laden, der feine Spirituosen anbietet wie Gin, Rum, Liköre, darunter auch „DSG – das Sylt-Getränk". Alles in kleinen Flaschen, Etiketten werden von Hand beklebt, alles kann vor Ort probiert werden.

41 Reformhaus Schulze, Stephanstraße 7, Tel. 225 56, Mo–Fr 9–18.30, Sa 9–14 Uhr. Liegt ein bisschen am Rande, bietet aber eine gute Auswahl an Bio-Lebensmitteln, auch Kosmetika, Körperpflegemittel und Naturarzneimittel.

5 Wochenmarkt, Andreas-Nielsen-Str., vor dem Rathaus, Sa bis 13 Uhr, April–Okt. auch Mi bis 13 Uhr.

Nützliche Adressen

Post

■ Die Post befindet sich in der Kjeirstraße 17, geöffnet: Mo–Fr 9–17.30, Sa 9.30–12.30 Uhr.

Zeitungen

■ In der oberen Etage des **Syltness Centers** liegen aktuelle Ausgaben verschiedener regionaler und überregionaler Zeitungen aus.

⌄ Kunst zum Anschauen und Kaufen

508sy sm

Galerien

■ **Hof Galerie,** Andreas-Nielsen-Str. 1, Tel. 957 50 00, Mo–Sa ab 11 Uhr. Direkt im Gebäude der Westerländer Spielbank liegt diese Galerie, die Kunst vom 17. Jahrhundert bis zur Gegenwart ausstellt, darunter auch Werke von *Udo Lindenberg* in einer eigenen nach ihm benannten Lounge.

■ **Mensing,** Friedrichstr. 32, Tel. 250 90, in der Saison tägl. ab 10 Uhr. Schon lange bestehende Kunstgalerie im Zentrum Westerlands, die Kunst vom 19. bis 21. Jahrhundert, aber auch schöne Sylter und maritime Motive zum Kauf anbietet.

Taxi

■ Tel. 55 55, 50 50, 66 99, 70 70.

Bücherei

■ In der **Alten Post,** Stephanstr. 6, Tel. 227 10, Mo–Sa 10–13, Mo/Di und Do/Fr auch 15–18 Uhr. Hier werden 600 Gesellschaftsspiele angeboten und natürlich können auch Bücher entliehen werden, für Kinder kostenlos.

⌐⌐ Schmucke Reetdachhäuschen

2 Der Süden der Insel

Zwei kleine Orte, ganz viel Natur und ein schier endloser Strand, so zeigt sich der weitläufige Südteil der Insel Sylt. Die beiden Orte sind von ihrer Lage am Wasser geprägt: Rantum grenzt an beide Meere, ans Wattenmeer und an die offene See, und Hörnum ist sogar von drei Seiten vom Wasser umgeben.

List

Kampen

Westerland

Keitum

Morsum

Rantum

NORDSEE

Hörnum

 In Rantum

Map

Eidumer Vogelkoje

`71` Rantumbecken

Rantum-Nord

Strandsauna

`68`

Sylt-Quelle

`64` Rantum

St. Peter

Tadjem Deel `2`

Samoa `3`
Strandsauna

Sansibar `4`

Loran-Station

Rantumlohe

Puan Klent

Möskental

NORDSEE

SYLT

`5`

`6`

`80`

St. Thomas

Aussichtsdüne
Budersanddüne

Hörnum `78`

Leuchtturm Hörnum

`83`

Hörnum Odde

0 ▬▬ 1 km

© REISE KNOW-HOW

Übernachtung
1 Campingplatz Rantum
5 Jugendherberge Hörnum
6 Campingplatz Hörnum

Essen und Trinken
2 Tadjem Deel
3 Samoa Seepferdchen
4 Sansibar

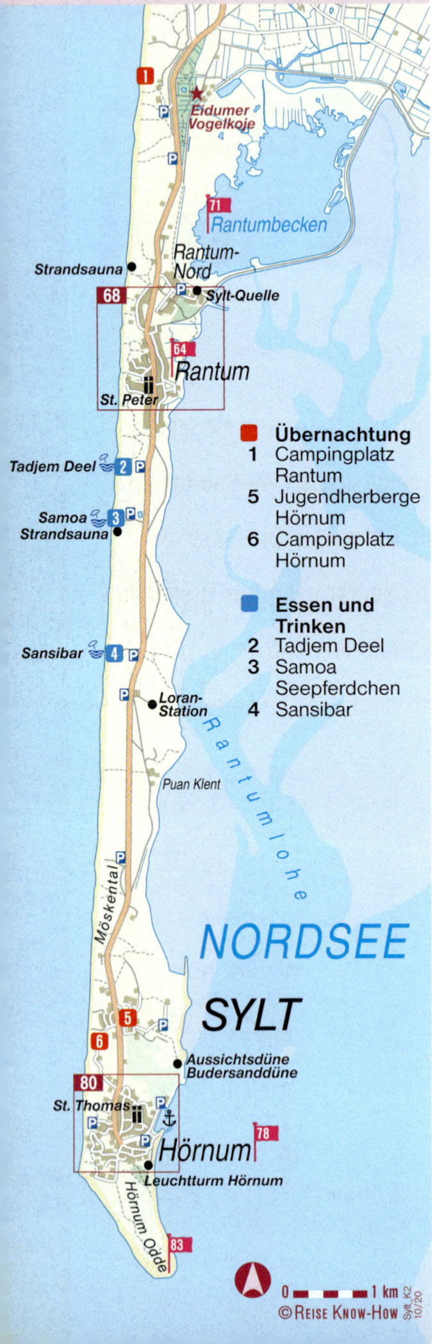

DER SÜDEN
DER INSEL:
NATUR PUR

⌂ Schier endlose Weiten:
die Hörnum Odde an Sylts Südspitze

520sy sm

Der Sylter Süden liegt nicht ganz so im Fokus wie andere Regionen dieser Insel. Viele Sylt-Urlauber schaffen es gerade ein Mal bis zur „Sansibar", aber nie nach Hörnum. Doch gerade dort öffnet sich eine bezaubernde Naturlandschaft, die geprägt ist von Dünen, endlosen Stränden und ganz viel Einsamkeit, vor allem im Bereich der Hörnumer Odde an der südlichen Inselspitze, aber auch auf der Wattseite bei den Budersanddünen. Und richtig ruhig und erst recht einsam wird es an der Wattseite zwischen Rantum und Hörnum. Diese Einsamkeit muss man sich erwandern oder erradeln.

NICHT VERPASSEN!

➡ An der **Rantumer Hafenstraße** hat sich eine kleine Meile an Geschäften und Lokalen mit breitem Angebot etabliert | 70

➡ Rund um das **Rantumbecken:** der vielleicht einsamste Spaziergang auf dieser sonst an vielen Orten so quirligen Insel | 71

➡ Weit, sogar sehr weit reicht der Blick vom **Hörnumer Leuchtturm** | 81

➡ **Hörnum-Odde,** ein windzerzaustes Stück Dünenlandschaft, ist ideal für eine Strandwanderung | 83

Diese Tipps erkennt man an der gelben Hinterlegung.

Überblick

Der südliche Bereich von Sylt ist nur ein schmaler Streifen. An der schmalsten Stelle, bei Rantum, misst die Insel kaum noch 500 Meter. Sylts Süden bietet viel Natur. Entlang der Westseite liegen die unter Naturschutz gestellten Dünen vor dem endlos erscheinenden Strand. Hier darf man sich nur auf wenigen Wegen bewegen, zumeist sind dies die Holzbohlenwege zum Strand. Dort locken auch ein paar Strandbistros. Bei der selbst außerhalb Sylts bekannten Sansibar befindet sich sogar ein riesiger Parkplatz.

Sonst gibt es hier gerade mal zwei Orte nebst einer Verbindungsstraße. Früher schaukelte hier noch die Inselbahn von Westerland über Rantum nach Hörnum durch die Dünen, doch das ist schon lange vorbei. Auf der ehemaligen Trasse können sich heute Wanderer und Radler Hörnum nähern. Flotter geht es über die Straße, die früher übrigens „Straße der Höflichkeit" genannt wurde. Damals bestand sie aus so schmalen Betonplatten, dass immer nur ein Auto in eine Richtung passieren konnte, zum höflichen Durchlassen gab es Ausweichbuchten. Parallel zur Straße führt ein Radweg nach Hörnum. Natürlich kann man auch am Strand entlang von Westerland über Rantum bis nach Hörnum gehen. Es ist eine schöne Strecke, da man außerhalb der Ortschaften in ziemlicher Einsamkeit läuft, allerdings ist das Laufen im weichen Sand ganz schön anstrengend. Auch auf der Wattseite lässt sich der Sylter Süden erschließen, von Rantum bis nach Hörnum sind dies 11 Kilometer.

Rantum

- **Friesischer Name:** Raantem
- **Vorwahl:** 04651
- **PLZ:** 25980
- **Insel Sylt Tourismus-Service:** Strandweg 7, Tel. 99 80, www.rantum.de, Mo–Fr 9–16.30, Sa 10–13 Uhr.
- **Kurtaxe:** 1.5.–31.10. 3,30 €/Tag, 1.11.–30.4. 1,65 €/Tag, Kinder und Jugendliche unter 18 Jahren frei.
- **Strandkörbe:** Der Preis richtet sich nach der Mietdauer, wobei es drei Phasen gibt: ein Tag, zwei bis vier Tage, ab fünf Tage. Für einen Tageskorb zahlen Besucher in der Hauptsaison 12 €, bei einer Mietdauer ab fünf Tagen 9,50 €/Tag. Wer bis spätestens 30.4. und mindestens 14 Tage vor dem ersten Miettag einen Standkorb für mindestens fünf Tage bestellt, erhält einen Frühbucherrabatt von 15 %. Infos und Buchung: Tel. 99 80, www.insel-sylt.de/strandkorb-vermietung.

Überblick

„Hier hat man wenigstens noch Insel-Feeling", so charakterisierte einmal ein Freund Rantum. In der Tat, weit hat man es nie bis zum Wasser, denn **nirgendwo ist Sylt so schmal** wie bei Rantum. Nur knappe 500 Meter liegen zwischen Wattenmeer und offener See, wer über die Strandstraße zu den Dünen geht, kann von einem etwas erhöhten Punkt beide Meere sehen.

Rantum wurde 1462 erstmals urkundlich erwähnt, doch Historiker vermuten, dass dieses Gebiet bereits früher besiedelt war und zwar weiter westlich, also dort, wo heute die Nordsee tobt.

Jahrhundertelang wurde Rantum durch **Naturgewalten** bedroht. Sturm-

Kirche auf der Flucht

Als der Pastor nur noch durch's Fenster in seine Kirche krabbeln konnte, war's genug! Mal wieder mussten die Rantumer vor dem **unaufhaltsam vordringenden Sand** kapitulieren. Aber das kannten sie ja schon, seit Jahrhunderten. Jedes Mal wenn der Sand wieder stark nach Osten weitergewandert war, bauten die Rantumer ihre Häuser ab und ein Stückchen weiter wieder auf. Das gilt auch für die Rantumer Kirche St. Petri.

Bereits 1436 wurde der ganze Ort Alt-Rantum durch die große **Allerheiligenflut** weggespült, von der Kirche blieben nur drei Glocken übrig, die sich flugs Strandräuber unter den Nagel rissen. Ein **neuer Ort** wurde aufgebaut, weiter entfernt vom Meer. Aber auch hierher kam unaufhaltsam der Sand und die **Kirche musste 1757 versetzt werden.**

1801 erreichte der Sand dann abermals Kirche und Friedhof, das Gotteshaus versandete regelrecht. Der Pastor und die Gemeinde konnten schließlich nur noch durch das Fenster hineinklettern. Am 18. Juli wurde der letzte Gottesdienst abgehalten, dann **gab man die Kirche auf.** Der Sand hatte mal wieder gesiegt, nur 44 Jahre nach dem Erbauen dieser Kirche. Inventar und brauchbare Materialien wurden versteigert, der Kirchhof und die Fundamente blieben, der Sand verschluckte sie binnen Kürze. Noch heute heißt deshalb eine Düne in Rantum Ual Serk, „alte Kirche". Der Fischer *Ebe Pohn* erwarb einen Teil des Kircheninventars, unter anderem eine Tafelmalerei des Abendmahls.

163 Jahre lang gab es keine Kirche in Rantum, die Gläubigen mussten zum Gottesdienst den weiten Weg nach Westerland zurücklegen. 1964 wurde dann in Rantum ein **neues Gotteshaus** erbaut und nach St. Peter benannt. Schön schlicht und stilecht mit Reet gedeckt steht die Rantumer Kirche heute im Ortszentrum. Links und rechts fallen an den Außenwänden großflächige Glaskunstfenster auf. Der Flügelaltar zeigt rechts das Motiv „Seesturm", links „Jesus und der sinkende Petrus" und in der Mitte „Der Auferstandene und die Anrufung der Jünger". Dieses Szenarium zeigt sich auf der sogenannten Festtagsseite, weitere Bildnisse sind nur in der Fastenzeit zu sehen, wenn ein weiterer Teil aufgeklappt wird. Die Nachkommen *Ebe Pohns* schenkten der Kirche besagtes Abendmahl-Bild, das heute auch wieder über dem Altar zu sehen ist. 1984 wurde seitlich von der Kirche ein frei stehender Glockenstapel errichtet, wo seitdem die Glocke hängt.

> Der frei stehende Glockenturm von Sankt Peter

fluten und Wanderdünen bedrängten die Häuser. Eine Chronik schildert, dass zweimal die See zerstörerisch wirkte und zweimal Wanderdünen die wenigen Häuser begruben, zuletzt 1821. Der beständig aus Westen wehende Wind trieb den Sand vor sich her, mehrfach „verschoben" die Bewohner daraufhin ihren Ort, immer ein Stückchen nach Osten. Vier Kirchen gingen im Laufe der Jahrhunderte durch den beharrlich nach

langer Deich durch das Watt gebaut, und im inneren Becken konnte sich eine tidenunabhängige Wasserfläche bilden. Nach dem Krieg zogen die Soldaten ab, und es kamen etwa 3000 **Ost-Flüchtlinge** und **Vertriebene** in den nun freien Kasernen unter. Später wurden die Gebäude von verschiedenen Trägern als **Erholungsheime** genutzt.

Der immer noch kleine Ort Rantum entwickelte sich in den Folgejahren tou-

521sy hf

Osten wandernden Sand unter. Ebenso verschwand die Rantumburg im Sand, eine von drei Ringwallburgen auf Sylt.

Nach dem Ersten Weltkrieg lebten hier nur noch wenige Familien, doch ab 1936 kam das **Militär** und brauchte Kasernen, was weitreichende Folgen für Rantum hatte. So wurde gebaut, und es entstand ein Seefliegerhorst, deren Flugzeuge auf einer Wasserfläche landen sollten, dem 1937 fertig gestellten Rantumbecken. Dazu wurde ein kilometer-

ristisch etwas verhalten, aber insgesamt sehr gut. Eine deutliche bauliche Veränderung war dann das 2007 eröffnete **Dorfhotel**, eine Urlaubswelt aus mehreren Apartmentgebäuden mit Hotelkomfort, die in Größe und Aufmachung auf der ganzen Insel ihresgleichen sucht. Sie nimmt eine große Fläche an der Hafenstraße ein, dies aber ist eine Ausnahme. 1989 wurde an der Wattseite ein **Deich** gebaut, der das Wohngebiet Rantum-Inge schützt. Und bereits seit 1977 existiert

2

519sy sm

an der Wattseite ein kleiner, fast ein wenig versteckter **Hafen.** Mittlerweile hat sich hier eine veritable Szene an Gastronomie und Geschäften angesiedelt. In der Nachbarschaft zu Rantum liegen mit **Samoa** und **Sansibar** zwei Strandabschnitte mit sehr bekannten Lokalen, im Falle der Sansibar darf man wohl von landesweiter Berühmtheit sprechen.

Viele schöne reetgedeckte Häuser bestimmen das **Ortsbild,** teilweise stehen sie unglaublich malerisch an den Dünen. Rund um den Dorfplatz bei der Kirche liegen die schönen Häuser, weiter au-

ßerhalb Bauten jüngeren Datums. An der Wattseite zieht sich der Raanwai entlang, wechseln sich alte Gebäude mit modernen Ferienwohnungen ab. Seitdem hier der Deich errichtet wurde, wird wohl so schnell nicht mehr „Land unter" gemeldet werden müssen. Das lockt offensichtlich Investoren an, denn etliche moderne Häuser sind hier errichtet worden.

◁ ◪ ▽ Vom Dorf Rantum führen Bohlenwege über die Dünen zum Strand

230sy hf

Rantum

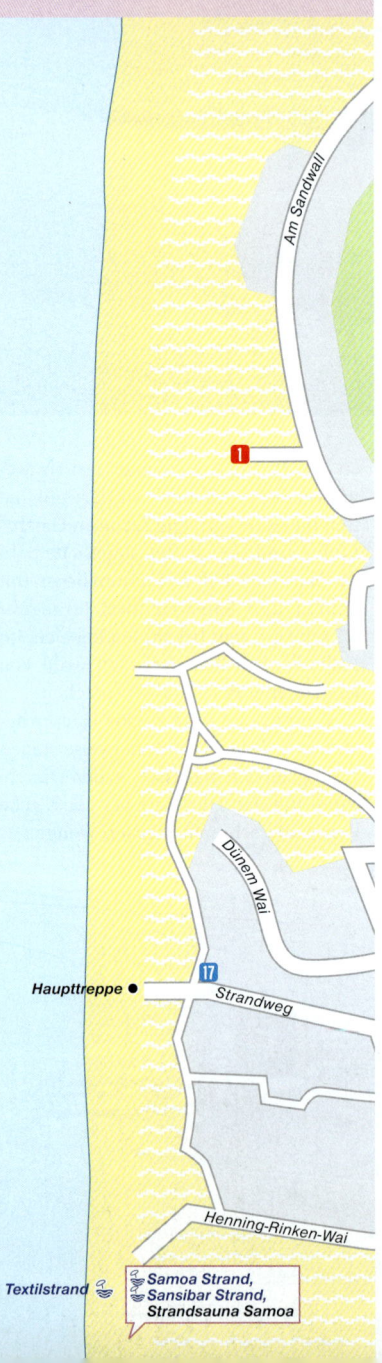

■ Übernachtung
1 Hotel Dorint Söl'ring Hof
3 Dorfhotel Sylt
10 Haus Hanseat
13 Hotel deux Meer
15 Hotel Watthof

■ Essen und Trinken
2 Der Pate
6 Kaffeerösterei
7 Hafenkiosk 24
9 Coast
16 Hus in Lee
17 Strandmuschel

■ Einkaufen/Sonstiges
4 Sylt-Strandkörbe,
   Sansibar Stores
5 Weinhalle Sansibar
6 Kaffeerösterei
8 Sylter Trading Kontor
12 Fahrradverleih Rantum
14 nah & frisch Supermarkt

■ Wassersport
3 Surfschule Meerspaß

■ Vermietungsagentur
11 Rose & Rose

☐ Dünen

NORDSEE

Haupttreppe ●

Textilstrand

Samoa Strand,
Sansibar Strand,
Strandsauna Samoa

Am Sandwall

Dünen Wai

Strandweg

Henning-Rinken-Wai

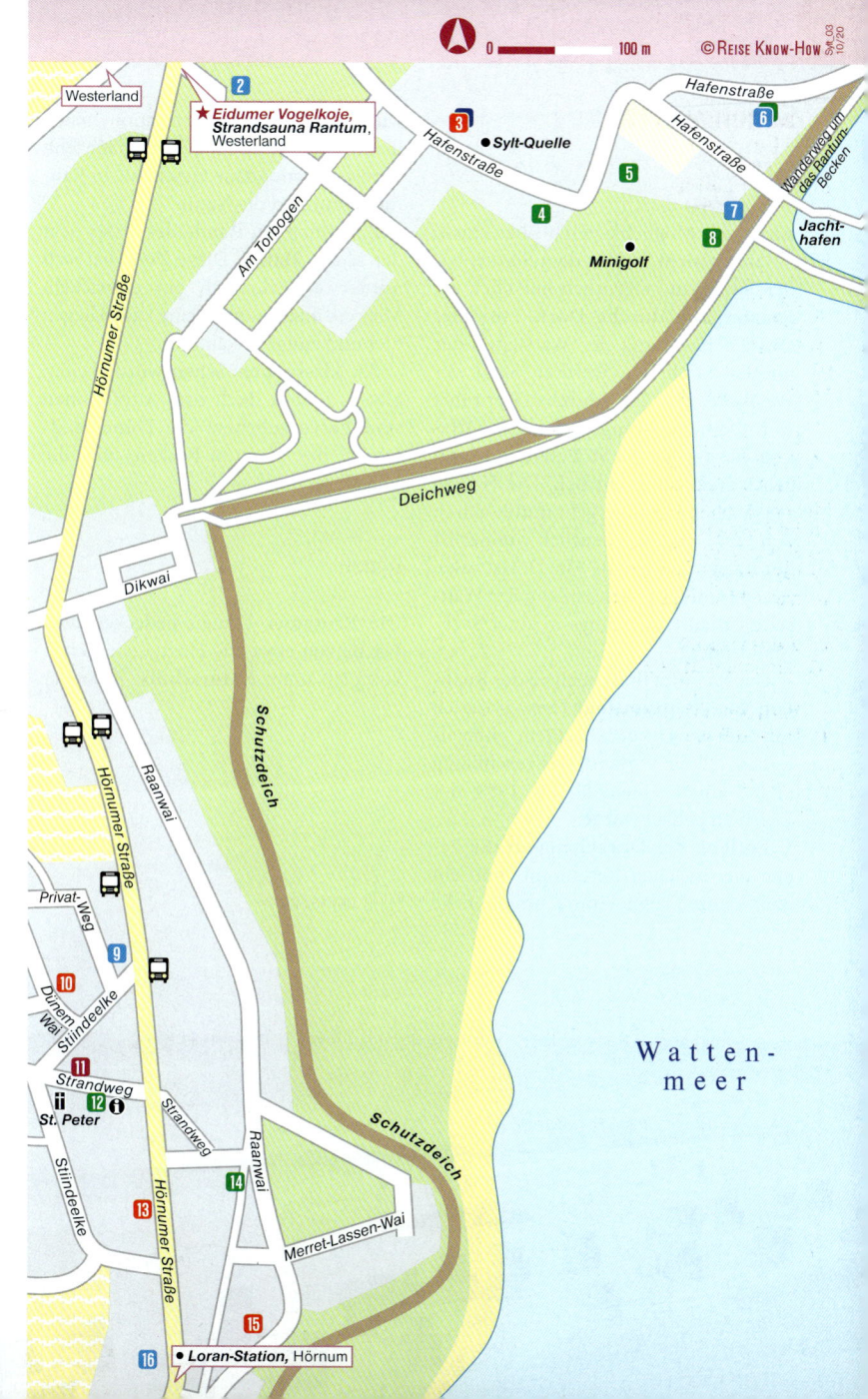

© REISE KNOW-HOW

0 — 100 m

Westerland

2

★ *Eidumer Vogelkoje,*
Strandsauna Rantum,
Westerland

3

● Sylt-Quelle

Hafenstraße

Hafenstraße

Hafenstraße

6

5

4

7

Wanderweg um das Rantum-Becken

8

Jacht-hafen

● *Minigolf*

Am Torbogen

Hörnumer Straße

Deichweg

Dikwai

Schutzdeich

Raanwai

Hörnumer Straße

Privat-Weg

9

Dünem Wai

10

Stlindeelke

11

Strandweg

12

St. Peter

Strandweg

Watten-meer

Schutzdeich

Stlindeelke

13

Hörnumer Straße

Raanwai

14

Merret-Lassen-Wai

15

16 ● **Loran-Station,** Hörnum

Sehenswertes

Ort

Allzu viele Möglichkeiten bleiben einem Urlauber nicht, neben dem Sonnenbaden am Strand eigentlich nur noch ein **Spaziergang durchs Dorf.** Entweder am Deich entlang der Wattseite oder immer durch den weichen Sand der Westseite. Ein Gang durchs Dorf führt wohl beinahe zwangsläufig zum Ortskern bei der **Kirche St. Peter,** und dann geht's auch schon zurück. Die Hauptstraße nach Hörnum geht mitten durch den Ort hindurch; deutlich ruhiger ist der Raanwai (ehemals Alte Dorfstraße), der im großen Bogen entlang der Wattseite verläuft, allerdings in einer Sackgasse endet.

Der Raanwai führt auch an der **Raantem-Inge/Rantum-Inge** (*Inge:* Friesisch für Salzwiese) vorbei, einem ehemals unbedeichten Vorland, das regelmäßig „Land unter" meldete, bis 1989 der Deich umgebaut wurde.

Entlang der Durchgangsstraße liegen die örtlichen Restaurants und ein paar kleine Läden, einmal um die Ecke wurde die Tourist-Information neben die Kirche gesetzt. Eine Promenade fehlt ebenso wie mondäne Geschäfte, in Rantum dominiert die Natur.

Ein wenig am Rande des Ortes liegt der kleine **Hafen.** Diese Zone hat sich mittlerweile ziemlich gut entwickelt. Mehrere interessante kleine Läden liegen hier und einige Lokalitäten.

An klassischen Sehenswürdigkeiten gibt es nichts, doch drei Attraktionen sind hervorzuheben: die Dünenlandschaft, das Rantum-Becken und die Vogelkoje.

Dünen

Die Rantumer Dünen bedecken eine Fläche von etwa 400 Hektar, sie stehen komplett unter **Naturschutz.** Besucher

sy20170 sm

⌄ Rantums Strand

Merret Lassen, Ur-Mutter der Sylter Lassen-Familie

Mitten in Rantum gibt es eine unscheinbare Straße, den Merret-Lassen-Wai. Hinter der Namensgeberin *Merret Lassen* (1789–1869) steckt aber **eine der prägendsten Frauen der Sylter Geschichte.**

1809 strandete das norwegische Schiff „Helsingør" vor Sylt. *Peter Nicolai Lassen* (1783–1848) konnte sich an Land retten und blieb gleich ganz auf Sylt. Er heiratete später die Rantumerin *Merret,* und das Ehepaar bekam sagenhafte **21 Kinder,** 14 Söhne und sieben Töchter. Die meisten Söhne fuhren ebenfalls zur See, acht von ihnen brachten es sogar bis zum Kapitän, zwei wurden in Hamburg Schiffseigner und kamen zu Wohlstand. Der reichere der beiden Brüder wurde „Gold-Lassen" genannt, der andere „Silber-Lassen". Auch die Lassen-Kinder hatten viele Nachkommen, so dass *Merret* und *Peter Nicolai Lassen* insgesamt 90-fache Großeltern waren! Kein Wunder, dass manche alteingesessene Sylter noch heute *Merret Lassen* als eine Art Ur-Mutter von Sylt betrachten. Die *Lassens* sind noch heute eine große und weit verzweigte Familie, die aber mittlerweile nicht mehr nur auf Sylt lebt, sondern teilweise auch in Übersee.

Buchtipp: Über die Lassen-Familie schrieb 1964 eine Urenkelin, *Gondel Wielandt,* das Buch „Die Lassens von Sylt", das aber nur noch antiquarisch erhältlich ist.

Von *Merret Lassen* ist noch eine höchst bemerkenswerte **Geschichte** überliefert. 1825 besuchte der dänische König *Frederik VI.* die Insel Sylt und hörte von der kinderreichen Familie und der zupackenden Mutter. Er schickte einen Boten nach Rantum mit der Nachricht, dass der König sie zu sehen wünsche. *Merret* erwiderte, sie könne nicht kommen, da sie ja ihre Kinder beaufsichtigen müsse. Wenn der König sie sehen wolle, möge er bitte selbst nach Rantum kommen. Das tat der Hochwohlgeborene tatsächlich. Er besuchte das Haus der *Lassens* und ließ sich in der guten Stube nieder. *Merret* trat durch die Tür, begrüßte den König und soll dann gesagt haben: „Majestät wollten mich sehen. So sehe ich von vorne aus", drehte sich um, „und so von hinten". Sprachs und ging wieder hinaus. Der König soll schallend gelacht haben.

An der Mauer vom Friedhof der St. Niels-Kirche in Westerland findet man die Grabsteine von *Merret* und *Peter Nicolai Lassen.*

---

dürfen auf markierten Wegen – und nur dort! – hindurchlaufen. Die **Wege** bestehen zumeist aus Holzbohlen, wie auf der gesamten Insel. Ganz so gewaltig wie in List zeigen sie sich zwar nicht, gleichwohl bleiben sie beeindruckend. Über viele Kilometer erstrecken sie sich, fast durchgängig bis nach Hörnum. Hinter den Dünen verläuft der Strand, je weiter sich ein Wanderer von Rantum entfernt, desto einsamer wird es. Zugänge über die Dünen sind nämlich rar.

Rantumbecken

Das Rantumbecken wurde 1936/37 vom Militär als **Landeplatz für Wasserflugzeuge** angelegt. Dafür zog man einen knapp 5 Kilometer langen Deich durch das Watt, sodass ein 568 Hektar großes Gebiet sicher und unabhängig von Tiden war, und füllte die Fläche mit Wasser. Allerdings wurde das Becken bald als nicht mehr kriegswichtig eingestuft und im Krieg nicht genutzt.

Nach dem Ende des Zweiten Weltkriegs sollte dann erst ein Koog (neu gewonnenes Land, das durch Deichbau dem Meer abgetrotzt wird) entstehen, in dem 40 Bauern siedeln sollten, dann entschied man sich aber doch anders und errichtete ein **Vogelschutzgebiet.** Salzwasser wurde mithilfe einer Schleuse eingeleitet. Mit der Zeit entstand so ein ganz spezielles Biotop mit Schilf- und Wiesenflächen, in denen heute mehr als 260 Vogelarten gezählt werden, sogar die seltene Schneeammer wurde schon gesichtet.

Auf kleinen Inseln sind Brutplätze angelegt, und während der Vogelzugzeit im Herbst und Frühjahr rasten hier Tausende von Enten, Möwen und Gänsen. 1962 wurde das Rantumbecken als Vogelschutzgebiet unter Naturschutz gestellt.

Man kann einmal um das ganze Becken herumwandern (siehe Wanderkapitel) oder auch nur einen kurzen Spaziergang auf dem Deich unternehmen. In jedem Fall ist man meilenweit vom sonstigen Sylter Trubel entfernt.

■ **Rantumbecken,** Anfahrt: Buslinie 2 bis „Rantum Nord", von dort zum Hafen gehen (ca. 1 km). Autofahrer parken direkt beim Hafen (wenige Plätze) oder auf dem größeren Parkplatz an der Hafenstraße Höhe Dorfhotel.

Eidumer Vogelkoje

Die Eidumer Vogelkoje liegt nördlich von Rantum in Höhe des Jugendzeltplatzes Dikjen Deel, fast noch in Fußgänger-Distanz zu Westerland. Erbaut um 1874, wurden in dieser Anlage bis 1934 nach derselben Methode wie in Kampen (⊿ Kampen) Enten gefangen. Heute erhalten Besucher Informationen zur früheren Fangtechnik, außerdem gibt es eine naturkundliche Ausstellung zu hier brütenden und rastenden Vögeln. Ein Rundweg fuhrt als Lehrpfad durch das geschützte Gelände.

■ **Eidumer Vogelkoje,** Mitte Mai bis Mitte Okt. Mo, Sa 10–12, Di, Do 14–18, Mi, Fr 16–18, Sa 11–13 Uhr, Eintritt frei.

Sylt-Quelle

Seit 1993 wird in Rantum **Mineralwasser** geschöpft und in speziellen Flaschen verkauft. Zitat: „Die Sylt-Quelle ist ein ursprüngliches, reines, klares Mineralwasser von höchster Qualität, das in seinem ausgewogenen Gehalt an Mineralstoffen und Spurenelementen seinesgleichen sucht." Das Wasser stammt aus verschiedenen Adern in 650 Metern Tiefe unterhalb der Dünen beim Strand Samoa und wird durch 4,5 Kilometer lange Pipelines geleitet. Es wird mit Kohlensäure in Mehrwegflaschen vertrieben und kann in zahlreichen Sylter Geschäften erworben werden. Das gläserne, sechzehneckige **Quellenhaus** liegt nicht weit vom Rantumer Hafen entfernt. Im dortigen Werk werden die bauchigen Flaschen abgefüllt, durch eine breite Fensterfront können Urlauber ein wenig zuschauen. Und probieren? Natürlich, in einer angeschlossenen Cafeteria wird selbstverständlich Wasser aus der Sylt-Quelle verkauft.

▷ Der Strand vor Rantum

Im Obergeschoss befindet sich mit dem lichtdurchfluteten **Kunst:Raum** eine Galerie, in der Lesungen und Konzerte stattfinden. Im Sommer gastiert hier auch das beliebte **Meerkabarett.** Infos: www.sylt-quelle.de.

Loran-Station

Etwas außerhalb an der Straße nach Hörnum liegt auf der linken Seite die Loran-Station (Loran = Long Range Aid to Navigation, Navigationshilfe mit großer Reichweite), erkennbar an dem **193 Meter hohen Sendemast.** Aufgestellt von der amerikanischen Küstenwache, wurden von hier die Transportwege amerikanischer Schiffe zur Zeit des Kalten Krieges überwacht. Sie ist seit 1989 im Besitz des Wasser- und Schifffahrtsamtes, hat aber ihre ursprüngliche Funktion im Zuge der Satellitennavigation weitgehend verloren.

Puan Klent liegt an der Ostseite zwischen Hörnum und Rantum knapp südlich der Loran-Station. Das Areal war einst ein Kasernentrakt, heute befindet sich hier ein Kindererholungsheim.

Strandprofil

Sowohl Wattstrand als auch Dünenstrand locken, Platz ist genug da für alle. Die **Wattseite** wird von einem Deich begrenzt, dahinter findet sich nur vereinzelt ein schmaler Streifen Strand, mehr nicht. Der kilometerlange, breite **Weststrand** auf der anderen Seite wird von einem breiten Dünengürtel abgeschirmt, gerade mal ein halbes Dutzend Wege führen hindurch.

Südlich von Rantum liegen zwei Strandabschnitte mit exotischen Namen: **Samoa** (ca. 1 km außerhalb) und **Sansibar** (ca. 3 km entfernt). Es sind frei gewählte Namen, die wohl die Fantasie

sy20041 sm

und Sehnsüchte der frühen Urlauber in den 1950er Jahren ausdrücken. An beiden sind Abschnitte für **FKK** zu finden. **Hunde** dürfen sich bei Samoa austoben, außerdem steht dort eine **Strandsauna.** Eine zweite Strandsauna befindet sich im nördlichen Strandbereich, etwa in Höhe des Campingplatzes Rantum, der aber mehr zur Wattseite liegt. An diesen beiden „exotischen" Strandabschnitten befinden sich auch die bekannten Bistros Sansibar und Seepferdchen Samoa.

☐ Die Sansibar gehört zu den belebten Flecken im Süden Sylts

Praktische Tipps

Unterkünfte

Vermietungsagentur (Karte S. 68)

11 **Rose & Rose,** Strandweg 14, Tel. 28 291, www.roserose.de. Seit vielen Jahren bewährte Vermietungsagentur von Ferienwohnungen und Ferienhäusern in Rantum.

Hotels (Karte S. 68)

1 **Hotel Dorint Söl'ring Hof**⑤, Am Sandwall 1, Tel. 83 62 00, www.soelring-hof.de. Ein Luxushaus mit 15 exzellenten, im klassisch-modernen Design eingerichteten Zimmern und Suiten, in sehr privater Atmosphäre. Aus dem Fünf-Sterne-Hotel genießen

sy20042 sm

Gäste einen famosen Blick aufs Meer. Weitere Merkmale: ein Gourmetrestaurant, geführt von *Johannes King,* der in Keitum einen kleinen Shop betreibt, Wellness, private Strandkörbe und ein Deck zum Entspannen und Aufs-Meer-Schauen.

15 **Hotel Watthof**⑤, Raanwai 42, Tel. 80 20, www.watthof.com. Ein ruhiges Haus, an der Wattseite gelegen, mit viel friesischem Flair, modernster Einrichtung sowie Sauna und Dampfbad. In dem reetgedeckten Friesenhaus gibt es zehn Zimmer und Suiten mit Wattblick und einer Terrasse, auf der im Sommer dann auch noch ein Strandkorb zum Ausspannen einlädt.

3 **Dorfhotel Sylt**⑤, Hafenstr. 1A, Tel. 460 90, www.dorfhotel.com. Gekleckert hat der Reisekonzern TUI hier nicht, denn immerhin zählt diese großzügige Hotelanlage 159 Einheiten. Insgesamt gibt es drei Kategorien von 32 m² für zwei Personen bis 79 m² für sechs Personen, jeweils mit Terrasse oder Balkon. Außerdem eine Bar, zwei Restaurants, Kinder- und Jugendclub, Wellnessbereich. Buchbar über die TUI.

10 **Haus Hanseat**④, Dünemwai 2, Tel. 232 56, www.hanseat-sylt.de. 14 Zimmer bietet dieses mittelgroße Reetdachhaus in ruhiger Dünenlage, nur einen großen Katzensprung (150 m) vom Strand entfernt. Die Zimmer sind im friesischen Landhausstil eingerichtet. Mit Internetanschluss, Sonnenterrasse und Kaminzimmer.

13 **Hotel deux Meer**③, Rantumer Str. 22, Tel. 230 23, www.sylthotelurlaub.de. Kleines, reetgedecktes Hotel garni mit Sonnenterrasse, auf der bei gutem Wetter gefrühstückt wird. Ab 14.30 Uhr gibt es hier auch Kaffee und Kuchen.

Campingplatz (Karte Seite 62)

1 **Rantum,** Hörnumer Straße 3, Tel. 807 55, www.camping-rantum.de, Ende März bis Ende Okt. Der Platz grenzt an das Rantumbecken und liegt somit schon in einiger Entfernung von „Rantum-City". 450 Stellplätze für Zelte und Wohnwagen, WLAN. Es werden auch Mobilheime mit Außenterrasse angeboten.

Essen und Trinken

Karte S. 68

17 **Strandmuschel,** Strandweg 30, Tel. 271 75, www.strandmuschel-sylt.de, tägl. ab 11 Uhr. Direkt vor dem Strandübergang gelegene Holzhütte. Sehr gemütlich-rustikales Ambiente. Kleine Gerichte und auch einige größere und vor allem zum Sundowner sitzt man hier bei einem Drink äußerst nett.

9 **Coast,** Stiindeelke 2, Tel. 15 51, www.restaurant-coast.de, Frühstück 9–12 Uhr, Abendkarte 17–22 Uhr. „Kreative Küche von Land und Meer" lautet das Motto des freundlich dekorierten Lokals. Gekocht wird mit Produkten der Region, teilweise von Sylter Produzenten. Zum Angebot zählen Coast-Burger, Salate, Fisch, Fleisch, Pasta und vegetarische Gerichte sowie solche mit mediterraner Note.

16 **Hus in Lee,** Hörnumer Str. 26, Tel. 215 89, www.hus-in-lee.de, Do–Di 12–22 Uhr. Fast schon ein Gesamtkunstwerk: das hübsche Reetdachhaus, der nette Garten mit seinen Skulpturen, die Kunstwerke im Inneren und natürlich die gute, abwechslungsreiche Karte mit Fisch, Fleisch, Suppen, Pasta, vegetarischen Gerichten und auch Angeboten für Kinder. Außerdem gibt es hausgemachte Kuchen und Waffeln. Durchgehend warme Küche.

2 **Der Pate,** Hörnumer Straße 5, Tel. 957 60 00, www.derpate-sylt.de, Mo–Sa 17–22 Uhr. Pizza aus dem Holzofen, auch Pasta sowie Steak- und Geflügelgerichte auf Buchenholz gegrillt (Di und Do). Auch nicht selbstverständlich: Hunde sind in einem eigenen Bereich („Hunde-Lounge") willkommen.

7 Direkt am Hafen, Hafenstraße 24, liegt der rustikale **Hafenkiosk 24** mit Räucherei. Hier gibt es Fischbrötchen mit Räucherfisch, die nach Bestellung frisch zubereitet werden(!), Räucherfisch, auch Pommes sowie ein Rezept des Monats.

6 **Kaffeerösterei,** siehe „Einkaufen".

Karte Seite 62

4 **Sansibar,** am gleichnamigen Strandabschnitt, Hörnumer Str. 80, Tel. 96 46 46, www.sansibar.de. Ein Lokal mit Kultstatus. Das Holzhaus wirkt so

sy20043 sm

schlicht, dass mancher Gast, der, angelockt vom hervorragenden Ruf des Patrons *Herbert Seckler,* erst mal fragt, ob er richtig ist. Man hockt dicht beisammen, die Weinkarte listet seitenlang Erlesenes auf, tagsüber gibt es Deftiges, abends Feines, aber immer mit einer Prise Seckler-Charme. Draußen sitzt man auf der großen Terrasse, die Kinder vergnügen sich derweil auf dem Spielplatz nebenan. Mittlerweile dürfte die Sansibar zu den bekanntesten Lokalen der Insel zählen, entsprechend voll ist es dort eigentlich immer. Folgerichtig hat man jetzt auch versucht, das gute Image auf andere Produkte zu übertragen, auf Modeartikel beispielsweise. So findet man nun das Sansibar-Markenzeichen (gekreuzte Säbel und Totenkopf) auf Hemden, T-Shirts u.Ä., und es gibt sogar spezielle Sansibar-Shops, einen in Westerland, zwei in Rantum am Hafen. Ab 10.30 Uhr.

3 Samoa Seepferdchen, Hörnumer Str. 70 (ausgeschildert), Tel. 55 79, www.samoa-seepferdchen. de, tägl. 12–22 Uhr. Das Lokal liegt idyllisch in den Dünen und bietet durchgehend warme Küche mit Schwerpunkt auf Nordseefisch, auf der Terrasse sitzt man im Strandkorb.

2 Tadjem Deel, Hörnumer Str. 60, Tel. 231 61, Ostern bis Ende Okt. 12–21 Uhr. Das maritim eingerichtete Lokal liegt südlich von Rantum in den Dünen und hat zwei Terrassen. Die Küche ist seit Jahren bewährt und bietet Fischspezialitäten und saisonale sowie regionale Gerichte. Am Nachmittag gibt es hausgebackenen Kuchen, und für die Lütten hat man eine eigene Kinderkarte.

Aktivitäten (Karte S. 68)

Fahrradverleih

12 Fahrradverleih Rantum, Strandweg 7, Tel. 0170-327 20 76, www.fahrradverleihrantum.de.

Surfen

3 Surfschule Meerspaß, Hafenstr. 1, www. meerspass.info, Infos und Anmeldung über das Spa des Dorfhotels Sylt, Tel. 460 91 66.

Minigolf

● Am Hafen in der Hafenstr. 12 (oberhalb der Sylt-Quelle), Tel. 225 84.

Sauna

● **Strandsauna Rantum,** Hörnumer Straße 3, Tel. 83 41 86, www.strandsauna.de, April–Okt. tägl. ab 11 Uhr.
● **Strandsauna Samoa,** am dortigen Strand, Hörnumer Straße 70, Tel. 221 65, www.strandsauna-samoa.de, April–Okt. tägl. ab 12 Uhr.

Einkaufen

4 **Sylt-Strandkörbe,** Hafenstr. 10, gegenüber der Sylt-Quelle, Tel. 228 43, Mo–Fr 10–18 Uhr. Hier werden Strandkörbe auch für den heimischen Garten verkauft, ergänzend gibt es Deko-Artikel.

◁ Der Hafenkiosk 24 ...
▽ ... am kleinen Rantumer Hafen

4 **Sansibar Stores,** Hafenstr. 8, Tel. 96 46 29, Mo–Sa 10–19 Uhr. Hier erhält man aktuelle Mode mit dem bekannten Sansibar-Logo, direkt nebenan liegt noch ein Outlet Store der Sansibar.
14 Ein kleiner **nah & frisch-Supermarkt** befindet sich in der Raanwai 16, Tel. 921 60, www.markant-sylt.de, Mo–Sa 7.30–12.30 und 14.30–18 Uhr, So 8.30–11 Uhr, in der Nebensaison nur vormittags geöffnet.
6 **Kaffeerösterei,** Hafenstr. 9, Tel. 299 57 57, tägl. 11–17.30 Uhr. Ein wunderbarer Duft empfängt einen, denn hier wird Kaffee geröstet. Man kann verschiedene Sorten kaufen oder auch gleich vor Ort probieren mit einem Stück Kuchen im Strandkorb.
8 **Sylter Trading Kontor,** Hafenstr. 14, Tel. 995 90 26, tägl. 11.30–18.30 Uhr. Liegt etwas versteckt und unscheinbar, bietet aber hochwertige Spirituosen (Gin, Rum, Liköre, Whisky) an, die auch vor Ort probiert werden können. Obendrein regelmäßig Whiskey-Verkostungen.
5 **Weinhalle Sansibar,** Hafenstraße 12, Tel. 96 46 43, Mo–Sa 9–19, So 11–17 Uhr. Grandiose Auswahl an Wein, die Kartons stapeln sich in hohen Regalen. Hochwertige Ware zum Abholpreis.

Hörnum

- ■ **Friesischer Name:** Hörnem
- ■ **Vorwahl:** 04651
- ■ **PLZ:** 25997
- ■ **Einwohner:** 1050
- ■ **Tourismus-Service Hörnum:** Rantumer Str. 20, Tel. 962 60, www.hoernum.de, Mo–Fr 9–17 Uhr, im Sommer auch Sa/So, im Winter Mo–Do 9–16, Fr 9–13 Uhr. Mit Internetzugang für Besucher.
- ■ **Kurtaxe:** 1.4.–31.10. 3 €/Tag, 1.11.–31.3. 1,20 €/Tag, Personen unter 18 Jahren frei.
- ■ **Strandkorb:** Vermietung über Tourismus-Service unter Tel. 962 60. Es werden drei Modelle angeboten: Standard-Korb 10 €/Tag, Horizontal-Korb 11 €/Tag, Komfort-Korb 13 €/Tag, bei längerer Mietdauer Ermäßigung.

Am Leuchtturm von Hörnum

Überblick

Der kleine Ort Hörnum liegt ganz im Süden der Insel und wurde schon immer als **ein wenig abgeschieden** wahrgenommen, selbst unter Einheimischen, wie mir mal ein Sylter verriet. Als Bezeichnung für Sylts Südhalbinsel war „Hörnum" bereits 1648 bekannt, tauchte es doch auf einem Werk des Husumer Kartografen *Johannes Mejer* (1606–1674) auf. Besiedelt waren die Dünen von Hörnum so gut wie gar nicht, nur vereinzelt standen hier ein paar Fischerhutten. Im Zinsbuch des Bischofs von Schleswig sind für das 16. Jahrhundert detailliert die Abgaben aller Sylter Orte „zu Martini" (11. November) aufgelistet, aber Hörnum fehlt. Als Ort existiert es erst seit der Wende vom 19. zum 20. Jahrhundert, seit der **Entstehung des Hörnumer Hafens.** In den ersten Jahren des 20. Jahrhunderts entschied sich die Reederei, ihre aus Hamburg kommen-

515sy sm

den Passagierschiffe in Hörnum anstatt wie vorher in Munkmarsch anlegen zu lassen. Dies bot mehrere Vorteile: Der Seeweg von Hamburg nach Hörnum war einfacher zu bewältigen, weil unabhängig von den Gezeiten, außerdem konnten die Nachbarinseln Föhr und Amrum angesteuert werden. Nun mussten die Urlauber nur noch von Hörnum nach Westerland gebracht werden, deshalb entstand flugs die Inselbahn. 1907 wurde der Leuchtturm erbaut.

Hörnum blieb zwar immer noch klein, aber in **Kriegszeiten** erlangte der Ort Bedeutung, lange Zeit zeugten große Kasernenanlagen davon. Durch den Bau der Kasernen zogen viele Soldaten und auch Zivilbedienstete nach Hörnum. Nach dem Krieg verschwanden die Soldaten, aber es kam dafür eine hohe Zahl an Heimatvertriebenen und Ost-Flüchtlingen. Auch etliche Helgoländer Familien kamen hier unter, nachdem sie von ihrer Insel zwangsevakuiert worden wa-

ren, da die Briten den „Roten Felsen" sprengen wollten und als Bombenabwurf-Ziel nutzten. Dadurch stiegen nicht nur die Hörnumer Bevölkerungszahlen, es mussten nun auch zwei Kirchen gebaut werden, denn speziell unter den Vertriebenen aus dem Osten waren viele Katholiken. So entstand 1962 die **Kirche St. Josef.** Die kleine Backstein-Saalkirche steht am Ortseingang vor den Dünen. Sie wurde anfänglich von katholischen Gläubigen stark besucht, aber der Zuspruch ließ irgendwann nach, außerdem entstand in Westerland 1999 eine neue und größere katholische Kirche; St. Josef wurde 2008 profaniert. Heute befindet sich im Gebäude die interessante Ausstellung „Arche Wattenmeer" der Schutzstation Wattenmeer. Die zweite Hörnumer Kirche steht erhöht mitten im Ort, es ist die strahlend weiße **Kirche St. Thomas** (s. „Sehenswertes").

Sylts südlichster Ort weist eine einmalige Besonderheit auf, er ist an drei Sei-

Hörnum

0 ———— 200 m   © Reise Know-How

Surfstrand

Arche Wattenmeer

Dünen

Budersanddüne

Naturkundliches Zentrum

Golfplatz

6

Hundestrand (Textil)

Berliner Ring

Hangstraße

Textil-Badestrand

Rantumer Straße

Steintal

Budersandstraße

St. Thomas

Am Kai

Hafen

Kurhausstr.

Schulstr.

Ob. Dünenweg

5

1

P

P

Strandweg

2 Hapimag-Anlage

3

i **4**

Tickethäuschen für Schiffsausflüge

P **7**

FKK-Badestrand

Lorenz-de-Hahn-Wei

Pidder-Lüng-Wei

Niißdraat

Steintal

Blankes Tälchen

Mittelweg

Kleine Str.

Hafenstr.

11

14

13 **12**

15

16

Rantumer Str.

Strandstr.

8

FKK-Badestrand

19

Greth-Skrabbel-Wei

Olde-Wei

An der Düne

17

18

Leuchtturm

10 ★ • Sylter Freizeit Team

9

Strandsauna

Südspitze „Odde"

🟥 **Übernachtung**	🟦 **Essen und Trinken**	🟩 **Einkaufen/Sonstiges**
6 Hotel Budersand	1 Breizh	5 Fahrradverleih Claßen
10 Apartmenthotel am Leuchtturm	2 Biike Restaurant	14 Edeka Supermarkt
16 Hotel Hapag 54° Nord	3 Café Sonniger Süden	17 Tischlerei Kühl
18 Haus Hoppe	7 Sylter Muschelbistro	🟥 **Vermietungsagenturen**
	9 Südkap	4 Sylter Appartement
🟦 **Wassersport**	11 Möller's Anker	Vermietung
9 Südkap Surfing	13 Fisch Matthiessen	8 Nebel
	15 Café Lund	12 Appartement
	19 Kap-Horn	Service Hörnum

ten von Stränden umgeben. Ansonsten gibt es nicht viel zu sagen. Das **Ortsbild** wirkt beschaulich, etliche kleine **Einzelhäuser** stehen entlang der wenigen Straßen, kaum eins mit dem in anderen Gemeinden obligatorischen Reetdach. In Hörnum beginnt die Natur vor der Haustür, erheben sich Dünen teilweise direkt hinter dem heimischen Garten. Und nur dort stehen ein paar reetgedeckte Häuser, diese allerdings in traum-

hafter Lage. Einige werden auch vermietet, wovon aber wiederum nur wenige im Unterkunftsverzeichnis erscheinen. Die Lage dieser Häuser zählt mit zu den schönsten auf der ganzen Insel: direkt in den Dünen, nur wenige Schritte bis zum Strand und ein freier Blick aufs Meer – herrlich!

Das **kleine Zentrum** liegt im Dreieck zwischen Hafen, Leuchtturm und Hapimag-Anlage. Mondäne Shops fehlen ebenso wie eine Flanierpromenade. Das schlägt sich auch in den Preisen nieder, das Preisniveau liegt im Schnitt hier niedriger. In Hörnum kann man wahrlich ruhige Tage verbringen; wer ohne Nachtleben nicht klarkommt, sollte lieber ein anderes Ziel wählen.

In den letzten Jahren hat sich das Ortsbild erheblich verändert. Die Kasernen sind verschwunden, dafür entstand ein toller Golfplatz, ergänzt um ein Top-Hotel und ein ebensolches Restaurant. Auf dem Gelände der ehemaligen Kurverwaltung entstand eine Ferienanlage der Schweizer Gesellschaft Hapimag und auch der Strandzugang sowie etliche Straßen wurden verbessert. Außerdem entstanden im Ortskern zwei schicke Hotels.

Sehenswertes

Leuchtturm

Der rot-weiße Leuchtturm muss erwähnt werden. 1907 erbaut und damit eines der ältesten Gebäude von Hörnum sowie mit 34 Metern Höhe zugleich das höchste, war er Voraussetzung dafür, dass die Passagierschiffe, von Hamburg kommend, hier überhaupt ankern konnten. Seine Lichtreichweite betrug 21 Seemeilen (38,892 km). Zur Zeit des **Baubeginns** war man noch sehr auf das Wohlergehen des Leuchtturmwärters bedacht: Gleichzeitig wurde ein „Leuchtfeuerdienstgehöft" erbaut.

Heiratswillige können hier den **Bund fürs Leben** schließen. Oben ist's ein wenig eng, nur zehn Personen dürfen sich zur Zeremonie dort aufhalten. Eine spezielle Urkunde gibt's dann nach Vollzug.

● **Leuchtturm Hörnum,** Besichtigung Mo, Mi und Do stündlich zwischen 9 und 12 Uhr, Nov. bis März auch Fr, keine Besichtigung bei Eis und Schnee sowie ab Windstärke 6. Ticket 5 €, Kinder ab 8 Jahren 2,50 €, nur gegen Vorlage der Sylter Inselkurkarte beim Tourismus-Service Hörnum. Eine Voranmeldung ist wegen großer Nachfrage und der begrenzten Platzsituation angeraten. Hochzeiten von April bis Oktober Mo und Fr möglich, Infos beim Standesamt Sylt, Tel. 85 12 50.

Hafen

Allzu viele Schiffe liegen hier meist nicht, aber regelmäßig starten die Adler-Schiffe zu **Ausflügen.** Ausgelaufen wird mehrmals täglich zu den Seehundbänken, den Halligen oder auch nach Amrum, Hallig Hooge und weiter nach Nordstrand sowie in der Saison auch nach Helgoland. Die beiden Nachbarinseln Föhr und Amrum kann man übrigens bei klarem Wetter deutlich vom Hafen aus erkennen. Zwei kleine Hinweisschilder neben der Crêpes-Bude helfen bei der Lokalisierung. Ansonsten an RALF denken, denn: rechts Amrum, links Föhr.

Sankt Thomas

Schon von Weitem ist diese helle Kirche zu sehen, denn sie wurde leicht erhöht in einem **ungewöhnlichen maritimen Design** konstruiert. Die 1970 erbaute Kirche hat einen unregelmäßigen Grundriss, die steil aufragenden, leicht gebauscht wirkenden Wände sind einem Segel nachempfunden. Ungewöhnlich auch der Innenraum: nicht unbedingt breit, aber sehr hoch. Die Fensterfriese

Die Legende von Pidder Lüng und „Lewer duad üs Slav"

„Lieber tot als Sklave" lautet übersetzt der friesische Freiheitsruf. Und diese Maxime soll ein Hörnumer Fischer im 15. Jahrhundert vorgelebt haben. Die größte literarische Verbreitung findet sie in der Ballade von „Pidder Lüng", die **Detlev von Liliencron** schrieb; dort taucht der stolze Ausruf gleich zehnmal auf.

Pidder Lüng, starrköpfiger Hörnumer, verweigert Hennig Pogwisch, dem Amtmann von Tondern, die Steuer, sodass dieser sich aufmacht, selbige persönlich einzutreiben. Ein Wort gibt das andere, der Amtmann spuckt dem Pidder in den heißen Grünkohltopf. Darauf steckt der mit dem eben zitierten Ausruf den Kopf des Amtmanns in die Kohlschüssel, bis der Verhasste erstickt. Nach der Tat muss Pidder Lüng fliehen, wird Seeräuber, viele Jahre später gefasst und bei Munkmarsch gehängt.

Diese Geschichte schrieb der Keitumer Chronist *C.P. Hansen* (1803–1879) auf, und *Detlev von Liliencron* verfeinerte sie im Jahr 1882 zur Ballade. Der Hamburger Rockmusiker *Achim Reichel* vertonte die Geschichte zu einem Lied „Pidder Lüng". Bei *Detlev von Liliencron* liest sich diese entscheidende Szene so:

Einen einzigen Sprung hat Pidder getan,
er schleppt an den Napf den Amtmann heran
und taucht ihm den Kopf ein
und läßt ihn nicht frei,
bis der Ritter erstickt ist im glühheißen Brei.
Die Fäuste dann lassend
vom furchtbaren Gittern, brüllt er,
die Türen und Wände zittern,
das stolzeste Wort:
„Lewer duad üs Slav!"

Nordfriesische Flagge mit dem kämpferischen friesischen Freiheitsruf

sy20045 hf

zeigen die Passionsgeschichte. Der Altarbereich fällt sehr schlicht aus, von der Decke hängt ein Votivschiff. Es ist die Nachbildung des Raddampfers „Cobra", der 1901 die Schiffsverbindung von Hamburg nach Hörnum bediente.

Arche Wattenmeer

Originell gemachtes Projekt in der ehemaligen katholischen Kirche: In verschiedenen Schaubecken und an Mitmach-Stationen werden spielerisch Informationen zum Wattenmeer und zur Meereswelt vermittelt. Sehr gut geeignet für Kinder. Es werden auch Wattwanderungen angeboten.

■ **Arche Wattenmeer,** Rantumer Str. 33, Tel. 886 22 29, www.arche-wattenmeer.de. Anfang April bis Ende Okt. tägl. 10–18 Uhr, im Winter nur an ausgesuchten Tagen, Eintritt: 5 €, Bushaltestelle: „Steintal".

Strandprofil

Hörnum wird langsam aber sicher schmaler. Das mag ein Außenstehender kaum glauben. Tatsache ist aber, dass alljährlich etwa 1,50 Meter Strand vom Meer geraubt werden, bei Sturmfluten noch ungleich mehr. Die drei Strände von Hörnum sind davon auch betroffen. Der **Hauptstrand liegt an der Westseite,** an der offenen Nordsee. Noch ist er relativ breit, außerdem begrenzt von einer weitläufigen Dünenlandschaft. Einige wenige Wege führen vom Ort durch die Dünen zum Strand, als Nebeneffekt wird hier wirkungsvoll die Kurtaxe kontrolliert. „Ohne" kommt niemand an

den Strand, höchstens nach einem längeren Marsch zur Odde. Zwei Abschnitte sind für Hunde reserviert, eine Zone für FKK. Letztere liegt ausnahmsweise sogar im Hauptbereich und nicht, wie bei den meisten anderen Orten, etwas am Rande des Geschehens.

Die Südspitze von Sylt wird **Hörnum Odde** genannt. (*odde* ist das dänische Wort für „Spitze"). Dieses Dünengebiet entstand durch Verwehungen großer Sandmengen und durch Ablagerung von Sedimenten, die hier angespült wurden. An kleinen Hindernissen (Steine, Äste) sammelte und häufte sich der Sand, sodass sich allmählich Dünen bilden konnten, und mit der Zeit entstanden ganze Dünenberge und -täler. Der Sand wurde durch den beständig wehenden Westwind immer weiter getrieben, die Dünen begannen zu wandern. So sind heute in Hörnum die ältesten Dünen an der Ostseite zu finden, und dort schoben sie sich bis auf eine Höhe von 30 Metern zusammen (siehe „Aussichtsdünen in Hörnum" weiter unten).

Ein Spaziergang um die Odde gehört zum Pflichtprogramm. Am einfachsten beim Hafen starten, am Leuchtturm vorbei, Kurkarte griffbereit und losmarschiert. Weit ist es nicht, schnell ist die Südspitze erreicht. Von dort sieht man nicht nur bei klarer Sicht deutlich die Nachbarinseln Amrum und Föhr. Hörnum Odde ist naturbelassen, soll heißen, dass hier sowohl Treibholz als auch Steine liegen bleiben.

Durch **Dünenanpflanzungen** und **Tetrapoden** wird versucht, dem Abtrag Paroli zu bieten. Allerdings wird dieser Sperrgürtel aus Beton auch kritisch gesehen, denn er schützt nicht die eigentliche Südspitze, sondern einen Strand-

2

sy20046sm

abschnitt vor den Reetdachhäusern, die in den Dünen stehen. Die Siedlung wurde um 1960 durch einen Bauunternehmer namens *Kersig* errichtet. Leider zu dicht am Dünenrand: Nach einer schweren Sturmflut standen die ersten Häuser plötzlich direkt an der Abbruchkante. Daraufhin wurden die Tetrapoden auf gut 700 Meter Länge als Schutzmaßnahme davor platziert. Angeblich geschah dies nur, weil ein damaliger Bundesminister unter den Hausbesitzern war. Leider erzeugten die Tetrapoden einen unerwünschten Nebeneffekt, denn vor ihnen sammelte sich Sand an, aber an der Südseite der Odde kam es dagegen zu verstärkten Landverlusten, der sogenannten Lee-Erosion.

Tatsächlich verlor die Odde bei drei größeren Stürmen allein im Jahr 2015 sehr viel Substanz. Im November **verschwand sogar ein ganzer Dünenzug**, das frühere Quermarkenfeuer, das hier einst stand, musste schon vorzeitig abgebaut werden. Nun kann man vom Strand der Odde durch eine Lücke in der Dünenkette bis zum Leuchtturm und sogar bis zum Hotel Budersand auf der anderen Inselseite schauen, was früher unmöglich war. Es ist nicht unwahrscheinlich, dass die Odde eines Tages sogar **abgerissen** wird. Schon heute liegen vor dem Strand einige Sandbänke, genau dort verlief noch vor ein paar Jahren der Flutsaum und bis dahin reichte der damalige Strand. Der Spaziergang um die Odde vom Leuchtturm bis zum Restaurant Breizh hat sich von etwa eineinhalb Stunden auf aktuell etwas weniger als eine Stunde verkürzt.

⌂ Spaziergang an der Odde

Der **Oststrand** ist ziemlich schmal und endet in Höhe des Leuchtturms beim Hafen. Für Wanderer, die – eventuell sogar von Westerland kommend – immer am Strand entlang laufen wollen, gäbe es hier die erste Unterbrechung. Aber nur wenige Hundert Meter hinter dem Hafen geht's weiter am Strand entlang an der ruhigeren Wattseite.

Aussichtsdünen in Hörnum

In Hörnum gibt es zwei Aussichtsdünen. Eine liegt neben dem Hotel Budersand und die andere auf der anderen Inselseite am Ende des Strandweges beim **Restaurant Breizh.** Diese wird nach dem Aufstieg entlang eines Zickzack-Bohlenweges erreicht. Man schaut von oben am Strand entlang und vor allem über die Dünen mit den kleinen Reetdachhäusern der Kersig-Siedlung Richtung Leuchtturm (siehe „Strandprofil" weiter oben).

Die zweite Aussichtsdüne trägt den Namen **Budersanddüne,** sie erhebt sich an der Wattseite auf 28,80 Meter und soll früher sogar noch etwas höher gewesen sein. Sie liegt etwas nördlich vom Hörnumer Hafen, ganz in der Nähe befinden sich heute ein Golfplatz und ein Luxushotel namens Budersand. Man erreicht sie vom Hörnumer Hafen am Hotel vorbeigehend und dann dem Weg an der Wasserseite folgend. Beim Golfplatz führt ein Bohlenweg hoch, und oben stehen mehrere Sitzbänke. Man genießt von dort einen tollen Rundblick über die Dünen, den Hafen bis hinüber zu den Nachbarinseln Föhr (links) und Amrum (rechts). Zumindest bei Ebbe lässt sich

auch die Sandbank erkennen, über die Wattwanderer von einer Insel zur anderen gehen. Der Name Budersand leitet sich ab von einigen schlichten Buden Hörnumer Fischer, die hier früher in den Dünen standen. An der Westseite stehen die wenig bewachsenen Weißdünen, die durch künstlich gesetzten Strandhafer am Wandern gehindert werden sollen. Die Natur baute diese Dünen auf, aber sie holt den Sand auch regelmäßig wieder zurück, vergleichende Fotos belegen dies sehr deutlich.

Praktische Tipps

Unterkunft

Vermietungsagenturen

12 **Appartement Service Hörnum,** Strandstr. 1, Tel. 449 80 60, www.hoernum-ferienwohnungen. de. FeWos und Ferienhäuser im südlichsten Inselort.

8 **Nebel,** Am Wasser 2, Tel. 88 16 33, www.nebel-sylt.de. Vermietet seit 1978 FeWos in Hörnum.

4 **Sylter Appartement Vermietung,** Steintal 54, Tel. 88 10 01, www.sylter-appartement-vermie tung.de. Hat über 60 FeWos im Angebot.

Hotels

6 **Budersand**⑤, Am Kai 3, Tel. 460 70, www. budersand.de. Knapp oberhalb vom Hafen steht dieses Luxushotel. Toll eingerichtete Zimmer in hellem Design, moderne, klare Architektur mit auffälliger Holzfassade aus kanadischer Zeder. Zudem ein fantastischer Spa-Bereich und eine Terrasse mit Meerblick, von der man sich kaum losreißen mag. Nebenan liegt in den Dünen ein Golfplatz. Insgesamt 79 Zimmer und Suiten mit Flatscreen, Internetzugang, Privatbar, beleuchtetem Kleiderschrank und übergroßen Betten (2,10 m).

10 **Apartmenthotel am Leuchtturm**⑤, An der Düne 38, Tel. 961 00, www.hotel-leuchtturm.com.

Komplett umgebautes Hotel, das nun geschmack-voll und modern eingerichtete Ferienapartments unterschiedlicher Größe für bis zu fünf Personen anbietet. Die Apartments haben eine Küche, im Haus wird trotzdem auch Frühstück angeboten. Familiäre Atmosphäre. Es gibt einen Wellnessbereich mit Schwimmbad und Sauna.

16 Hotel Hapag 54° Nord④, Strandstr. 2, Tel. 44 91 70, www.hapag54gradnord.de. Topmodernes Designhotel im Ortskern mit 18 Suiten und vier Doppelzimmern, alle mit hohem Komfort ausgestattet. Mit großzügigem Wellnessbereich.

Ferienhäuser

18 Haus Hoppe⑤, Greth-Skrabbel-Wai 1, Tel. (030) 853 67 20, www.sylt-meerblick-haus-hoppe. de. Einzelhaus in herrlicher Lage in den Dünen.

Jugendherberge (Karte S. 62)

5 Jugendherberge Hörnum, Friesenplatz 2, Tel. 88 02 94, www.jugendherberge.de/jh/hoer num. Die Hörnumer JH liegt ein wenig außerhalb des Ortes neben dem „Fünfstädteheim". Man gelangt jedoch über einen nahen Übergang in 15 Minuten Fußweg an den Strand. Erreichbar per Linienbus, an der Haltestelle Hörnum-Nord aussteigen. Das Haus hat 170 Betten, überwiegend in Vier-, Sechs- oder Acht-Bett-Räumen untergebracht.

Campingplatz (Karte S. 62)

6 Campingplatz Hörnum, Tel. 835 84 31. Geöffnet April bis Okt. Meine ersten Sylt-Erfahrungen sammelte ich hier als kleiner Junge. Der Platz liegt ziemlich idyllisch in einem Dünental, direkt am Strand. 200 m entfernt gibt es einen Stellplatz für Wohnmobile.

Essen und Trinken

15 Café Lund, Rantumer Str. 1, Tel. 88 10 34. Mit kleiner Terrasse. Tolles Frühstück (9–11 Uhr), hausgemachtes Eis und auch warme Gerichte (12–17.30 Uhr). Mo Ruhetag.

3 Café Sonniger Süden, Rantumer Str. 23, Tel. 88 04 60, www.sonniger-sueden-sylt.de, Fr–Di 13–21.30, Do 17–21.30 Uhr. Kleine Terrasse, auf der gern frische Friesenwaffeln verzehrt werden, aber auch Hausmannskost sowie Pfannkuchen und Pizza. Es gibt eine Kinderkarte.

13 Fisch Matthiessen, Rantumer Str. 8, Tel. 88 17 73, www.fisch-matthiessen-sylt.de, Bistro durchgehend ab 10 Uhr. Fischbrötchen, aber auch warme Gerichte sowie Verkauf von frischem Fisch.

11 Möller's Anker, Blankes Tälchen 8, Tel. 88 10 50, www.moellers-anker.de, Di–So 12–14.30 und 17.30–22 Uhr. Regionale Küche, auch vegetarische und vegane Speisen, zudem Aktionstage wie Miesmuscheln (Freitag).

19 Kap-Horn, Süderende 24, Tel. 88 15 48, www. kap-horn-sylt.de. Mitten in den Dünen und nur we-

sy20047 sm

nige Schritte vom Strand entfernt steht dieses gemütliche Holzbistro strategisch äußerst günstig. Geboten wird eine klassische Bistrokarte. Tägl. ab 12 Uhr.

2 Biike Restaurant, Rantumer Str. 23a, Tel. 460 81 85, Fr–Di 18–21 Uhr. Das Lokal liegt im Gebäude des Hapimag Resorts, ist aber auch für Nicht-Hapimag-Gäste geöffnet. Vom Frühstück über Mittagstisch bis zur Abendkarte wird eine Menge geboten, mit Schwerpunkt auf regionaler Küche mit Produkten von der Insel (u.a. von Fisch Blum).

1 Breizh, Strandweg, Übergang Hauptstrand, Tel. 460 81 88, Tageskarte 12–18 Uhr, Abendkarte 18–21 Uhr, Kiosk bereits ab 10 Uhr, die Bar ist bis 24 Uhr geöffnet. Die Lage könnte kaum besser sein, denn oben auf einer Düne beim Strandübergang liegt dieses Lokal mit einer zumindest in Hörnum einmaligen Meerblick-Terrasse. Geboten wird bretonische Küche.

7 Sylter Muschelbistro, Am Kai, direkt am Hafen, tägl. 12–22 Uhr. Eine urig-gemütliche Lokalität mit schlichter Einrichtung (Tisch, Bänke). Hier gibt es frische Miesmuscheln in allen Variationen (gekocht, gebacken, gebraten, auch als Suppe) neben weiteren Gerichten mit Meeresfrüchten und Fisch.

9 Südkap, Strandstr. 1, Tel. 88 13 90, https://suedkap-sylt.de, tägl. 11–22 Uhr, Ende Okt. bis Anfang April nur bis 17.30 Uhr. Kleines Lokal, das etwa in Höhe vom Leuchtturm direkt an der Strandpromenade liegt. Von der Terrasse hat man einen tollen Blick aufs Wasser bis hinüber nach Föhr und Amrum. Es gibt Fisch, Pasta und Fleisch sowie Frühstück, hausgebackenen Kuchen, Waffeln und Eis.

Aktivitäten

Schiffstouren

■ Die meisten Schiffstouren zu den benachbarten Inseln und in die Welt der Halligen starten in Hörnum. Da diese Touren aber von jedem Inselort per Bus oder Auto angesteuert werden, haben wir sie im allgemeinen **Kapitel Ausflüge** beschrieben.

Fahrradverleih

5 Claßen, Budersandstr. 27, Tel. 88 03 54. Vermietet auch Kinderräder.

Kinderfreizeit

🚣 Am Strand beim Leuchtturm bietet das **Sylter Freizeit Team** Aktivitäten für Kinder an, beispielsweise gibt es eine Trampolinanlage oder einzelne Aktionen.

Surfen

9 Südkap Surfing, Strandpromenade 1, Tel. 0176-71 81 71 77, www.surfschule-sylt-hoernum.de. Angeboten werden Kurse im Kitesurfen, Stand-up-Paddling, Segeln und Windsurfen.

Sauna

■ **Strandsauna** in finnischem Blockhaus, Süderende 25, Tel. 88 03 00, https://strandsauna-sylt.com. Geöffnet tägl. 12–18 Uhr.

Einkaufen

17 Tischlerei Kühl, An der Düne 6, Tel. 88 03 58, www.friesenmoebel-sylt.de. Strandkörbe und vor allem tolle friesische Bänke werden hier getischlert.

14 Edeka Supermarkt, Rantumer Str. 16, Tel. 88 10 30, Mo–Fr 7.30–18, Sa 7.30–13 Uhr.

Nützliche Adressen

Post

■ Direkt vor dem Büro des Tourismus-Service steht ein Briefmarkenautomat, außerdem gibt es Briefmarken im Geschäft Klabautermann, Strandstr. 1.

◁ Der Hörnumer Leuchtturm

Der Süden der Insel

2

3 Die Ostdörfer

An der ruhigen Wattseite liegen friesische Dörfer, in denen friesisches Brauchtum gelebt wird. Strände findet man hier nicht, dafür eine ungeahnte ländliche Idylle und einen weiten Blick über die Felder in die Ferne.

St. Severin in Keitum, die berühmteste Kirche der Insel

Die Ostdörfer

Megalithgrab Denghoog
Friesenkapelle

142 Wenningstedt

155 Braderup
Weißes Kliff

96
95 Munk-
marsch

24 Westerland

Flugplatz Sylt

Jückers-
marsch

Freizeitbad „Sylter Welle"
St. Nicolai
Friedhof der Heimatlosen
St. Christophorus
St. Niels
129
130
Tinnum

Klentertal

102
St. Severin

Altfriesisches Haus
Sylt Museum
100 Keitum
Weststeg
Oststeg
Kaamp

Sylt Aquarium

SYLT

Campingplatz Westerland

Tierpark Tinnum

Dijken Deel

Eidumer Vogelkoje

Rantumbecken

118
Ganggrab Merelmerskhoog

Rantum-Nord
Sylt-Quelle

64 Rantum
St. Peter

3

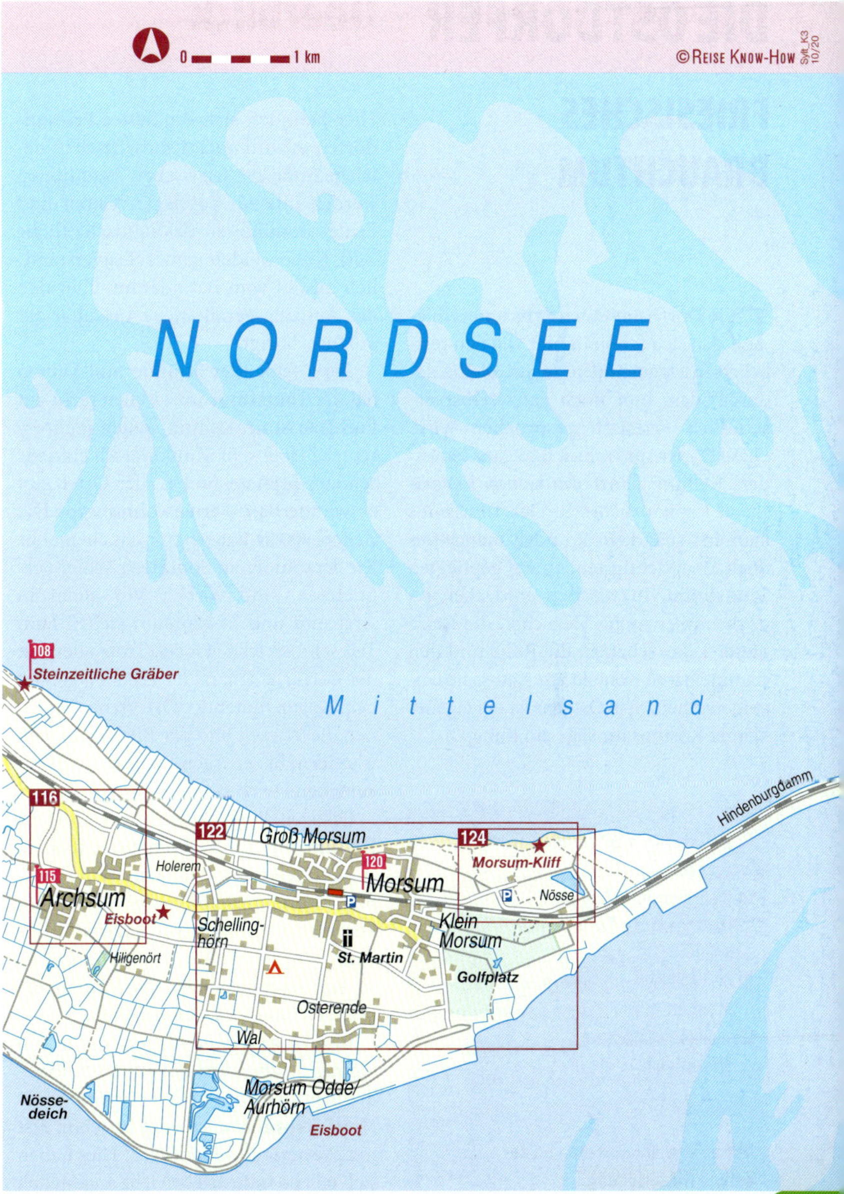

0 ▬ ▬ ▬ 1 km

Sylt_K3
10/20

N O R D S E E

108
★ *Steinzeitliche Gräber*

M i t t e l s a n d

Hindenburgdamm

116

122
Groß Morsum

124
Morsum-Kliff ★

115
Holerem

120
Morsum
Ⓟ

Archsum
Eisboot ★

*Schelling-
hörn*

P *Nösse*

*Klein
Morsum*

Hiligenört

ⓘ
St. Martin

Golfplatz

Osterende

Wal

**Nösse-
deich**

*Morsum Odde/
Aurhörn*

Eisboot

3

DIE OSTDÖRFER

FRIESISCHES BRAUCHTUM

Die Dörfer im Osten Sylts unterschieden sich schon immer von den restlichen Inselgemeinden, schon alleine dadurch, dass hier noch ganz selbstverständlich Friesisch gesprochen wird. Diese Dörfer sind schick und ganz besonders Keitum glänzt mit seinen historischen Kapitänshäusern. Der Tourismus kam erst spät, kein Wunder, mangelt es doch am Wichtigsten, einem gepflegten Sandstrand. Inzwischen entdecken jedoch immer mehr Menschen die Reize dieser Ecke, schätzen die Ruhe und den unmittelbaren Kontakt zur Natur, die Unaufgeregtheit. Sylt-Ost, das ist ein eigener kleiner Kosmos für sich, ein Ruhepol.

Überblick

Hier befinden sich die **Sylter Friesendörfer,** es wird noch Landwirtschaft betrieben und die friesischen Traditionen werden intensiv gepflegt. Wiesen und Felder dominieren das landschaftliche Bild, Kühe weiden ganz selbstverständlich unweit vom Bahndamm, über den der Autozug gerade neue Urlauber auf die Insel bringt.

Trotz fehlender Strände und Dünen hat der **Tourismus** inzwischen recht gut Fuß gefasst. In Keitum stehen mehrere schicke Hotels, in Munkmarsch ein sehr schönes Tophotel und in allen Orten gibt es wunderbare Ferienwohnungen. Die Zeiten, als die Bauern nur das ehemalige Kinderzimmer an Sommerfrischler vermieteten, sind vorbei. Vor allem in Archsum und in Morsum stehen zum Teil sehr schicke Häuser. Trotz allem ist der dörfliche Charakter erhalten geblieben. Knapp hinter der Ortsgrenze beginnen die Wiesen und der Blick kann weit wandern, bis er irgendwo am Horizont auf einen Deich stößt.

Unzweifelhaft das schönste Dorf ist **Keitum** mit zahlreichen prachtvollen, zumeist reetgedeckten Häusern, von denen viele einmal von zu Wohlstand gekommenen Kapitänen errichtet wurden. Und die Ortskirche St. Severin ist sowieso ein Schmuckstuck, die Mittwochskonzerte sind inselweit berühmt.

Munkmarsch ist dagegen nur ein kleines Straßendörflein am Watt, allerdings mit einem Fünf-Sterne-Superior-Hotel. **Tinnum** wiederum ist schon fast mit Westerland verwachsen. Hier haben sich etliche Industriebetriebe angesiedelt

NICHT VERPASSEN!

Diese Tipps erkennt man an der gelben Hinterlegung.

3

sy20049 sm

und auch mehrere Supermärkte. Ferienwohnungen gibt es auch, doch wegen der Nähe zu Westerland ist Tinnum vor allem ein beliebter Wohnort mit vielen Einfamilienhäusern.

Sylt-Ost lautete der offizielle Name, unter dem sich die folgenden **fünf Dörfer zusammengeschlossen** hatten, bevor sie 2009 zusammen mit Rantum und Westerland zur Gemeinde Sylt fusionierten: Munkmarsch, Keitum, Archsum, Morsum und Tinnum. Da sie bei aller räumlichen Nähe ihre Eigenständigkeit erhalten konnten, werden sie im Folgenden auch separat beschrieben.

 Reetdachhaus in Keitum

Munkmarsch

- **Friesischer Name:** Munkmērsk
- **Vorwahl:** 04651
- **PLZ:** 25980
- **Tourist-Information:** zuständig ist die Information Keitum.
- **Kurtaxe:** 1.5.–31.10. 3,30 €/Tag, 1.11.–30.4. 1,65 €/Tag, Kinder und Jugendliche unter 18 Jahren frei.

Überblick

Das Gebiet Munkmarsch gehörte einst zum dänischen Kloster Odense und war deshalb als Monckmarsch, **„Mönchsmarsch"** bekannt. Mehr als einige wenige Bauernhöfe und eine Mühle gab es hier lange Zeit nicht. Nach der Versandung des benachbarten Keitumer Hafens wurde in Munkmarsch jedoch ein neuer

0 ———— 100 m   © REISE KNOW-HOW

Sylt.05 10/20

Wenningstedt, Kampen

Golfplatz

Seglerhafen

Pan'er

Heefwai

Lochterbarig

Munkhoog

Sönshörn

Keitum

■ **Übernachtung**
2 Hotel Fährhaus Sylt

■ **Essen und Trinken**
2 Mara Sand,
   Käpt'n Selmer Stube
3 Zur Mühle

■ **Wassersport**
1 Surfschule Syltsurfing

Hafen eröffnet, von dem es einen Post- und Passagierdienst zum Festland bei Hoyer (heute dänisches Højer) gab.

Mit dem **Raddampfer** kamen ab 1858 die frühen Sylt-Urlauber in Munkmarsch an und wurden von hier per Pferdefuhrwerk weiter nach Westerland transportiert. 1869 entstand dann das Fährhaus am Hafen, damit die Gäste hier wenigstens übernachten konnten. Ab 1888 schnaufte schließlich eine kleine Inselbahn nach Westerland, was eine deutliche Komfortsteigerung darstellte.

Dann wurde 1927 der Hindenburgdamm gebaut, der Hafen verlor seine Bedeutung, ein Jahr später wurde er geschlossen. In den Seekarten wurde lapidar vermerkt: „Hafen geschlossen – Feuer gelöscht." (Gemeint war das Leuchtfeuer.) Damit verfiel der Ort in einen **Dornröschenschlaf,** aus dem er noch immer nicht so richtig wieder aufgewacht ist.

Heutzutage finden sich in Munkmarsch ein paar Dutzend Häuser an der Wattseite und einige wenige jenseits der

Die Ostdörfer

Hauptstraße Keitum–Braderup. Diese führt an Munkmarsch vorbei, und eilige Reisende werfen einen flüchtigen Blick auf den Hafen von Munkmarsch und werden schon wieder hinausgeführt in die Heidelandschaft. Doch es gibt auch Besucher, die verweilen: **Segler und Surfer treffen sich im Hafen,** außerdem wohnen in Munkmarsch einige überzeugte Fans der Wattenmeerseite.

Strandprofil

Eher ein Spazierstrand. Das **Wattenmeer** lockt unverwüstliche Liebhaber, aber keine Spur von grandioser Brandung oder einer Flanierpromenade. Auf einem Weg am Ufer kann man bis Braderup laufen bzw. in die andere Richtung bis Keitum.

☑ Das Fährhaus Sylt in Munkmarsch

Praktische Tipps

Unterkunft

Hotel

2 **Hotel Fährhaus Sylt**⑤, Heefwai 1, Tel. 939 70, https://faehrhaus-sylt.de. „Luxus am Watt", so beschreibt sich dieses Haus selbst und hat damit das Wichtigste schon gesagt. Es bietet 39 Zimmer und Suiten, einen großen Wellnessbereich und ein hervorragendes Restaurant. Das Haus zählt zu den „Small Luxury Hotels of the World".

Essen und Trinken

2 **Restaurant Mara Sand im Fährhaus,** Heefwai 1, Tel. 939 70, Di–Sa ab 18 Uhr, im Sommer auch So. Ein elegantes Restaurant mit herrlichem Blick durch die große Fensterfront aufs Watt. Erstklassige Küche.
2 **Käpt'n Selmer Stube,** im gleichen Haus zu finden, bietet regionale Gerichte in friesischem Ambiente. Durchgehend geöffnet.

033sy sm

Das Fährhaus, die „Freya" und Käpt'n Corl

Das Gebäude des heutigen Tophotels **Fährhaus Sylt** blickt auf eine **sehr lange Geschichte** zurück. 1868 baute der Kapitän *Thomas Selmer* ein Holzgebäude, dem 1880 ein zweigeschossiges Backsteinhaus folgte. Es war in den Anfängen eine Art **einfaches Lokal** am Hafen für ankommende und abreisende Gäste. 1894 verkaufte *Selmer* das Gebäude, und die Käuferfamilie eröffnete hier das **Hotel Munkmarsch.** Es war für viele Sylter Badegäste die erste Anlaufstation, nachdem sie die lange Reise von Hamburg überstanden hatten. Die **Anreise** war damals nämlich **sehr umständlich.** Züge fuhren von Hamburg bis nach Tondern (heutiges Tønder in Dänemark) und weiter zum Hafen von Hoyer (heutiges Højer), von wo es mit dem Schiff gezeitenabhängig hinüber nach Munkmarsch auf Sylt ging. Glücklich dort angekommen, ging es mit dem Pferdewagen weiter nach Westerland, ab 1888 schon bequemer mit der Inselbahn. Es gab auch eine Schiffsfahrt von Hamburg bis nach Hörnum, und dann ging es von dort eben-

sy20050 sm

falls weiter mit der Inselbahn, aber auch diese Fahrt dauerte sehr lange. 1927 wurde der Hindenburgdamm eröffnet, und damit konnte die noch heute so genannte **„Marschbahn"**, von Hamburg kommend, direkt nach Westerland fahren, über den Damm durchs Wattenmeer. Das Hotel in Munkmarsch hatte damit seine Funktion als Zwischenstation verloren, die Besitzer funktionierten es aber rasch zum **Urlaubsquartier** mit Restauration um. In den 1960er und 1970er Jahren wurden hier noch Restaurants betrieben, aber dann stand das Gebäude lange leer, und es drohte ein Abriss. Ab 1997 wurde das Haus dann grundlegend restauriert. und seit 2006 ist hier ein sehr geschätztes **Hotel** untergebracht. Eines der hoteleigenen Restaurants heißt noch heute in Erinnerung an den Gründer „Käpt'n Selmer Stube".

Die Überfahrt von Hoyer nach Munkmarsch fand auf dem **Raddampfer „Freya"** statt. Die Fahrzeiten mussten sich nach den Gezeiten richten. Deshalb gab es sogar einige flexible Abfahrtzeiten der Züge aus Hamburg. Als es 1920 zu einer Grenzverschiebung als Folge des verlorenen **Ersten Weltkrieges** kam und aus dem deutschen Hoyer plötzlich das in Dänemark liegende Højer wurde, mussten angehende Sylt-Urlauber **zweimal die deutsch-dänischen Grenzformalitäten durchlaufen,** und zwar in kurzen zeitlichen Abständen. Das gefiel niemanden. Eine halbwegs pragmatische Lösung wurde auch gefunden, indem man die Waggontüren einfach verplombte und die Züge so bis zum Fährhafen ohne Passkontrolle durchfahren konnten.

1927 startete die „Freya" zu ihrer letzten Fahrt zwischen Højer Slusen (Hoyer Schleuse) und Munkmarsch, Kapitän war der später auf Sylt zur Legende gewordene **Carl Nicolai Christiansen,** genannt „Käpt'n Corl" (1864–1937). Ihm zu Ehren gibt es in Westerland die Käpt'n-Christiansen-Straße. Die „Freya" fuhr danach einige Jahre als Salondampfer zwischen Lübeck und Travemünde und später auf der Memel. In den letzten Kriegsjahren transportierte das Schiff Verwundete und Flüchtlinge, und nach dem Krieg endete sie als Restaurationsschiff im Hafen von Emden. 1966 ging sie schließlich in den Niederlanden unter.

Seit vielen Jahren gibt es ein **Nachfolgeschiff** namens „Freya", das als **Ausflugsschiff** eingesetzt wird, anfänglich nur vor Sylt, heute ist ihr Heimathafen Kiel. Von dort nimmt die „Freya" als fotogenes Schiff an vielen maritimen Events teil. Sie wurde bereits 1905 in Holland gebaut und war dort auch Jahrzehnte im Einsatz, bis 1999 die Reederei Paulsen (Adler-Schiffe) den Raddampfer kaufte und ihn in Erinnerung an die ursprüngliche „Freya" umtaufte, die 1904 in Hamburg erbaut wurde. Sie ist heute der einzige original betriebene Seitenraddampfer, der an deutschen Küsten noch verkehrt, mit nostalgischem Charme und großem Salon.

Käpt'n Corl musterte rechtzeitig von der „Freya" ab und arbeitete dann in Westerland als Fremdenführer, genannt „Promenaden-Kapitän"; seine Touren waren sehr beliebt.

Und auch nach seinem Ableben ist der Käpt'n auf Sylt noch präsent: Seit vielen Jahren gibt es eine kleine **tägliche Glosse in der „Sylter Rundschau",** in der Käpt'n Corl seine Weisheiten zum Besten gibt, praktisch immer mit einem Verweis auf seine „Holde".

◁ Das Nachfolgeschiff der „Freya", heute ein Ausflugsschiff, nimmt Kurs auf den Kieler Hafen

sy20051 sm

3 **Zur Mühle,** Lochterbarig 24, Tel. 38 77, www.
zur-muehle-sylt.de. Schöne Lage mit Terrasse und
Wattblick, bürgerliche Küche, außerdem leckere
Torten und Kuchen. 11–18 Uhr, Di Ruhetag.

Aktivitäten

Surfen

1 **Syltsurfing,** Heefwai 4, am Hafen, Tel. 93 50
77, www.syltsurfing.de. Seit 1972 wird hier Einstei-
gern das Windsurfen beigebracht, es gibt auch „Ju-
nior Surfer"-Kurse für Kinder. *Calle Schmid* gibt auch
Golfunterricht, Anfänger können auf einem kleinen
Green den richtigen Schwung üben.

Keitum

■ **Friesischer Name:** Kairem
■ **Vorwahl:** 04651
■ **PLZ:** 25980
■ **Insel Sylt Tourismus-Service:** Gurtstig 23,
Tel. 299 03 97, www.insel-sylt.de, Mo–Fr 9–13,
13.30–17, Sa 10–13 Uhr, in der Nebensaison
Mo–Fr 10–16 Uhr.
■ **Kurtaxe:** 1.5.–31.10. 3,30 €/Tag, 1.11.–30.4.
1,65 €/Tag, Kinder und Jugendliche unter 18 Jahren
frei.

MEIN TIPP: Überall im Ort sind kleine **Informati-
onstafeln** angebracht, „Geschichtspunkte" genannt, die einen kurzen Abriss über die Historie ein-
zelner Gebäude geben.

Die Ostdörfer

Überblick

Das **schönste Dorf der Insel,** ohne Diskussion! Teilweise 200, ja 300 Jahre alte, reetgedeckte Kapitänshäuser, hochgewachsene Kastanien und Linden und ruhige, idyllische Straßen prägen das Bild.

Obendrein schmiegt sich Keitum an die Küste, ein Wanderweg am Ufer lockt zum Bewundern von Watt und Friesenhäusern. Keitum zeichnet sich aus durch ein **intaktes Ortsbild,** nur wenige neue Häuser und vor allem kaum Neureiche, wie man sie so zahlreich in Kampen antrifft. Keitum muss man zu Fuß erkunden, erst dann erschließt sich einem so richtig der Reiz, atmet man den Duft der Blumen, die hinter den Friesenwällen wachsen.

Urkundlich erwähnt wurde Keitum bereits **1462** im Zinsbuch des Bistums Schleswig. Lange Zeit war es ein bedeutender Ort. So existierte hier schon im 18. Jahrhundert eine Schule und seit 1820 ein **Hafen** mit Verbindung zum Festland. Erst nach Verschlickung dieses Hafens um 1860 verlegte man ihn ins benachbarte Munkmarsch. Auch eine Apotheke gab es in Keitum bereits 1825, lange bevor zunächst nur eine Filiale im heutigen Inselzentrum Westerland eröffnete und dort ab 1892 dann ständig eingerichtet wurde. Heute bietet Keitum neben einem schönen Ortsbild eine Vielzahl von guten gastronomischen Betrieben und ist Sitz zahlreicher Kunsthandwerker.

Sehenswertes

St. Severin

Erbaut wurde St. Severin im 13. Jahrhundert, erst 200 Jahre später kam der **Glockenturm** dazu. Bis 1603 diente er „nebenbei" als Seezeichen, bis 1803 auch als Gefängnis. Eine Sage prophezeite einst, eines Tages werde die Glocke herabstürzen und einen Jüngling treffen. Obendrein soll irgendwann der ganze Turm zusammenbrechen und eine Jungfrau erschlagen. Tatsächlich fiel Weihnachten 1739 die Glocke hinunter und traf einen Jungen tödlich. Seitdem sollen die jungen Mädchen Keitums einen weiten Bogen um den Turm gemacht haben. Die Sage erzählt weiterhin, dass die beiden auffälligen Steinplatten am Turm die Grabsteine der Stifterinnen seien, Ing und Dung mit Namen.

⟩ Reetdachhaus in Keitum

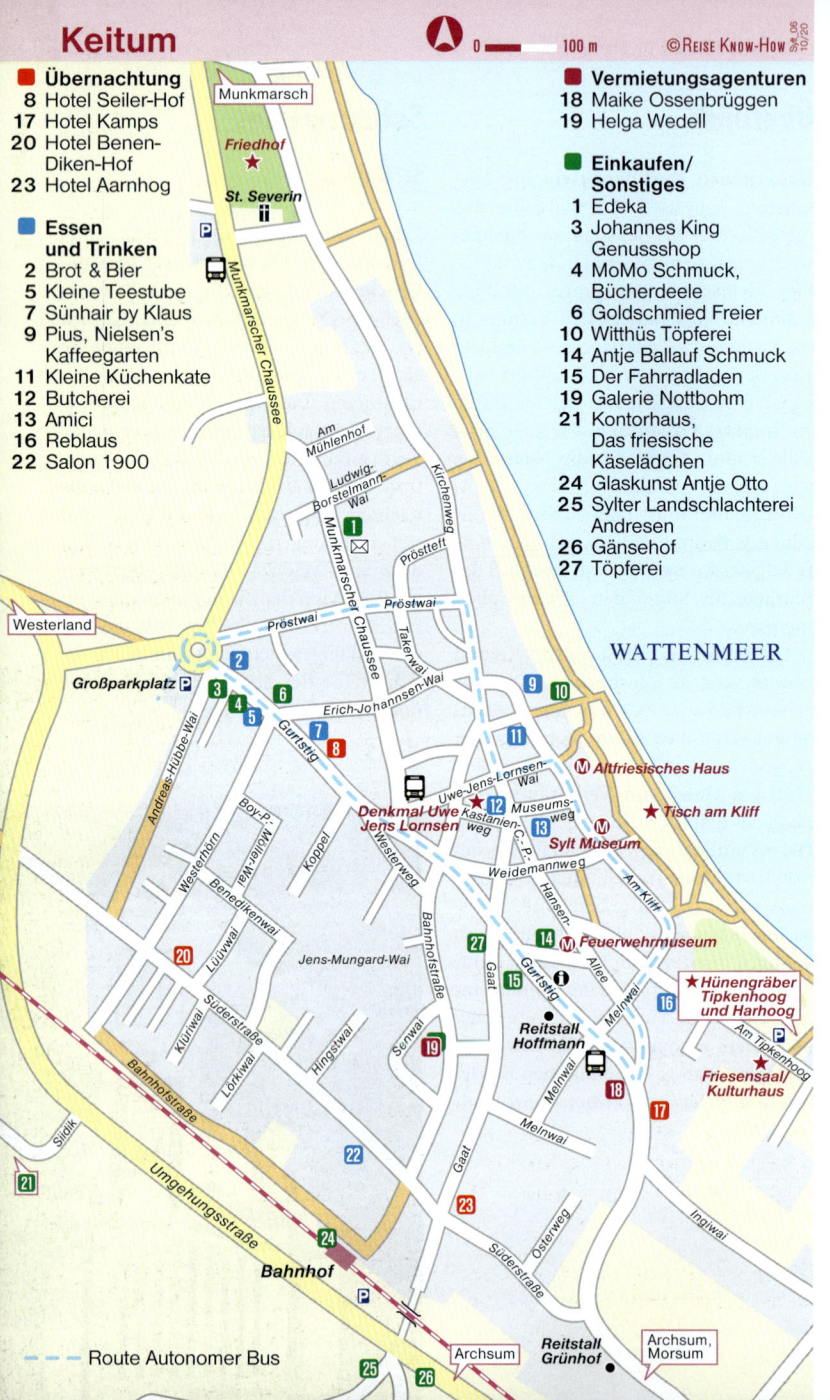

Keitum

0 ▬▬ 100 m © REISE KNOW-HOW Sy/L06 10/20

🟥 Übernachtung
8 Hotel Seiler-Hof
17 Hotel Kamps
20 Hotel Benen-Diken-Hof
23 Hotel Aarnhog

🟦 Essen und Trinken
2 Brot & Bier
5 Kleine Teestube
7 Sünhair by Klaus
9 Pius, Nielsen's Kaffeegarten
11 Kleine Küchenkate
12 Butcherei
13 Amici
16 Reblaus
22 Salon 1900

🟥 Vermietungsagenturen
18 Maike Ossenbrüggen
19 Helga Wedell

🟩 Einkaufen/ Sonstiges
1 Edeka
3 Johannes King Genussshop
4 MoMo Schmuck, Bücherdeele
6 Goldschmied Freier
10 Witthüs Töpferei
14 Antje Ballauf Schmuck
15 Der Fahrradladen
19 Galerie Nottbohm
21 Kontorhaus, Das friesische Käselädchen
24 Glaskunst Antje Otto
25 Sylter Landschlachterei Andresen
26 Gänsehof
27 Töpferei

Munkmarsch

Friedhof

St. Severin

Am Mühlenhof

Ludwig-Borstelmann-Wai

Munkmarscher Chaussee

Kirchenweg

Pröstteft

Prostwai

Westerland

Takelwai

Großparkplatz

Erich-Johannsen-Wai

Gurtstig

WATTENMEER

Andreas-Hübbe-Wai

Boy-P.-Wai

Koppel

Uwe-Jens-Lornsen-Wai

Denkmal Uwe Jens Lornsen

Kastanienweg

Museums-weg

C.-P.-Hansen-

Weidemannweg

⚲ Altfriesisches Haus

★ Tisch am Kliff

⚲ Sylt Museum

Westerweg

Bahnhofstraße

Jens-Mungard-Wai

Benedikenwai

Lüüwwai

Süderstraße

Klürwai

Lorkwai

Senwai

Gaat

Hingswai

⚲ Feuerwehrmuseum

★ Hünengräber Tipkenhoog und Harhoog

Reitstall Hoffmann

Am Kliff

Meinwai

Allee

Gurtstig

Am Tipkenhoog

★ Friesensaal/ Kulturhaus

Bahnhofstraße

Umgehungsstraße

Slidik

Meinwai

Süderstraße

Osterweg

Ingwai

Bahnhof

Archsum

Reitstall Grünhof

Archsum, Morsum

- - - - Route Autonomer Bus

Die wohl berühmteste Kirche der Insel zeigt sich ziemlich schlicht, zumindest **von außen.** Helle Mauern, steil und schnörkellos aufragend, ein kaum höher ragender Glockenturm, das war's. Die Kirche wurde dreischiffig gebaut, deutlich aus der Ferne erkennbar sind Apsis, Chor und Langhaus. Wer über den Hindenburgdamm fährt, kann die Kirche kurz vor Erreichen des Bahnhofs Westerland rechts gut erkennen. Mit etwas Fantasie lässt sich ein fahrendes Schiff erahnen, zumal St. Severin auf dem höchsten Punkt bei Keitum errichtet wurde.

Die Kirche hat zwei **Eingänge** – früher betraten Männer und Frauen getrennt das Gotteshaus, wobei die Männer das Südportal benutzten. Beim Eintreten fallen an der inneren Tür die Griffe auf, die Walen nachempfunden sind, eine Referenz an die Sylter Walfangvergangenheit. Das Innere ist ebenfalls nordisch schlicht gehalten.

Das Prunkstück der Kirche stellt die **Orgel** dar. Jeden Mittwoch finden hier Orgelkonzerte statt, die inselweit berühmt geworden sind. St. Severin ist dann regelmäßig bis auf den letzten Platz besetzt. Als ältester Schatz gilt der **Taufstein,** der um 1250 aus Sandstein geschaffen wurde. Er steht auf einer Sockelplatte, die vier Löwen zeigt. Der spätgotische **Flügelaltar,** geschnitzt und dreiteilig, wird auf 1480 datiert. Ihn flankieren Skulpturen von Maria mit dem Kind und vom Bischof St. Severin, dem Namensgeber der Kirche, einem Kölner Bischof aus dem 4. Jahrhundert. Die

Zwölf Apostel sind in den Seitenflügeln dargestellt.

Die 1580 erbaute **Kanzel** stammt ursprünglich aus dem dänischen Møgeltønder und kam 1699 als Geschenk nach Keitum. An den Seiten sind als Abbildungen Adelswappen zu finden, sowie Darstellungen der christlichen Tugenden Glaube, Mäßigung und Gerechtigkeit. Die auffälligen Kronleuchter aus Messing wurden von reichen Sylter Kapitänen gestiftet. Das Bildnis von *Martin Luther,* das an der Südwand thront, malte der Sylter *Andreas Dirks;* nach ihm ist in Westerland eine Straße benannt.

Der **Friedhof** am Meer zieht viele Besucher an und ist viel größer, als es zunächst den Anschein hat. Wer hier zwi-

▷ Die Grabplatte Familie Teunis auf dem Keitumer Friedhof ist ein sogenannter Sprechender Grabstein

Die Ostdörfer

schen den Gräberreihen spaziert, kann gelegentlich bis zum Wattenmeer schauen und dabei eine friedvolle Stille erfahren. Kein Wunder, dass auch etliche Auswärtige und Prominente sich hier bestatten ließen.

Seit Errichtung der Kirche im 13. Jahrhundert wurden hier auch Menschen bestattet. Die ältesten Grabsteine stammen aus dem 17. Jahrhundert. Sie stehen bei der Apsis der Kirche und tragen nur die Initialen und das Sterbejahr der Verblichenen. Alte **Grabplatten mit mehr Text** liegen an einem Wall südlich der Kirche, noch größere und gut erhaltene Platten stehen nördlich der Kapelle, etwa in der Mitte des Friedhofs. Sie berichten aus dem Leben zumeist reicher (Kapitäns-)Familien. Die Gräber einiger **Prominenter** liegen an der Nordseite, so von „Spiegel"-Gründer *Rudolf Augstein,* ebenso von Verleger *Peter Suhrkamp.* Die Grabstätte der Kapitänsfamilie *Teunis* aus Wenningstedt liegt unweit der Kirche an der Südseite.

■ **St. Severin,** etwas außerhalb der Straße nach Munkmarsch, Braderup, tägl. 10–16 Uhr, Do 17 Uhr Kirchenführung, im Sommer jeden ersten Fr im Monat 11 Uhr Friedhofsführung, Treffpunkt ist am Turmraum. Jeden Mi 20.15 Uhr Orgel- oder andere Konzerte, die Karten sind sehr begehrt, daher besser vorher reservieren, Bestellungen unter www.st-severin.de.

Feuerwehrmuseum

Im einstigen **Keitumer Spritzenhaus** aus dem Jahr 1911 wurde ein Museum mit etwa 200 Exponaten rund ums Thema Feuerwehr eröffnet. Es erzählt die Geschichte der Feuerwehren in den Ostdörfern Sylts und zeigt Helme, Uniformen und Pumpen. Außerdem erfahren die Besucher in nachgestellten Situationen, wie Brände entstehen.

■ **Feuerwehrmuseum,** C. P. Hansen-Allee, gegenüber der Feuerwache, April–Okt. Di 10.30–13 Uhr, Eintritt frei.

Sylt Museum

MEIN TIPP: Gezeigt wird in mehreren Räumen ein Querschnitt durch **Sylter Tradition und Historie bis um 1850,** u.a. mit archäologischen Funden und historischen Münzen. Breiten Raum nimmt die Seefahrt ein: Gezeigt werden Schiffsmodelle und -zubehör, es gibt eine Abteilung zum Walfang, auch zu den Trachten. Weiterhin wird das Thema „Sylt in der Kunst" präsentiert, bekannte Inselkünstler werden mit Lebenslauf vorge-

◁ Eingangspforte aus den Kieferknochen eines Wals am Sylt Museum

MEIN TIPP: Ein „**Tisch am Kliff**" steht als Kunstprojekt hinter dem Sylt Museum direkt an der Kliffkante am Wattenmeer. Fünf Künstler setzten sich mit der Sylter Geschichte auseinander, jeder auf seine Art. Jeder Künstler schuf zwei Reliefplatten, die in Bronze gegossen und zu einem Tisch zusammengesetzt wurden. So zeigt dieses spannende Projekt eine Mischung aus klar erkennbaren Motiven und eher symbolhaften, abstrakten Darstellungen.

3

Die „goldene" Zeit der Walfänger

Walfang war ab der Mitte des 17. Jahrhunderts nicht nur für viele Sylter ein Segen, weil er **gutes Geld** einbrachte, sondern auch für die Bewohner anderer Nordseeinseln. Sogar einige sehr kleine Orte an der norddeutschen Küste rüsteten Walfangschiffe aus. Alle hofften natürlich auf fette Beute, und tatsächlich wurden mehrere Kapitäne und Schiffseigner schwerreich.

Die Sylter heuerten zunächst auf **holländischen Schiffen** an, später gingen auch Schiffe aus **Emden** und **Hamburg** „auf Grönlandfahrt", wie die Waljagd genannt wurde, obwohl man die Wale zumeist vor Spitzbergen jagte. Es waren aber natürlich nicht nur Sylter an Bord: So ist überliefert, dass um das Jahr 1700 alleine von der Nordseeinsel Föhr gut 1000 Männer auf Waljagd gingen. Da diese ein **sehr gefährliches Unterfangen** war, kehrten viele Seeleute nicht davon zurück, was für die zurückgebliebenen Familien meist bitterste Not bedeutete.

Die Seeleute bekamen eine **feste Heuer,** was ein Vorteil war, wenn der Fang gering ausfiel. Richtig wohlhabend konnten nur die **Teilhaber** werden, sie wurden **Partfahrer** genannt: Commandeur, Steuermann, Harpunier und Speckschneider waren am Gewinn beteiligt.

Die Schiffe hatten zwischen 40 und 50 Mann Besatzung und stachen im **Frühjahr** in See. Die Reise dauerte etwa ein halbes Jahr, spätestens Ende **Juli** musste die **Rückreise** angetreten werden, da das Packeis dann immer dichter wurde. Meist wurde der Heimathafen spätestens im **September** erreicht.

Niemand wusste, wo sich die Wale genau aufhielten, deswegen mussten die Seeleute oft tage- oder gar wochenlang warten, bis sie einen **Grönlandwal** oder einen **Nordkaper** sahen. Vorwiegend diese Tiere wurden gejagt, da sie relativ langsam schwammen. Wurde ein Wal gesichtet, ließ man ein oder mehrere Ruderboote

sy20055 sm

(Schaluppen) zu Wasser. Die kräftigen Männer ruderten dicht an den Wal heran, woraufhin der Harpunier eine schwere **Harpune** auf das Tier schleuderte. Diese war mit einer langen Leine am Boot befestigt. Da der Wal sofort abtauchte, gab man Leine, tauchte er dann wieder zum Luftholen auf, holte man die Leine ein und versuchte das Tier nicht wieder entkommen zu lassen. Das wiederholte sich meist noch viele Male, bis der Wal ermüdet war und man ihn mit weiteren Lanzen attackieren konnte, bis er schließlich verendete. Der erbeutete Wal wurde dann auf dem Schiff **zerlegt**, der Speck wurde in Stücke geschnitten und später zu **Tran** gekocht, der als Lampenöl verwendet wurde. Commandeure nahmen oft die Knochen mit, um damit ihr Grundstück daheim zu schmücken. Es bestand lange eine große Nachfrage nach dem Tran, weswegen für Sylt und andere Insulaner goldene Zeiten anbrachen. Einige wenige wurden reich, genügend Menschen immerhin wohlhabend, andere konnten sich durch die regelmäßigen jährlichen Fahrten ihr Auskommen sichern. Wer viel Geld gemacht hatte, konnte sich dann auch ein prächtiges Haus bauen. **„Kapitänshäuser"** wurden diese auch genannt, nicht wenige davon stehen noch heute in Keitum.

Ein früheres Kapitänshaus, es steht heute im Freilichtmuseum Molfsee bei Kiel

stellt, wie der Maler *Franz Korwan,* der Dichter *Erich Johannsen* und auch die Munkaard-Familie. Im oberen Bereich ist die legendäre Kneipe „Ziegenstall" von *Valeska Gert* nachgestellt (siehe dazu Exkurs „Der Ziegenstall, Sylts skurrilste Kneipe").

Zu dem historischen uthlandfriesischen Haus aus dem Jahr 1759, in dem das Museum untergebracht ist, gelangt man durch eine Art Torbogen, den zwei Walkieferknochen bilden.

■ **Sylt Museum,** Am Kliff 19, Tel. 316 69, Ostern–Okt. Mo–Fr 10–17, Sa/So 11–17 Uhr, Nov.–Ostern Do–So 11–15 Uhr, 6 €, Kinder 6–14 Jahre 2,50 €.

Altfriesisches Haus

In diesem historischen Reetdachhaus wird die **friesische Wohnkultur aus dem 18. Jahrhundert** sehr gut dokumentiert. Erbaut wurde das Haus 1739, der Sylter Lehrer und Chronist *Christian Peter Hansen* war bis zu seinem Tod Eigentümer. Seine private Sammlung wurde später für das Museum genutzt, nachdem 1907 der Heimatverein Söl'ring Foriining das Haus übernahm und ein Museum einrichtete. Das Haus zeigt vier Räume mit Originalmöbeln, die Küche, die Speisekammer und die gute Stube, den Pesel. Die Besucher wandern staunend durch die relativ engen und niedrigen Zimmer. Man sieht auch den engen Schlafalkoven und kann sich dort zeigen lassen, was es bedeutete, „etwas auf die hohe Kante zu legen": Die Wertsachen wurden auf ein erhöht angebrachtes Holzbrett im Alkoven gelegt, um sie im Falle einer Gefahr (Feuer, Flut) sofort greifen zu können.

3

■ **Altfriesisches Haus,** Am Kliff 13, Tel. 311 01, Ostern–Okt. Mo–Fr 10–17, Sa/So 11–17 Uhr, Nov.–Ostern Do–So 11–15 Uhr, 5 €, Kinder 6–14 Jahre 2,50 €.

Uwe-Jens-Lornsen-Denkmal

Das Denkmal ist auf einem kleinen begrünten Platz beim Uwe-Jens-Lornsen-Wai, Ecke Kastanienweg, zu finden. *Lornsen* gilt als einer „der größten Söhne der Insel" (siehe Exkurs im Kapitel „Die Nordfriesen/Geschichte").

△ Originalgetreue Räume im Altfriesischen Haus

▷ Die Grabkammer Harhoog

Hünengräber

Am Ortsrand von Keitum liegen zwei Grabanlagen aus der Bronzezeit, ein Grabhügel und eine Grabkammer. Die gut erkennbare Grabkammer, **Harhoog** genannt, stammt etwa von 2500 v. Chr. Ursprünglich befand sich der Harhoog auf einem Gelände, das heute zum Sylter Flughafen gehört. Als der Flugplatz gebaut wurde, verlegte man die Grabkammer an die Straße Am Tipkenhoog.

Diese Stelle wurde gewählt, weil sich gleich nebenan der **Tipkenhoog** erhebt, ein Grabhügel der jüngeren Steinzeit. Von diesem Hügel genießen Betrachter eine tadellose Fernsicht, mit Glück bis zum Festland. Eine Tafel berichtet von einem Riesen namens Tipken, der einst einen Turm an der Landspitze sein eigen nannte und im Kampf gegen Festländer fiel. So wurde er dann unter seinem „Törn" (Turm) beerdigt. Hier findet übrigens das alljährliche Keitumer **Biikebrennen** statt.

Im **Garten des Sylt Museums** befindet sich ein kleines Hünengrab, das ursprünglich in Tinnum lag und etwa um 2500 v. Chr. entstand. Es wurde hier originalgetreu wieder aufgebaut.

Friesenhäuser

In Keitum stehen die schönsten Friesenhäuser der ganzen Insel. Etliche wurden von wohlhabenden **Kapitänen** am Ende ihrer Laufbahn erbaut, zählen oftmals schon gute 200 Jahre. Fast überall sind sie von hohem Baumbestand umgeben, im ganzen Dorf rauschen die Ulmen und Kastanien, ein **harmonisches Gesamtbild.** Besonders reizvolle Häuser stehen im Takerwai. Manchen Hausbesitzern wurde die ewige Knipserei derart viel, dass sie dunkle Vorhänge vor die Fenster hängten.

Und aus etlichen Häusern blicken kleine niedliche **Porzellanpekinesen** verstohlen aus den Fenstern, achten Sie mal darauf. Mit diesen Hündchen ist seit Langem eine Geschichte verknüpft. Früher war die Prostitution in Ländern wie England verboten, Dirnen aber gab es natürlich trotzdem. Und da sie offiziell keinen Liebeslohn annehmen konnten, verkauften sie eben zu überhöhten Preisen diese Pekinesen an die Freier. Außerdem erzählt man sich, dass die Hündchen, die es immer nur paarweise gab, einen zweiten Zweck erfüllten. Sie standen in den Fenstern und signalisierten, ob eine Dame gerade frei war oder nicht. Blickten die Hunde nach draußen, konnte man eintreten, kehrten sie einem den Rücken zu, war die Dame gerade beschäftigt. Diese Hunde sollen nun die Seeleute ihren daheim gebliebenen Frauen als Geschenk mitgebracht haben.

535sy sm

Strandprofil

Für seinen Strand ist Keitum nicht gerade berühmt. Wie überall **an der Wattseite** verläuft er relativ schmal, wird von einem Wanderweg begrenzt. Natürlich kann man sich auch hier bräunen und verträumt aufs Meer schauen – sofern es sich nicht wegen Ebbe zum Horizont zurückgezogen hat. Wer jedoch Nordseebrandung sucht, muss rüber zur Westseite.

⊳ ⊡ Keitum ist bekannt für seine schönen Friesenhäuser

sy20057 sm

Praktische Tipps

Unterkunft

Vermietungsagenturen

18 **Maike Ossenbrüggen,** Gurtstig 37, Tel. 315 07, www.fewoaufsylt.de, hat überwiegend Unterkünfte in Keitum und den Ostdörfern.

19 **Helga Wedell,** Bahnhofstr. 12, Tel. 333 44, www.wedell-sylt-immobilien.de. Viele Unterkünfte in den Sylter Friesendörfern, die in einem eigenen Katalog vorgestellt werden.

Hotels

23 **Hotel Aarnhog**⑤, Gaat 13, Tel. 39 90, www.aarnhoog.de. Eine tolle Anlage mit hohem Service. Dezenter Luxus unter Reet bei nur 12 Suiten und einem Doppelzimmer. Außerdem: 300 m² großer Wellnessbereich, Pool, Dampfbad, Tee- und Kaffeestuuv und alles in allem eine angenehm dezente, fast private Atmosphäre.

20 **Hotel Benen-Diken-Hof**⑤, Süderstr. 3, Tel. 938 30, www.benen-diken-hof.de. 43 Zimmer im Reetdachhaus mit großem Garten. Nette Atmosphäre, Wellness, Sauna, Schwimmbad, Bar.

8 **Hotel Seiler-Hof**⑤, Gurtstig 7, Tel. 933 40, www.seilerhofsylt.de. Elf Zimmer in historischem Kapitänshaus mit großem Garten und Strandkörben sowie einer Liegewiese. Sauna, WLAN.

17 **Kamps**⑤, Gurtstig 41, Tel. 983 90, www.kamps-sylt.de. KLeines Haus mit modernen und hellen Zimmern sowie drei Apartments. Frühstück gibt's im angeschlossenen Café, das Mo–Mi 9–13, Do–So 9–18 Uhr geöffnet hat. Hier und in der angrenzenden Galerie finden regelmäßig Kunstausstellungen statt.

Essen und Trinken

2 **Brot & Bier,** Gurtstig 1, Tel. 936 37 43, www.brot-und-bier.de, Di–Sa 12–20 Uhr, Küche bis 18.30 Uhr. Mal was anderes: Hier gibt es nur Stullen und selbst gebrautes Bier, wobei das selbstgebackene Brot fantasievoll belegt wird. Legere Atmosphäre und eine moderne Einrichtung.

9 Nielsens Kaffeegarten, Am Kliff 5, Tel. 316 85, www.nielsens-kaffeegarten-sylt.de, Mi–Mo 8–18 Uhr, Brötchenverkauf Mo–Sa ab 6.30 Uhr, So ab 8 Uhr. Nach einem Umbau erstrahlt Nielsens jetzt als modernes Lokal. Am Eingang gibt es eine Kuchentheke, hinten liegen der Gastraum und natürlich die Terrasse mit dem unschlagbaren Wattblick.

11 Kleine Küchenkate, Am Kliff, Tel. 333 87, www.kleinekuechenkate.de, Fr–Di 12–22 Uhr. Ein kleines Lokal mit rustikal-gemütlichem Gärtchen. Geerdete Bistroküche, auch mit Fisch und Fleisch, u. a. vom Galloway-Rind.

5 Kleine Teestube, Westerhörn 2, Tel. 318 62, www.kleineteestube-sylt.de, Fr–Mi 10–18 Uhr, Frühstück bis 12 Uhr. Ein friesisch-gemütliches Lokal mit kleinem Garten, Spezialität sind hausgemachte Waffeln, ebenfalls zum Angebot gehören u. a. Blaubeer-Pfannkuchen, Milchreis oder Krabbenbrot und natürlich Tee und Kuchen.

9 Pius, Am Kliff 5, Tel. 889 14 38, www.pius-weine.de, tägl. 17–24 Uhr. Eine Vinothek, betrieben von *Pius Regli*, dem Wirt des Kampener Lokals „Manne Pahl". Auffällig viele Weinflaschen dekorieren schon draußen das Bistro. Viele offene Weine im Angebot, kleine Snacks wie Pius Brotzeit oder Oliven, Käse etc. und eine gemütliche Atmosphäre.

22 Salon 1900, Süderstr. 40, Tel. 93 60 00, www.salon1900.de, ab 12 Uhr bis open end, Küche bis 22 Uhr. Alteingesessenes Lokal in nostalgischem Ambiente. Hat eine überschaubare Speisekarte mit norddeutschen Gerichten, doch es gibt beispielsweise auch Wok-Gemüse.

7 Sünhair by Klaus, Erich-Johannsen-Wai 2, Tel. 93 54 50, www.restaurant-suenhair.de, Mi–Mo 17–22 Uhr. Der friesische Name bedeutet „Wohlsein" und tatsächlich fühlt man sich in diesem charmanten „Bistrorant", so der Eigenname, gleich wohl. Genauso auch im netten Garten. Die Küche zeigt sich saisonal geprägt und bodenständig, es gibt auch vegetarische Gerichte.

533sy sm

13 Amici, C.P.-Hansen-Allee 1, Tel. 957 09 47, www.amicisylt.chayns.net, Mo–Sa 12–22 Uhr. Schmuckes Reetdachhaus im Ortskern mit angenehmer Terrasse. Die Küche ist italienisch geprägt und hat auch spezielle Angebote für „Bambini".

12 Butcherei, C.P.-Hansen-Allee 2, Tel. 886 43 00, https://butchereisylt.de, Di–So 12–22 Uhr. Ein Steakhouse, in dem ganz besondere Fleischsorten serviert werden, u. a. aus Argentinien, vom US-Bison oder japanisches Wagyu. Es gibt auch Burger, Fisch und Seafood.

16 Reblaus, Am Tipkenhoog 2, Tel. 886 89 70, https://reblaus-sylt.de, tägl. 11–23 Uhr. „Wine and Dine" steht draußen über dem Eingang dieses kleinen, feinen Weinlokals. Gutes und reichhaltiges Weinangebot, kombiniert mit kleinen Gerichten.

sy20058 sm

Aktivitäten

Kutschfahrten

■ Auch auf der Fahrt mit einem **Planwagen** (maximal 15 Personen), gezogen von zwei Pferden, kann man den Ort kennenlernen. Tel. 0175-207 43 00, https://syltkutschfahrten.jimdo.com, Mai bis Okt. Mi und So zwischen 11 und 14 Uhr für jeweils 1 Stunde durch Keitum, Ausgangspunkt: Großparkplatz.

Fahrradverleih

15 Der Fahrradladen, Gurtstig 44, Tel. 328 79, www.sylt-rad.de. Vermietet u. a. 3- und 7-Gang-Räder, MTB, Kinderräder, Kinderanhänger, Babyjogger sowie auch Bollerwagen.

Autonomer Bus

Durch Keitum pendelt derzeit ein autonom fahrender kleiner blauer Bus auf einem **Rundkurs,** ausgehend vom Großparkplatz, an den Museen vorbei und wieder zurück. Er fährt extrem langsam (max. 18 km/h) und vorsichtig auf einer einprogrammierten Route, wird aber von einem Experten begleitet, der im Notfall eingreifen kann. Dieser Bus ist Teil eines Forschungsprojekts und läuft zunächst im Probebetrieb bis Juni 2020. Der Bus fährt Di–Sa zwischen 10 und 17 Uhr, die Fahrt ist kostenlos.

Reiten

■ **Reitstall Grünhof,** Süderstr. 80, Tel. 312 08, www.gruenhof-sylt.de. Der Hof liegt knapp am Ortsrand und bietet Reitunterricht in einer großen Halle oder auf dem Reitplatz an. Außerdem finden täglich Ausritte statt, nach Voranmeldung.

■ **Reitstall Hoffmann,** Gurtstig 46, Tel. 315 63, www.reitstall-hoffmann.de. Langjährig in Familienbesitz, bietet dieser Stall Reitstunden sowie auch tägliche Ausritte entlang des Wattenmeeres, nach Voranmeldung.

⌃ Sightseeing mal anders:
Kutschfahrt durch Keitum

Einkaufen

In Keitum ist speziell entlang der Hauptstraße Gurtstig eine kleine **Shoppingmeile** entstanden, in der auch einige Boutiquen und Galerien liegen.

Galerien

19 Galerie Nottbohm, Bahnhofstr. 12, Tel. 889 13 68, www.galerie-nottbohm.de. Werke von überwiegend norddeutschen Künstlern werden hier ausgestellt.

Kunsthandwerk

14 Antje Ballauf, Kirchenweg 4, Tel. 312 66. Goldschmiedin, die in einem kleinen, schmucken Reetdachhaus arbeitet und dort auch ihre Schmuckstücke verkauft.

10 Witthüs, Am Kliff 5A, Tel. 36 06, in der Saison Mo–Sa 10.30–18 Uhr. Keramik und Schmuck, ansprechend präsentiert, auch in Außenvitrinen.

6 Goldschmied Freier, Erich-Johannsen-Wai 1, Tel. 358 82, Di, Do, Fr 11–18, Sa 12–16 Uhr. Seit vielen Jahren fertigt der Goldschmied in einem gemütlichen Haus nicht weit vom Ortseingang Schmuck und Ringe.

24 Glaskunst Antje Otto, Bahnhofstraße 37 (im Bahnhofsgebäude), Tel. 32 933, www.glaskunst-antjeotto. de, 10–13, 15–18 Uhr. Hochwertige Gebrauchsstücke (Teller, Gläser) oder Schmuck und Kunstobjekte aus Glas, auch Glasmalerei.

4 MoMo Schmuck, Gurtstig 12, Tel. 835 71 40, https://momo-sylt.de. In einem kleinen, netten Reetdachhaus fertigt *Astrid Jahnke* ausgefallene individuelle Schmuckstücke, präsentiert aber auch Arbeiten anderer Künstler. Man kann unter Anleitung sein eigenes Schmuckstück erstellen.

27 Töpferei, Gaat 6, Tel. 31 587, Mo–Fr 10–12, 15–18 Uhr. In einem verwunschen aussehenden Reetdachhäuschen fertigen *Regine Skoluda* und *Till Bruttel* hübsche Gebrauchskeramik mit Unterglasurfarbe.

⌄ Kunst im Garten eines Goldschmiedes

sy20059 sm

Lebensmittel und Spezialitäten

26 **Gänsehof,** Koogstr. 2, Tel. 314 54, www.gaensehof-sylt.de, Mo–Fr 10–12 und 15–18, Sa 10–12 Uhr. Die Hofschlachterei bietet Fleisch von Galloway-Rindern, Gänsen, Schafen, vom Lamm und Spanferkel an.

21 **Das friesische Käselädchen,** Siidik 6, Tel. 96 74 41, Mo–Fr ab 11 Uhr. Nordfriesische Käsespezialitäten von Ziege, Schaf und Kuh, außerdem u. a. Wurst, Weine, Brände, Olivenöl und Freilandeier.

3 **Johannes King Genussshop,** Gurtstig 2, Tel. 967 77 90, www.johannesking.de, Mo–Sa 11–20 Uhr. Der Sylter Sternekoch *Johannes King* (Söl'ring Hof) betreibt hier ein Geschäft mit Probiermöglichkeit, in dem seine persönlichen Lieblingsprodukte angeboten werden, darunter auch viel Selbstgemachtes.

25 **Sylter Landschlachterei Andresen,** Ingiwai 21, Tel. 88 61 577, www.landschlachterei-sylt.de, Mo–Fr 10–17, Sa 9–13 Uhr. Fleischwaren und Feinkost aus eigener Schlachterei.

⌄ Im Witthüs werden Keramik und Schmuck verkauft

21 **Kontorhaus,** Siidik 15, Tel. 889 11 94, www.teekontorkeitum.com, Mo–Sa 10–18 Uhr. Ein breites Teesortiment, außerdem Teezubehör, ausgesuchte Delikatessen und wöchentlich Teeseminare, außerdem regelmäßige Konzerte.

Nützliche Adressen

Post

1 **Edeka-Markt,** Munkmarscher Chaussee 6, Tel. 93 55 80. Post geöffnet: Mo–Fr 8–18, Sa 8–13 Uhr.

4 **Bücherdeele,** Gurtstig 12, Tel. 44 96 41, Mo–Fr 10–18, Sa 10–14, So 11–13 Uhr. Schöner kleiner Buchladen, der auch Postkarten und Zeitschriften im Angebot hat.

Veranstaltungen

■ **Friesensaal/Kulturhaus,** Am Tipkenhoog 14, Tel. 99 80, www.kulturhaus-sylt.de. Im Keitumer Friesensaal finden die unterschiedlichsten kulturellen Veranstaltungen statt, so beispielsweise Konzerte, Theater, Kleinkunst, Lesungen, Tanzabende. Tickets gibt es an der Abendkasse oder beim Insel Sylt Tourismus-Service.

sy20060 sm

sy20061 hf

Archsum

- ■ **Friesischer Name:** Ārichsen
- ■ **Vorwahl:** 04651
- ■ **PLZ:** 25980
- ■ **Tourist-Information:** zuständig ist die Information Keitum.
- ■ **Kurtaxe:** 1.5.–31.10. 3,30 €/Tag, 1.11.–30.4. 1,65 €/Tag, Personen unter 18 Jahren frei.

🔼 Haus in Archsum

Überblick

Eine erste Erwähnung im Zinsbuch des Bischofs von Schleswig ist für das Jahr 1462 beurkundet, aber schon vor ca. 4000 Jahren gab es hier eine frühe Siedlung, was ein **Megalithgrab** bei Mootjes Küül am Nössedeich belegt. Das Dorf wurde von Bauern und Seefahrern bewohnt, die vor allem vom Walfang lebten. So mancher Kapitän setzte sich dann hier in Archsum in einem ziemlich schmucken Haus zur Ruhe, das er sich von der Heuer leisten konnte.

Archsum zählte schon immer zu den Inseldörfern, in denen kleinteilige **Landwirtschaft** betrieben wurde. Das Land wurde jedoch oft von Überschwemmungen zerstört, Deiche gab es damals noch nicht. Ein „anständiger" Frühjahrssturm

3

Archsum

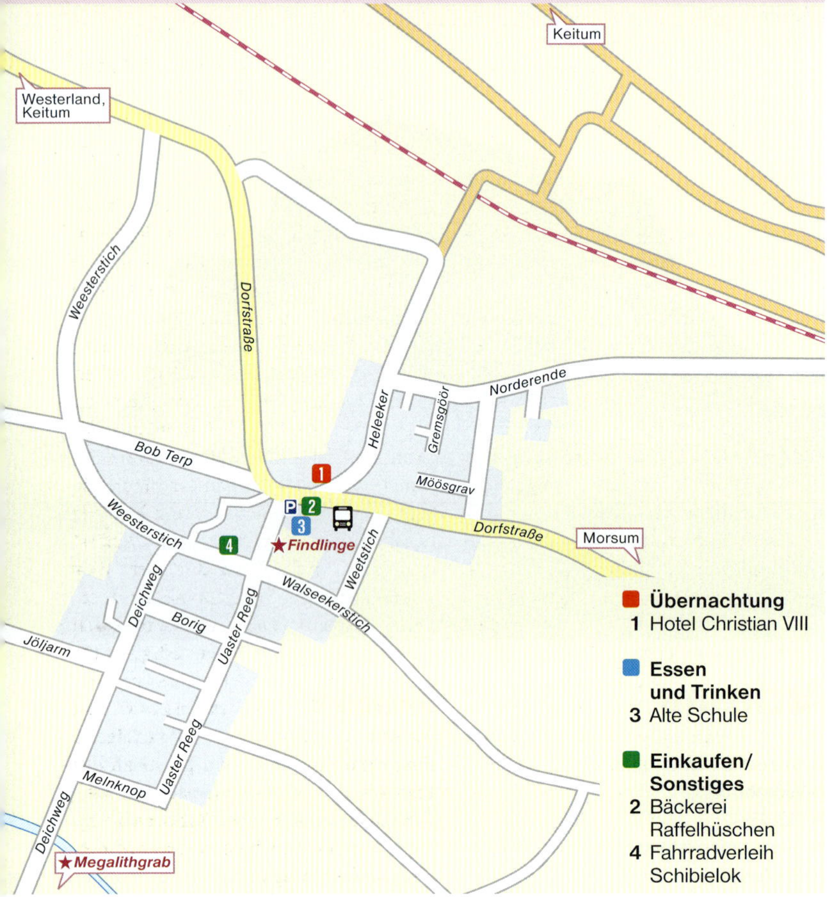

Keitum

Westerland,
Keitum

Weesterstich

Dorfstraße

Keitum

Norderende

Heleeker

Gremsgöör

Bob Terp

Möösgrav

1

P **2**
3 🚌

4 ★ *Findlinge*

Weesterstich

Weetstich

Dorfstraße

Morsum

Deichweg

Borig

Uaster Reeg

Walseekerstich

Jöljarm

Uaster Reeg

Melnknop

Deichweg

★ *Megalithgrab*

■ **Übernachtung**
1 Hotel Christian VIII

■ **Essen
und Trinken**
3 Alte Schule

■ **Einkaufen/
Sonstiges**
2 Bäckerei
Raffelhüschen
4 Fahrradverleih
Schibielok

536sy hf

mit einer hohen Flut konnte eine ganze Ernte vernichten. Es reichte für die Bauern zum Leben, aber wohlhabend wurde kaum einer. Im 18. Jahrhundert verbesserte sich die Lage, weil auch viele Archsumer zur See fuhren und auf **Walfang** gingen. Bei einigen führte dies zu Wohlstand, bei anderen aber auch zu schlimmer Armut, wenn der Ernährer auf See blieb. Nach Abflauen der Walfängerzeit lebten die meisten Archsumer erneut von bescheidener Landwirtschaft, die durch die Sturmfluten dauergefährdet war. Das änderte sich erst 1937, als der fast 1800 Hektar große **Nössekoog** entstand und der 13 Kilometer lange **Nössedeich** entlang der Ostseite durch den Reichsarbeitsdienst der Nationalsozialisten gebaut wurde. Der Nössekoog wurde erst in den 1970er Jahren entwässert, indem man Gräben zog und das Wasser ableiten konnte. Dennoch sank schließlich die Zahl der Bauernhöfe, der Koog wurde nur wenige Jahre bewirtschaftet. Der aufkommende **Tourismus** versprach obendrein ganz andere Möglichkeiten zum Geldverdienen.

☑ Ländliche Idylle in Archsum

Trotz aller Veränderungen wird gerade hier in Archsum die **friesische Sprache und Kultur** gepflegt, man hört hier eher das friesische „Gur Dai", als das plattdeutsche „Moin".

Archsum ist heute ein kleines, **ländlich geprägtes Dorf.** Hier existieren sogar noch Bauernhöfe, die nicht die Landwirtschaft zugunsten der Touristen aufgegeben haben. Ein Spaziergang durch die wenigen Straßen ruft die Erinnerung an ein Dorf in der holsteinischen Marsch wach. Weit weg, so scheint es, liegen das mondäne Westerland und das prominente Kampen. Hier tuckert der Bauer mit seinem Trecker über die schmale Straße hin zu seinem Feld, da muss dann jeder warten. Kaum verlässt man das Dörflein, wandert der Blick kilometerweit über das platte Land, erkennt erst am fernen Horizont einen Deich. Dünen fehlen hier völlig – auch das ist Sylt. Hier urlauben Feriengäste, die dem Inseltrubel entgehen wollen und die Ferien auf dem Lande schätzen. Und zu den Stränden von Westerland ist es ja trotzdem nicht allzu weit. Die Bauernhöfe liegen weit am Ortsrand verstreut, genügend Friesenhäuser wurden im Dorfkern errichtet.

Sehenswertes

Burg

Schon vor rund 2000 Jahren war Archsum besiedelt, und genau wie in Tinnum
wurde hier eine Burg errichtet. Die ehemalige Burg wurde im Laufe der Jahrhunderte nahezu vollständig zerstört.
Reste von **65 Findlingen aus dem Burg-
wall** liegen im Dorfzentrum direkt neben dem Restaurant „Alte Schule". Der
Ringwall soll einen Durchmesser von etwa 64 Metern gehabt haben, im Zentrum standen eine Reihe von einfachen
Hütten.

Modjes Küül

Eine weitere örtliche Sehenswürdigkeit
liegt außerhalb am Deich. Dort liegt ein
gut 4000 Jahre altes **Megalithgrab.** Die
Stelle wird „Modjes Küül" (Großmutters
Kuhle) genannt, der offizielle Name lautet **Ganggrab Merelmerskhoog.** Zu finden: Vom Dorfzentrum über Uaster
Reeg fahren, rechts in den Weesterstich
einbiegen, dann links in den Deichweg.
Diesem bis zum Deich folgen, dort noch
etwa 800 Meter auf dem Deich nach
rechts gehen. Dort liegt das Ganggrab
direkt an der Straße beim Nössedeich.

Es ist etwa 5 mal 1,50 Meter groß und
liegt in Nord-Süd-Richtung. Es hat vier
Tragsteine an den Längsseiten und an
den schmaleren Seiten je zwei Steine sowie vier Decksteine. Das Grab wäre beinahe beim Bau des Nössedeichs beschädigt worden, aber man verlegte an dieser
Stelle den Deich ein wenig, und auch die
Straße verläuft hier um das Grab herum.

☐ Ganggrab Merelmerskhoog

sy20062 hf

Auch hinter dem Deich liegt direkt am Watt der Rest eines ehemaligen Steingrabes aus der Jungsteinzeit, damals war hier noch Geestland, und der Meeresspiegel lag etwa 3 Meter tiefer.

Strandprofil

Archsum liegt ein bis zwei Kilometer vom **Wattenmeer** entfernt. Die dortigen Strände glänzen durch grandiose Einsamkeit, bleiben aber auch sehr schmal. Wer in der Brandung toben will, fährt gleich an die Westseite.

Praktische Tipps

Unterkunft

Hotel
1 **Hotel Christian VIII⑤**, Heleeker 1, Tel. 970 70, www.hotel-christianviii.de. 12 herrliche Suiten unter Reet, sehr geschmackvoll eingerichtet, im Erdgeschoss mit eigener Terrasse, und verteilt auf zwei reetgedeckte Häuser mit Restaurant, Schwimmbad, Sauna, Solarium in einem 7000 m² großem Park. Frühstück wird im Untergeschoss serviert, im Garten stehen Strandkörbe.

Essen und Trinken

3 **Alte Schule,** Dorfstr. 6, Tel. 89 15 08, www.alteschule-sylt.de, 12–14.30 und 17–22 Uhr, im Winter nur abends, Mi Ruhetag (Zeiten können saisonal schwanken). Zentral im Ort gelegen mit kleiner Terrasse. Bietet gutbürgerliche Küche mit Fisch, Fleisch und Suppen sowie eine Mittagskarte.

Aktivitäten

Fahrradverleih
4 **Schibielok,** Weeststerstich 2, Tel. 89 03 49.

Einkaufen

2 **Bäckerei Raffelhüschen,** Dorfstr. 6, hatte zuletzt nur Sa und So 7.30–10.30 Uhr geöffnet.

☑ Überraschendes Angebot am Wegesrand

Morsum

- **Friesischer Name:** Muasem
- **Vorwahl:** 04651
- **PLZ:** 25980
- **Tourist-Information:** in der Sylt Bank, Bi Miiren 17, Mo–Fr 8.30–12.30, 14–16.30, Di und Do 14–18 Uhr.
- **Kurtaxe:** 1.5.–31.10. 3,30 €/Tag, 1.11.–30.4. 1,65 €/Tag, Personen unter 18 Jahren frei.

Überblick

Aufpassen, wer über den Hindenburgdamm anreist, den empfängt als erster Ort Morsum. Allzu viel werden eilige Bahnreisende wohl trotzdem nicht sehen, denn die **Bahntrasse** verläuft recht bald direkt vor einem Wall, der die Sicht versperrt. Zumeist sieht man nur den hohen Funkmast, kurz danach rollt der Zug durch eine weite, flache Wiesenlandschaft und hier kann der Besucher noch einen Blick auf die letzten Häuser von Morsum erhaschen.

Morsum ist ein **kleines Dorf,** sein Kern liegt zwischen Bahnhof, Kirche und Muasem Hüs mit Bank, Bistro und Touristeninfo. Schöne alte Friesenhäuser prägen das Bild, in den Ausläufern dann der eine oder andere bäuerliche Betrieb. Vor der Wattseite entstanden einige stilvolle Häuser. Auch hier im ländlichen Morsum macht sich eine Tendenz breit, die in Kampen zum Alltag gehört, nämlich, dass Häuser den überwiegenden Teil des Jahres leer stehen. Trotzdem bleibt Morsum von Schickimickis verschont, der dörflich-ländliche Charakter prägt Bewohner und Lebensrhythmus.

538sy sm

1462 stand Morsum als kleiner Ort im Zinsbuch vom Schleswiger Bischof. Hier im Übergangsgebiet von Geest zu Marsch wurde schon immer **Landwirtschaft** betrieben, was dazu führte, dass schon früh relativ viele Menschen im Dorf lebten und nicht so viele zur See fahren mussten. Der Boden gab genügend her. Was auch der Volksmund schon immer wusste: „Herrscht in Keitum schon große Not, gibt's in Morsum noch Speck und Brot".

Der **Tourismus** kam relativ spät nach Morsum, aber er kam. Heute gibt es auch hier etliche Zweitwohnungen, einen Golfplatz (übrigens schon vor langer Zeit von *Axel Springer* initiiert), einige Kunsthandwerker, aber auch einige sehr schöne uthlandfriesische Häuser und zumindest in Ansätzen noch ein bäuerliches Umfeld. Die Höfe liegen verstreut am Rande des leicht erhöhten Geestkerns, im Zentrum steht die Kirche **St. Martin,** die sich mit der Keitumer St.-Severin-Kirche um den Titel „Ältestes Gotteshaus von Sylt" streitet. Wem der Titel gebührt, mögen Historiker entscheiden, schön sind sie beide allemal. Mitten durch den Ort verläuft die Bahnlinie und zerschneidet ihn deutlich. Vom Bau der Bahn waren damals die wenigsten Morsumer begeistert, heute vielleicht schon eher, da das Dorf immerhin einen eigenen Bahnhof bekam.

In der näheren Umgebung vom Morsum-Kliff liegen mehrere **prähistorische Grabhügel,** darunter auch einige aus der Wikingerzeit.

Sehenswertes

St. Martin

Die Morsumer Kirche St. Martin ist eine der **ältesten Kirchen von Sylt,** und wurde in der ersten Hälfte des 13. Jahrhunderts erbaut. 1240 wurde das Gotteshaus dann erstmals urkundlich erwähnt. Die Kirche ist relativ klein und schlicht. Sie steht leicht erhöht auf einem Hügel und hat eine deutliche Ähnlichkeit mit der St.-Severin-Kirche in Keitum. Im Gegensatz zu dieser fehlt der Morsumer ein Glockenturm, ein niedrig gebautes Glockengerüst steht etwas abseits.

Die Kirche besteht aus **drei Teilen:** Schiff, Chor und Apsis. Da Morsum über Jahrhunderte nicht zu den wohlhabenden Orten zählte, konnte auch die Kirche nicht besonders geschmückt werden. Nur ein kleines Pfarrhaus wurde angebaut, somit blieb sie seit den Anfängen beinahe unverändert.

Im Inneren sind das Taufbecken aus dem 13. Jahrhundert mit einer Taufschale aus dem Jahr 1682, die Kanzel von 1698 und der 1713 gefertigte Kronleuchter hervorzuheben, ein Geschenk des Kapitäns *Jan Petersen Hahn* (1670– 1746). Ältestes Kirchenstück ist das **Weihbecken,** das aus zwei Granitsteinen besteht und etwa 1000 Jahre zählt. Der Hauptaltar fällt etwas schlicht aus, der wuchtige Flügelaltar steht an der nördlichen Seite der Kirche. Abgebildet sind neben Christus und Gott links St. Martin, rechts St. Severin. Die Seitenflügel zeigen die Zwölf Apostel. An den Seitenwänden hängt eine komplette Übersicht aller Pastoren, angefangen von einem *Carsten* ohne weitere Daten, dem ein *Nies* aus Keitum folgte, der 1517

◁ Flügelalatar der Kirche St. Martin in Morsum

ertrank. Die Aufzählung endet in der Gegenwart. Sonntags finden um 20.15 Uhr Orgelkonzerte statt.

Auf dem angeschlossenen **Friedhof** liegt *Fabian von Schlabrendorff,* der in Morsum ein Haus hatte, unter einer Ulme begraben.

Morsum-Kliff

Die **Einzigartigkeit des Morsum-Kliffs** liegt darin, dass mehrere bis zu 10 Mio. Jahre alte Erdschichten sichtbar nebeneinander liegen.

Das Morsum-Kliff gehört mit dem Listland zu den ältesten Naturschutzgebieten in Schleswig-Holstein, das Kliff wurde bereits **1923 unter Naturschutz**

gestellt. Es konnte damals gerade noch verhindert werden, dass die 10 Mio. Jahre alten Erdschichten abgetragen und für den Bau des Hindenburgdammes verwendet wurden.

Heute steht ein 43 Hektar großes Gebiet unter Schutz. Nur auf zwei Wegen dürfen Besucher hier durchwandern. Selbst Fahrräder müssen an einem Parkplatz in Höhe des Restaurants abgestellt werden, Autos natürlich sowieso. Dort befindet sich auch eine Hinweistafel, auf deren Rückseite die Entstehungsgeschichte des Morsum-Kliffs anschaulich erklärt wird.

Zwei Rundwege führen zum Kliff, einer misst 1,2, der andere 2,8 Kilometer. Der längere Weg führt in einem großen Bogen zur Wattseite, sodass man von

124

Morsum Kliff ★

Klein-Afrika ●

Grabhügel Munkhoog ● ❶ Infotafel
12

Nösistich

Grabhügel der Wikinger ☐ P
Grabhügel Markmannshoog ●

Hiir

11 Reiterhof Lobach

Golfplatz

Morsum Odde

WATTENMEER

Nuurhörn
Üp Klei
Nösistich
Litjmuasem
Tääpstig
Zum Wäldchen
Zum Wäldchen
Hiirlön
Hiirlön
Haawerlön
Uasterhörn
Gungwai

■ Übernachtung
1 Friesenhof Bleicken
4 Campingplatz Am Mühlenhof
8 Hotel Hof Galerie

■ Essen und Trinken
7 Café Ingwersen
12 Landhaus Severin's

■ Einkaufen/ Sonstiges
2 Hof Hoffmann
3 Goldschmiedin Edda Raspé
6 Galerie Alte Schmiede
9 Sylter Seifenmanufaktur
10 Edeka Supermarkt
11 Hansenhof

■ Vermietungsagentur
5 Marina Litzkow

unten das gesamte Kliff und seine unterschiedlichen Farbschichten in voller Pracht bewundern kann. Der kürzere Weg verläuft über Holzbohlen durch eine Heidelandschaft zu einem Aussichtspunkt an der Kliffkante. Dort gibt eine Info-Tafel noch einmal vertiefende Einblicke, erklärt auch die unterschiedlichen **Farbtöne der Erdschichten,** die auf 1800 Metern Länge deutlich an der 21 Meter hohen Abbruchkante zu erkennen sind: die untere, dunkelgraue Glimmertonschicht (6 bis 10 Mio. Jahre), die mittlere, rote Limonitsandsteinschicht (4 bis 6 Mio. Jahre) und die hellere Schicht ganz oben, Kaolinsand (2 bis 3 Mio. Jahre). Etwa vor 200.000 Jahren verschob ein Gletscher die Erdschichten, die bis dahin übereinander gelegen hat-

ten. Durch die Verschiebung brachen die einzelnen Schichten ein und lagen nun im 33-Grad-Winkel nebeneinander frei sichtbar.

Nach dem Abschmelzen der Gletscher kam es zu mehrfachen **Stauchungen der einzelnen Erdschichten,** die sich heute in vier Schollen untergliedern. In jeder der Schollen liegen diese Erdschichten aber in unterschiedlicher Ausprägung und nicht überall gleich deutlich erkennbar. Am besten kann man dieses Phänomen auf dem Rundweg von unten betrachten. Der Weg ist leicht begehbar und führt nach dem Passieren des Kliffs zurück zum Parkplatz. Dabei passiert man auch eine auffällig sandige Stelle, die „Klein-Afrika" genannt wird, da es an dieser Stelle im

3

Sommer zu außergewöhnlichen Hitze-Phänomenen kommen kann, wenn sich die Wärme zwischen den Dünen staut.

Mehrere **Grabhügel** liegen links und rechts der Straße zum Morsum-Kliff, man kann sie aus der Distanz gut erkennen, außerdem erklären Info-Tafeln an der Straße die Hintergründe. Rechts (östlich) geschaut Richtung Nösse, liegt der bronzezeitliche Grabhügel **Markmannshoog.** Links (Blickrichtung zum Kliff) liegt der **Munkhoog,** ein weiterer bronzezeitliche Grabhügel.

Unmittelbar an der Zufahrtsstraße und südwestlich vom Parkplatz liegt eine Gruppe von ehemals 30 kleinen **Grabhügeln aus der Wikingerzeit,** die jeweils mit einer Urne gefüllt waren. 1943 wurden viele Gräber durch militärische

Bauten zerstört, heute kann man rechts der Straße die letzten Grabhügel auf der Wiese noch erkennen.

■ **Führungen am Morsum-Kliff:** April bis Okt. Mo, Mi und Fr 11.15 Uhr, Di und Do 14 Uhr, Dauer: ca. 2 Stunden, Ticket: 7,50 €, Kinder 3,75 €, Spendenempfehlung. Treffpunkt am Parkplatz, Infos unter Tel. 444 21 oder www.naturschutz-sylt.de.

▷ Unterwegs am Morsum-Kliff

Die Ostdörfer

Eisboot

Man sieht ein halbes Dutzend Rudergestalten in Fischerhemden (im Sommer, sonst in Ölzeug), die sich mächtig in die Riemen legen. Eine solche Szene wird dargestellt bei dem Eisboot, zu finden am Ortsausgang Richtung Archsum linker Hand. Seit Mitte des 18. Jahrhunderts pendelten unregelmäßig Postboote zwischen Keitum und dem Festland, ab 1855 wurde ein regelmäßiger Dienst eingerichtet. In strengen Wintern fror das Wattenmeer zu, dann kamen die „Eisboote" zum Einsatz: offene, robuste Boote, die **sowohl Segel als auch Kufen** hatten. Diese wurden über das Eis geschoben, und nur an offenen Stellen wurde gerudert. So bewegten mutige Männer die Eisboote von Nösse zum Festland.

Strandprofil

Einige Häuser liegen sehr malerisch an der **Wattseite,** und dort schlängelt sich auch ein **schmaler Strand** entlang. Seine Fortsetzung verläuft am Morsum-Kliff vorbei und verliert sich schließlich beim Hindenburgdamm. Am Nössedeich in Richtung Osten findet man beim **Strandübergang Nr. 99** eine Badestelle mit Tischchen, ein paar Strandkörben und sogar einem Dixiklo. Hier kann man eine kurze Rast einlegen und verträumt aufs Wasser hinausschauen. Es dürfte kaum eine einsamere Stelle auf der ganzen Insel geben. Der Ort wird **Aurhörn** genannt, oder auch **Morsum Odde,** und tatsächlich ist ein Ministrand vorhanden.

sy20063 sm

Praktische Tipps

Unterkunft

Vermietungsagentur

5 **Marina Litzkow,** Täärpstig 25, Tel. 460 98 10, www.litzkow-sylt.de. Hat einen eigenen gut gemachten Katalog mit vielen FeWos aus Morsum, darunter auch etliche sehr schöne Reetdachhäuser mit hochwertiger Einrichtung.

Hotel

8 **Hof Galerie**⑤, Serkwai 1, Tel. 95 70 50, www.hotelhofgalerie.de. Schickes, weiß gehaltenes Gebäude im Ortskern. Hier verbindet sich historische Bausubstanz mit moderner Wohnkultur. Insgesamt 20 individuell eingerichtete Suiten, u. a. dekoriert mit Werken von auf Sylt lebenden Künstlern. Das Frühstück mit lokalen Produkten (Brötchen von der Bäckerei Ingwersen, gleich gegenüber) wird bis 11.30 Uhr serviert.

⌃ Das Eisboot am Ortseingang

▷ Café Ingwersen

FeWos

1 **Friesenhof Bleicken**②, Guartmuasem 23, Tel. 89 13 76, www.friesenhof-sylt.de. Zwei FeWos mit Terrasse, Strandkorb und eigenem Eingang auf einem Bauernhof mit Kleintierhaltung in knapper Ortsrandlage.

Campingplatz

4 **Campingplatz Am Mühlenhof,** Melnstig 7, Tel. 89 04 44, ww.campingplatz-sylt.de. Ganzjährig geöffnet, etwas abseits vom Dorf. Wird seinem eigenen Motto „Camping auf dem Lande" voll gerecht. Moderne Ausstattung und 60 großzügige Stellflächen von 100 m² zeichnen den Platz aus.

Essen und Trinken

MEIN TIPP: **7** **Ingwersen,** Täärpstig 76, Tel. 82 33 42, www.ingwersen-sylt.de, Bäckerei ab 7 Uhr, So ab 8 Uhr. Café und Teestube mit superbem Frühstück tägl. ab 8 Uhr. Mittags leichte Bistroküche, ansonsten Kuchen und Torten. Man sitzt drinnen oder im großen, wunderschön gestalteten Garten.

12 **Landhaus Severin's,** Nössestig 13, Tel. 46 06 880, www.landhaus-severins.de, Do–Di 7.30–21 Uhr. Ein schönes großes Reetdachhaus direkt beim Morsum-Kliff, mit wunderbaren Zimmern im Landhausstil. Im Restaurant gibt es eine Mittagskarte (12–16 Uhr), ab 18 Uhr dann eine Abendkarte, gekocht wird mit regionalen Produkten.

Aktivitäten

Reiten

■ **Reiterhof Lobach,** Tel. 89 02 39, Litjmuasem 14. Unterricht für Kinder und Erwachsene, Einsteiger wie Fortgeschrittene, tägliche Ausritte.

Einkaufen

3 **Goldschmiedin Edda Raspé,** Tärpstig 15, Tel. 89 02 58, Mo–Sa ab 11 Uhr. Verkauft schöne Schmuckstücke in einem alten Friesenhaus, aber auch kunstvoll bearbeitete Steine vom Sylter Strand.

9 **Sylter Seifenmanufaktur,** Bi Miiren 11, im Bahnhofsgebäude, Tel. 460 99 77, www.syltersei fen.de, Mo–Fr 10–18, Sa 10–15 Uhr. Eigenwerbung für die in Handarbeit gefertigten Pflanzenseifen: „Ein Stück Sylt in Ihren Händen".

11 **Hansenhof,** Täärpstig 65, Tel. 89 10 03, Mo–Fr 9–17.30, Sa 9–14 Uhr. Direktverkauf von Eiern aus Freilandhaltung vom Bauernhof, stilecht mit einem Sylt-Stempel versehen. Außerdem gibt es Wurstwaren und Fruchtaufstriche. Nach Ladenschluss erlaubt ein kleiner Verkaufsstand Selbstbedienung, u. a. für Eier und Kartoffeln. Ferner befindet sich hier eine **Galerie** des Künstlers *Hans Joachim Pohl,* der Skulpturen und Gemälde ausstellt.

6 **Galerie Alte Schmiede,** Terpstig 64, Tel. 89 05 51, Mo–Do 14–16.30 Uhr. *Traute Nierth* zeigt in der Galerie ihre Bilder, sowohl „Minis" auf Karton als auch größere Acrylmalereien. Mo–Do finden von 10 bis 13 Uhr Malkurse statt.

2 **Hof Hoffmann,** Skellinghörn 13, Tel. 01522 26 03 555. Neben Ferienwohnungen in einem schicken Reetdachhaus wird auch ein Hofladen mit regionalen Produkten betrieben, darunter Eier und selbst angebaute Kartoffeln, die auch in Sylter Restaurants verarbeitet werden. Im Angebot auch Bekleidung aus Wolle.

Nützliche Adressen

Post

10 **Edeka-Supermarkt,** Bi Miiren 17, im Muasem Hüs, Mo–Sa 7–18 Uhr.

sy20065 sm

Fabian von Schlabrendorff

Fabian von Schlabrendorff (1.7.1907–4.9.1980) stammt aus einer alten Adels- und Offiziersfamilie. Er gehörte zu den wenigen überlebenden Widerstandskämpfern nach dem **Hitler-Attentat** vom 20. Juli 1944. Damals war *Schlabrendorff* 36 Jahre jung und Oberleutnant an der Ostfront. Im August 1944 wurde er verhaftet. Nach schweren Folterungen durch die Gestapo wurde er doch vom Volksgerichtshof freigesprochen. Dieses Urteil änderte der Reichsführer der SS, *Heinrich Himmler,* um und steckte ihn, zum Tode verurteilt, ins KZ. Dort wurde *Schlabrendorff* durch das Kriegsende gerettet. Erst später wurde bekannt, dass er bereits 1943 eine Bombe mit Zeitzünder in *Hitlers* Flugzeug geschmuggelt hatte; der Zündmechanismus hatte allerdings versagt.

1946 verarbeitete er seine Erlebnisse in dem Buch **„Offiziere gegen Hitler",** das ihm nach Kriegsende nicht nur Freunde einbrachte.

Schlabrendorff arbeitete später sehr erfolgreich als Jurist, wurde 1963 als Kandidat für den Posten des Generalbundesanwalts gehandelt. 1967 wurde er in das Amt eines **Bundesverfassungsrichters** in Karlsruhe gewählt, das er bis 1975 ausübte. In seiner Amtszeit wurde dem Grundgesetzartikel 20 ein Zusatz gegeben, der das Recht zum Widerstand konstituiert. Und so heißt es noch heute im Artikel 20, Absatz 4: „Gegen jeden, der es unternimmt, diese Ordnung zu beseitigen, haben alle Deutschen das Recht zum Widerstand, wenn andere Abhilfe nicht möglich ist." Ein spätes Vermächtnis und eine Lehre aus dem 20. Juli 1944.

102c sm

Tinnum

- **Friesischer Name:** Tinem
- **Vorwahl:** 04651
- **PLZ:** 25980
- **Touristen-Information:** Insel Sylt Tourismus-Service, Dirksstr. 11, Tel. 98 37 11, www.tinnum.de, geöffnet: Mo–Fr 10–13 Uhr.
- **Kurtaxe:** 1.5.–31.10. 3,30 €/Tag, 1.11.–30.4. 1,65 €/Tag, Personen unter 18 Jahren frei.

Überblick

Bereits im Jahr 1440 wurde Tinnum urkundlich erwähnt, aber schon viel früher **besiedelt.** So existiert ein schriftlicher Hinweis auf eine mächtige Wallanlage, die Tinnumburg, aus dem Jahr 1326. Deren Ursprünge reichen aber sogar noch viel weiter zurück.

Der Ort war **landwirtschaftlich geprägt** und hatte relativ viele Gehöfte, trotzdem verdingten sich nicht wenige Söhne des Dorfes als Seefahrer. So mancher blieb auf See, andere kehrten wohlhabend zurück und bauten sich große Häuser. Tinnum hatte schon frühzeitig einen gewissen Status, denn in der Zeit von 1649 bis 1868 war der Ort **Sitz des Sylter Landvogts.** Ab 1837 befand sich sogar das Insel-Gefängnis in Tinnum. Auch das Amtsgericht sprach hier Recht und erst ab 1904 in Westerland. Tinnum verschmolz verwaltungstechnisch 1970 mit den anderen Ostdörfern Archsum, Keitum, Morsum und Munkmarsch zur Gemeinde Sylt-Ost, die wiederum seit 2009 mit Westerland und Rantum die neue **„Gemeinde Sylt"** bildet. Das macht Sinn, baulich lässt sich nämlich schon lange kaum noch eine Trennlinie

zwischen Westerland und Tinnum ziehen. In Tinnum liegen vor allem entlang der Keitumer Landstraße, also links der Bahnlinie, ein Industrie- und Handelszentrum mit etlichen Supermärkten, Dienstleistungsbetrieben, größeren Geschäften und Handwerksbetrieben.

Das **dörfliche Tinnum** liegt auf der anderen Seite der Bahnschienen, dort befinden sich alte Friesenhäuser (u.a. die Landvogtei, das vermutlich älteste Haus der Insel), aber auch jede Menge Neubauten. Nur ein, zwei Straßenzüge weiter öffnen sich weite Wiesen und Weiden, hier können Kinder prima rumtoben. Wohl mit ein Grund, warum es Familien verstärkt nach Tinnum zieht.

Sehenswertes

Tinnumburg

Die Tinnumburg ist etwa 2000 Jahre alt; sie wurde nach heutigem Forschungsstand um die Zeit von Christi Geburt errichtet. Später soll sie von den Friesen ausgebaut und genutzt worden sein. Da das Land weit und breit völlig flach ist, dürfte die Wallanlage strategische Funktionen erfüllt haben. Es ist eine der ältesten Ringwälle in Schleswig-Holstein. Anfänglich war es eine germanische Kultstätte, dann lag die Burg wohl einige Jahrhunderte brach. In der Wikingerzeit (8.–10. Jh.) wurde sie dann erneut genutzt, es fanden sich Überreste von Sodenwandhäusern. Eine vergleichbare Anlage liegt auf Föhr mit der Lembeksburg, zwei weitere Sylter Burgen existieren nicht mehr, denn die Archsum-Burg wurde zerstört und die Rantum-Burg hat der Sand von Wanderdünen verschluckt.

Tinnum

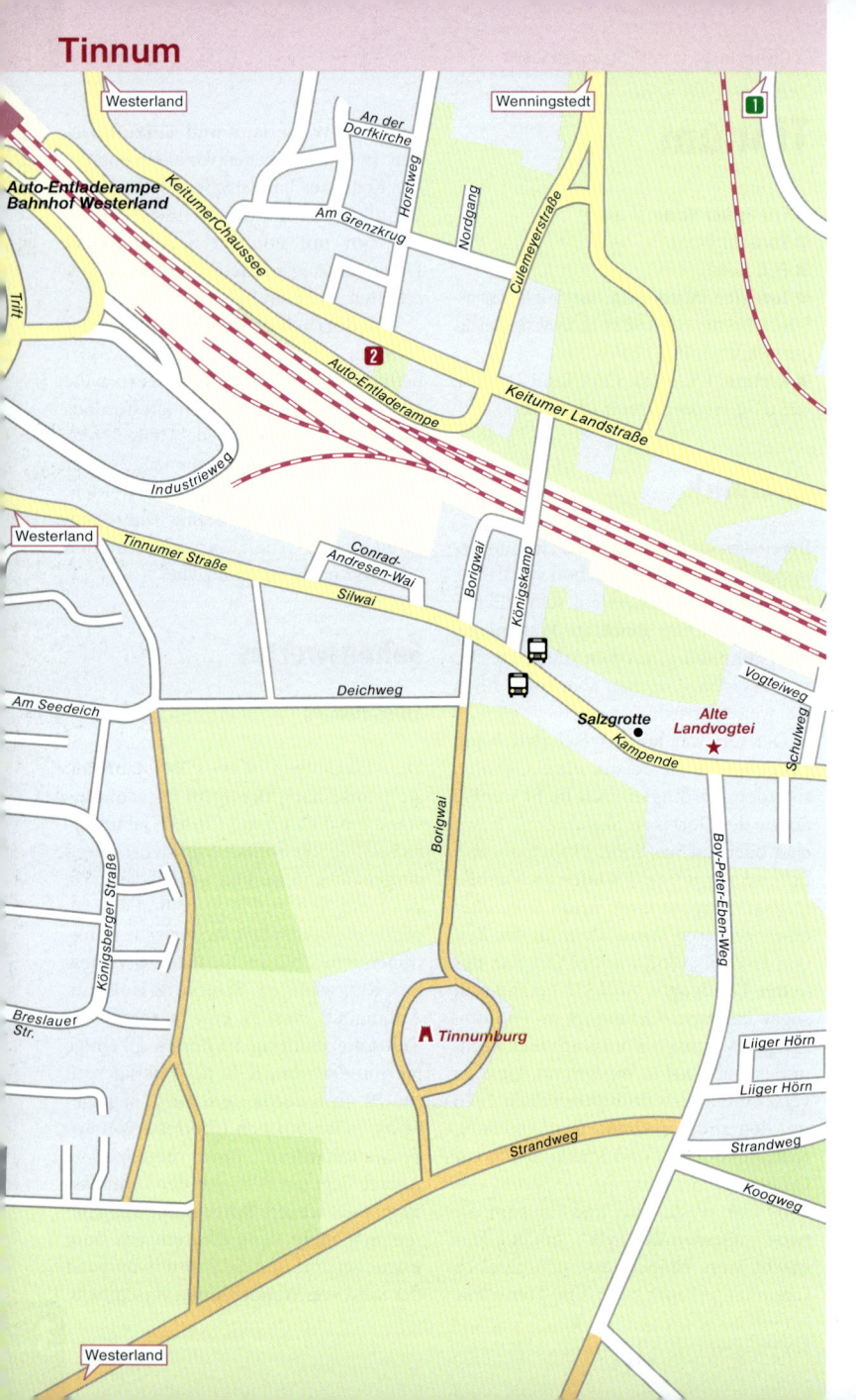

0 ———— 200 m © REISE KNOW-HOW

Flughafen Sylt

🟥 Übernachtung
4 Landhaus Stricker
9 Hotel Christiansen
12 Campingplatz Südhörn

🟥 Vermietungsagentur
2 Sylt Tourismus Zentrale

🟦 Essen und Trinken
7 Fisch Blum
8 Zur Eiche
11 Hofcafé Klein'er Kuhstall

🟩 Einkaufen/Sonstiges
1 Sylter Schokoladenmanufaktur
3 Einkaufszentrum
5 Abbe's Fahrradverleih
6 Weinhandel Vino Vin
10 M&M Fahrradverleih

Zyum Fliegerhorst

Zum Fliegerhorst

Kjarwai

Keitumer Landstraße

Keitum

Boy-Nielsen-Straße

Mittelweg

Mittelweg

Boy-Nielsen-Straße

Weestrüs

Dirksstraße

Gartenweg

Zur Eiche

Ingewai

Dirksstraße

Ziegelerweg

Ringweg

Fröddenwai

Weestertresker

Uastertresker

Elbenweg

Elbenweg

Südhörn

Ringweg

Südhörn

Südertresker

Südhörn

Uastertresker

Ingewai

Reitstall Olivenhof

Koogweg

★**Tierpark**

★**Tierpark,** Rantum

Heute erheben sich die **Reste** der Tinnumburg auf einer Wiese am Ortsrand von Tinnum. So sehr viel zu sehen ist nicht, ein übergrünter 5 bis 7 Meter hoher Ringwall mit einem Durchmesser von etwa 120 Metern.

Am 21. Februar, wenn überall auf Sylt die Biike brennt, hat man von hier oben, vom Wall der Tinnumburg, den besten Blick auf den langen **Fackelzug** und den später brennenden Holzstapel. Wenn, ja, wenn nicht der Wind aus der falschen Richtung bläst. Denn dann treibt er den Rauch leider direkt auf die Tinnumburg zu ...

Eines der wenigen Reetdachhäuser in Tinnum

Tierpark Tinnum

Dieser **kleine Privatzoo** wurde im Jahr 1971 eröffnet. Aus bescheidenen Anfängen schuf die Familie *Christiansen* einen beachtlichen Tierpark, in dem heute rund 400 Tiere leben, vor allem Vögel. Flamingos staksen herum, Papageien krächzen, Ziegen meckern, aber auch Emus, Adler, Eulen, Affen, Kraniche und Schildkröten wollen bestaunt werden. Auf einem kleinen künstlichen See dürfen Große wie Kleine per Tretboot ihre Runden drehen. Und zum Abschluss wollen natürlich alle Kinder noch mal in die Hüpfburg, ist ja klar.

■ **Tierpark Tinnum,** Ringweg 100, Tel. 326 01, Mai bis Okt. tägl. 10–19 Uhr, 14 €, Kinder 7 €.

542sy hf

sy20066 ah

Alte Landvogtei

Die alte Landvogtei gilt als eines der ältesten Häuser von Sylt, erbaut wurde es 1649. Das längliche Reetdachhaus bewohnte der Landvogt, einer der höchsten Verwaltungsbeamten der Insel, der Vertreter des Landesherrn auf Sylt. 1891 wurde dieses Amt abgeschafft; das Haus aber blieb erhalten, es steht an der Straße Kampende.

Salzgrotte

In einer künstlich geschaffenen Salzgrotte können die Besucher eingemummelt in eine Decke schön entspannen bei knapp 22 Grad, umgeben von naturbelassenen Himalayasalzkristallen. Die Luft ist angereichert mit Mineralien und Salzen.

■ **Salzgrotte,** Kampende 15, Tel. 316 51, www.salzreichaufsylt.de, Mo–Fr 10–13, 14.30–17.30 Uhr, Sa nur vormittags.

Strandprofil

Tinnum hat **keinen eigenen Strand,** zum Baden fährt alle Welt rüber nach Westerland.

⌃ Die Schwalbe genießt den Seeblick

3

Unterkunft

Unterkunft

Vermietungsagentur
2 **Sylt Tourismus Zentrale,** Keitumer Landstr. 10 B, Tel. 60 26. www.sylt-tourismus.de. Einer der größten Anbieter der ganzen Insel mit eigenem Prospekt.

Hotels
4 **Landhaus Stricker**⑤, Boy-Nielsen-Str. 10, Tel. 889 90, www.landhaus-stricker.de. Tolles Fünf-Sterne-Haus mit Suiten und Zimmern, eingebettet in eine idyllische Parklandschaft. Außerdem ein 700 m² großer Wellness- und Fitnessbereich sowie eines der besten Restaurants der Insel.

9 **Hotel Christiansen**④, Zur Eiche 32–34, Tel. 93 00, www.hotelsylt.de. Insgesamt 21 Zimmer, zu den Service-Einrichtungen zählen Fitnessraum, Garten mit Liegewiese, kostenloses WLAN und ein zusätzlicher Schlafraum bei vielen Doppelzimmern.

Campingplatz

12 **Campingplatz Südhörn,** Tel. 36 07, www. campingplatz-suedhoern.de. Ganzjährig geöffnet. Der Platz liegt am Ortsrand, weist 170 große Parzellen auf und alle notwendigen Service-Einrichtungen. Hunde sind von Ende Juni bis Ende Aug. nicht erwünscht. WLAN.

Essen & Trinken

7 Fisch Blum, Mittelweg 7, Tel. 34 01, www.sylter-fisch.de. Die Lage im Industriegebiet ist alles andere als idyllisch, das Angebot gut, wie immer bei Blum.

11 Hofcafé Klein'er Kuhstall, Südhörn 7c, Tel. 83 50 05, www.kleinerkuhstall.de, Fr–Mi 12.15–18.15 Uhr. Das ist für Sylt mal etwas anderes: ein keines Hofcafé auf einem Bauernhof. Ein heimeliges Café mit Kaffee, Tee, Torten und Blechkuchen, belegt mit Früchten aus dem eigenen Obstgarten. Wer es herzhafter mag, kann die „kleine Kuhstall Mistplatte" bestellen. Geschlossen wird relativ früh, weil der Bauer ja zeitig wieder raus muss.

8 Zur Eiche, Zur Eiche 38, Tel. 311 44, www.zur eichesylt.de, Do–Di ab 17 Uhr. Gutbürgerliche Küche in uriger Atmosphäre, manchmal gibt's Aktionstage, so z.B. „Ententag" am Dienstag und „Haxentag" am Sonntag.

Aktivitäten

Fahrradverleih
5 Abbe's, Zur Eiche 16, Tel. 352 58.
10 M & M, Dirksstr. 76, Tel. 93 65 31, http://sylter-fahrradverleih.com, bietet auch einen Pannenservice zwischen 9 und 17 Uhr.

Reiten
■ **Reitstall Olivenhof,** Ingewai 40, Tel. 329 06, www.olivenhof.de. Am Ortsrand zwischen den Wiesen gelegener Reiterhof. Einzelunterricht sowie Ausritte werden angeboten.

Einkaufen

3 Das große **Einkaufszentrum** mit mehreren Supermärkten liegt an der Keitumer Landstraße, hier kauft die halbe Insel ein, entsprechend voll ist es eigentlich immer.

1 Sylter Schokoladenmanufaktur, Zum Fliegerhorst 15, Tel. 299 15 01, in der Saison tägl. 10–18 Uhr. Hier werden hauptsächlich Schokoladen und Pralinen verkauft, zudem einige Kuchen aus dem Café Wien. Viele Heimreisende decken sich hier noch schnell ein, bevor es dann auf den Autozug geht.

6 Weinhandel Vino Vin, Mittelweg 15, Tel. 93 80 19, vinovin-sylt.de, im Sommer Mo–Fr 10–19, Sa 10–18 Uhr, im Winter Mo–Fr 10–18, Sa 10–14 Uhr. Neben einer großen Auswahl an Weinen gibt es auch eine breite Palette an Feinkostwaren, Gewürzen, Ölen, Tees etc.

sy20178 sm

◁ Am Morsum-Kliff

3

4 Der Norden der Insel

Vier verschiedene Orte, zwei verschiedene Meer-
seiten und ein gaaanz langer Sandstrand mit
atemberaubend schönen Dünen, das zeichnet den
Sylter Norden aus.

◁ Der Strand von Wenningstedt

DER NORDEN DER INSEL:

VIELFALT UND VIEL STRAND

Im Norden von Sylt trifft das Image von der Insel der Reichen und Schönen zu, aber nur in einem kleinen Teil, in Kampen. Dort stehen sehr schicke Reetdachhäuser zu Preisen jenseits der Neidgrenze. Aber nur drei Kilometer entfernt dann das genaue Gegenteil: mit Wenningstedt liegt ein Familienbad fast noch in Sichtweite. Hier ist alles geerdeter, die Lokale, die Menschen und vor allem die Preise. Ganz im Norden dann List. Lange Jahre kaum mehr als ein Marine-Stützpunkt, bis es zu „Gosch-Town" wurde, da der erfolgreiche Gastronom hier seine Karriere startete und noch immer erfolgreich seine „nördlichste Fischbude" betreibt. Doch List wird heute auch geschätzt wegen seiner atemberaubenden Natur, die vor allem durch die sagenhaften Wanderdünen geprägt ist. Und das Verbindende aller drei Orte ist der breite, feinsandige Sandstrand an der Westseite, der ist für alle gleich.

Überblick

Im Sylter Norden liegen vier Orte, die unterschiedlicher kaum sein könnten. **Wenningstedt** ist ein klassisches Familienbad mit sehr vielen Ferienwohnungen. Im benachbarten **Braderup,** das mit Wenningstedt verwaltungstechnisch verbunden ist, aber ansonsten Lichtjahre entfernt scheint, stehen millionenteure Reetdachhäuser; Tourismus spielt hier keine nennenswerte Rolle.

Kampen, das „Dorf der Schönen und Reichen", zeigt sich ebenfalls als ein architektonisch stimmiges Ensemble von schmucken Reetdachhäusern. Obendrein warten etliche gute Restaurants und Cafés auf betuchte Gäste und schließlich gibt es noch die Whisky-Meile, eine vielleicht 400 m kurze Straße mit gerade einmal vier Lokalen, in denen aber schon vor 60 Jahren die damaligen Promis schwer abgefeiert haben.

NICHT VERPASSEN!

➡ Das **Rote Kliff** zwischen Wenningstedt und Kampen macht seinem Namen bei Sonnenuntergang alle Ehre | 149

➡ Ein entspannter Spaziergang entlang der **Heide zwischen Braderup und Kampen** | 156

➡ Die **Uwe-Düne** in Kampen, der höchste „Berg" der Insel | 166

➡ Stürme und Naturelemente hautnah spüren im **Erlebniszentrum Naturgewalten** in List | 181

➡ Grandiose Einsamkeit am **Lister Ellenbogen** | 185

Diese Tipps erkennt man an der gelben Hinterlegung.

Der Norden der Insel 0 ▬ ▬ 1 km ©REISE KNOW-HOW

Sylt_K4 10/20

List-West

Ellenbogen List-Ost

Aussichtsdüne Ellenbogenberg 2

Königshafen

3

Weststrand 4

Mövenberg

Aussichtsdüne Jensmettenberg

Uthörn

große Sanddüne

178

176 **List**

Erlebniszentrum Naturgewalten

St. Jürgen

Listland

Strandsauna List

St. Raphael

Mellhörn

Westerheide *Blindsel*

Süderheidetal

Klappholttal

SYLT

Kampener Vogelkoje 5

Naturschutzgebiet Nielönn

Buhne 16 6

N O R D S E E

Quermarkenfeuer 7

Haus Kliffende 164

161 **Kampen**

Uwe-Düne

Rotes Kliff

Leuchtturm Rotes Kliff

144 **Megalithgrab Denghoog**

Friesenkapelle

Hügelgrab Pückhoog

Hügelgrab Tiideringhoog
Hügelgrab Brödihoog

142 155 156

Wenningstedt *Braderup*

Weißes Kliff

95

Munkmarsch

Romo (Dänemark)

■ **Übernachtung**
1 Ferienwohnungen Uthörn
2 Jugendherberge List

■ **Essen und Trinken**
3 Wonnemeyer Weststrandhalle
4 Bambus Bar
5 Vogelkoje
6 Buhne 16
7 Kaamps 7

Und schließlich liegt ganz an der Nordspitze der Insel noch **List,** das lange etwas im touristischen Abseits stand. Dort war die Bundeswehr stationiert, es gab Gosch mit seiner nördlichsten Fischbude, aber sonst nicht viel, doch das hat sich gründlich geändert. Die Bundeswehr ist abgezogen, Gosch ist noch da (größer denn je!), drei gute Hotels haben eröffnet und eine hochinteressante Naturausstellung, das Erlebniszentrum Naturgewalten, gibt es auch. Das alles zieht viel Kundschaft in die nördlichste Gemeinde Deutschlands und es ist kein Zufall, dass am Hafen einer der größten Parkplätze der gesamten Insel zu finden ist – kostenlos übrigens.

Vor allem aber wird der Inselnorden von ganz viel **Natur** geprägt. Große Bereiche stehen gleich ganz unter Naturschutz: Sechs der elf insularen Naturschutzgebiete befinden sich im Inselnorden.

Ganz oben liegt ein ausgedehntes **Dünengebiet,** das von der Halbinsel Ellenbogen über Listland bis Kliffende bei Kampen reicht und mit 1796 Hektar das größte Naturschutzgebiet der Insel darstellt. Es handelt sich um eine atemberaubende Gegend mit weiß schimmernden Wanderdünen, die man schon von der Zufahrtsstraße nach List aus sehen kann – aber nicht betreten, denn das ist verboten!

Zwischen Braderup und Kampen erstrecken sich ein schönes Heidegebiet und ein steil zum Wasser abfallendes Kliff. Diese Zone steht ebenso unter Naturschutz wie das Pendant an der Strandseite zum offenen Meer, das **Rote Kliff** zwischen Wenningstedt und Kampen. Zum Naturschutzgebiet zählen übrigens auch die großen **Heideflächen** vor Kampen, was wohl mit ein Grund dafür ist, dass hier kein Haus gebaut werden konnte, denn die Lage wäre ja zu verlockend.

545sy hf

647sy sm

Wegen der vielen Schutzgebiete gibt es nur **eine Autostraße** nach List, neben der ein **Radweg** verläuft. Außerdem existiert ein zweiter Radweg auf der alten Trasse der ehemaligen Inselbahn, die mitten durch die Dünen führt. Kurz vor List gabelt sich die Straße: Rechts geht es nach List zu Gosch und zum Hafen, links in die Natur zum Ellenbogen.

⌃ Haus mit traumhaften Meerblick an der Wattseite von List

‹ Das berühmte Gogärtchen in Kampen

4

Wenningstedt

- **Friesischer Name:** Woningstair
- **Vorwahl:** 04651
- **PLZ:** 25996
- **Einwohner:** 1400, zusätzlich knapp 1500 Zweit-
wohnungsbesitzer
- **Tourismus-Service:** Strandstr. 25, Tel. 44 770,
www.wenningstedt.de oder www.sylt-info.de,
Mo–Fr 9–17, Sa 10–14 Uhr.
- **Kurtaxe:** 1.5.–30.9. 3 €, 1.10.–30.4. 1,50 €,
Personen unter 18 Jahren frei.
- **Strandkorb:** Tagesmiete 9 €, 2–4 Tage 8 €/Tag,
ab 5. Tag 5 €/Tag, Wochenmiete 48 €, 14-Tage-
Miete 83 €, 21-Tage-Miete 118 €.

Überblick

Aus zwei mach eins, sagten sich zwei
Dörfer, und seitdem werden **Wenningstedt und Braderup** verwaltungstechnisch als eine Einheit geführt. Wir drö-
seln sie aber hier wieder auf, denn zu unterschiedlich fallen sie doch aus. Also,
offiziell heißt der Ort seit 2002 Wenningstedt-Braderup.

„Familienfreundliches Nordseeheil-
bad" nennt ein Prospekt Wenningstedt,
und tatsächlich machen hier vorwiegend
Familien Urlaub, entsprechend ist das
Angebot ausgerichtet. Während Nachbar Westerland schon beinahe städti-
sches Flair hat, bleibt Wenningstedt ruhig und **beschaulich,** die Hauptstraße
nach Kampen und List führt weit genug
am Ort vorbei. Hier herrscht kein ausge-
prägtes Nachtleben, verschlafen wirkt
Wenningstedt aber dennoch keinesfalls.

Das **Ortsbild** zeigt sich recht kompakt
zwischen Meer, Dünenlandschaft und
Hauptstraße. Die Ferienanlagen stehen
überwiegend nah am Strand, während
die Urbevölkerung früher gar nicht weit
genug entfernt von der Kliffkante ihre
Häuser bauen konnte. Diese stehen deshalb auch etwas konzentrierter im Bereich der Westerlandstraße und rund
um den idyllischen **Dorfteich,** der auf
Friesisch Kiar genannt wird, weshalb die
vorbeiführende Straße auch Bi Kiar
(„Beim Teich") heißt. Praktisch in allen
Querstraßen zwischen Meer und Westerlandstraße liegen touristische Unterkünfte, hier wurden viele schöne Anlagen gebaut. Die meisten Gäste schätzen
die komfortablen Quartiere und die
Nähe zum Strand. Der Autoverkehr hält
sich in Grenzen, die Wege sind sowieso
kurz. Eine Art geschäftiges Zentrum
liegt an der kurzen Strandstraße. Es finden sich viele **Ferienwohnungen,** weniger millionenteure Einzelhäuser. Zwar
gibt es ein paar Hotels, aber die überwie-
gende Anzahl der Unterkünfte besteht
aus Wohneinheiten für sechs bis acht
Parteien, wobei es auch ein paar größere
Wohnblocks gibt, die aber kein Hoch-
hausformat haben.

▷ Das neu gestaltete Kurzentrum
von Wenningstedt ist ein Schmuckstück

4

Wenningstedt gilt als **einer der ältesten Inselorte.** Wahrscheinlich existierte hier bereits vor der Einwanderung friesischer Stämme im 8. Jahrhundert ein Hafen. Angeblich sollen sogar von diesem Hafen die Stämme der Angeln und Sachsen unter Führung der Brüder *Hengist* und *Horsa* aufgebrochen sein, um England zu erobern. Ob es tatsächlich so war, ist bis heute umstritten, gleichwohl gedenkt Wennigstedt einem dieser Heerführer mit einem Straßennamen, denn im Ort gibt es eine Straße namens „Horsatal".

Belegt ist eine **frühgeschichtliche Besiedlung** durch ein 5000 Jahre altes Ganggrab, den **Denghoog.** Weitere Grabhügel liegen in der Umgebung Richtung Kampen. Urkundlich erwähnt ist Wynningstede 1462, wie alle anderen Orte auch, im Zinsbuch des Bischofs von Schleswig. Aber viel konnten die Bewohner nicht geben. Die östlichen Gemeinden hatten bessere Böden und höhere Erträge, während die Wenningstedter überwiegend Fischfang und ein wenig Landwirtschaft betrieben. Besser wurde es zumindest für einige Familien, als die Seeleute im 17. Jahrhundert auf **Walfang** gingen, darunter die auch auf Sylt bekannte Seefahrer-Familie *Teunis.* Commandeur *Hans Hansen Teunis,* der auf dem Keitumer Friedhof ruht, befuhr schon als Neunjähriger die See als Walfänger. Er unternahm 47 Reisen, davon 37 als Commandeur, so steht es jedenfalls auf seinem Grabstein in Keitum. Eine der

sy20068 hf

Wenningstedt

NORDSEE

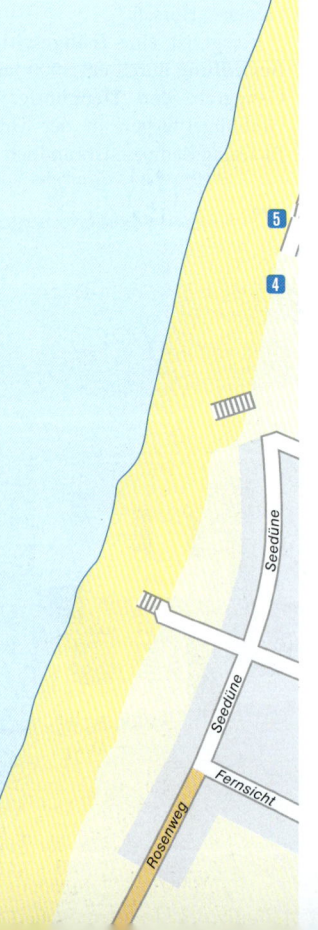

schönsten Haustüren gesamten Insel Sylt schmückt den Teunishof in Wenningstedt unweit des Dorfteiches. Dieses Haus wurde 1786 von Kapitän *Jens-Jacob Teunis* erbaut, das Haus ist noch heute im Besitz der Familie.

Lange Zeit blieb Wenningstedt ein verschlafenes Dörflein. Frühe **touristische Chroniken** erwähnen das Jahr 1858, als erste Feriengäste kamen. Die wurden alle noch per Handschlag begrüßt, so wenige „verirrten" sich hierher. Das blieb auch noch einige Jahre so, denn u.a. fehlten auch passende Unterkünfte, erst 1889 entstand ein erstes Hotel. Noch besser wurde es für Wenningstedt mit der Anbindung an die Inselbahn nach/von Westerland, jetzt konnten die Gäste noch bequemer anreisen. 1914 entstand dann sogar mit der Friesenkapelle eine eigene Kirche. In den 1950er und 1960er Jahren wurde viel ge-

baut, teils etwas schlichter wirkende Wohnblocks, teils kleinere Einheiten mit Apartments. Ab den 1980er Jahren verschwanden immer mehr alte Einzelhäuser, und es entstanden überwiegend zwei- bis dreigeschossige Gebäude mit zumeist sehr schönen Ferienwohnungen. Dabei setzte sich immer stärker ein Bautyp durch, bei dem in einem Gebäude durch versetzte Bauweise mehrere Einheiten untergebracht waren, teilweise bis zu sechs Ferienwohnungen.

⊡ Spektakulär: das Lokal Gosch am Kliff

sy20070 sm

Sehenswertes

In den letzten Jahren hat sich im Ort einiges getan. Das **Zentrum** oberhalb des Strandes wurde seit 2014 **komplett umgestaltet:** Zunächst baute der Sylter Gastronom **Gosch** hier ein völlig neues Lokal mit einem auffällig geschwungenen Dach, das sogleich den Spitznamen „Jünnes Düne" bekam. Es schmiegt sich jedenfalls sehr schön in die Natur am Kliff ein. Oben führt nun ein angenehm dezent beleuchteter **Holzbohlenweg** an der Kliffkante entlang und erreicht schließlich das ebenfalls völlig neu gestaltete **Haus am Kliff.** Dort sitzen die Tourist-Information, einige Shops, Lokale und der **Kursaal**[3], ein Zentrum für kulturelle Veranstaltungen.

Außerdem ist die **Haupttreppe zum Strand** erneuert und versetzt worden, ein paar Meter weiter nach Süden führt sie nun deutlich breiter (10 m) hinunter zum immer noch Strand. Auch an einen Treppenlift ist gedacht und sogar an eine Kinder-Tunnel-Rutsche. Viel Neues also in Wenningstedt, aber eines bleibt dann doch, der schöne breite Strand unterhalb der Kliffkante.

Denghoog

Die örtliche Attraktion ist der Denghoog, ein **Megalithgrab.** Es handelt sich um das größte und besterhaltene auf Sylt. Von außen sieht man zunächst nur einen bewachsenen Hügel, das Innere misst etwa 5 mal 3 Meter und in der Höhe kaum 1,90 Meter. Zusätzlich gibt es einen 6 Meter langen und nur 1 Meter hohen Gang, der in das Innere führt und durch den die Besucher früher durchkrabbeln mussten. Das ist vorbei, heute erfolgt der Einstieg von oben.

Der Denghoog setzt sich aus **12 seitlichen und drei Decksteinen** zusammen. Das Beeindruckendste dürfte die Vorstellung sein, wie diese riesigen Findlinge überhaupt bewegt und mit welcher Präzision sie aufgebaut wurden. Die gewaltigen Findlinge kamen mit der Saale-Eiszeit vor ca. 300.000 Jahren aus Skan-

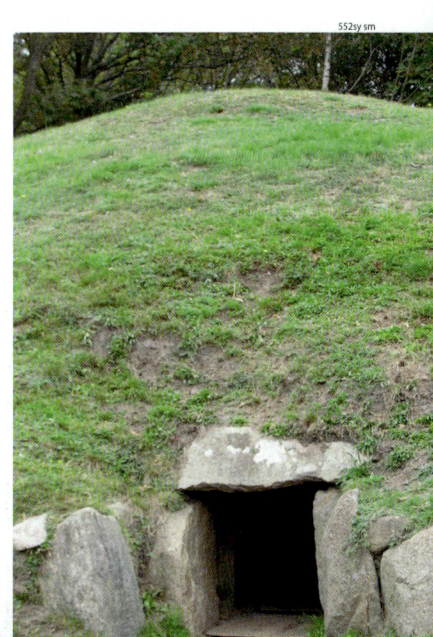

552sy sm

▷ Der Denghoog

dinavien. Wahrscheinlich wurde der Denghoog um 3300 v. Chr. in der Jungsteinzeit errichtet.

Man vermutet, dass der Ort ursprünglich für rituelle **Handlungen** genutzt wurde und erst später als Grabstätte diente. Der Name leitet sich übrigens von einer Versammlungsstätte ab, dem „Deng" (wie altgermanisch „thing") am „hoog" (Hügel). Bei einer Ausgrabung im Jahr 1868 wurden menschliche Knochen und Grabschmuck gefunden.

■ **Denghoog,** Mai–Okt. Mo–Fr 10–17, Sa/So 11–17 Uhr, April Mo–Fr 10–16, Sa/So 11–16 Uhr, 2,50 €, Kinder (6–17 Jahre) 1,50 €. Es gibt auch ein Kombiticket für 12,50 €, das die Keitumer Museen mit einbezieht.

Friesenkapelle

Nur wenige Schritte vom Denghoog entfernt erhebt sich beim Friedhof die Friesenkapelle. 1914 wurde sie erbaut; bis dahin musste Wenningstedter Bevölkerung stets nach Keitum, um am Gottesdienst teilnehmen zu können. Es ist eine relativ schlicht eingerichtete Kirche mit einem Altar aus Kacheln. Wenn man so will, also friesisch-herb, aber durchaus schmuck. An der linken oberen Wand (links über der Kanzel) steht das Vaterunser auf Friesisch.

Dorfteich

Schräg gegenüber liegt der kleine Dorfteich, auf Friesisch *Kiar*. Ihn einmal zu umrunden ist so etwas wie touristische Pflicht. Ein Springbrunnen spuckt seine Fontänen in die Höhe, ein paar Enten watscheln am Rand, ganz beschaulich.

⌂ Die Friesenkapelle

Strandzugänge

Der Strand wird von einer durchgehenden Dünenreihe begrenzt, die aber nicht allzu breit ausfällt, hinunter führen einige wenige Strandübergänge, der breite Hauptzugang ist eine Verlängerung der Strandstraße. Ein anderer Zugang, die Verlängerung der Berthin-Bleeg-Straße, besteht **aus recycelten Reststoffen.** Auf immerhin 440 Metern marschieren nun die Strandläufer nicht mehr über traditionelle Holzstege, sondern auf Kunststoff. Das bedeutet zwar einen Bruch mit der Tradition, aber auch keine Splitter mehr im Zeh.

☑ Der neu gestaltete Strandzugang

Strandprofil

Das Doppeldorf hat sowohl Kontakt zum Watt als auch zum offenen Meer. Wenningstedts Strand zeichnet sich durch eine geologische Besonderheit aus, das <mark>Rote Kliff.</mark> Diese immerhin knapp 4,4 Kilometer lange Kliffwand verwandelt sich bei Sonnenuntergang in ein rot leuchtendes Naturphänomen, früher für vorbeifahrende Seeleute ein untrüglicher Markierungspunkt. Das Rote Kliff erstreckt sich bis nach Kampen, erreicht immerhin eine Höhe von gut 25 Metern, flacht dann an den Rändern merklich ab. Verschiedene Gesteinsarten haben sich hier im Laufe von Jahrmillionen gesammelt, überdeckt durch eine Lehmschicht, die auch Eisenteile enthält. Durch Oxidation entstand ein rötlich-brauner Grundton, der in der Abendsonne regelrecht rot aufleuchtet.

sy20071 sm

Alljährlich raubt die Nordsee in den Herbststürmen allerdings einen Teil des Kliffs, unterspült es regelrecht. Dem wird mit Sandvorspülungen begegnet, ein immerwährender Kampf gegen die Elemente.

Ansonsten ist Wenningstedts Strand sehr breit, bei Ebbe teilweise bis zu 70 Meter. Im nördlichen Bereich beginnen die **Strandabschnitte** mit dem FKK-Bereich, „einen Schlag" weiter finden Hundebesitzer „ihren" Bereich. Im südlichen Teil hat eine Surfschule ihr Quartier. Zwei gemütliche **Bistros** direkt am Strand locken Gäste auf ihre großen Terrassen. Am Strandübergang Strandstraße liegt das „Strandbistro", etwa in Höhe des Zeltplatzes das Strandbistro „Onkel Jonny's Strandwirtschaft".

Ein Standabschnitt ist übrigens allgemein auch als **„Abessinien"** bekannt. 1935 strandete hier nämlich der Frachter „Adrar" und der Bevölkerung wurde verboten, das Schiff zu betreten. Sofort entstanden Gerüchte über die Ladung. Hartnäckig hielt sich die Legende, dass Waffen für einen Krieg in Abessinien, dem heutigen Äthiopien, an Bord gewesen seien. Nach 10 Monaten erst kam das Schiff wieder frei und verschwand, die Gerüchte aber blieben. Und seitdem trägt dieser Strandabschnitt Höhe Buhne 31 diesen Namen.

◁ Die wohl schönste Eingangstür überhaupt findet sich am Teunishof

Praktische Tipps

Unterkunft

Vermietungsagenturen

In Wenningstedt gibt es viele Vermietungsagenturen, hier eine Auswahl:

9 **Andersen Immobilien,** Berthin-Bleeg-Str. 19A, Tel. 434 41, www.andersen-sylt.de.

26 **Hausen & Gottschalk,** Dünenstr. 6, Tel. 414 26, www.hausen-gottschalk.de.

13 **Sylter Appartement Service,** Berthin-Bleeg-Str. 4, Tel. 44 60 500, www.sas-sylt.de.

22 **Sylt-ER,** Strandstraße 8, Tel. 42 917, www.sylter.de.

18 **Ida Klein,** Kampener Weg 2A, Tel. 93 60 40, www.ida-klein.de. Hat neben Unterkünften in Wenningstedt auch Objekte in anderen Orten.

15 **IBF Immobilien Brigitte Führ,** Hauptstr. 11, Tel. 984 20, www.ibf-sylt.de. Großes Angebot für Wenningstedt, hat aber auch Unterkünfte in Kampen, Keitum und Westerland, gibt einen eigenen Katalog heraus.

Hotels

MEIN TIPP: **24** **Strandhotel**⑤, Strandstr. 11, Tel. 989 80, www.strandhotel-sylt.com. Kleines Hotel mit 25 Zimmern in Strandnähe, Garten mit Strandkörben, WLAN, aber es gibt auch das Gegenstück, nämlich eine kleine Bibliothek. Reichhaltiges, liebevoll arrangiertes Frühstück, sehr bemühte Gastgeber.

14 **Sylter Domizil**⑤, Berthin-Bleeg-Str. 2, Tel. 829 00, www.sylter-domizil.de. Hotel garni, das aus zwei Häusern besteht. 47 komfortable Zimmer, Wellnessbereich, Sauna, WLAN, Bistro, Bar und Langschläferfrühstück, verschiedene Komplettangebote.

23 **Hotel Villa Klasen**④, Westerstr. 16, Tel. 410 95, www.hotel-villa-klasen.de. Kleines, persönlich geführtes Haus mit 21 Zimmern in warmem, freundlichem Ambiente. Die Zimmer sind gemütlich, teilweise mit Balkon, alle haben WLAN. Das Haus bietet einen Concierge-Service für seine Gäste, wenn diese spezielle Wünsche haben, etwa Konzertkarten oder bestimmte Weine.

25 **Hotel Hansa**④, Dünenstr. 10, Tel. 410 67, www.sylt-haus-hansa.de. Sehr zentral gelegen, nur wenige Schritte zum Meer. 21 Zimmer, Abholservice vom Bahnhof und Flughafen, Fahrradverleih, Strandkorbterrasse, WLAN auf allen Zimmern, Fitnessraum, finnische Sauna, Begrüßungscocktail.

11 **Hotel Kiose**④, Berthin-Bleeg-Str. 15, Tel. 984 70, www.hotel-kiose.de. Kleines Nichtraucherhaus im strandnahen Bereich mit 21 Zimmern, die teilweise Balkon haben. Es gibt eine Sauna und Dampfbad, sowie ein angeschlossenes Bistro, in dem auch gefrühstückt wird, außerdem stehen Leihfahrräder bereit. WLAN.

29 **Pension Möwennest**③-④, Seestr. 8, Tel. 41 351, www.moewennest-sylt.de. Kleines, reetgedecktes Haus auf einem schön gestalteten Grundstück mit Liegestühlen und Strandkörben im Garten. Angeboten werden EZ, DZ und Studios, im Wintergarten gibt es kostenlos Kaffee und Tee. WLAN.

Ferienhäuser

28 **Lütt Hüs I & II**④, Hochkamp 23, Tel. 229 82, www.grundmann-sylt.de. „Lütt Hüs" ist Plattdeutsch und bedeutet „Kleines Haus". Und klein sind sie, diese beiden reetgedeckten Häuschen, die benachbart in ruhiger Lage unweit vom Hauptstrandzugang stehen. Beide Häuser sind durch eine Hecke eingefasst und haben eine Terrasse.

Campingplatz

2 **Campingplatz Wenningstedt,** Osetal 3, Tel. 94 40 04, www.campingplatz.wenningstedt.de, April bis Ende Okt. Der Platz liegt direkt an den Dünen, vielleicht 15 Minuten Fußweg vom Zentrum Wenningstedts entfernt. Über 230 Stellplätze für Wohnwagen und Wohnmobile sowie 44 Plätze speziell für Zelte. WLAN.

⌄ Syltfisch am Kurhaus

sy20073 sm

Der Norden der Insel

Essen & Trinken

12 Café Lindow, Berthin-Bleeg-Str. 10, Tel. 88 97 80, www.hotel-cafe-lindow.de, Mitte Feb. bis Mitte Nov. tägl. ab 8 Uhr. Ein Kaffeehaus mit gemütlichem Garten, in dem auch Frühstück ab 8 Uhr serviert wird sowie mittags Fleisch- und Fischgerichte nebst Tagesgerichten.

21 Fisch Blum, Westerlandstr. 8, Tel. 47 10, www.sylter-fisch.de, Mo–Sa 9–20, So 11–20 Uhr. Eine Mischung aus Fisch-Höker und Bistro. Wie immer bei Blum bestellt man am Tresen und bekommt seine – hauptsächlich – Fischgerichte schnell und frisch zubereitet.

3 Fitschen am Dorfteich, Am Dorfteich 2, Tel. 32 120, www.fitschen-am-dorfteich.de, Mi–Mo ab 12 Uhr, in der Nebensaison Mi–So ab 17 Uhr. *Manni Fitschen* bietet eine gelungene Verbindung von gehobener norddeutscher mit badischer Küche. Nachmittags gibt es selbstgebackenen Kuchen. Abends wird auch ein wöchentlich wechselndes Menü angeboten.

4 Gosch Am Kliff, Dünenstr. 17 A, Tel. 995 94 90, https://gosch.de, tägl. ab 11 Uhr. Das neue Lokal von *Jürgen Gosch* war noch nicht einmal eröffnet, da hatte es schon einen Namen weg: „Jünnes Düne". Tatsächlich ist dieses spektakuläre Gebäude in Form einer Düne gebaut. Es steht in der Nähe der Kliffkante beim alten Parkplatz und bietet die Goschübliche gute Selbst-Abhol-Küche nebst netter Stimmung. Große Terrasse.

8 Meeresblick, Strandstr. 26, Tel. 444 22, http://cafemeeresblick.de, tägl. 12–22 Uhr. Gediegenes Restaurant, nachmittags leckerer Kuchen, tagsüber gibt es regionale Gerichte und Fisch sowie Meeresfrüchte.

20 Tampe's Restaurant, Westerlandstr. 12, Tel. 426 53, Do–Mo ab 17.30 Uhr. Die Karte bleibt zwar überschaubar, ist aber äußerst kreativ. Ein Restaurant mit regionalen und saisonalen Spezialitäten wie Fleisch vom Susländer Schwein. Am Samstag gibt es auf Vorbestellung Ente aus dem Ofen, außerdem wird eine eigene Austernkarte angeboten.

14 Fichtners, Hauptstr. 1, Tel. 946 50, Do–Di 17–23 Uhr. Kleines Lokal mit regionaler Küche. Liegt im Ortskern und ist für viele Gäste eine Art Stammrestaurant. Vielfältige Speisekarte mit Fisch, auch Fleisch (u.a. Lamm, Kalb) und Pasta. Auch die Auswahl an Desserts ist groß, so gibt es z.B. eine Käseplatte oder Fichtner's Friesenrahm, ein Mix aus verschiedenen Getränken und Zutaten.

5 Strandbistro, Tel. 417 03, tägl. ab 11 Uhr. Direkt am Strand gelegenes Lokal mit großer Terrasse. Gar nicht mal so kleine Bistrokarte. Sehr lässige und rustikale Atmosphäre, im Winter bei Strandwanderern ein beliebter Anlaufpunkt für ein Heißgetränk.

1 Onkel Jonny's Strandwirtschaft, Osetal 3, Tel. 0170-900 91 95, tägl. 11–21 Uhr. Der Nachfolger von Wonnemeyer liegt direkt am Strand mit tollem Meerblick von der Terrasse. Es gibt Drinks und kleine Gerichte aus einem Kiosk, aber nach allem, was man so hört, soll diese Holzbude einem kompletten Neubau weichen. Ob Onkel Jonny dann immer noch die Strandversorgung übernimmt, war zum Zeitpunkt der Drucklegung unbekannt.

27 La Pergola, Dünenstr. 6, Tel. 46 108, www.la pergola-sylt.de, tägl. 12–23 Uhr. Wer genug von Fisch und Fischbrötchen hat und sich mal wieder eine Pizza gönnen möchte, ist hier richtig. Im Sommer kann man draußen sitzen, ansonsten geht es zum überraschend großen Restaurant ein paar Stufen hinab. Pizza, Pasta, Antipasti, das ganze italienische Schlemmer-Programm.

6 lismeer, Strandstr. 25, Tel. 957 27 19, in der Saison tägl. ab 13 Uhr. Ein Bistro-Eiscafé mit Erlebnisgastronomie: In einem Raum gibt es Eisspezialitäten, während auf der wetterfesten Terrasse gegrillt wird. Die Gäste sitzen an speziellen Feuertischen und halten die bestellten Fleischspieße und „Knüppelknifte" ins Feuer, man grillt also sein Essen selber.

4

Aktivitäten

Fahrradverleih

25 **Eddies Fahrradverleih,** Dünenstr. 10, Tel. 410 67.

17 **Fahrrad Konzept,** Hauptstr. 28, Tel. 466 43.

16 **Leksus,** Hauptstr. 8, Tel. 889 98 98.

16 **M&M,** Hauptstr. 8–14, Tel. 459 06.

Minigolf

■ An der Dünenstraße, nur 1 Min. vom Strand entfernt. Von Ostern bis Okt. tägl. 11–18 Uhr.

Angebote für Kinder

Norddörfer Halle, Norderweg 3, ganzjährig meist ab 14 Uhr, http://sc-norddörfer.de, Tageskarte 4–6 €, Familien 14 €. Großes Indoor-Sportangebot mit Boulderwand zum Klettern.

InselCircus, von Mitte Juli bis Ende Aug. gastiert der Zirkus für Kinder nahe der Friesenkapelle, dort können die Kleinen eine Woche jeden Tag drei Stunden lang ein eigenes Programm einstudieren. Am Ende dieser spannenden Woche treten die kleinen Artisten am Freitag auf. Infos: Tel. 29 94 99, www.circus-mignon.de.

Einkaufen

7 **Badebuchhandlung,** Strandstr. 25, Tel. 936 47 09, Mo–Sa 10–18, So 10–16 Uhr. Der Laden im Haus am Kliff hat eine gute Auswahl an Literatur, auch über Sylt, an Zeitungen und Postkarten.

19 **Feinkost Meyer,** Osterweg 1–5, Tel. 48 21, Mo–Sa 8.30–19.30, im Winter bis 18 Uhr. Leckere und breite Auswahl, vor allem an Fisch, Meeresfrüchten und Salaten. Hat weit mehr als das übliche Supermarkt-Angebot, außerdem gibt es Sylter Produkte und eine erstklassige Wein- und Champagnerabteilung.

Nützliche Adressen

Post

10 Als Agentur beim **Edeka-Markt,** Berthin-Bleeg-Str. 17, Tel. 215 06.

Taxi

■ Tel. 50 50 oder Tel. 66 99.

Kirche

■ **Friesenkapelle** am Dorfteich, Gottesdienste am So 10 Uhr, im Sommer Kirchenkonzerte.

Veranstaltungszentrum

■ **Kursaal³,** Strandstr. 25, im Haus am Kliff, Tel. 447 30, www.kursaal3-sylt.de. Ein Veranstaltungszentrum für diverse kulturelle Veranstaltungen, beispielsweise: Tagungen, Lesungen, Konzerte aller Stilrichtungen, Partys, Tanztee, Comedy.

◁ Auf dem (schönen) Holzweg: durch die Dünen geht es zum Strand

https://stock.adobe.com © AlexWolff68

Der Norden der Insel

Braderup

■ **Friesischer Name:** Brērerep

Obwohl seit 1927 zu einer Verwaltungs-
einheit mit Wenningstedt verschmolzen,
hat das 130-Einwohner-Dorf Braderup
sein **eigenständiges Ortsbild** erhalten
können. Ländlicher Dorfcharakter inklusive eines kleinen Tante-Emma-Ladens
wechselt sich ab mit hochmodernen,
reetgedeckten **Villen.** Besonders die
Häuser zur Wattseite zählen zu den allerersten Toplagen der Insel und damit
auch ganz Deutschlands. Ein Blick in
den Immobilienteil der Sylter Rundschau verdeutlicht die Dimensionen, unter mehreren Millionen läuft hier gar
nichts. Die meisten Häuser können nicht
gemietet werden, leben hier doch sowohl Fischkönige als auch Fernsehstars.

Trotzdem könnte Braderup für manchen Urlauber interessant sein, denn
hier hat man wahrlich seine **Ruhe,** vor
allem bei einem Spaziergang entlang des
Weißen Kliffs oder durch die Heidelandschaft.

Eine erste urkundliche Erwähnung ist
für das Jahr 1540 belegt, die meisten
Häuser sind neueren Datums. Zu den älteren Häusern zählt das **Hotel Weißes
Kliff,** das 1852 von einem Kapitän gebaut wurde.

⌄ In Braderup stehen schöne reetgedeckte Villen

sy20074 sm

Sehenswertes

Weißes Kliff

Direkt vor dem Wattenmeer erhebt sich die 15 Meter hohe **Steilküste** des Weißen Kliffs. Anders als das Wenningstedter Rote Kliff leuchtet diese Steilküste durch den feinen Kaolinsand hell. Vom Parkplatz am Ende der Straße Üp de Hiir führt ein Holzsteg hinunter zum Strand, und dort kann man entlang der Wattküste vor dem Kliff entlangwandern.

An der Straße Üp de Hiir stehen mehrere schöne, alte **Reetdachhäuser,** die zum Teil von Walfängern errichtet wurden, also lange vor Ausbruch des heutigen Immobilienbooms. Schließlich führt ein Holzbohlenweg durch die seit 1979 unter Naturschutz stehende **Braderuper Heide.** Wer möchte, läuft von hier die zwei Kilometer bis nach Kampen. Das immerhin 137 Hektar große Gebiet ist eine der größten zusammenhängenden Heidelandschaften auf Sylt. Interessant ist, dass das Gebiet überwiegend in Gemeinschaftsbesitz ist, „Allmende" genannt. Die Gemeinschaft verwaltet das Gebiet zudem in einer sogenannten Losgemeinschaft. Das war früher wichtig, denn je nach Größe der unterschiedlichen „Lose" (Flächen) durften die Eigner eine bestimmte Anzahl von Tieren hier weiden lassen.

Die Heidelandschaft ist ein echter **Ort der Ruhe.** Besucher dürfen hier nur auf ausgewiesenen Wegen gehen, um die fragile Pflanzen- und Tierwelt nicht zu

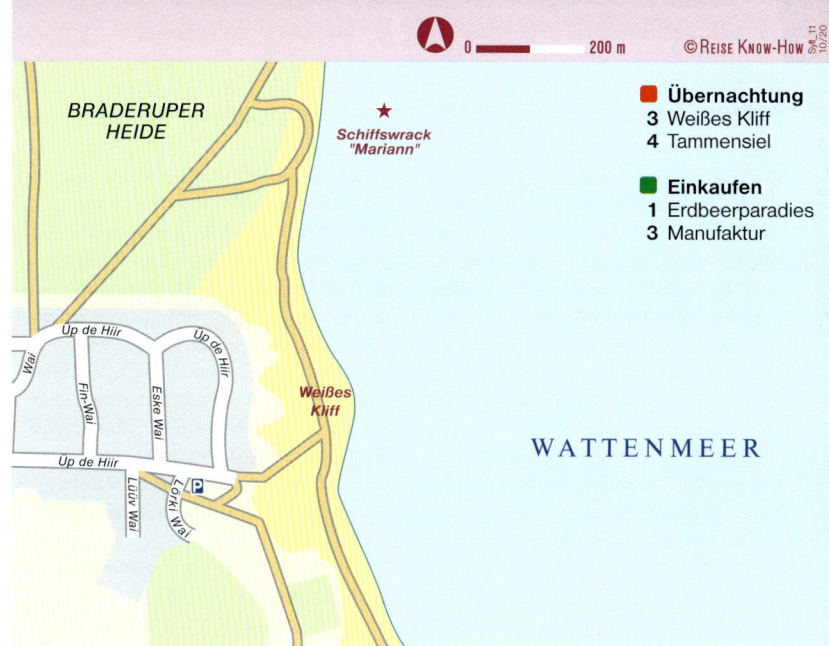

BRADERUPER
HEIDE

★
Schiffswrack
"Mariann"

■ **Übernachtung**
3 Weißes Kliff
4 Tammensiel

■ **Einkaufen**
1 Erdbeerparadies
3 Manufaktur

Up de Hiir
Up de Hiir
Wai
Fin-Wai
Eske Wai
Weißes
Kliff
Up de Hiir
Luuv Wai
Lofki Wai
P

W A T T E N M E E R

stören. Gut die Hälfte der nachgewiese-
nen knapp 100 höheren Pflanzenarten
steht auf der Roten Liste.

Das Weiße Kliff bildet zur Zeit der
Heideblüte im Sommer einen wunderbaren Farbkontrast.

Vor dem Strand liegen die **Überreste
eines Dreimasters,** der „Mariann". Dieses Holzschiff aus Schweden wurde Anfang der 1960er Jahre ins Wattenmeer
vor Munkmarsch angelandet, da es dort
als schwimmende Teestube fungieren
sollte. Das klappte dann doch nicht, und
das Schiff kam vor die Küste bei Braderup. Dort nagten der Zahn der Zeit und
mehrere Stürme an ihm, 1981 brannte es
sogar ab. Seitdem liegt das Wrack im
Schlick und ist zumindest bei Ebbe zu
sehen.

Hügelgräber zwischen Braderup und Kampen

Wer entlang der Verbindungsstraße von
Braderup nach Kampen fährt (Straßenname anfänglich: M.-T. Buchholz-Stig,
später Braderuper Weg), passiert mehrere Hügelgräber. Sie liegen gut erkennbar
beiderseits der Straße, und Hinweisschilder erklären jeweils den geschichtli-
chen Hintergrund. So liegen auf Höhe
des Golfplatzes mehrere Hügelgräber
aus der Bronzezeit **(Tiideringhoog),**
und etwas näher an Kampen liegt die
Hügelgruppe **Pückhoog** aus der Bronzezeit an der Wattseite. Ebenfalls auf Höhe
des Golfplatzes liegt der **Brödihoog.**
Laut einer Sylter Sage hatte hier einst ein
Strandräuber seinen Schatz versteckt.

Sylter Sagen

Es gibt einige Sylter Sagen, die vor allem **in der Natur angesiedelt** sind, dazu zählen die Heidelandschaft und die zahlreichen Grabhügel, aber natürlich auch das Meer. Gesammelt wurden viele Sagen vom Keitumer Chronisten **Christian Peter Hansen** (1803–1879), dem auch nachgesagt wird, er hätte einige dieser sagenhaften Geschichten schlicht erfunden. In seinem noch heute erhältlichen **Buch „Sylter Sagen und Erzählungen"** berichtet er, die Insel Sylt sei vor der Ankunft der Friesen von **Zwergen** bewohnt gewesen. Die Friesen vertrieben die Zwerge, die fortan vor allem in der Heide und am Morsum-Kliff in unterirdischen Höhlen und Grabhügeln lebten. Die Zwerge waren arm, aber immer fröhlich und lärmten des Nachts auf der Heide. *Hansen* berichtet auch: „Aber sie waren falsch. Sie arbeiteten wenig und stahlen, sogar Kinder und Frauenzimmer". Finn war der König der Zwerge, er saß auf seinem Thron aus Stein in einer 5000 Jahre alten Grabkammer nahe Wenningstedt. Schließlich kam es zu einer **Schlacht** zwischen den Friesen und den Zwergen. Die **Zwerge unterlagen,** und Finn stieß sich selbst vor lauter Kummer sein steinernes Messer ins Herz.

Die **Puken,** welche als das freundlichere Zwergenvolk galten, flüchteten rechtzeitig aus dieser Schlacht und lebten dann auch als eine Art **Hausgeist** bei den Menschen; der bekannteste war Nis Puk (von *Boy Lornsen* in Kinderbüchern verewigt, ebenso von *Silja Kahl,* in ihrem Buch wird sogar ein Rezept für Pukengrütze verraten!). Sie hausten in verborgenen Ecken der Häuser und halfen auch im Haushalt, wenn man sie gut behandelte, ihnen beispielsweise einen abendlichen Teller mit Grütze und Butter hinstellte. Dann blieben sie friedlich. Wurden sie jedoch schlecht behandelt, lärmten sie herum und brachten alles durcheinander. Manche Puken reisten auch als Klabautermänner auf Schiffen mit.

Hansen berichtet auch vom **Meeresgott Ekke Nekkepenn** und seiner Gattin Ran. Als Ran ein Kind gebären sollte, half ihr eine Schifferfrau und wurde dafür reich belohnt. Ekke ging diese Frau nicht mehr aus dem Kopf, und er stellte ihr an Land nach. Er fand aber nur deren Tochter, die schöne Inge von Rantum. Er warb um sie und wollte sie sogleich freien, Inge jedoch wollte nicht. Ekke versprach ihr unter der Bedingung die Freiheit, dass sie bis zum folgenden Tag seinen Namen sagen könne, den hatte er ihr näm-

sy20075 sm

lich nicht verraten. Betrübt ging Inge weg. Ekke aber hüpfte übermütig durch die Rantumer Dünen und sang lauthals, sodass Inge es hören konnte: „Heute will ich brauen, morgen will ich backen und übermorgen will ich Hochzeit machen. Ich bin Ekke Nekkepenn und meine Braut ist Inge von Rantum". So konnte Inge am nächsten Morgen seinen Namen nennen und war ihn los. Ekke verschwand verärgert im Meer und schickt seitdem immer wieder Stürme und Flutwellen an den Strand von Rantum.

Neben diesen Sagen erzählt *Hansen* auch von Pidder Lüng („Lewer duad üs slav"), vom Schalk Pua Modders, vom Eierkönig von List, von Stranddieben und Rittern und erklärt die Herkunft der Friesen. Alles sehr ausführlich und in einer sehr eigenen Sprachgewalt. Neben den von *Hansen* niedergeschriebenen Sagen haben sich auch mündlich überlieferte gehalten, wie beispielsweise die von den Hexen vom Budersand bei Hörnum, die dort in Vollmondnächten ihr Unwesen trieben.

Der Mann wollte sein Geheimnis niemandem verraten, er erzählte es erst spät seinen beiden Söhnen. Die waren daraufhin ebenfalls regelrecht geblendet von den Schätzen und gingen oft zum Versteck, um das Gold zu betrachten. Sie brüteten auf Goldeiern, wie der Vater es nannte. Einmal gingen sie in der Nacht alleine hin. Genau in eben dieser Nacht brach ein Sturm los und ließ die Decke des Hügelgrabes über den Jungs und dem Schatz einstürzen und verschüttete sie. Der Vater verlor darüber den Verstand und schied freiwillig aus dem Leben. Seitdem meiden die Sylter die Gegend, weil die Seelen der Verstorbenen hier spuken und alle Menschen vom Schatz vertreiben sollen, sie brüten sinnbildlich immer noch über dem Gold. Und deshalb wird dieser Hügel auch „Brütehügel" (Brödihoog) genannt, nachzulesen bei *C.P. Hansen*.

Strandprofil

Wie überall auf der Sylter Wattseite ist der Strand schmal, kein Vergleich mit der Seeseite. Dabei zeigt sich der Braderuper durch die Einbettung in die Heidelandschaft und vor dem Kliff noch recht **schön**. Es fehlen allerdings jegliche Einrichtungen, Strandkörbe, Flaniermeile – es gibt nichts dergleichen. Man kann nur spazieren gehen und die Natur genießen.

◁ Hausen hier Zwerge? Die Wattseite der Braderuper Heide beflügelt die Fantasie der Geschichtenerzähler

Essen & Trinken

Die nächstgelegenen Lokale liegen im nur 2 Kilometer entfernten **Wenningstedt,** dort findet man von der kleinen Imbissbude über Fischbrötchen (u.a. bei Gosch) bis zur feinen Küche alles, was der Gaumen begehrt.

Aktivitäten

Naturzentrum

■ **Naturzentrum Braderup,** M.-T.-Buchholz-Stig 10A, Tel. 444 21, Anfang April–Ende Okt. Mo–Sa 10–18 Uhr, anstatt Eintritt ist eine Spende erbeten. Ausstellungen zum Nationalpark Wattenmeer, der Lebensraum Heide und Teich wird vorgestellt. Infos zum Morsumkliff, diverse Vorträge und Führungen, auch naturkundliche Radtouren sind im Angebot. Hier befindet sich außerdem ein Bioland-Naturkostladen.

Praktische Tipps

Unterkunft

Hotels

3 **Weißes Kliff**④, M.-T.-Buchholz-Stig 7, Tel. 430 08, www.weisses-kliff.de. Vermietet werden sechs Zimmer in diesem Haus aus dem Jahr 1852, das umfassend renoviert wurde. WLAN.

FeWos

4 **Tammensiel**③, Üp de Hiir 1, Tel. 435 79, www.tammensiel-sylt.de. Eine FeWo in größerem, frei stehendem Reetdachhaus mit Blick über die Heide, große Liegewiese und ein 8000 m² großes Grundstück.

Einkaufen

3 **Manufaktur,** M.T. Buchholz Stig 9, Tel. 431 35, www.manufaktur-sylt.de. Kleine Lederwarenwerkstatt, in der individuelle Einzelstücke hergestellt werden.

1 **Erdbeerparadies,** Terp Wai 17, Tel. 443 69, www.erdbeerparadies-sylt.de, Hofladen Di und Fr 10–17 Uhr. Nicht nur Erdbeeren werden im Hofladen verkauft, sondern saisonale Gemüse aus eigenem Anbau, dazu Marmelade und Bio-Honig. Von April bis Ende Oktober am Mi und Sa (7.30–12.30 Uhr) hat das Erdbeerparadies einen Verkaufsstand auf dem Wochenmarkt in Westerland, direkt vor der Alten Post.

⌂ Blick aufs Watt in Braderup

▷ Hier wird keine Mühe gescheut:
Die Kampener Häuser sehen stets schmuck aus

Kampen

- **Friesischer Name:** Kaamp
- **Vorwahl:** 04651
- **PLZ:** 25999
- **Einwohner:** ca. 600, nicht ganz das Doppelte an Zweitwohnungsbesitzern
- **Tourismus-Service:** Kaamp-Hüs, Hauptstr. 12, Tel. 469 80, www.kampen.de, Mai bis Okt. Mo–Fr 9–17, Sa 10–13, Juli/August auch So 10–13 Uhr, Nov. bis April Mo–Fr 9–16 Uhr.
- **Zimmernachweis:** Tel. 469 80.
- **Kurtaxe:** 15.5.–30.9. 3,30 €, 1.10.–14.5. 1,65 €, Personen unter 18 Jahren frei.
- **Strandkorb:** 2–6 Tage 9 €/Tag, 7–14 Tage 8 €/Tag, 15–21 Tage 7 €/Tag, ab 22 Tage 6 €/Tag, außerdem gibt es einen Frühbucherrabatt, der jeweils einen Euro pro Tag günstiger ausfällt. Reservierungen über www.strandkorb-kampen.de.

Überblick

Kampen ist ein **Dorf mit einem schönen Gesamtbild,** es liegt allerdings etwas vom Meer entfernt. Die Dünenlandschaft steht komplett unter Naturschutz, hier dürfen alle nur über Bretterbohlen zum Strand. Das Ortsbild wird von Reetdachhäusern geprägt, eines nobler als das andere.

Kampen wurde 1543 erstmals urkundlich erwähnt und war zunächst eine dieser üblichen armseligen friesischen Dörfer, die von Landwirtschaft, Fischfang oder Seefahrt lebten. Das änderte sich erst Mitte des 19. Jahrhunderts mit dem Auftauchen der ersten Badegäste. Die benötigten Unterkünfte und ein weitsichtiger Bauherr erschuf einen ersten Gasthof, Zum Roten Kliff genannt;

Der Norden der Insel

560sy hf

ein Lokal gleichen Namens gibt es immer noch im Ortskern. Im Gegensatz zu anderen Seebädern kamen schon bald viele **Künstler** hierher, schon damals war Kampen also bei der Prominenz beliebt. Einer der treibenden Kräfte war *Ferdinand Avenarius* (1856–1923), Herausgeber der wichtigen Kulturzeitschrift „Kunstwart", der sich 1903 in Kampen das ungewöhnliche Haus **Uhlenkamp** bauen ließ, halb friesisch, halb im Schwarzwälder Stil. *Avenarius* lud sich viele Gäste aus der Künstler- und Schriftstellerszene in dieses Haus ein, sodass ein reger Besuchsverkehr entstand und sich im Uhlenkamp eine Art Kulturzentrum bildete. Viele bekannte Namen der damaligen Zeit folgten der Einladung und vermehrten so auch in den deutschen Großstädten den Ruf Kampens als Künstlertreff. Heute existiert der Uhlenkamp nicht mehr, aber zwei weitere, ähnlich bedeutende Häuser, die ebenfalls für das Bild des Künst-

lertreffs standen, waren der Klenderhof und das Haus Kliffende, beide existieren noch. Der **Klenderhof** entstand 1933 für den Musiker *Max Baldner*. Nach dem Krieg vermietete die Witwe des verstorbenen Cellisten das Haus an die Wochenzeitung „Die Zeit", einer der Dauergäste war der Schriftsteller *Ernst von Salomon,* der seinen größten literarischen Erfolg „Der Fragebogen") hier in Kampen schrieb. Später erwarb der Verleger *Axel Springer* (u.a. „Bild") das Haus, dessen Verlag damals polarisierte. 1973 fiel das Haus einem Brandanschlag zum Opfer. Damals weilte dort gerade ein Bundesminister als Gast, und man fand nie heraus, wem der Anschlag galt, dem Minister oder dem Verleger. Der Klenderhof wurde wieder aufgebaut und ist heute in Privatbesitz.

Haus Kliffende entstand 1923 und steht noch heute markant an der oberen Kante vom Roten Kliff, wird somit seinem Namen voll gerecht. Hier logierten

sy20077 sm

viele Berühmtheiten der damaligen Zeit. 1955 ging das Haus in den Besitz der Deutschen Bank über, und seit 1997 ist es in Privatbesitz.

In allen drei Häusern urlaubten namhafte Künstler, Politiker und auch wohlhabende Menschen, worauf sich allmählich der Ruf von **Kampen als Sylter Treffpunkt der Reichen und Schönen** herausbildete. So mancher Gast fand derartig Gefallen an Kampen, dass er sich gleich selbst ein Haus kaufte. Dies setzte sich fort, und vor allem in den 1960er und 1970er Jahren stand Kampen für „Sylt als Promi-Insel". Damals kamen neben den Künstlern auch Wirtschaftsbosse, Unternehmer und etliche, die sich in diesem Umfeld tummelten. Dies alles wurde durch Reportagen in Illustrierten nach draußen getragen, und so hatte Kampen bald seinen Ruf weg.

Doch spaziert man einfach mal neugierig und vorurteilsfrei durch das Dorf, dann zeigt sich Kampen als **reizvoller Ort** mit einem Ensemble von schmucken Reetdachhäusern. Kampen hat Kontakt zur einsamen Wattseite und auch zum Nordseestrand.

Sehenswertes

Reetdachvillen

Die reetgedeckten Häuser und Villen, speziell entlang der Wattseite, sind schon eine Sehenswürdigkeit ganz besonderer Art. Teilweise kann man nur staunen, welche Schönheiten hier stehen und auf welchem Level sich das **Preisniveau** bewegt. Dieses wird durch feine Grenzlinien bestimmt. Beispielsweise gilt die „erste" Wattseite – natürlich – als die teuerste, genießt man doch einen unverbauten Blick aufs Meer. Etwa fünf Millionen müssen Käufer schon überhaben, vereinzelt noch mehr. Dahinter dann die „zweite" Wattseite, eben ohne Meerblick, was denn gleich ein wenig günstiger kommt.

Die **Bauweise** ist übrigens verbindlich vorgeschrieben. Seit 1913 dürfen in Kampen nur reetgedeckte Häuser gebaut werden. Das wird konsequent umgesetzt. So bekam selbst die Freiwillige Feuerwehr ein reetgedecktes Gerätehaus.

Strön-Wai

Auch ein Bummel über den gar nicht so langen Strön-Wai sollte auf dem Programm stehen. Er ist eine Sehenswürdigkeit, keine Frage. Am Nachmittag herrscht verstärktes Porscheaufkommen, so scherzte man schon vor Jahrzehnten. Tatsächlich liegen hier vier Lokale, die überregional bekannt sind, allen voran das **Gogärtchen,** wo schon in den 1960er Jahren Stars und Wirtschaftsbosse feierten. Sicherlich hat sich dieser Ruf erhalten, aber die Promi-

◁ Haus Kliffende zwischen zwei Grabhügeln

Der Norden der Insel

4

Kampen

Buhne 16,
● Kampino
Kinderclub

Quermarkenfeuer

★ Kampener Vogelkoje,
Buhne 16,
Klappholttal, List

Haus Kliffende

Grabhügel
Krockhooger

Hoogenkamp

Westerweg

Hauptstraße

Nordheide

Badestrand

Nordheide

Kroghooger Wai

3

Arnika-Weg

Hans-Hansen-Wai

Kurhausstraße

4

Strön-Wai
5 6   7

Kaamp Hüs/
Kampino
Kinderclub

Wattweg

8

Bergenten-Weg

9

Mittel-Stieg

Jürgen-Kamp-Wai

Zur Uwe-Düne

★ Uwe-Düne

Lerchenweg

10

Florian-Weg

Dorfstr.

11   12

Drosselgang

Westerweg

Reimert-Hansen-Weg

Kirchenstig

Braderuper Weg

Swarte-Wall

Hauptstr.

Alte

Swarte-Wall

16 15

17

Süderweg

Bronshooger Weg

★ Leuchtturm
Rotes Kliff,
Golfplatz

Wenningstedt,
Westerland

Finken-Weg

Braderup

18

Möwen - Weg

2

P

© REISE KNOW-HOW Sylt, 12 10/20

0 ▬▬▬ ▬▬▬ 200 m

■ Übernachtung
1 Sonnenkliff
3 Hotel Rechel
12 Landhaus Südheide
14 Hotel Uns to Hus
18 Campingplatz

■ Essen und Trinken
2 Sturmhaube
4 Rauchfang
6 Odin Deli
7 Gogärtchen
8 Kaamp Meren
9 Manne Pahl
13 Kupferkanne
17 Il Ristorante

■ Nachtleben
5 Pony
11 Disco Club Rotes Kliff

■ Einkaufen
10 Dorfladen
15 Bäcker Speck

■ Vermietungs-agentur
16 Appartements & Mehr

sy20078 sm

Dichte dürfte heute doch ein wenig geringer sein, denn viele der bekannten Gesichter bleiben lieber in ihren Häusern und zeigen sich nicht so auffällig in diesen Lokalen.

Auf den Außenterrassen lässt es sich durchaus nett sitzen und am Straßenrand parken auch heute noch schicke, teure Autos, die gern betrachtet werden. Unübersehbar zieht hier ein Mythos Reiche und scheinbare Reiche an, und die Normalos kommen auch, zum staunenden Gucken. Das Ganze als Kampener Eigenart betrachtet, ergibt durchaus eine eigene Sehenswürdigkeit.

⌃ 110 Stufen führen hoch zur Uwe-Düne

▷ Der Leuchtturm von Kampen

Uwe-Düne

Inmitten der Dünenlandschaft befindet sich **Sylts höchste Erhebung,** die Uwe-Düne. Stolze 52,50 Meter misst sie, und eine steile Holztreppe mit 110 Stufen führt hinauf. Benannt wurde sie nach *Uwe Jens Lornsen,* einem Keitumer Streiter für Schleswig-Holsteins Unabhängigkeit. Von oben genießt man einen **tollen Rundblick** über Kampen und die Dünenlandschaft, außerdem erklären Hinweistafeln viele Naturphänomene.

Haus Kliffende

Nur wenige Schritte entfernt befindet sich das Rote Kliff (↗ Wenningstedt). Es läuft hier schon so langsam aus, zeigt sich jedoch in Kampen ganz besonders spektakulär, wenn es von der untergehenden Sonne beschienen wird. Dort, wo die Steilküste ausläuft, steht das Haus

Kliffende. Kaum ein Haus auf der ganzen Insel kann eine schönere Lage vorweisen, einsam **mitten in den Dünen.**

Verleger *Heinrich Tiedemann* erbaute das Anwesen 1923, seitdem urlaubten hier **jahrzehntelang Künstler** und andere Prominente. Aus der illustren Gästeliste sollen nur *Thomas Mann, Ernst Rowohlt* und *Max Liebermann* genannt sein. 1955 erwarb die Deutsche Bank das Haus und betrieb es lange als Feriendomizil für die Angestellten, bis sie es 1997 verkaufte.

Das Haus steht unweit vom Kliffrand und ist damit potenziell gefährdet, denn die regelmäßig auftretenden Herbststürme können das Rote Kliff unterspülen und Sand abtragen. Deshalb unternahm man schon 1990 eine einzigartige Schutzmaßnahme: Gewaltige Sandsäcke aus Geotextilien wurden vor dem Kliff unter Sand als Schutz vergraben. Das klappte grundsätzlich ganz gut, aber Stürme spülten dann doch schon mal den Sand weg, sodass die Säcke sichtbar wurden, bis man sie mit neuem Sand wieder zudeckte.

Leuchttürme

Am südlichen Ortsrand reckt sich ein schwarzweißer **Leuchtturm** in die Höhe, auch Leuchtturm Rotes Kliff genannt. Mit 38 Metern ist er der höchste auf Sylt. Seit 1856 schickte er sein Licht aus, immerhin 21 Seemeilen (ca. 40 km) weit.

Der Norden der Insel

sy20079 sm

Buhnen auf Sylt

Eine Zeitlang galt der Bau von Buhnen als der beste Küstenschutz, heute hat man von dieser Idee Abstand genommen. Eine Buhne war ein etwa 20 Meter ins offene Meer hineinragender Schutzwall. An einer Buhne sollten sich die Wellen brechen, ihre Kraft verlieren und mit weniger Wucht den Strand erreichen. So hoffte man dem Raubbau des Sandes zu begegnen. Schon im vergangenen Jahrhundert entstanden erste Buhnen, zunächst aus Holz, viel später aus Stahlbeton. Alle Buhnen entlang der Westküste von Sylt wurden durchnummeriert, berühmt wurde die Buhne 16 in Kampen als Treff der Nackten, Reichen und Schönen.

Buhnen werden auf Sylt schon lange nicht mehr gebaut, bilden aber teilweise noch eine **Gefahr für die Badenden.** Durch Erosion und Sturmfluten brachen Teile ab, übrig blieben teilweise scharfkantige Reste, vor denen auch am Strand durch ein gelbes Andreaskreuz gezielt gewarnt wird.

Und nun hat man beschlossen, wenigstens einige der Buhnenreste zu entfernen, was aber auch wieder zu Protesten führte, denn mancher sieht sie als zeithistorisches Dokument, das erhalten bleiben müsse.

In direkter Nachbarschaft breitet sich ein Golfplatz aus. Nette Hinweisschilder warnen übrigens vor „fliegenden Bällen".

Am nördlichen Rand von Kampen steht ein sogenanntes **Quermarkenfeuer.** Dieser wuchtige rote Backsteinturm in achteckiger Form und mit einer Höhe von 11,50 Metern wurde 1912 erbaut, seit 1976 ist er außer Funktion. Kurz bevor der nun nutzlose Turm abgerissen werden sollte, erwarb ihn die Gemeinde Kampen. So bleibt der Turm als dekoratives Fotomotiv in der Dünenlandschaft stehen.

Hügelgräber

In der Kampener Heide und im Dünenvorland liegen einige Hügelgräber, die man sehr gut erkennen kann, vor allem vom Radweg zur Sturmhaube aus. Dort steht beispielsweise die Gruppe der **Krockhooger,** die als „schönste noch erhaltene Hügelgruppe auf Sylt" von der Info-Tafel gepriesen wird. Sieben Hügelgräber aus der Bronzezeit sind noch sichtbar, weitere wurden beim Bau der Inselbahn abgebaut.

sy20080 hf

▷ Hügelgrab in der Kampener Heide

◁ Die Überreste von Buhnen können eine Gefahr für Badende darstellen

Kampener Vogelkoje

Etwa 3 Kilometer außerhalb von Kampen in Richtung List liegt unmittelbar am Watt die Kampener Vogelkoje. Hier wird zu Demonstrationszwecken eine ehemalige **Wildentenfanganlage** vom Söl'ring Foriining unterhalten. Die Besucher erfahren, wie in früheren Zeiten Wildenten gefangen wurden. 1767 genehmigte der dänische König den Bau, und dann wurde bis 1921 Entenfang betrieben. In sich ständig verjüngenden Reusen wurden die Wildenten gefangen, jährlich etwa 8500 Stück. Die Reusen (Pfeifen genannt) waren auf einem Teich angebracht. Durch spezielles Futter und zahme Enten wurden die Wildenten angelockt, die sich schließlich aus den Reusen nicht mehr befreien konnten. Am Ende wurde ihnen ganz brutal der Hals umgedreht.

Heute ist diese Anlage originalgetreu instand gesetzt, doch Enten werden hier keine mehr gefangen. Die Vogelkoje liegt vor einem Süßwasserteich, umgeben von einem Wäldchen, der in einem Feuchtgebiet wächst. So konnte sich auch ein kleiner Farnwald entwickeln, außerdem wachsen hier verschiedene Pappel- und Erlenarten. Dieser abgeschlossene und geschützte Bereich zieht auch viele Vögel an, die nicht nur zum Nisten kommen, sondern teilweise auch dauerhaft bleiben.

Ein etwa 700 Meter langer **Rundweg** führt durch das Wäldchen und auch zu zwei Info-Häuschen, in denen die Historie der Entenfanganlage erläutert wird, und hinter den beiden Häusern kann man auf dem Deich von einem Aussichtspunkt einen schönen Fernblick übers Watt und das **Naturschutzgebiet Nielönn** (Friesisch für Neuland) genießen. Dieses Schutzgebiet ist 64 Hektar groß und liegt zwischen der Vogelkoje und dem nördlichen Ortsrand von Kampen. Der Küstenbereich hier ist durch Sandmarsch geprägt, was sich durch Anlandungen aus dem Meer und durch

sy20081 sm

Flugsand ergab. Dem schlossen sich Salzwiesen an, die einst intensiv beweidet wurden, was aber mittlerweile aufgegeben wurde. Heute tummeln sich dafür in den tiefer gelegenen Zonen Gänse oder Enten, die dort Nahrung finden. Auf den höher gelegenen Flächen im Übergang zwischen Salzwiesen und Dünen hat sich Schilfbewuchs bilden können was einige Tiere als Schutzbereich nutzen.

■ **Kampener Vogelkoje,** Lister Straße 100, Tel. 87 10 77, Mai–Okt. Mo–Fr 10–17, Sa, So, Fei. 11–17, April bis 16 Uhr, 4 €, Kinder (6 bis 17 Jahre) 2 €.

▷ Der Strand von Kampen

▽ Stele vom Kampener Kulturpfad

Klappholttal

Wer von Kampen auf der alten Trasse der Inselbahn nach List radelt, passiert nach ein paar Kilometern eine einfache kleine Siedlung, einsam und idyllisch in den Dünen gelegen, das Klappholttal. Es handelt sich um die älteste **Volkshochschule** des Landes, immerhin schon 1919 gegründet. Sie ist jedermann zugänglich und eine einzigartige Stätte der Weiterbildung. „Akademie am Meer" wird sie auch genannt. Die Unterbringung erfolgt in einfachen Häusern, die verstreut in den Dünen liegen. Die gesamte Anlage wirkt spartanisch, das aber stellt gerade für viele den großen Reiz dar, und die Nachfrage bleibt ungebrochen. Wissen zu vermitteln steht im Vordergrund.

■ **Klappholttal,** Infos: Tel. 95 50, www.akademie-am-meer.de.

sy20082 sm

sy20083 sm

Kampener Kunst- und Kulturpfad

Der Maler **Siegward Sprotte** (1913–2004) lebte viele Jahrzehnte in Kampen, betrieb ein Atelier und schuf großartige Werke. Er fand im Ort und in der Natur viele Motive für seine Bilder, sodass der Wunsch entstand, Kampen etwas zurückzugeben, was sich zu seinen Lebzeiten nicht mehr erfüllte. Die Idee war, Kampen als Künstlerstätte wertzuschätzen und an die vielen Künstler, Schriftsteller, Verleger und Musiker zu erinnern, die hier einst wirkten und zumindest zeitweise lebten. Nach *Sprottes* Tod wurden zwei seiner Werke versteigert, und der Erlös wurde genutzt, um die ersten 1,30 Meter hohen Texttafeln aus Bronzeguss in Kampen aufzustellen. Sie stehen nicht immer direkt vor dem jeweiligen Wohnort des Künstlers, aber bei einigen war das fast zwingend, so beispielsweise bei der Tafel zu *Clara Tiedemann,* die natürlich vor „ihrem" früheren Haus Kliffende steht, stehen muss. Mittlerweile finden sich 32 Tafeln verteilt über das Dorf , sie sind auf einem Rundweg zu erlaufen.

Ein **Begleitbuch** mit Porträts der Künstler, die auf den Tafeln gewürdigt sind, ist für 7,90 € in der Touristeninformation Kampen erhältlich. Dort sind auch die Standorte der Tafeln genannt.

■ **Kampener Kunst- und Kulturpfad,** Infos: www.kampener-kunstpfad.de.

Strandprofil

Der Kampener Strand zeigt sich breit, feinsandig und nicht allzu überlaufen, jedenfalls verglichen mit Westerland. Allerdings fehlt auch eine Flanierpromenade, nur einige wenige Wege ermöglichen den Zugang zum Strand. Zwei **Abschnitte** sind für Hunde reserviert, nämlich A (bei Buhne 16) und N (bei der „Sturmhaube"), und etwa die Hälfte des Kampener Strandes ist FKK-Zone, zwischen den Abschnitten A und H.

Der Ziegenstall, Sylts skurrilste Kneipe

Eine der schillerndsten und skurrilsten Kneipen, die es jemals auf Sylt gab, war der „Ziegenstall" in Kampen, geführt von *Valeska Gert* (1892–1978). Das Lokal wurde 1950 eröffnet und war mit Holzbänken, Melkschemel und Strohballen sehr rustikal eingerichtet. An der bunt bemalten Wand konnte man einen Satz lesen, der sehr viel Wahres enthält: „Die Gäste sind wie Ziegen, sie werden gemolken und meckern". Die Kellner waren junge Künstler, vor allem Tänzerinnen oder angehende Schauspielerinnen, die teilweise das Lokal als Bühne nutzten und beim Servieren ihre Kunst darstellten.

Die Betreiberin **Valeska Gert** stammte aus Berlin und war eine erfolgreiche Tänzerin, die schon in Stummfilmen auftrat. 1933 musste die Jüdin Deutschland verlassen, sie lebte in den Folgejahren in Frankreich, England und den USA. Nach Kriegsende kehrte sie zurück nach Berlin, wo sie ebenfalls ein Lokal betrieb und Filme drehte. Bereits 1930 besuchte sie erstmals **Sylt** und zog ab 1951 endgültig nach Kampen.

Das ungewöhnliche Lokal florierte lange Zeit, es war regelrecht chic, dorthin zu gehen, aber mit der Zeit ließ der Andrang doch nach. *Valeska Gert* vereinsamte immer mehr, vor allem in der Winterzeit. 1978 fand man sie tot in ihrer Wohnung. Den Ziegenstall vererbte sie dem damals sehr bekannten TV-Journalisten *Werner Höfer*, der das Lokal abreißen und ein Wohnhaus bauen ließ. Im Sylt Museum in Keitum ist der „Ziegenstall" nachgebildet.

☑ Nachbau vom „Ziegenstall" im Sylt Museum in Keitum

sy20084 hf

Besondere Erwähnung verdient der Strandabschnitt **Buhne 16,** der jahrzehntelang der Treffpunkt schlechthin war. Geldadel, Wirtschaftswunderdeutsche, Filmstars und -sternchen, Chefredakteure, hier versammelten sich die prominenten Kampen-Urlauber schon immer, an dem 16. Wellenbrecher, etwa 3 Kilometer nördlich von Kampen. Wer die Straße nach List an der richtigen Stelle verlässt, landet auf einem gebührenpflichtigen Parkplatz. Von dort führt ein Holzbohlenweg durch die schöne Dünenlandschaft zum ehemaligen Strand der Promis. Die wilden Zeiten der 1950er/1960er Jahre sind definitiv vorbei. Heute wie damals steht hier aber ein **Bistro** („Buhne 16"), das eine gute, geerdete Bistroküche bietet.

Praktische Tipps

Unterkunft

Vermietungsagenturen

16 **Appartements & Mehr,** Süderweg 1 A, Tel. 99 59 50, www.kampeninfo.de. Große Auswahl an FeWos in Kampen, außerdem weitere Serviceangebote wie beispielsweise der Verleih von Kinderhochstühlen.

Hotels

12 **Landhaus Südheide**⑤, Sjip-Wai 4, Tel. 945 90, www.landhaus-suedheide.de. Ein weißes, ehemaliges Kapitänshaus aus dem Jahr 1763, das über Eck gebaut wurde und einen gemütlichen Garten hat. Stilvoll eingerichtete Zimmer. WLAN.

14 **Hotel Uns to Hus**④, Wulde Schlucht 2, Tel. 985 80. Kleines, privat geführtes Haus unter Reet mit fünf Doppel- und zwei Einzelzimmern in ruhiger Seitenstraße in Wattnähe. Bei passendem Wetter wird das Frühstück im schönen Garten serviert.

3 **Hotel Rechel**③-④, Kroghooger Wai 3, Tel. 984 90, www.haus-rechel.de. Neun Zimmer in liebevoll eingerichtetem Haus mit großem Garten. Ein reines Nichtraucherhotel mit Sonnenterrasse, zwei Zimmer liegen direkt unter dem Dach und teilen sich Dusche und WC auf dem Flur. WLAN.

FeWos

1 **Sonnenkliff**④-⑤, Grönning 9, Tel. 423 74, www.sonnenkliff.de. Drei FeWos auf zwei Ebenen in traumhafter Lage, etwas erhöht mit Blick aufs Watt. Jede FeWo mit Strandkorb und eigener Terrasse.

Campingplatz

18 **Campingplatz Kampen,** Möwenweg 4, am Ortsanfang von Kampen links dem Möwenweg folgen. Tel. 420 86, www.campen-in-kampen.de. Geöffnet: Ende März bis Ende Okt. Nicht zu groß und direkt vor den Dünen gelegen. So hat man es weder zum Strand noch zum Ort (jeweils etwa 500 m) allzu weit. Ein Fahrradverleih ist vorhanden.

Essen & Trinken

Karte Seite 164

7 **Gogärtchen,** Strön-Wai 12, Tel. 412 42, www. gogaertchen.com, tägl. ab 13 Uhr. Dürfte zu den bekanntesten Lokalen der Republik zählen. Schon als noch *Inge Gogarten* den Laden in den 1950er Jahren schmiss, drängelten sich die Promis am Tresen. Inzwischen wurde er mit neuem Schick versehen. Es gibt bodenständige Küche. An der Rundbar oder draußen auf der Terrasse genehmigt man sich einen Drink, und wenn es passt, wird auch wieder Party gemacht.

6 **Odin Deli,** Strön-Wai 10, Tel. 454 55, www. odin-deli.com, tägl. ab 10 Uhr. Hier gibt es Leckeres aus aller Welt aber auch regionale Angebote. Mit netter Außenterrasse.

4 **Rauchfang,** Strön-Wai 5, Tel. 426 72, www. rauchfang-kampen.de, Mi–Mo ab 12 Uhr. In dem kleinen Reetdachhaus wird eine frische, bodenstän-

Der Norden der Insel

4

dige Küche gekocht. Es gibt einen Mittagstisch und an der Außenbar herrscht immer reges Treiben.

2 **Sturmhaube,** Rieperstig 1, Tel. 99 59 40. Tolle Lage an der Kliffkante mit sagenhaftem Blick aufs Meer. Leider schon eine ganze Zeit geschlossen, soll aber weiter geführt werden.

13 **Kupferkanne,** Stapelhooger Wai 7, Tel. 410 10, https://kupferkanne-sylt.de, tägl. ab 10 Uhr, im Winter ab 12 Uhr, geschlossen wird spätestens um 18 Uhr. Ein in der Heidelandschaft vor dem Watt gelegenes Café mit großem, schön eingewachsenen Garten. Es liegt halb unterirdisch und ist etwas verwinkelt gebaut, denn es war einst ein Flakbunker.

9 **Manne Pahl,** Zur Uwe Düne 2, Tel. 425 10, www.manne-pahl.de, tägl. ab 10 Uhr. Das Lokal und sein Patron, der Schweizer *Pius Regli,* sind seit Jahren eine Institution in Kampen. Serviert wird eine bodenständige Küche, die auf der Karte leicht augenzwinkernd vorgestellt ist, so etwa der „Pahl-Burger mit Fritten und Trüffelmayo". Auch die hausgemachten Kuchen und Torten werden weithin geschätzt und deshalb auch außer Haus verkauft. Angenehmes Ambiente mit viel Holz. Ein Hit ist das Wiener Schnitzel, das es – wie viele Gerichte – auch als kleine Portion gibt.

17 **Il Ristorante,** Süderweg 2, Tel. 29 96 62, https://il-ristorante.de, Mi–Mo ab 17 Uhr. Italienisches Lokal, dessen Betreiber bereits viele Jahre in Kampen wirkte, dann nach Westerland umzog und nun wieder hier seine gute italienische Küche anbietet, begleitet vom hauseigenen Motto: „Pasta, Pesce, Pavarotti". Neben Pasta und Fisch gibt es auch Fleischgerichte und Antipasti.

8 **Kaamp Meren,** Hauptstr. 12, Tel. 435 00, www.kaamp-meren.de, Di–So Küche 13–21 Uhr. Es gibt eine wechselhafte Karte mit Fleisch, Fisch, Klassikern und auch „mal was für Zwischendurch" von 12 bis 17.30 Uhr wie Club Sandwich, Currywurst, Wiener Schnitzel. Eine eigene Karte für Kinder. Zu finden im zentral gelegenen Kaamp Hüs.

⌄ Strandlokal Kaamps 7

sy20085 sm

Der Norden der Insel

Karte Seite 139

6 Buhne 16, Listlandstr. 133, Tel. 49 96, https://buhne16.de. Früher der Treff der Reichen und Schönen am Strand, heute für jedermann. Es gibt eine Bistrokarte mit sättigenden Gerichten ohne Firlefanz. Außerdem ist Buhne 16 ein kultiger Treff mit gelegentlichen Veranstaltungen. Geöffnet von Ostern bis Mitte Okt. ab 10 Uhr.

7 Kaamps 7, Riperstig 1, Tel. 88 60 78, www.kaamps7.de. Schöne Lage direkt am Strand, hat eine etwas erhöhte Terrasse. Es gibt eine Tageskarte, eine Abendkarte, auch eine für Kinder. Serviert werden Klassiker wie Pasta, Fleisch, Fisch, Meeresfrüchte, Salate und auch Tapas. Tägl. 11–22 Uhr.

5 Vogelkoje, an der Straße nach List, Tel. 952 50, www.vogelkoje.de. Ein nettes Lokal mit Terrasse, liegt direkt neben dem Eingang zur ehemaligen Entenfanganlage. Frühstück 10–14, Tageskarte von 12 bis 17 Uhr und eine eigene Abendkarte mit regionalen Spezialitäten, auch für Kinder gibt es ein eigenes Angebot.

Nachtleben

11 Disco Club Rotes Kliff, Braderuper Weg 3, Tel. 94 41 10, Juli/August tägl. ab 23, Juni, Sept. Do–Sa ab 23, Okt. bis Dez. Fr/Sa ab 23 Uhr. Hier geht die nächtliche Post ab.

5 Pony, Strön-Wai 6, Tel. 421 82. Der Kampener Treff. Ab Mitte Feb. Fr/Sa ab 22 Uhr, Mai–Sept. tagl. ab 22 Uhr, Außenbar Ostern bis Okt. ab 19 Uhr. Stilvolle Musikbar, seit vielen Jahren sehr beliebt.

Aktivitäten

Boulodrome

■ Im Avenariuspark, wie der Dorfpark offiziell heißt, Infos und Kugelverleih beim Tourismus-Service.

▷ Auf zum Strandvergnügen!

Angebote für Kinder

Kampino Kinderclub, Infos über Tel. 469 80. In den Sommermonaten finden Mo bis Fr spezielle Animationsprogramme für Kids statt, draußen am Strand Höhe Kaamps 7, drinnen im Kaamp Hüs. „Teenie Dance" nennt sich eine Veranstaltung, bei der Kinder zwischen 10 und 14 Jahren in Kampens bekanntesten Clubs tanzen gehen dürfen, im Pony und im Club Rotes Kliff. Und zwar ohne(!) Eltern. Termine werden ab Juni bekannt gegeben.

Einkaufen

10 Dorfladen, Hauptstr. 4, Tel. 995 97 70, Mo–Fr 8–18, Sa 8–16 Uhr. Kleiner Laden im Ortskern.

15 Bäcker Speck, Süderweg 1, Mo–Fr 6.30–17.30, Sa 6.30–12.30 Uhr.

Nützliches

■ **Taxi,** Tel. 50 50.

sy20087 sm

List

- **Friesischer Name:** List
- **Vorwahl:** 04651
- **PLZ:** 25992
- **Einwohner:** 1560
- **Kurverwaltung und Tourist-Information:** Landwehrdeich 1, Tel. 952 00, www.list-sylt.de, Mo, Di 9–17, Mi, Do 9–14, Fr 9–12 Uhr.
- **Kurtaxe:** 1.5.–30.9. 3 €, ab 1.10.–30.4. 1,50 €/Tag. Personen unter 18 Jahren frei.
- **Strandkorb:** 1.7.–31.8. 1–2 Tage 10 €/Tag, ab dem 3. Tag wird es günstiger, 1.9.–30.6. 1–2 Tage 8 €/Tag, ab 3. Tag günstiger. Wer seinen Strandkorb drei Wochen im Voraus bucht und bezahlt, erhält auch in der Hauptsaison den Tarif der Nebensaison.

Die Lister Hafenmeile rund um das Lokal Gosch

Überblick

Bereits 1292 kam es zu einer ersten urkundlichen Erwähnung von List in einer Schenkungsurkunde des dänischen Königs, List blieb bis 1864 **dänisch regiert.**

1362 wütete eine der fürchterlichsten Sturmfluten der Geschichte an der gesamten Nordseeküste, sie ging als die **Zweite Marcellusflut** in die Annalen ein. Mehrere Inseln und Küstengebiete waren so schwer betroffen, dass ganze Dörfer untergingen und dauerhaft in den Fluten versanken, darunter auch Alt-List. Die Verluste wurden vom Schleswiger Bischof dokumentiert, für Sylt sind die beiden Kirchspiele Stedum und List verzeichnet, damit auch die erste Lister Kirche St. Jürgen und die Eidumer Kirche St. Niels. Später schoben sich Sandverwehungen zu Dünen auf, die auch das Meer verdrängten. Der heutige Lister Friedhof liegt in der Nähe der früheren und heute unter dem Sand verschwundenen Kirche St. Jürgen. Um 1400 begann eine **Neuansiedlung** im zunächst bescheidenen Rahmen an der heutigen Straße Mellhörn. Dazu zählte auch ein einfacher Hafen. Von dort bestand schon sehr früh eine funktionierende Schiffsverbindung nach Ripen (heutiges Ribe in Dänemark), einem damals wichtigen dänischen Handelsort. Keramikfunde und auch Gebrauchsgegenstände des Alltags tauchten auf und gelangten in Museen. So wurden bei List in einem Kuhhorn Münzen gefunden, die den englischen König *Aethelred II.* zeigen (10. Jh.) und die aus der Wikingerphase stammen könnten.

Die Lister lebten von Fischerei, Schafzucht und Austerfang, bis dies 1587 zum Monopol des dänischen Königs wurde. Viel passierte nicht hier oben, aber 1644 kam es bei List im Zuge des Dreißigjährigen Krieges zu einer **Seeschlacht** zwischen einer schwedisch-holländischen Flottille und dänischen Schiffen. Die Dänen unter König *Christian IV.* gewannen, und seitdem heißt die Bucht „Königshafen".

1864 fiel List als eine Folge des deutsch-dänischen Krieges an **Preußen.** 1905 zählte das Dorf 73 Einwohner, ein Jahr später wurde die Inselbahn nach List eröffnet. Mit Ausbruch des Ersten Weltkriegs wurde List **Militärstützpunkt,** was das Ortsbild nachhaltig veränderte.

Vor dem Zweiten Weltkrieg wurde List erneut militärisch ausgebaut. In die Kasernen zogen nach Kriegsende zu-

nächst Flüchtlinge, ab 1955 dann die neu gegründete Bundeswehr. 1963 wurde die Fährverbindung zum dänischen Rødby eingeweiht. So langsam kam auch der Tourismus in Schwung. Vom Lister Hafen starteten Ausflugsschiffe und direkt am Hafen etablierte sich um den Großgastronom Gosch eine bunte Buden- und Kneipenmeile, die **„List-Vegas"** genannt wird. 2009 eröffnete als ein weiterer Anziehungspunkt am Hafen das **„Erlebniszentrum Naturgewalten".**

List nennt sich „Deutschlands nördlichste Gemeinde", und genau dies ist auch das Bemerkenswerteste. Wohlgemerkt, an dem **Ort selbst,** denn die Landschaft in der Umgebung sucht ihresgleichen. Der Lister Hafen ist im Ort das einzige nennenswerte Ziel, legt hier doch die Fähre nach Rømø ab, und auch einige Ausflugsdampfer fahren hier los. Und dann wäre da ja noch Gosch, die nördlichste Fischbude, ein Muss für jeden Sylt-Urlauber. Neben Gosch bieten noch eine Handvoll weiterer Lokale ihre Leckereien an, viel Trubel also. Diese Szenerie konzentriert sich jedoch hauptsächlich auf den Hafen. Fast schon losge löst davon liegt direkt vor den mächtigen Dünen der eigentliche – unspektakuläre – Ort List. Mittlerweile tut sich aber doch etwas. Neben dem Hafen wurde auch der Ortskern aufgehübscht, dort liegt beispielsweise der Lister Markt, ein nicht zu großes Shopping-Zentrum mit Gastronomie und einem Hotel.

Die **Umgebung** allerdings zählt mit zum Schönsten, was die Nordsee zu bieten hat: die sagenhafte Dünenlandschaft von Listland, ebenso die kilometerlangen, einsamen Strände vom Ellenbogen, ein weiteres Muss.

List

■ Übernachtung
2 Alte Wache
6 Grand Spa Resort
   A-Rosa Sylt
9 Hotel Easy Living

■ Essen und Trinken
1 L.A. Sylt
3 Voigt's Alte Backstube
4 Sylter Eismanufaktur
11 Sylter Royal Austernstube
11a Gosch Lister Fischhaus
15 Gosch Bootshalle
16 Piratennest
18 Königshafen
19 Alter Gasthof

■ Einkaufen/Sonstiges
5 M&M Fahrradverleih
8 Lister Markt mit Edeka
10 Sylter Meersalz
12 Paradise Sylt
13 Der Laden
14 Alte Tonnenhalle
20 Fahrradverleih
   Listrad Nissen

■ Wassersport
17 Surfschule
   Wassersportschule List

■ Vermietungsagentur
7 Pirko Schmidt

0   200 m   © Reise Know-How

Seite 13
10/20

★ **Ellenbogen,**
★ **Leuchtturm,**
Strände,
Strandsauna,
Königshafen,
Üthörn,
Listland

Königshafen,
Üthörn

Lister Koog

Möwenbergsdeich

Am Loo

Auf dem Priel

Am Buttgraben

Am Brünk

Am Brünk

P

Landwehrdeich

Alte Dorfstraße

Am Königs

Lister Reede

● **Wattenmeerstation Sylt**

17

Kirchenweg

ïï *St. Jürgen*

Alte Dorfstraße

19

18

★ *Erlebniszentrum*
Naturgewalten

Fennenweg

Alte Bahnholstraße

Listlandstraße

P

Sportplatz

Hafenstraße

13

12

4

Listlandstr.

5

Lister Tor

7

8

9

10 11 11a

Hafenstraße

15

16

14

Hafen ⛴ **Ausflugsschiffe**

6

ïï *St. Raphael*

Oststrand-Promenade

⛴ **Fähre nach Rømø**

W A T T E N M E E R

Wolfgang von Gronau – ein Flug um die Welt

Wolfgang von Gronau (1893–1977) war kein gebürtiger Sylter, leitete aber1930 in List die Verkehrsfliegerschule und unternahm von dort mehrere **Rekordflüge** mit einem Wasserflugzeug. Am 18. August 1930 lautete sein Auftrag, mit einem Flugzeug, Typ Dornier Wal, das Nordkap anzusteuern und nach List zurückzukehren. Neben dem Piloten *von Gronau* waren noch drei weitere Besatzungsmitglieder an Bord, und diese wussten nichts von seinen heimlichen Plänen: *Von Gronau* plante einen Transatlantikflug. Zwei Tage nach dem Start in List landeten sie in Island, und *Wolfgang von Gronau* überrumpelte seine Besatzung mit der Frage: „Ich will weiter nach New York, fliegt ihr mit?" Er funkte ganz prosaisch nach Berlin ans zuständige Ministerium: „Fliegen, Einverständnis vorausgesetzt, über Grönland nach New York". Aber genau dieses Einverständnis hatte er gar nicht, der Minister soll getobt haben. *Von Gronau* flog trotzdem und wasserte nach 44 Stunden und 25 Minuten im Hafen von **New York.** Es war zwar nicht der erste Transatlantikflug in Ost-West-Richtung, aber Pilot und Besatzung wurden dennoch in den USA wie Helden gefeiert. Sie gaben zahllose Interviews und wurden sogar vom damaligen amerikanischen Präsidenten *Hoover* im Weißen Haus empfangen. Der zuständige deutsche Minister hatte sich inzwischen beruhigt und schickte ebenfalls ein Glückwunschtelegramm.

Zwei Jahre später folgte eine noch größere Herausforderung, denn diesmal sollte *von Gronau* **die Erde umrunden.** Tatsächlich schaffte der Pilot mit teilweise der gleichen Besatzung diese Tour. Sie brachen am 22. Juli 1932 auf und kehrten am 24. November nach 44.000 Kilometern nach List zurück.

Die Gemeinde List ernannte daraufhin *Wolfgang von Gronau* zum **Ehrenbürger.** Das beinhaltete neben einer kleinen Gratifikation auch ein kostenloses Begräbnis auf dem kleinen, netten Dünenfriedhof, wo noch heute sein Grabstein zu finden ist. Und eine Gedenktafel steht am Hafen, nahe der Zufahrtsstraße zur Fähre.

⌄ Der Grabstein Wolfgang von Gronaus

sy20088 sm

Der Norden der Insel

Sehenswertes

Hafen

Viele Jahre standen am Hafen mehr oder weniger rustikal-gemütliche Bistros und Kioske mit dem unbestrittenen Mittelpunkt, der Bootshalle von Gosch. Heute betreibt Gosch hier die Nördlichste Fischbude, daneben findet man eine Markthalle, die Alte Tonnenhalle, und diverse weitere Kiosk- und Bistrogebäude. Auch ein Pavillon der Adler-Schiffe wurde errichtet. Eine großzügige Flanier- und Einkaufsmeile mit Lokalen, Geschäften und vielen kostenlosen (!) Parkplätzen ist entstanden.

Eine echte Besonderheit sind die **Sylter Austern.** Schon in vergangenen Jahrhunderten wurden hier Austern gezüchtet, heute (seit 1986) arbeitet in List die „Dittmeyer Austern Compagnie" sehr erfolgreich. In der Blidselbucht, kurz vor List an der Wattseite gelegen, wachsen die Sylter Austern zur Marktreife heran, mittlerweile alljährlich zwei Millionen Stück. Zur Winterzeit ziehen die Austern übrigens um, sie werden in 15 überdachte Becken umgelagert und dort mit frischem Salzwasser aus einer 1,5 Kilometer langen Leitung versorgt. Die meisten Austern werden exportiert, bei Austernmeyer kann man sie vor Ort probieren oder auch die sogenannte „Sylter Royal" mitnehmen, original im Spankorb und mit Austernmesser.

Am Hafen befindet sich auch ein **Denkmal zur Erinnerung an Wolfgang von Gronau.** In den 1920er Jahren war in List eine Flugschule errichtet worden, und *von Gronau* startete 1930 zu einem damals noch ungewöhnlichen Flug nach New York. Zwei Jahre später brach er von List aus sogar zu einem Flug rund um die Welt auf (siehe Exkurs).

Erlebniszentrum Naturgewalten

Ein wirklich interessantes und spektakuläres Ausstellungs- und Veranstaltungszentrum, das diesen Namen absolut verdient, ist das Erlebniszentrum Naturgewalten. In drei thematisch und räumlich getrennten Großbereichen wird den Besuchern die Bedeutung von Naturgewalten nähergebracht, speziell auch auf die Insel Sylt bezogen. Im Bereich **„Kräfte der Nordsee"** wird sehr anschaulich dargestellt, wie Sylt überhaupt entstand und in einem „Sturmraum" kann jeder mal spüren, wie sich ein anständiger Nordseesturm anfühlt. Im Bereich **„Klima, Wetter, Klimaforschung"** wird genau dieses Thema behandelt und auch der Klimawandel thematisiert. Der Bereich **„Leben mit Naturgewalten"** erklärt, wie Flora und Fauna im Wattenmeer überhaupt überleben, zeigt aber auch unterschiedliche Visionen für die Insel Sylt auf.

Alles ist sehr anschaulich mit interaktiven Medien dargestellt, an den meisten Stationen können sich Interessierte vertiefende Informationen über ausleihbare Kopfhörer einholen. Und in jedem Bereich warten „Denkzellen", in die man sich zurückziehen und weitere Textbeiträge hören kann. Das Zentrum organisiert auch Austernwanderungen.

■ **Erlebniszentrum Naturgewalten,** Hafenstr. 37, Tel. 83 61 90, www.naturgewalten-sylt.de, tägl. 10–18 Uhr, im Juli und Aug. bis 19 Uhr, 13 €, Kinder (4–15 Jahre) 9 €, Familien 39 €.

4

Direkt hinter dem Erlebniszentrum kann man auf dem **Möwenbergsdeich,** der vor dem Lister Koog verläuft, aus dem Ort hinausspazieren. Der Lister Koog wurde 1937 durch den 2,5 Kilometer langen Möwenbergsdeich eingefasst, sodass ein 18 Hektar großes Marschgebiet nördlich von List entstand, heute ein Seevogelschutzgebiet.

Schaut man zur anderen Seite zur offenen Meerseite, erstreckt sich im Hintergrund die **Landzunge Ellenbogen.** Die mittlerweile versandete Meerenge zwischen List und dem Ellenbogen wird **Königshafen** genannt (s. auch „Strandprofil").

Sankt Jürgen

Eine frühere Kirche verschwand wohl schon im Jahr 1362 – wie der gesamte Ort – in den Fluten. Die heutige evangelische Kirche St. Jürgen entstand 1935 für die in List stationierten Soldaten. Seit 1948 werden auch zivile Gottesdienste gefeiert. Innen wirkt die Kirche hell und schlicht, nachdem in den 1970er Jahren das Kircheninnere in kräftigen Rottönen ausgemalt war. Das spätgotische Kreuz über dem Altar ist ein Geschenk aus Keitum. Der **Glockenturm** ist ungewöhnlicherweise über dem Altar errichtet.

Sankt Raphael

Die 1988 gebaute katholische Kirche St. Raphael steht unweit des Hafens und hat einen **Glockenstapel in Form einer Bake,** was einen maritimen Bezug darstellt. Im Inneren sind die von Emil Wachter geschaffenen Fenster sehenswert, sie stellen die Geschichte von Tobias und Raphael dar, dem Namenspatron der Kirche.

⌃ Das Erlebniszentrum Naturgewalten

⟩ Die große Wanderdüne bei List

Dünenfriedhof

MEIN TIPP: Der Dünenfriedhof von List ist ein wahres Kleinod, ein echter **Ruhepol.** Er liegt unmittelbar vor den gewaltigen Lister Dünen und ist parkähnlich angelegt. Die ältesten Grabsteine stammen aus den 1930er Jahren, auch *Wolfgang von Gronau* ruht hier. Der Friedhof wurde in den 1950er Jahren erweitert, und dieser Bereich liegt etwas erhöht. Auch eine kleine, aber sehr nett gestaltete Trauerecke wurde geschaffen, damit auch Angehörige von anonym Bestatteten einen Ort zum Gedenken finden.

Listland

Das etwa 1600 Hektar große Listland darf getrost als einmaliges Naturphänomen charakterisiert werden. Zwischen der Kampener Vogelkoje und dem Ellenbogen erstreckt sich eine kilometerlange **Dünenlandschaft.** Die meisten Dünen wurden bepflanzt, um die stete „Wanderung" einzuschränken. Die große Düne bewegt sich aber immer noch zwischen 3 und 7 Meter! Weißen Tupfen gleich ragen die bis zu 35 Meter hohen Dünen aus dem Grün des Strandhafers hervor. Nur einige wenige markierte Wege führen hindurch, und die sollte auch niemand verlassen, denn beinahe das gesamte Gebiet steht unter **Naturschutz** (Schutzgebiet Nord-Sylt).

List war bis 1864 unter dänischer Oberhoheit, da es 1292 vom dänischen König der Stadt Ripen (Ribe) geschenkt worden war. List hatte schon damals einen Hafen, der bereits 1358 erwähnt wurde. 1362 ging die Kirche in einer Sturmflut unter, 1436 zerstörte die Allerheiligenflut den restlichen Ort. Danach nutzten Bauern aus Kampen gegen eine Gebühr das verlassene Land als Weidegrund und sammelten das Strandgut ein, wenn Schiffe strandeten, was durchaus häufiger passierte. 1572 wurde das Listland wieder besiedelt, und die wenigen neuen Bewohner bekamen es zur Pacht und wurden zugleich als Strandvogte eingesetzt, um das Strandgut zu sichern. Ab 1608 wurde der bislang einzige Hof geteilt, und seitdem wurden die zwei jetzt existierenden Bauernhöfe ununter-

sy20090 sm

brochen weitervererbt und damit auch die Rechte am Listland. Heute gehört das Land einer Erbengemeinschaft. Die Bauern lebten von der Schafzucht, von gesammelten Möweneiern, und sie erhielten auch einen Teil aus dem Fang der Kampener Vogelkoje. Während der beiden Weltkriege wurden Militäranlagen in List gebaut, und die Eigentümer mussten Teile des Listlandes abgeben. Nach Kriegsende kam es dann nach langen Prozessen zu einer Ausgleichsleistung von Seiten der deutschen Regierung. Ein kleiner Teil des Listlandes wurde in Bauland umgewidmet, und so konnte eine Feriensiedlung (Sonnenland) im Süderheidetal gebaut werden. Es entstanden etwa 90 Häuser, die meisten richtig malerisch in den Dünen gelegen, aber etwas abseits von List und fast wie eine Art Vorort wirkend.

Der größte Teil vom Listland darf als Naturschutzgebiet nicht betreten werden. Man sieht aus der Ferne die mächtigen Wanderdünen vor allem entlang der Hauptstraße nach List, ein umwerfender Anblick. Noch etwas eindrucksvoller sind die **Ausblicke** bei der Fahrt über die Alte Listlandstraße, die allerdings sehr schmal ist und sich kaum zum Anhalten eignet. Wer hier mit dem Rad fährt, ist im Vorteil. Kurzfristige Haltemöglichkeiten bieten sich an den Bushaltestellen oder an den Abzweigungen zum Weststrand, bei der Strandsauna und auch weiter nördlich beim großen Parkplatz Weststrand neben der Bambus Bar und unweit vom Dünenlokal Wonnemeyer Weststrandhalle. Nur wenig entfernt vom Weststrand-Parkplatz zweigt die für Autos mautpflichtige Stichstraße zum Ellenbogen ab, Radfahrer und Fußgänger zahlen hier nichts.

Eine andere Möglichkeit, auf die Listlanddünen zu schauen, ist eine Wanderung durch das Gelände der Jugendher-

sy20092 sm

berge List auf einem schmalen Weg, der durch die Dünen nach List führt.

MEIN TIPP: In direkter Nachbarschaft zum Friedhof erhebt sich die **Aussichtsdüne Jensmettenberg** auf 33,90 Meter Höhe, von wo man einen fabelhaften Rundumblick über die Dünen, List bis hinüber nach Rømø hat.

Strandprofil

Der **Oststrand** von List ist schmal, die Häuser an der Zufahrtsstraße stehen teilweise nur wenige Meter vom Wattenmeer entfernt. Allzu idyllisches Sonnenbaden darf hier nicht erwartet werden, außerdem rauscht mehrmals am Tag die Rømø-Fähre in den nahen Hafen. Vor dem Oststrand verläuft eine unspektakuläre, aber gleichwohl nette Promenade. Hier kann man nur wenige Schritte vom Gosch-Trubel entfernt ziemlich entspannt vor der Wattenmeerküste spazieren gehen. Kneipen oder Läden gibt es hier nicht, nur ungetrübte Blicke auf die Natur.

Nördlich von List liegt ein kleines Surfrevier, quasi zwischen Ellenbogenspitze und Vogelinsel Uthörn.

Eindeutig die schönsten Strandzonen befinden sich auf der **Westseite,** etwa ¾ Kilometer außerhalb von List. Sowohl ein FKK-Abschnitt als auch ein Textilstrand, die beide bewacht werden, sind zu finden, genügend Parkraum ist ebenfalls vorhanden. Vom jeweiligen Parkplatz führen Holzbohlenwege über gut

400 Meter durch die Dünen zum Strand. Am letzten Strandübergang vor dem Ellenbogen lädt Wonnemeyers Weststrandhalle ein. Sogar eine Strandsauna gibt es bei Pricke 20 (Übergang 20), sie liegt etwas geduckt in den Dünen unmittelbar hinter dem Strand. Direkt neben Wonnemeyer erhebt sich die **Aussichtsdüne Ellenbogenberg** auf 26,10 Meter Höhe, von oben bietet sich ein toller Rundumblick über die Dünen und den Ellenbogen. Übrigens kann man diesen „Berg" über einen befestigten Weg auch per Rad hochfahren.

Der **Ellenbogen** ist ein weiteres Naturphänomen. Warum diese Halbinsel so heißt, zeigt ein Blick auf die Karte. Wie ein leicht angewinkelter Arm erstreckt sich dieses Stück Land an der Nordspitze von Sylt ins Meer. Der Ellenbogen ist ein Nehrungshaken, ein zum Strand parallel verlaufender Landstreifen. Ein solcher entsteht durch Ablagerungen, die von der Strömung an die Küste getrieben werden. Da die Küstenströmung konstant bleibt, lagern sich immer an derselben Stelle Partikel ab, woraus sich im Lauf der Zeit ein Landstreifen, Nehrung genannt, entwickelt.

Links und rechts hinter den Dünen liegen schöne, einsame Strände, eine einzige Straße führt bis an die Spitze. Das Kuriose: Dieses Gebiet ist Privatbesitz! Besucher dürfen hineinfahren, müssen aber eine Art Maut bezahlen: 6 €. Radfahrer zahlen übrigens nichts, müssen aber sechs manchmal recht windige Kilometer abstrampeln. Zwei Leuchttürme erheben sich fotogen aus den Dünen, ansonsten gibt es bis auf eine einzige Unterkunft (Ferienhaus Uthörn) nichts, absolut nichts! An der Spitze liegt ein Parkplatz, und von dort kann man einen

◁ Blick vom Ellenbogenberg auf Rømø

4

Strandspaziergang um die nördlichste
Ecke machen. Aber auf das Baden muss
man verzichten, durch die Strömungen
wäre es lebensgefährlich! Früher wurden
hier übrigens Übungsschießen der Luftwaffe abgehalten, deshalb können immer noch Munitionsreste gefunden werden, ein Schild warnt entsprechend.

Der Ellenbogen misst an seiner **breitesten Stelle etwas über 1000 Meter,** an
seiner schmalsten knappe 300 Meter,
aber dies kann sich leicht ändern, wenn
mal wieder ein Sturm am Strand knab-
bert und die Sände verschiebt. In nur
4 Kilometern Entfernung liegt die **dänische Nachbarinsel Rømø.** Während des
Ersten und Zweiten Weltkriegs wurde
der Schienenstrang der Sylter Inselbahn
bis hierher verlängert, um die Militäranlagen (Geschützstellungen) versorgen zu
können. Diese Gleise entfernte man

dann aber später wieder vollständig. Bis
1992 wurden hier noch regelmäßig
Übungsschießen von der Bundeswehr
abgehalten.

Zwischen Ellenbogen und List liegt
der sogenannte **Königshafen,** eine Bucht
mit der kleinen Insel Uthörn, einem Vogelschutzgebiet. Der Name der Bucht
geht auf den dänischen König *Christian IV.* zurück, der 1644 an dieser Stelle
eine Seeschlacht gegen Schweden und
Niederländer ausfocht. Damals war der

◁ ⌂ Die beiden Leuchttürme auf dem Ellenbogen

Königshafen noch nicht vom Nehrungshaken Ellenbogen halb verschlossen und erst recht nicht so flach. Heute zählt das Watt im Königshafen zur Zone 1 des Nationalparks Schleswig-Holsteinisches Wattenmeer, hier liegt auch die kleine Vogelschutzinsel Uthörn.

Zwei Leuchttürme stehen hier seit 1857. Der rotweiße Leuchtturm List-Ost hat eine Höhe von 12,50 Metern, und der weiße, gusseiserne Turm List-West misst 11 Meter. Dieser westliche Turm gilt auch als das **nördlichste Gebäude Deutschlands.**

Praktische Tipps

Unterkunft

Vermietungsagenturen

7 **Pirko Schmidt,** Hafenstr. 1, Tel. 87 14 80, www.sylt-appartementvermittlung-pirko-schmidt.de. Hat ein breites Angebot zu FeWos in List.

Hotels

6 **Grand Spa Resort A-Rosa Sylt**⑤, Listlandstraße 11, Tel. 96 75 07 00, www.a-rosa.de. 5-Sterne-Superior-Haus am Lister Wattenmeer mit 177 exklusiven Zimmern und Suiten. Zum Haus gehören ein 3500 m² großer Spa-Bereich, ein Buffet-Restaurant sowie das Restaurant Spices mit fernöstlichen Spezialitäten. Das Haus bietet etliche attraktive Pauschal-Arrangements, WLAN.

9 **Hotel Easy Living**④, Hafenstr. 2 A, Tel. 936 50 50, www.hoteleasy-living.de. Im Ortskern gelegenes Hotel. Es hat 38 modern gehaltene, durchaus großzügige Zimmer, entweder mit Blick aufs Wattenmeer oder nach Westen mit Blick über die Dünenlandschaft.

☑ kunstvolles Straßenschild in List

sy20095 sm

FeWos (Karte Seite 139)

MEIN TIPP: **1** **Üthörn**③-⑤, Tel. 87 02 18, www. uethoern.de. Direkt am Ellenbogen in kilometerweiter Einsamkeit, eine abgelegenere und ruhigere Unterkunft gibt es auf der ganzen Insel nicht. Insgesamt 11 FeWos in unterschiedlichen Größen.

Ferienhaus (Karte S. 178)

2 **Alte Wache**⑤, Werner-Schöne-Str. 6, Vermieter: Pirko Schmidt. Schickes, liebevoll eingerichtetes Reetdachhaus (ehemalige nördlichste Polizeiwache Deutschlands) mit Garten und Terrasse mit Platz für bis zu neun Personen. Liegt weit genug von der Durchgangsstraße und kaum 100 m von der Strandpromenade entfernt.

Jugendherberge (Karte Seite 139)

2 **Jugendherberge List,** Mövenberg, etwa 2 km außerhalb an der Straße zum Ellenbogen, Tel. 87 03 97, www.jugendherberge.de/jh/list, von Nov. bis Anfang März geschlossen. Die Herberge besteht aus drei Gebäuden mit insgesamt 336 Betten in Vier- bis Achtbettzimmern, aber es gibt auch Einzel- und Doppelzimmer. Per Bus zunächst mit Linie 1 bis List Hafen fahren, von dort mit Linie 5 bis Mövenberg, der aber nur in der Saison verkehrt.

Essen und Trinken

19 **Alter Gasthof,** Alte Dorfstr. 5, Tel. 87 72 44, https://altergasthof.com, ab 17 Uhr, Mo Ruhetag (nicht im Juli/Aug.). Traditionsreiches Lokal in schönem reetgedeckten Friesenhaus mit netter Gartenterrasse. Die Karte bietet Gerichte mit regionalen Produkten, wo immer möglich, stammen sie sogar von Sylt. Als Besonderheit gibt es verschiedene Hummer-Gerichte.

18 **Königshafen,** Alte Dorfstr. 1, Tel. 87 04 46, www.koenigshafen.de, Mi–Mo 17.30–21.30, So auch 11.30–14.30 Uhr. Traditionsreiches Familienlokal mit gemütlichem und unaufgeregtem Ambiente, wo traditionelle Gerichte mit viel Fisch serviert werden. Es gibt auch vegetarische Gerichte.

15 **Gosch Bootshalle,** Am Hafen, Tel. 87 04 01, www.gosch.de, tägl. ab 9 Uhr. Der Klassiker, hier begann *Jönne Gosch* vor vielen Jahren Fischbrötchen zu verkaufen. In der urigen Bootshalle ist schon so manche Landratte am Tresen versackt, Entertainer *Gosch* vertellt dazu Döntjes (erzählt Geschichten) und der Bierhahn kommt nicht zur Ruh'. Es ist meist etwas trubelig dort und man muss sich das Essen selbst abholen, bei Gosch eben üblich. Dennoch, in der maritim geschmückten großen

sy20096 sm

Der Norden der Insel

Bootshalle fühlen sich die meisten Gäste erkennbar wohl. Oben auf dem „Hafendeck" geht's eine Spur ruhiger zu, hier werden die Gäste auch am Tisch bedient, außerdem genießt man einen tollen Blick aufs Meer.

11A Gosch Lister Fischhaus, Hafenstr. 16, Tel. 87 13 11, tägl. ab 12 Uhr. Noch ein Ableger von Gosch, für den, der es etwas ruhiger mag. Hier werden die Gäste am Tisch bedient.

11 Sylter Royal Austernstube, Hafenstr. 10–12, Tel. 87 75 25, https://sylter-royal.de, tägl. 11.30–20, im Sommer bis 22 Uhr, in der Nebensaison ist sonntags geschlossen. Nicht zu großer Laden, der seine selbst gezüchteten Austern portionsweise verkauft, auch passendes Besteck dazu. Obendrein kann ein Blick ins Austernbecken geworfen werden. Neben Austern werden auch noch andere leckere Fischgerichte angeboten.

16 Piratennest, Am Hafen, Tel. 88 64 44, https://piratennest-list-sylt.de, Di–So ab 11.30 Uhr. Liegt direkt beim Wasser, von der Terrasse entsprechend schöner Blick auf den Hafen. Geboten wird Frühstück, norddeutsche Küche wie beispielsweise der „Freibeuterspieß", aber auch Kaffee und Kuchen.

MEIN TIPP: 4 Sylter Eismanufaktur, Dünenstr. 3, Tel. 835 68 10, www.sylter-eismanufaktur.de, Mi–Mo 11–18 Uhr. An der Theke gibt es Eis, das aus der Milch von Sylts letzter Molkerei hergestellt wird, außerdem Kaffeespezialitäten, die man auch gemütlich draußen im Strandkorb genießen kann.

3 Voigt's Alte Backstube, Süderhörn 2, Tel. 87 05 12, www.voigts-sylt.de, Do–Di 12–21 Uhr. Schönes, altes Gebäude mit gemütlichem Garten. Die Betreiber offerieren anerkannt gute Gerichte, Salate, Kuchen und Torten. Obendrein gibt es 60 Varianten von Pfannkuchen. Gleich nebenan hat Voigt's einen kleinen Laden, in dem hausgemachte Produkte des Lokals verkauft werden, u. a. Salatdressing, Kuchen, Eintöpfe oder Teevariationen.

MEIN TIPP: 1 L. A. Sylt, Mannemorsumtal 33 C, Tel. 299 93 96, tägl. ab 11 Uhr. Kleines Bistro, hat fast einen „Geheimtipp"-Status. Kleine Terrasse, gute Bistrokarte mit viel Fisch sowie Blick aufs Wattenmeer. Außerdem gibt es Fleisch vom Lamm und vom Galloway-Rind.

Karte Seite 139

3 Wonnemeyer Weststrandhalle, Ellenbogen 3, Tel. 87 02 66, www.wonnemeyer.de, Do–Mo ab 11 Uhr, Mi ab 17 Uhr. Direkt am Strandübergang liegt dieses Holzhaus mit breiter Terrasse. Toller Blick über die Dünen. Die Küche ist nordisch regional geprägt und bietet auch Bioprodukte aus regionaler Produktion nach Feinheimisch-Kriterien (hochwertige Produkte aus Schleswig-Holstein).

4 Bambus Bar, liegt am Parkplatz und an der Bushaltestelle Weststrandhalle. Eine kleine Kult-Kneipe an und in der Bushaltestelle, die mittlerweile seit über 30 Jahren besteht. Jahrelang regierte hier *Bambus-Klaus,* der unvergessene Vollmond-Partys schmiss und dabei auf dem Dach singend die Massen in Feierlaune brachte. Nach seinem viel zu frühen Tod übernahm sein Bruder, der aber leider auch früh verstarb. Nun betreibt dessen Frau *Elli* den Laden. Ganz entspannt gibt es hier Getränke, kleine Gerichte, aber keine Partys mehr. Geöffnet ab Pfingsten.

Aktivitäten

Schiffstouren

■ **Autofähre nach Rømø,** Hafenstr. 5, Tel. 0180-310 30 30, www.syltfaehre.de. Bis zu neun Verbindungen in der Hochsaison rüber zur dänischen Insel Rømø nach Havneby. Die Überfahrt dauert 35 Min. An Bord werden Speisen serviert zu moderaten Preisen.

◁ Päuschen in der Bambus Bar

4

„**Gret Palucca**", ein alter Kutter, der dreimal täglich (11.30, 13.15, 15 Uhr) auf Krabben- und Seetierfang geht. In der Saison am Di und Fr um 16.15 Uhr geht's auf „Piratenfahrt", eine zweistündige Tour für Kids unter Anleitung eines Animateurs. Die „**Rosa Paluka**" startet mehrmals tägl. ab 10.45 Uhr zu einem Kurzbesuch bei den Seehundbänken vor List. Dauer: 1½ Stunden.Tickets gibt es am Lister Hafen, Infos: www.adler-schiffe.de.

Fahrradverleih

20 Listrad Nissen, Am Brünk 66, Tel. 87 76 87, www.listrad.de.

5 M&M, Listlandstr. 23, Tel. 87 75 44. Große Auswahl, obendrein wird auch ein Pannenservice angeboten.

Surfen

17 Wassersportschule List, Tel. 0175-205 54 94, https://wassersport-sylt.de. Diese Schule hat ihre Station im Hotel Strand am Königshafen, der Surf- spot selbst liegt auf dem Ellenbogen beim Surfparkplatz. Geboten werden Kurse im Wind- und Kitesurfen, Surfen und Stand-up-Paddling, darunter sind auch spezielle Angebote für Kinder.

Sauna

■ **Strandsauna,** am FKK-Strand, Alte Listlandstraße, Strandübergang 20, Tel. 87 71 74, www. strandsauna-list-auf-sylt.de. Drei finnische Blockhaus-Saunen. April bis Ende Okt. tägl. ab 11 Uhr.

Angebote für Kinder

■ **Kleiner Spielplatz:** am Hafen neben dem Fähranleger.

■ **Kinderstrandkörbe** gibt es am West- und Oststrand, mit einer extra für Kinder eingebauten „Schatzschublade".

■ **Kids-Card:** Sie gilt für Kinder zwischen 3 und 12 Jahren und ist in der Kurverwaltung erhältlich. Die Kids können sich mit der Karte in ausgewählten Geschäften in List ein Geschenk abholen und außerdem am Strand einen eigenen Kinder-Strandkorb mieten.

Vom Lokal L.A. genießt man den Blick aufs Wattenmeer

Einkaufen

13 **Der Laden,** Am Hafen 6, Tel. 87 76 74, tägl. ab 10 Uhr. Am Parkplatz beim Hafen, mit einer breiten Auswahl von Maritimem, Andenken und vielen Büchern über Sylt.

12 **Paradise Sylt,** Am Hafen 8–10, Tel. 88 90 50, Ab 10, im Winter ab 11 Uhr. Großes Geschäft mit sportlich-legerer Mode.

14 **Alte Tonnenhalle,** am Hafen. Mit dem „Gosch Fischmarkt" und einer Vielzahl von kleineren Spezialgeschäften, darunter auch ein guter mit Sylt-Literatur bestückter Buchladen.

10 **Sylter Meersalz,** Hafenstr. 2, Hauptsaison Mo–Sa 10.30–18 Uhr, Nebensaison Mo–Fr 11–17 Uhr. Der Sylter Spitzenkoch *Alexandro Pape* produziert echtes Sylter Meersalz und verkauft es hier in diesem kleinen Geschäft. Daneben auch Sylter Pasta und das Sylt Bier „Watt".

8 **Lister Markt,** Hafenstraße 2a, Mo–Fr 10–18, So 11–17 Uhr. Im Ortskern gelegener Shopping-Komplex mit mehreren Geschäften (u.a. Wohn- Accessoires, Deko.-Artikeln) und Lokalen (u.a. Sushi und Bäcker Ingwersen), außerdem liegt hier ein **Edeka.**

Nützliche Adressen

Bücherei
■ Im Gebäude der **Tourist-Information** (Treppe hoch), Mi 15.30–18.30 Uhr.

Kirchen
■ **St.-Jürgen-Kirche** (ev. Kirche), Kirchenweg, Gottesdienst So 10 Uhr.
■ **St.-Raphael-Kirche** (kath. Kirche), Hafenstr. 11, Gottesdienst Sa 17 Uhr.

☑ Am Weststrand bei List

sy20091 sm

sy20102 un

◁ Unterwegs von Rantum nach Hörnum

Ellenbogen

Königshafen

Uthörn

Ellenbogen

Mövenberg

NORDSEE

List

Listland

Erlebniszentrum Naturgewalten ★

Mellhörn

Wanderung 4

Westerheide

Klappholttal

Kampen

Uwe-Düne ★

Wanderung 3

Rotes Kliff ★

SYLT

Wenningstedt

Braderup

Munkmarsch

Westerland

St.-Severin

Altfriesisches Haus

Radtour 7 ★

Radtour 8 ★

Wanderung 5

Sylt Aquarium ★

Tinnum

Sylt Museum M

Steinzeitliche Gräber ★

Radtour 6

Keitum

★ **Eidumer Vogelkoje**

Morsum-Kliff ★

Archsum

Morsum

Rantum-becken

Rantum ●

Wanderung 1

Wanderung 2

NORDSEE

500 m

Hörnum

1. Wanderung um das Rantumbecken

Einsamer Rundkurs zwischen Wattenmeer und künstlichem Wasserbecken mit weiten Fernblicken bis zum Festland.

■ **Charakter:** Leichter Weg auf einem Deich, hier kommen einem höchstens andere Wanderer entgegen. Schöne Fernblicke übers Wattenmeer (rechts bis zum Festland) und über das Wasserbecken bis zu den Dünen sowie in der Ferne bis zu den Hochhäusern in Westerland. Man sollte aber den Wind nicht unterschätzen, denn hier gibt es keinerlei Schutz.

■ **Ausgangspunkt:** Rantum, Hafen

■ **Endpunkt:** Rantum, Hafen

■ **Länge:** 11 km

■ **Dauer:** 2½ Std.

■ **Anfahrt:** Buslinie 2 bis „Rantum Nord", von dort zum Hafen gehen (ca. 1 km). Autofahrer parken direkt beim Hafen (nur wenige Plätze) oder auf dem größeren Parkplatz an der Hafenstraße (Höhe Dorfhotel).

■ **Einkehr:** Unterwegs gibt es keine Einkehrmöglichkeit. Direkt am Hafen findet man das Bistro Hafen Kiosk und direkt bei der Bushaltestelle an der Hauptstraße die Pizzeria Der Pate.

Das Rantumbecken ist ein 570 Hektar großes **Seevogelschutzgebiet,** das fast vollständig von einem Deich eingeschlossen ist, auf dem man einmal herumwandern kann. Zentraler Startpunkt ist der **Hafen von Rantum.** Wer mit dem Auto anreist, parkt direkt dort, wer den Linienbus nimmt, steigt an der **Haltestelle „Rantum Nord"** aus, überquert die Straße und dann die Straße in Richtung der alten Kasernen. Nach 10 Metern biegt man dann nach links ins **Kiefernwäldchen** ab (ausgeschildert: „Dorfhotel"), durchquert den kleinen Wald und erreicht nach 200 Metern den Parkplatz vor den bunten Häusern des Dorfhotels. Hier geht man nach rechts die **Hafenstraße** hoch, an der Sylt Quelle vorbei. Man passiert nun ein paar Läden (u.a. Sansibar Outlet) und Lokale, dann beschreibt die Straße eine Links-Rechts-Kurve, und man erreicht nach ca. einem Kilometer den kleinen **Hafen** von Rantum. Hier erklimmt man den **Deich** und wandert **nach links** immer auf ihm entlang. Der Untergrund ist zunächst asphaltiert, später dann gekiest. Zur rechten Seite liegt das Wattenmeer, links das Rantumbecken, und in der Ferne lassen sich die Dünen des Weststrands und noch weiter entfernt die Westerländer Hochhäuser und sogar der schwarz-weiße Leuchtturm von Kampen erkennen. Auf dem Wasser paddeln Enten und sogar ein paar Schwäne, vereinzelt beobachtet von Ornithologen, die sicherlich seltenere Vögel erspähen wollen. Ansonsten ist man hier mit der Natur ziemlich allein, denn nur Wanderer sind hier unterwegs, und das sind meist nicht allzu viele. Weit weg sind der Sylter Schick, die Friedrichstraße, die Strände und das Kneipenleben.

Zwei **Schleusen** werden passiert, und nach etwa 3,5 Kilometern auf dem Deich verlandet das Becken immer mehr zu Schilfinseln. Östlich vom Rantumbecken liegen zwei kleine **Inselchen** im Wattenmeer, die 1972 durch Sandaufspülungen entstanden und heute ein

Wandertouren auf Sylt

5

Wanderung 1

0 ——— 500 m © Reise Know-How

Dijken-Deel

Eidumer Vogelkoje

Recyclinghof/ Kläranlage

Schutzhütte

Schleuse

Nösse-deich

Rantumbecken

Campingplatz

Rantum-Nord

Schleuse

Dorfhotel

Sylt Quelle

Hafen

Start

Wattenmeer

Brutgebiet für Vögel sind. Nach 4,2 Kilometern stößt der Deich auf den **Nösse-Deich.** Dort stehen eine **Schutzhütte** mit Infotafeln zum Küstenschutz und zur Deichpflege sowie einige Hinweisschilder. Geradeaus geht es nach Keitum, nach rechts Richtung Archsum, man wandert aber weiter nach links. Der Weg auf dem Deich führt am Schilfgürtel des Rantumbeckens vorbei, nach rechts öffnen sich Wiesen, und unten verläuft neben dem Deich ein schmaler Weg. Dann wird erneut eine **Schleuse** passiert und danach läuft man auf das Gebäude einer

Kläranlage und eines **Recyclinghofs** zu. Letzteren muss man umrunden, was sowohl links als auch rechts (etwas weiter) möglich ist, wie ein Schild deutlich auf-

▷ Auf dem Deich geht es um das Rantumbecken

zeigt. Hinter diesem Hof geht es dann in einiger Entfernung vom Rantumbecken auf dem Deich weiter, rechts liegt ein Wäldchen. Unüberhörbar nähert man sich Deich und Hauptstraße, und nach einem knappen Kilometer erreicht man die ersten Häuser von Rantum. Es folgt ein Teilstück, dass teilweise etwas feucht sein kann, was nach einem anständigen Regen manchmal ein ziemlich rutschiges und schmieriges Vergnügen ergibt.

Dann geht es sogar direkt über den **Campingplatz,** und schließlich folgt ein betonierter Weg, der direkt zum Hafen zurückführt. Rechts liegt das Dorfhotel, und kurz dahinter passiert man die Sylt Quelle. Dann wird der Ausgangspunkt der Wanderung beim Hafen erreicht. Von hier geht man nun auf dem eingangs beschriebenen Weg zurück zum Parkplatz oder zur Bushaltestelle (ca. 1 km) an der Hauptstraße.

Wandertouren auf Sylt

sy20103 hf

Start

Rantum

St.-Peter-Kirche

© REISE KNOW-HOW SyMV 02
10/20
0 _____ 1 km

Loran-Station

Puan Klent

Rantumlohe

Jugendzeltlager

Hörnumer Sandhaken

Golfplatz

St. Thomas — *Hotel Budersand*

Hörnum

Hörnumtief

2. Wanderung von Rantum nach Hörnum entlang der Wattseite

Eine Wanderung entlang der Wattseite von Rantum vor den Dünen bis zum südlichsten Ort der Insel nach Hörnum.

■ **Charakter:** Generell leicht zu wandern, zumindest solange es über den Sand- und Kiesweg der ehemaligen Inselbahntrasse geht. Der Weg am Wasser und über die einzelnen Strandabschnitte ist etwas mühsamer. Eine Streckenvariante führt stellenweise durchs Wasser, also bei kühlerer Witterung, wenn man nicht barfuß gehen kann, Gummistiefel nicht vergessen.

■ **Ausgangspunkt:** Bushaltestelle „Rantum-Mitte" in Rantum

■ **Endpunkt:** Hafen von Hörnum

■ **Länge:** 13 km

■ **Dauer:** ca. 3 Stunden

■ **Anfahrt:** Buslinie 2 Richtung Hörnum bis Haltestelle „Rantum-Mitte"

■ **Rückfahrt:** ab Hörnum Hafen mit Buslinie 2 Richtung Westerland

■ **Einkehr:** Unterwegs gibt es keine Einkehrmöglichkeit. In Hörnum findet man im Ortskern mehrere Lokale (ca. 500 m vom Hafen entfernt).

⟩ Entlang der Wasserkante nach Hörnum

steigt man aus und geht etwa 100 Meter in Richtung Hörnum bis zur Ampel, quert dort die Straße und folgt auf der anderen Straßenseite dem Fußweg. Nach 100 Metern geht man dann nach links und biegt schließlich nach weiteren 100 Metern nach rechts auf den schmalen Weg ab. Hier ist erstmals „Hörnum 10 km" für Radler ausgeschildert. Am Ortsausgang von Rantum zweigt schräg nach links der Wanderweg ab.

Es handelt sich um einen etwa zwei Meter breiten Sand- und Kiesweg, der der ehemaligen Trasse der Inselbahn folgt. Er verlässt die Hauptstraße und nähert sich allmählich der Wattseite. Nach ca. 2 Kilometern führt der Weg dann schon ziemlich einsam zwischen hohen Dünen und dem offenen Wattenmeer entlang, von der Straße ist kaum noch etwas zu hören. Der Wanderweg macht dann einen Bogen, nähert sich erneut der Hauptstraße an und begleitet

diese für ein kurzes Stück fast parallel. Dann schwenkt er doch rasch wieder Richtung Wattenmeer und verschwindet alsbald hinter hohen Dünen. Wer sich auf dem Weg auch mal umdreht, sollte bei gutem Wetter weit im Hintergrund die Kirche von Keitum und den schwarz-weißen Leuchtturm von Kampen erkennen können.

Schließlich wird eine kleine **Schutzhütte** erreicht. Hier erklären einige Infotafeln die Flora, und genau dort verläuft ein **Weg nach links direkt zum Meer,** dem man nun folgt. Es geht nun unmittelbar **entlang der Wasserkante** weiter, was bei Hochwasser etwas schwieriger sein kann. In diesem Fall kann man auch bis Puan Klent einfach weiter der Hauptstraße folgen. Direkt an der Wasserkante befindet sich zunächst ein nur drei bis fünf Meter breiter Strand, der durch eine Dünenkette geschützt wird. Ganz im Hintergrund sollte auch schon der

Wandertouren auf Sylt

sy20104 sm

Leuchtturm von Hörnum zu erkennen sein, vor allem aber auch die **Loran-Station,** ein 193 Meter hoher Sendemast. Diese Station ist weiträumig abgesperrt, und je nach Wasserstand muss man für ein kurzes Stück (ca. 50 m) direkt vor dem Zaun **durch das Wasser waten** und kurz danach eventuell erneut einen knapp fünf Meter breiten Wasserlauf durchqueren. Weiter geht es dann trockenen Fußes an der Wasserkante, bis ein nicht allzu hoher asphaltierter **Deich** erreicht wird. Hier kehrt man dem Meer den Rücken zu, geht auf das gut sichtbare Gebäude des **Jugenderholungsheim Puan Klent** zu und erreicht direkt dahinter den Hauptweg (alte Inselbahntrasse), auf dem es zunächst nach links weitergeht.

Wer keine nassen Füße bekommen möchte, kann **alternativ** etwa 500 Meter vor Erreichen der Loran-Station einem schmalen, aber gut erkennbaren hellen Pfad durch die Dünen folgen, bis zur Haupttrasse gehen und dort nach links weiter dem Weg bis zum Jugendheim Puan Klent folgen, wo man wieder auf den Wanderweg stößt. Es ist ein Umweg von etwa einem Kilometer.

Auf dem Hauptweg erreicht man schließlich eine auffällige **Kreuzung:** Nach links führt ein durch eine Schranke gesicherter Weg wieder zum Wasser. Man passiert dabei einen **Jugendzeltplatz.** Leicht nach links führt ein ausgeschilderter **Nordic-Walking-Weg (Nr. 24),** dem man folgt. Er führt bald unmittelbar am Wasser entlang, wo der Untergrund nach heftigem Regen ziemlich feucht sein kann. Man genießt die imposante Dünenlandschaft und erreicht schließlich eine kleine Nehrung, den **Hörnumer Sandhaken.** Der Weg führt jetzt **über eine Düne,** hinter der sich ein breiter Strand öffnet, der von weiteren Dünen begrenzt wird. Man wandert quer über den Sandstrand, der relativ rasch deutlich schmaler wird und von einer etwa 10 Meter hohen **Steilküste** begrenzt wird. Nach kurzer Zeit wird ein **Bauwerk zum Küstenschutz** erreicht, im Hintergrund sieht man dann das eingezäunte Gelände des Golfplatzes Budersand und auch das gleichnamige Hotel. Der restliche Wanderweg führt **entlang des Zauns** und dann am Hotel vorbei über den Parkplatz und schließlich entlang des Hafenbeckens des Hörnumer Hafens bis zur Hafenkante. Hier endet er, und von hier fährt auch der Bus zurück nach Westerland.

◁ Blick aufs Wattenmeer

3. Wanderung von Kampen nach Keitum am Watt entlang

Der Weg führt an der Wattseite durch Kampen, Munkmarsch sowie eine Heidelandschaft zum wohl schönsten Dorf der Insel, nach Keitum.

■ **Charakter:** Leichte Strecke, ganz leicht hügelig, teilweise geht es über Holzbohlenwege.

■ **Ausgangspunkt:** Kampen, Bushaltestelle „Kampen Mitte".

■ **Endpunkt:** Keitum unterhalb von Nielsens Kaffeegarten, Am Kliff 5. Von dort geht man über den Jens-Uwe-Lornsen-Wai bis zur Bushaltestelle „Keitum Mitte", die sich im Ortszentrum befindet.

■ **Länge:** 8,5 km

■ **Dauer:** 2 Std. 15 Min.

■ **An- und Abfahrt:** Buslinie 1 bis „Kampen Mitte", Rückkehr: dann ab „Keitum Mitte" mit der Buslinie 3.

■ **Einkehr:** Unterwegs liegt das Restaurant Zur Mühle direkt am Weg, am Ziel in Keitum findet man dann gleich mehrere Lokale, u.a. Nielsens Kaffeegarten.

Wanderung 3 © REISE KNOW-HOW

0 ▬ ▬ ▬ 500 m

Kliffende

Kampen

Start

Uwe-Düne

Golfplatz

Braderup

★ Schiffswrack „Mariann"

★ Weißes Kliff

Hotel Fährhaus Munkmarsch

SSC (Sylter Segel Club)

Munk-marsch

Rest. Zur Mühle

halbrunde Brücke

Jückers-marsch

Klentertal

Tinnum

St.-Severin

Nielsens Kaffeegarten

Altfriesisches Haus

Sylt Museum

Keitum

Steinzeitliche Gräber ★

Weststeg

Oststeg

5

sy20105 sm

Ausgehend vom Ortskern Kampens beim **Kaamp-Hüs** führt der Wattweg an einigen sehr schönen Reetdachhäusern vorbei zum **Meer.** Nach einem Kilometer gabelt sich der Weg, nach links ist **„Wattwanderung" ausgeschildert.** Diesem Weg folgt man um ein Grundstück herum (also zweimal nach rechts), und der eigentliche Wanderweg ist erreicht. Der gut begehbare Weg verläuft unterhalb einiger Häuser in bestechender Lage etwa in 100 Meter vom Watt entfernt. Nach einem guten Kilometer **gabelt** sich der Weg, **nach links** ist der Wattwanderweg nach Keitum ausgeschildert, dem man folgt. Dort steht auch eine **Bronzetafel,** die zum Kampener Kunstpfad gehört; dieser ist Künstlern gewidmet, die sich Kampen verbunden fühlen. Diese hier ehrt *Siegfried Jacobsohn* (1881–1926), einen Theaterkritiker. Der weitere Weg ist gekiest und verläuft zwischen einer leicht hügeligen Heidelandschaft (rechts) und einem Schilfgürtel (links). Nach insgesamt 3,5 Kilometern wird ein

kleines Fleckchen Sandstrand passiert, und noch einmal 300 Meter weiter liegen im Watt die **Überreste eines Holzschiffs, des Dreimasters „Mariann".** Sie sind aber nur bei Ebbe zu sehen. Das Schiff sollte in den 1960er Jahren ein schwimmendes Café werden, aber dazu kam es dann doch nicht, und schließlich brannte es ab.

Kurz nach dem Wrack steigt der Weg leicht an, und von „oben" genießt man einen schönen Fernblick über die Küste und Heide. Dann folgt ein kurzes Stück über einen **Holzbohlenweg** vor einigen sehr schicken Häusern, die schon zu **Braderup** gehören. Kurz danach **gabelt sich der Weg.** Die Holztreppe nach rechts führt in den Ort hinein, **die linke**

Die fotogene Holzbrücke
zwischen Munkmarsch und Keitum

folgt dem Wattweg, auf dem es weitergeht. Kurz danach muss ein Industriebetrieb passiert werden, und dann weist ein Schild auf eine Einkehrmöglichkeit hin, bis zum Restaurant Zur Mühle sind es aber doch noch 1,5 Kilometer. Jetzt läuft man schon **auf Munkmarsch zu.** Dazu geht es ein kurzes Stück über einen Strand nach halb rechts auf die Häuser zu (nicht der Küstenlinie folgen), und dann sind auch schon der Hafen und das Hotel Fährhaus Munkmarsch erreicht. Etwas versteckt liegt links vom Hafen das kleine Lokal des SSC, des Sylter Segel Clubs.

Munkmarsch ist schnell passiert, man folgt dem **Reitweg am Watt entlang,** und dann ist auch endlich das **Restaurant Zur Mühle** erreicht. Es liegt sehr schön leicht erhöht direkt am Watt. Es geht weiter durch eine schöne **Heidelandschaft,** man quert eine fotogene, halbrunde **Brücke** und läuft danach über **Holzbohlen** an einem kleinen **Wäldchen** vorbei. Die ersten Häuser von Keitum sind bereits zu sehen. Links kann man wunderbar Lahnungen (doppelte Holzpflockreihen, die ins Watt ragen) studieren, die hier mit Faschinen (Reisigbündel oder Buschwerk) gefüllt sind. Direkt vor einer **Hinweistafel** mit Erklärungen zum Watt führt nach rechts ein Weg hoch zur **Keitumer Kirche,** leider ohne jeglichen Hinweis auf die Kirche. Nun folgen immer mehr Häuser von **Keitum,** und die Wanderung endet unterhalb des Traditionslokals **Nielsens Kaffeegarten.** Etwa 50 Meter weiter führt auch ein Weg nach oben in den Ort hinein, wo es mehrere Lokale gibt, beispielsweise die Kleine Küchenkate, auf die man nach dem Aufstieg vom Watt quasi zuläuft.

4. Wanderung vom Lister Hafen zum Weststrand und zurück

Diese Wanderung führt vom Wattenmeer am Lister Hafen entlang des sogenannten Königshafens mit ständigem Blick auf den Nehrungshaken Ellenbogen bis hinüber zum endlosen Strand an der Westseite. Nach kurzer Verschnauf- und Rundumblickpause geht es durch die traumhafte Lister Dünenlandschaft zurück.

■ **Charakter:** Grundsätzlich leicht, da es überwiegend über festen Boden geht, allerdings weht hier meist ein spürbarer Wind. Es geht durch einsame Dünenlandschaft, aber die Hauptstraße verläuft in Sichtweite.
■ **Ausgangspunkt:** Hafen von List, dort großer Parkplatz und Bushaltestelle
■ **Endpunkt:** List südlicher Ortsbereich
■ **Länge:** 11 km
■ **Dauer:** ca. 2½ Std. ohne Pause am Aussichtspunkt und ohne Einkehr
■ **Einkehr:** nach der Hälfte in Wonnemeyer Weststrandhalle oder am Ende in Voigt's Alter Backstube
■ **An- und Abfahrt:** Buslinie 1 bis zur Endstation am Hafen

Wandertouren auf Sylt

5

Wanderung 4

0 — — 500 m

© REISE KNOW-HOW
SyW_04
10/20

Königshafen

Aussichtsdüne
Ellenbogenberg

Mautstation
(zum Ellenbogen)

Uthörn

Wonnemeyers
Weststrandhalle

Bambus
Bar

Mövenberg
Jugendherberge

K 121

Lister
Koog

Weststrand

W a n d e r d ü n e

Aussichtsdüne
Jensmettenburg

Mövenbergstraße

Am Brünk
Kurverwaltung

St. Jürgen

Hotel Strand,
Wattenmeerstation Sylt

Erlebniszentrum
Naturgewalten

List

Hafen List

Start

Dünenstr.

L i s t l a n d

Voigt's Alte Backstube

Listlandstr.

Mellhörn

Man startet am **Parkplatz des Lister Hafens,** wo auch der Bus aus Westerland seine Endstation hat. Dann geht es quer über den großen Platz auf das unübersehbare **Erlebniszentrum Naturgewalten** zu. Dort geht man auf einem klar erkennbaren Weg direkt am Meer entlang und passiert dann auch direkt am Wasser das schön gelegene **Hotel Strand** und die **Wattenmeerstation Sylt.** Kurz danach werden die Wanderer bereits von der Natur „verschluckt", denn es geht durch die noch recht kleinen **Dünen** vor dem schmalen Strand am Meer entlang. Links sieht man in einiger Entfernung die Häuser von List, rechts blitzt immer wieder der rot-weiße Leuchtturm des Ellenbogens als Farbklecks hervor. Nach

etwa 500 Metern führt der Weg dann direkt auf einem **asphaltierten Deich** unmittelbar **am Königshafen entlang.** Außer einigen anderen Wanderern bewegen sich hier höchstens noch Möwen in der Natur. Sich zu verlaufen, ist nicht möglich, weit wandert der Blick über den Königshafen zum Ellenbogen oder nach links über ein kleines Gewässer (den Lister Koog) hinüber auf die großen Dünen, die nun im Hintergrund klar erkennbar sind. Nach knapp 4 Kilometern führt der Weg zur **Straße (K121),** die **überquert** werden muss. Im Hintergrund ist bereits die einsam gelegene **Jugendherberge** sichtbar (mehrere Gebäude, frühere Kasernen). Es geht auf dem Radweg daran vorbei, die Straße wird erneut **überquert,** und der asphaltierte Weg verschwindet hinter einer großen Düne. Es geht nun stramm auf die **Mautstation am Ellenbogen** zu, die nach ca. 500 Metern erreicht wird. Bezahlen müssen aber nur motorisierte Fahrzeuge. Man wandert **geradeaus** noch ca. 200 Meter weiter bis zum großen **Parkplatz.** Dort wartet das **Bistro Wonnemeyers Weststrandhalle,** wo eine verdiente Pause eingelegt werden kann. Zumindest in der Saison hat auch direkt beim Parkplatz die **Bambus Bar** geöffnet. Von Wonnemeyer führt noch ein Weg direkt zum **Weststrand,** wo

man hoch oberhalb des Strandes einen schönen Fernblick hat. Aber nicht die Gästekarte vergessen, hier wird kontrolliert! Einen noch besseren Blick genießt man vom rechts hinter der Weststrandhalle gelegenen **Ellenbogenberg,** der über einen Holzbohlenweg erreicht wird. Der etwas mühsame Aufstieg lohnt sich allemal, denn der Blick ist einfach grandios! Man kann über den Ellenbogen und die Dünenlandschaft bis nach List schauen. Zurück geht es entweder am Lokal Wonnemeyer Weststrandhalle vorbei, oder man wählt einen anderen Abstieg, der hinunter zur Mautstation führt. Von dort geht man auf jeden Fall die etwa 500 Meter bis zur **Jugendherberge** zurück und folgt, dort angekommen, der einzigen **Straße,** die zwischen den Gebäuden Richtung Dünen führt. Bei den hinteren Gebäuden folgt man dann nach links dem **schmalen Weg in**

☑ Auf Holzbohlen geht es durch die Dünenlandschaft

sy20106 hf

die **Dünen** (keine besondere Ausschilderung). Er führt unmittelbar vor den meterhohen Dünen an einer etwas abseits stehenden **Jugendfreizeitstätte** vorbei. Es ist eine richtig schöne Wegstrecke, von der schließlich ein **Holzbohlenweg** nach rechts zu einem weiteren **Aussichtspunkt, dem Jensmettenberg,** führt, von dem sich abermals ein fantastischer Blick über das Dünental bis hin zur großen Wanderdüne bietet. Letztere hebt sich klar von der dunklen Dünenheide ab, falls diese nicht gerade blüht, was aber nur im Sommer passiert. Auch List und der Ellenbogen sind erkennbar, und ganz in der Ferne – mehr geahnt als tatsächlich gesehen – sogar Westerland. Der weitere Weg führt dann hinunter zur **Straße beim Ortseingang von List.** Über die **Mövenbergstraße** geht es nach List hinein. Wer zum **Hafen** mit den Lokalen rund um Gosch will, biegt nach links in die Straße **Am Brünk** ab, deren Verlängerung (Alte Dorfstra-

ße) direkt zum Hafen führt. Wer noch etwas Energie besitzt, spaziert weiter bis zum auffälligen Gebäude der **Kurverwaltung** mit seinem markanten Dachtürmchen und der großen Uhr. Direkt dort zweigt nach rechts ein **Holzbohlenweg** in die Dünen ab. Dem folgt man und genießt einen letzten schönen Blick über die Dünen, bevor es durch die Dünenstraße zur Listlandstraße geht, wo der Bus nach Westerland eine Haltestelle hat (ca. 100 m nach rechts). Genau an der Kreuzung befindet sich auch **Voigt's Alte Backstube,** ein ausgezeichneter Platz zum Verschnaufen und um die Wanderung Revue passieren zu lassen.

⌂ Blick über die Lister Dünen

5. Wanderung von Keitum zum Morsum-Kliff

Diese Wanderung führt von Keitum entlang der Wattseite mitten durch Felder in größtmöglicher Einsamkeit hinüber nach Morsum bis zum Morsum-Kliff.

🔴 **Charakter:** Eine ruhige und einsame Strecke durch die Wiesen, nur am Ende geht es an einer Straße entlang.

🔴 **Ausgangspunkt:** Keitum, Sylt Museum
🔴 **Endpunkt:** Bahnhof Morsum
🔴 **Länge:** 11 km
🔴 **Dauer:** ca. 2½ Std. ohne Pause am Kliff
🔴 **Einkehr:** Landhaus Severin's am Kliff
🔴 **An- und Abfahrt:** Anfahrt per Bahn oder Bus 3 bis „Keitum Ortsmitte" bzw. Bus Nr. 4 bis „Keitum Parkplatz West". Rückfahrt per Zug pder Bus Nr. 4 vom Bahnhof

Die Wanderung beginnt am **Sylt Museum.** Durch die beiden Walkieferknochen gehen, am Museumsgebäude vorbei zur **Kliffkante** und dort nach **rechts.** Hier steht das **Kunstwerk „Sylter Tisch am Kliff",** den fünf Künstler erschufen, um 5000 Jahre Sylter Geschichte in zehn quadratischen Motiven aus Bronze mit Bezug zur Insel abzubilden. Von hier wandert man **hinunter** zum Weg und geht nach **rechts** immer am Watt entlang. Schon jetzt erkennt man in der Ferne das Ziel, das Morsum-Kliff. Anfänglich geht es über einen **asphaltierten Weg,** der aber in **Höhe Ortsrand endet.** Hier die Böschung hochgehen, denn

sy20108 hf

oben liegen das **Steingrab Harhoog** aus der Steinzeit (ca. 5000 Jahre alt) und der **Grabhügel Tipkenhoog.** Weiter geht es **ortsauswärts über die Straße,** und als-

bald sind die offenen Wiesen erreicht. An einer **Weggabelung** dann zunächst nach **links** auf einem Pfad und etwas später nach **rechts** gehen. Jetzt führt der Weg immer geradeaus, mitten durch die Wiesen. Nach links blickt man aufs Meer, ganz nach rechts sieht man im Hintergrund Züge fahren, die von diesem Standort wie Modelleisenbahnen durchs Bild huschen. Wenn man sich einmal umdreht, erkennt man sehr schön auch die markante Keitumer Kirche. Es ist auf diesem Weg ziemlich einsam, die ersten Häuser, die man schließlich erreicht gehören schon zu Morsum, genauer gesagt zum Ortsteil **Groß-Mor-**

sum. Darunter sind einige, die einen traumhaften Blick aufs Watt haben. Nach etwa 5 Kilometern Wanderstrecke wird eine **Infotafel** beim **Strandzugang 105** erreicht, an der man sich ganz gut orientieren kann. Der weitere Weg wird nun etwas schmaler und kann nach Regenfällen auch etwas feucht sein. Das Morsum-Kliff rückt immer näher, kurz vorher wird eine auffällige **Sandfläche in einer Senke** passiert, die **„Klein-Afrika"** genannt wird, da sich hier an heißen Tagen durch Windverwirbelungen ganz außergewöhnlich hohe Temperaturen bilden können. Und kurze Zeit später steht man dann tatsächlich vor dem **Morsum-Kliff,** die unterschiedlichen Gesteinsschichten sind recht gut erkennbar. Unten geht man staunend am Kliff vorbei und folgt noch ein paar Hundert Meter einem schmalen **Weg,** der schließlich nach **rechts** verschwenkt. Man geht grob in Richtung des hohen **Sendemastes.** Nach etwa 100 Metern zweigt nach **rechts** ein Weg ab, der nach oben zur **Kliffkante** führt, von wo man einen anderen, leicht seitlichen Blick auf das Morsum-Kliff werfen kann. Wer das nicht möchte, geht noch ca. 200 Meter weiter **geradeaus** und biegt dann nach **rechts** ab und erreicht nach ca. 500 Metern den **Parkplatz** (hier auch WC) vor **Severin's Landhaus.** Zum Abschluss auf der Straße **Nössestig** ca. 500 Meter bis zur Kreuzung gehen, hier nach **rechts** (nach links führt eine Brücke über die Bahngleise) und dann gleich erneut nach **links** in die Straße **Ruar Ört** (friesisch für „Rote Wurt"). Diese Straße führt zum **Bahnhof,** der nach etwa 500 Metern auf der linken Seite liegt. Jenseits der Gleise hält auch der Bus der Linie 4 nach Westerland vor dem Bahnhof.

6. Radtour von Westerland nach Hörnum

Eine Radtour in den Insel-Süden, wobei mehrere Strandbistros passiert werden, die teils sehr idyllisch in den Dünen liegen, ergänzt um einen Abstecher zum Hafen von Rantum, wo mittlerweile eine kleine, ganz eigene Szene an Läden und Lokalen entstanden ist. Und sowieso sollen hier vor allem Hinweise auf die kleinen und größeren und nicht immer auf den ersten Blick sichtbaren Highlights am Wegesrand gegeben werden, die alle eine kleine Pause lohnen.

■ **Charakter:** Die Strecke führt auf einem Radweg entlang der Straße nach Hörnum und passiert mehrere Strandbistros sowie den Ort Rantum.

■ **Ausgangspunkt:** südliches Westerland

■ **Endpunkt:** Hörnum Hafen

■ **Länge:** Die direkte Strecke Westerland – Hörnum misst 18 km, mit dem Abstecher zum Hafen von Rantum sind es 21 km. Wer auch zurückradelt, kommt auf 39 km, alternativ kann man auch zurück den Bus nehmen, Fahrräder werden transportiert.

■ **Dauer:** 3–4 Stunden einschließlich mehrerer Pausen

■ **Einkehr:** Es liegen mehrere Strandbistros entlang der Strecke und in Rantum einige Restaurants. Obendrein gibt es in Hörnum genügend Lokale.

5

Radtour 6

Westerland
Südwäldchen
Campingplatz Westerland
Strandoase
Dijken Deel
Eidumer Vogelkoje
Tinnum
Tierpark
Start

Rantumbecken

Baakdeel
Strandsauna
Rantum Nord
Strand-muschel
St. Peter
Rantum
Campingplatz Rantum
Dorfhotel und Sylt Quelle
Hafen Rantum

Tadjem Deel

Seepferdchen Samoa

Sansibar

Loran-Station

Puan Klent

Rantumtieflohe

Möskendeel

Jugendherberge
Campingplatz
Arche Wattenmeer
Golfplatz

Hörnum

Hörnumtief

0 — 1 km
© REISE KNOW-HOW

Von Westerland geht es zur südlichen nach Hörnum führenden **Süderstraße**, die am **Südwäldchen** vorbei führt und dahinter gleich den **Campingplatz** Westerland erreicht. Dort liegt eines der originellsten Lokale der Insel, die **Osteria** mit einer sehr individuellen Einrichtung, guten und reichhaltigen Portionen und einer sehr lässigen Atmosphäre. Übrigens findet man in Höhe des Campingplatzes auf dem Radweg die Zahl 14 gepinselt. Dies ist eine Kilometerangabe für den alljährlich im März stattfindenden Syltlauf über 33 Kilometer von Hörnum nach List. Kurz danach folgt die **Strandoase,** ein Restaurant, das sehr schön in den Dünen liegt und eine bezaubernde Strandkorb-Terrasse hat, von wo man aufs Meer schaut.

Nur etwa einen Kilometer weiter führt nach links ein Weg zur **Eidumer Vogelkoje,** einer von zwei Sylter Anlagen, wo in früheren Zeiten im großen Stil Enten gefangen wurden. Heute ist dies ein Lernort zur Natur, die alten Fangreusen kann man auch noch erkennen. Fast auf gleicher Höhe weist ein Schild nach rechts zur **Dikjen Deel,** einer Jugendherberge und einem Jugendzeltplatz, beides sehr schön vor den Dünen gelegen.

Der nächste Stopp ist vor allem für Hundehalter interessant, denn bei **Baakdeel** liegt der **Hundestrand,** und am Parkplatz steht ein kleiner Kiosk, der auch Hundekekse mit Leberwurst verkauft!

Dann geht es weiter durch die Dünen, und schließlich nähert man sich **Rantum.** Auf der linken Seite liegen der Campingplatz und dahinter das Rantumbecken, einst gebaut als Landeplatz für Wasserflugzeuge, heute ein Naturparadies. Rechts führt ein Weg zur Strand-sauna, und ein kurzes Stückchen weiter geradelt, zweigt nach links die **Hafen-straße** ab.

Dieser Abstecher lohnt sich, denn dort am **Hafen** hat sich so einiges getan! Früher standen hier nur Einheitsbauten von Kasernen, aber das ist lange vorbei. Heute findet man hier das große **Dorf-hotel Rantum,** das aus einer Vielzahl von farbenfrohen Gebäuden besteht und von der TUI betrieben wird. Dahinter folgt die **Sylt Quelle,** wo bestes Mineral-wasser abgefüllt wird. Und dahinter folgt dann ein Ensemble aus kleinen Shops, Lokalen und Anbietern von pfiffigen Ideen. So hat die **Sansibar** hier zwei klei-ne Mode-Shops (eines davon ein Out-let), aber auch eine große **Weinhalle.** Hier liegen die **Sylter Bonscherei** (ver-kauft handgemachtes Süßes) und ein Anbieter von „Deluxe-Curry", verschie-dene Menüs von **Currywurst** mit unge-wöhnlicher Begleitung wie Prosecco oder Champagner. Etwas weiter im Hin-tergrund liegen eine **Kaffeerösterei** mit Probiercafé und der urige **Hafenkiosk 24** mit Fischbrötchen & Co. Und ganz in der hintersten Ecke das **Sylter Trading Kontor,** das Hochprozentiges in hoher Qualität (Rum, Gin, Whiskey, Likör) aus Fässern anbietet. Ja, hier kann man schon ein wenig die Zeit verbummeln, aber wir wollen ja weiter, und deshalb zurück zur Hauptstraße.

Es geht durch den langgezogenen **Ort Rantum.** In dessen Kern liegen an der Straße Strandweg die **Touristeninfor-mation** (öffentliches WC), die unschein-bare **Rantumer Kirche** und am Ende

des Weges mitten in den Dünen das Lo-kal **Strandmuschel,** wo es immer zum Sonnenuntergang Prosecco zum halben Preis gibt. Dafür ist es noch zu früh, aber vielleicht nicht für eine kleine Imbiss-Pause mit anschließendem Blick über die Dünen aufs Meer.

Am Ortsausgang führt ein schmaler Weg zum Lokal **Tadjem Deel,** das un-mittelbar vor den Dünen liegt. Fährt man weiter nach Süden, führt die Straße durch weite Dünenfelder, und hier folgt alsbald nach rechts ein Weg zum Restau-rant **Seepferdchen Samoa,** das ebenfalls direkt vor der Dünenkette beim Strand liegt und eine Terrasse hat, von der man auch nicht so schnell aufstehen mag. Machen wir aber, und als nächstes folgt eine der bekanntesten Lokalitäten von Sylt, die **Sansibar.** Das gar nicht so große Restaurant liegt oben in den Dünen, un-ten an der Straße wartet ein Parkplatz

▷ Strampelpause in der Kaffeerösterei in Rantum

gegen Gebühr auf zahlreiche Kundschaft. Wer den sandigen Weg bis zum hoffentlich reservierten Tisch nicht mehr schafft, kann auch einen Shuttle-Service nutzen. Die Sansibar ist fast immer sehr gut besucht, nicht nur drinnen, sondern auch draußen auf der großen Terrasse. Währenddessen spielen die Lütten auf dem auch nicht gerade kleinen Spielplatz.

Auf der linken Seite der Straße erhebt sich das höchste Bauwerk der Insel, der 193 Meter hohe **Loran-Sendemast** (Loran = Long Range Navigation). Er diente zu einer speziellen Funk-Navigation für den transatlantischen Schiffsverkehr, ist heute nicht mehr in Betrieb, aber weiterhin ein markanter Blickfang.

Dann nähert man sich langsam aber sicher Hörnum. Etwa drei Kilometer vor dem Ort liegt rechts ein großer Parkplatz (**Möskendeel**) mit einer **Aussichtsdüne,** auf der sich ein markanter Sendemast erhebt. Eine Treppe führt hoch, und von oben hat man einen schönen Blick über die Dünen.

Nun aber Endspurt nach Hörnum. Am Ortseingang liegen links die Gebäude der **Jugendherberge** und des **5-Städte-Heims,** eines Jugenderholungsheims, betrieben vom schleswig-holsteinischen Kreis Pinneberg, beides ehemalige Kasernen. Und auch auf der rechten Straßenseite wurde ein früheres Gebäude einer völlig neuen Bestimmung zugeführt, denn aus einer früheren katholischen Kirche wurde mit der **Arche Wattenmeer** ein Infozentrum zum Wattenmeer.

Und dann erreicht man nach einigen weiteren Pedalumdrehungen den **Ortskern von Hörnum** mit seinen Geschäften und Lokalen und auch der Bushaltestelle am Hafen. Falls man nicht den gleichen Weg zurückradeln möchte, kann auch der Bus genutzt werden, denn die Busse haben hinten Haltevorrichtungen für Räder.

⌂ Nicht nur bei Radlern beliebt: das bekannte Lokal Sansibar

7. Radtour von Westerland nach List durch die Dünenlandschaft

Eine Radtour auf der ehemaligen Trasse der Inselbahn, die wunderschön durch die Dünenlandschaft bei Kampen verläuft und kurz vor List auf der alten Straße zum Weststrand. Der Rückweg führt nicht ganz so idyllisch entlang der Hauptstraße von List nach Westerland auf einem Radweg bis Kampen, ab dort dann wieder ruhiger auf der Inselbahn-Trasse. Das letzte Teilstück nach Westerland führt über eine wenig bekannte Strecke. Ab List könnte man auch per Bus zurückkehren.

■ **Charakter:** Eine sehr schöne Tour, die auf dem Hinweg über weite Strecken auf der ehemaligen Trasse der Inselbahn durch die Dünenlandschaft führt, später dann auf der Straße zum Lister Weststrand ebenfalls direkt an den großen Wanderdünen vorbei. Man genießt schöne Ausblicke und kann sich in einigen Strandbistros erholen.
■ **Ausgangspunkt:** nördliches Westerland
■ **Endpunkt:** Westerland Bahnhof
■ **Länge:** Die Strecke Westerland – List und zurück misst 45 km, mit einem Abstecher zur Ellenbogen-Spitze sind es insgesamt 57 km.
■ **Dauer:** mindestens 5 Stunden inklusive mehrerer Pausen
■ **Einkehr:** Es liegen mehrere Strandbistros entlang der Strecke und in List einige Restaurants.

Von Westerland führt ein eigener Radweg entlang der Dünen an der Klinik vorbei hinüber nach **Wenningstedt.** Man erreicht den Nachbarort nach Passieren einer Heidelandschaft, es folgt ein Mix aus Reetdachhäusern und eher praktischen Zweckbauten. Über die Dünenstraße geht es am markanten Lokal **Gosch** und dem genauso markanten **Kurzentrum** vorbei immer geradeaus. Nach **rechts** abbiegen (Dünental), dann **links** (Westerstraße) und abermals gleich nach **rechts** (Lerchenweg). Dann wird der **Dorfteich** erreicht, hier geht es nach **links.** Wer einen kurzen Abstecher nach rechts macht, findet rasch das Teunis Haus mit der wunderschönen Tür. Am Dorfteich vorbei radelt man bis zur **Kirche,** hinter der das **Steingrab Denghoog** liegt, beide lohnen einen Besuch. Ein paar Meter weiter geht es nach **links** und ab da immer geradeaus auf der alten Inselbahn-Trasse. Rasch wird **Kampen** erreicht mit seinen sehr schicken Häusern und der ebenso schönen Heide- und Dünenlandschaft. Klar hebt sich die **Uwe-Düne** heraus, die höchste natürliche Erhebung der Insel, und nach **rechts** führt der **Strönwai,** wo so bekannte Lokale wie das **Gogärtchen** liegen, in dem schon Generationen von Promis und Normalos gefeiert haben (man fährt aber nicht dort hinein). Nach dem Passieren der **Kurhausstraße** geht es nur noch durch die Natur, das heißt, durch die Kampener Dünen, die teilweise recht wellig sein können. Noch im Ortsbereich von Kampen sieht man mitten auf der Heide mehrere **Hügelgräber,** Hinweisschilder erklären, „die Krockhooger (sei) die schönste noch erhaltene Hügelgruppe auf Sylt". Sieben Hügel sind noch sichtbar, einige wurden beim Bau der In-

5

0 ▬ ▬ ▬ 1 km

© Reise Know-How

SyWV 07
10/20

List-West

Ellenbogen

List-Ost

Königshafen

Ellenbogen

Wonnemeyer Weststrandhalle
und Aussichtsdüne Ellenbogenberg

Uthörn

Bambus Bar

Weststrand

Jugendherberge

Mövenberg

Wanderdüne

Listland

Erlebniszentrum
Naturgewalten

Kurverwaltung

List

Voigt's Alte
Backstube

Sylter Eismanufaktur

Mellhörn

Listlandstr.

Westerheide

Blindsel

Süder-
heidetal

Blidselbucht

Klappholttal

Buhne 16

Kampener
Vogelkoje

Kliffende

Hügelgräber

Kampen

Uwe-Düne

Kirche und
Steingrab
Denghoog

Golfplatz

Gosch-
Kurzentrum

Dorfteich

Braderup

Wenningstedt

Nordwäldchen

Westerland

Munk-
marsch

Jückers-
marsch

Start

Bahnhof

St. Niels

St. Nicolai

Tinnum

Klentertal

selbahn abgebaut, sie stammen überwiegend aus der Bronzezeit.

Kurze Zeit später führt nach **links** ein Fußweg durch die Dünen zum Strand, wo ein weiteres legendäres Lokal liegt, die **Buhne 16.** Hier feierten schon in den 1970er Jahren die damals Wichtigen und Reichen rauschende Feste, heute ist hier jeder willkommen. Weiter geht es durch die faszinierende Dünenlandschaft, vorbei an der idyllisch am Meer gelegenen **Volkshochschule Klappholttal,** einer Weiterbildungsstätte. Danach erreicht der Weg eine **Kreuzung.** Geradeaus ginge es auf direktem Weg nach List, man radelt aber nach **links** zum Weststrand, vorbei an den mächtigen Wanderdünen. Immer wieder gibt es kleine Parkbuchten, von wo man die mächtigen Dünen bestaunen kann, und schließlich erreicht man den Parkplatz vor dem Weststrand. Hier steht die urige **Bambus Bar** (Bambus = Bar am Meer, Bushaltestelle), in

der früher rauschende Vollmondparties gefeiert wurden; heute geht es hier ruhiger zu. Etwas erhöht liegt das Lokal **Wonnemeyer Weststrandhalle,** und direkt dahinter erhebt sich die **Aussichtsdüne Ellenbogenberg,** von der man einen tollen Rundblick bis hinüber zur dänischen Nachbarinsel Rømø genießt.

Der weitere Weg führt unten auf dem Radweg nach List, aber man kann auch vorher einen **Abstecher zum Ellenbogen** unternehmen, Radfahrer zahlen keine Maut. Der Ellenbogen steht unter Naturschutz, in den Dünen erheben sich sehr fotogen zwei Leuchttürme, und es gibt hier sehr einsam gelegene Ferienwohnungen. Auch zwei Kitesurf-Schulen haben hier ihre Station. Das Baden

☑ Radeln auf dem Ellenbogen – klingt seltsam, auf Sylt ist's aber möglich

sy20111 sm

ist strikt verboten, aber man kann um die Spitze herum spazieren. Auf dem Ellenbogen liegt die nördlichste Landstelle Deutschlands, sie befindet sich in Höhe des Leuchtturms List West, dem ersten und hellen der beiden Leuchttürme.

Zurück an der **Mautstation,** fährt man **nach links,** an der Jugendherberge vorbei über die Mövenbergstraße nach **List.** Wer zum Hafen mit den Lokalen um Gosch möchte, biegt vor der Kurverwaltung nach links in die Straße Landwehrdeich ab. Unser Weg führt weiter zur Hauptstraße (**Listlandstraße**), die zurück nach Westerland führt. Man passiert hier den Eisladen **Sylter Eismanufaktur** und **Voigts Alte Backstube,** beides gute Pausen-Stopp-Lokalitäten.

Der **Radweg entlang der Hauptstraße** ist nicht besonders idyllisch, man genießt aber noch einmal tolle Blicke auf die große Wanderdüne und auch aufs Wattenmeer, u.a. auch bei der Blidselbucht auf die Austernbänke. Kurz vor Kampen passiert man ein kleines Wäldchen, hier liegt die **Vogelkoje.** Dahinter verbirgt sich einerseits ein beliebtes Lokal, andererseits auch eine ehemalige Entenfanganlage, heute ein Naturerlebnisraum.

Für die weitere Strecke ist es ratsam, der **Rad-Beschilderung nach Westerland** zu folgen und den Radweg entlang der Hauptstraße zu verlassen, da dieser mitten im Ort Kampen endet. Besser auf die alte **Inselbahn-Trasse** wechseln (die Hinweg-Strecke) und bis **Wenningstedt-Kirche** radeln.

Für die Schlussetappe nach Westerland sei noch ein wenig bekannter Weg empfohlen: Ab der Wenningstedter Kirche, der **Friesenkapelle,** geradeaus durch den **Kampener Weg** radeln, die Hauptstraße queren, weiter geradeaus durch den **Osterweg,** bis ein **Wäldchen** erreicht wird. Hier nach **rechts** und 50 Meter weiter gleich nach **links** hinein in den Wald (**Ausschilderung: Westerland**). Durch das Nordwäldchen fahren, weiter geradeaus durch den **Wenningstedter Weg,** die breite Straße **Bahnweg** queren, weiter geradeaus, dann **rechts** in die **Friesische Straße** und schließlich **links** in die **Bastianstraße.** Dieser **geradeaus** folgen, bis die Querstraße **Kirchenweg** erreicht wird (links liegt die St.-Niels-Kirche in Alt-Westerland). In den Kirchenweg nach **rechts** abbiegen, und nach ca. 300 Metern steht man vor dem Bahnhof Westerland, wo die Tour endet.

◁ Der Leuchtturm List West

Radtouren auf Sylt

8. Radtour durch den Insel-Osten mit Spaziergang zum Morsum-Kliff

Dieser Tour führt entlang des Nössedeichs und durch die drei Ostdörfer Keitum, Morsum und Archsum, ergänzt um einen Spaziergang zum Morsum-Kliff.

■ **Charakter:** Eine ruhige und einsame Strecke entlang des Nössedeichs, auf der Rückfahrt geht es entlang der Hauptstraße durch die Ostdörfer, aber immer auf einem Radweg. Kombiniert wird die Radtour mit einem Spaziergang zum Morsum-Kliff.

■ **Ausgangs- und Endpunkt:** Keitum beim Parkplatz West

■ **Länge:** 25 km inklusive Spaziergang

■ **Dauer:** ca. 2½ Std. ohne Pause am Morsum-Kliff

■ **Einkehr:** Landhaus Severin's am Morsum-Kliff bzw. Café Ingwersen in Morsum oder Restaurant Alte Schule in Archsum. Am Schlusspunkt in Keitum gibt es zahlreiche Lokale.

■ **An- und Abfahrt:** am besten bis Keitum radeln, alternativ kann der Bus gewählt werden, die Busse transportieren auch Räder.

Diese Tour startet in **Keitum** am großen **Parkplatz West** am Ortseingang, von Westerland kommend. Vom Kreisel geht es hinein in den schönen Ort, am Genussshop Johannes King vorbei über die Straße **Gurtstig**. Man passiert einige schöne Häuser, kleine Geschäfte und Künstler-Ateliers. Schließlich biegt man nach **rechts** in die Straße **Gaadt** ab, wo mehrere historische, zumeist recht große Häuser stehen. Am Ende der Straße durch die **Bahnunterführung** fahren, danach die **Hauptstraße queren** und gleich darauf nach **links** in die **Koogstraße** einbiegen. Diese nun durchfahren bis zum **Deich.** Sehr rasch wird es nun einsamer, man verlässt die bebaute Zone und durchradelt Wiesen und Weiden. Am Deich angekommen, geht es nach **links** und nun für die nächsten Kilometer immer am Deich entlang. Man kann sowohl vor dem Deich als auch hinter ihm fahren kann, was je nach Windrichtung ein wichtiger Vorteil ist. Es lohnt sich auch, einmal den Deich zu erklimmen und den Blick über das Watt zu genießen: Weit in der Ferne lassen sich die Hochhäuser von Westerland erkennen, der Ort Rantum und sogar die Dünen von Hörnum.

Die Strecke ist unspektakulär und verläuft in relativer Einsamkeit. Zur Linken liegen Wiesen und gelegentlich mal ein kleineres Gewässer, rechts ragt der Deich auf, und das war's auch schon, bis auf ein paar Schafe. Man fühlt sich fast allein auf der Welt ...

Nach einem knappen Kilometer wird das **Steingrab Merelmershoog** erreicht, ein bronzezeitliches, gut erhaltenes Megalith-Ganggrab, das gut erkennbar direkt am Deich liegt. Zwei Hinweisschilder erklären die Hintergründe. Hinter

5

St. Severin
Start
Keitum
Altfriesisches Haus
M Sylt Museum
Steinzeitliche Gräber
Weststeg
Bahnhof
Oststeg
Kaamp
Mittelsand
Groß-Morsum
Holerem
Morsum-Kliff
Klein-Afrika
Morsum
Severin's
Nösse
Alte Schule
Archsum
Eisboot
Schellinghörn
Hilgenört
Café Ingwersen
Hansenhof
St. Martin
Klein Morsum
Golfplatz
Steingrab Merelmershoog
Osterende
Strandübergang 101
Wall
Nössedeich
Infopoint Schutzstation Wattenmeer
Badestelle Morsum
Strandübergang 99

dem Deich liegt ein weiteres Steingrab im Watt.

Die folgende Strecke, entlang an vereinzelten kleinen Gewässern, bleibt einsam. Am **Strandübergang 99** (hier auch ein Dixi-Klo!) lohnt es sich einmal, hinter den Deich zu schauen. Dort stehen einige **Strandkörbe** und auch eine Sitzgruppe zum Picknick bereit, es ist die **Badestelle von Morsum,** dennoch sehr einsam. Am nächsten Strandübergang (Nr. 100) steht ein kleiner Bauwagen als **Infopoint der Schutzstation Wattenmeer.** Man radelt noch ein Stückchen am Deich entlang, erkennt bereits die ersten Häuser von Morsum und verlässt den Deich am **Strandübergang 101.** Nun geht es über die Straße **Uasterhörn** in Richtung Morsum zunächst am **Golfplatz** vorbei, was man am rechtsseitig

akkurat gemähten Rasengelände erkennt. Die **erste Kreuzung** wird noch **geradeaus** gefahren, an der **zweiten** nach **links** in die Straße **Am Wäldchen** eingebogen. Kurze Zeit später nach rechts in den **Nössestig** abbiegen, über die Brücke fahren (unten liegen die Bahnschienen) und danach gleich wieder nach rechts. Nun fährt man durch bis zum **Parkplatz** vor dem **Morsum-Kliff.** Am Info-Häuschen stellt man das Rad ab (hier auch ein WC) und bestaunt vielleicht noch kurz vorher links und rechts die Hügelgräber, die teilweise aus der Wikingerzeit stammen. Ab jetzt ist das Radfahren verboten, also schließt sich ein kleiner **Spaziergang** an. Dazu vom **Parkplatz** dem Weg nach **rechts** folgen und am **Landhaus Severin's** vorbei gehen. Direkt hinter dem Lokal weist ein Schild zum Morsum-Kliff, dieser Weg endet aber oberhalb des Kliffs. Wir wollen aber nach unten, also geht es etwa **500 Meter geradeaus.** Der Weg führt schließlich nach **links Richtung Meer** und nach ca. **300 Metern** erneut nach **links.** Weit im Hintergrund verläuft die Bahnlinie über dem Hindenburgdamm zum Festland, vereinzelt schiebt sich ein Zug im Modelleisenbahn-Format durchs Bild. Jetzt nur noch wenige Schritte, und man steht direkt vor dem gewaltigen **Morsum-Kliff** und kann es in voller Breite und Schönheit betrachten. Der Weg führt am Kliff vorbei und erreicht schließlich einen auffällig sandigen Taleinschnitt, der „**Klein-Afrika**" genannt wird, da sich hier im Sommer durch Windverwirbelungen erstaunlich hohe Temperaturen entwickeln können. Hier geht man hindurch und nach ca. 300 Metern nach **links** zurück zum Parkplatz und zum Fahrrad.

Der weitere Weg führt zunächst zurück über den **Nössestig** bis zur **Kreuzung.** Hier fährt man nach **links** und quert die Bahn über die Brücke, dann noch 300 Meter geradeaus bis zur **Hauptstraße Terpstig.** Hier biegt man nach **rechts** ab und radelt nun durch **Morsum** und **Archsum** zurück nach Keitum. Dabei kommt man an einigen interessanten Stellen vorbei, so am **Hansenhof** in Morsum (Terpstig 65) mit Hofverkauf, oder am **Café Ingwersen** (Terpstig 76) mit seinem wunderschönen Kaffeegarten. Und am Ortsausgang von Morsum grüßt links das **Eisboot,** mit dem mutige Männer noch bis 1923 (vor Eröffnung des Hindenburgdamms) im Winter zum Festland fuhren.

Nach einem Kilometer wird dann **Archsum** erreicht, dort findet man am zentralen Platz beim Restaurant **Alte Schule** einen Nachbau der ehemaligen Archsum-Burg aus 65 Findlingen und auch ein öffentliches WC.

Dann geht es auf dem Endspurt zurück nach Keitum, immer entlang der Hauptstraße, am Bahnhof Keitum vorbei, über die Bahnschienen (Schranke) und ab zum Parkplatz West, wo diese Tour begann.

☑ Unterwegs im Sylter Osten

6 Ausflüge von Sylt aus

Ausflüge von Sylt aus

0   10 km

251 Ortsbeschreibung auf der angegebenen Seite

260 Ribe **262**

MANDØ

Gram

24

11

251 RØMØ

Lakolk

Skærbæk

Toftlund

Havneby

256 Hjemsted
Hjemsted Oldtidspark

Hjemsted

25

D Ä N E

259 Løgumkloster

176 List **178**

241 *Seehundbänke*

Højer

11

25

Abild

24 Westerland **26**

SYLT

257 Tønder

8

Seebüll **M** *Emil-Nolde-Museum* **241**

Klanxbüll

5

Klixbüll

228 FÖHR

Niebüll

Leck

199

78

80 Hörnum

Dunsum

241 *Seehundbänke*

Oldsum

Utersum

Alkersum

Wyk

Dagebüll

225 AMRUM

Norddorf

Nieblum

OLAND

Nebel

LANGENESS

Süddorf Steenodde

Wittdün

GRÖDE

Bredstedt

235 HOOGE

Kirchwarft

D E U

Japsand

Hanswarft

PELLWORM

Norder-oog

Tammensiel

Norderoogsand

5

Süderoog

Strucklahnungshörn

243 Husum **246**

NORDSTRAND

Süderoogsand

N O R D F R I E S I S C H E I N S E L N

Friedrichstadt

202

St. Peter Ording

Tönning

5

N O R D S E E

231 *HELGOLAND*

Heide/A23

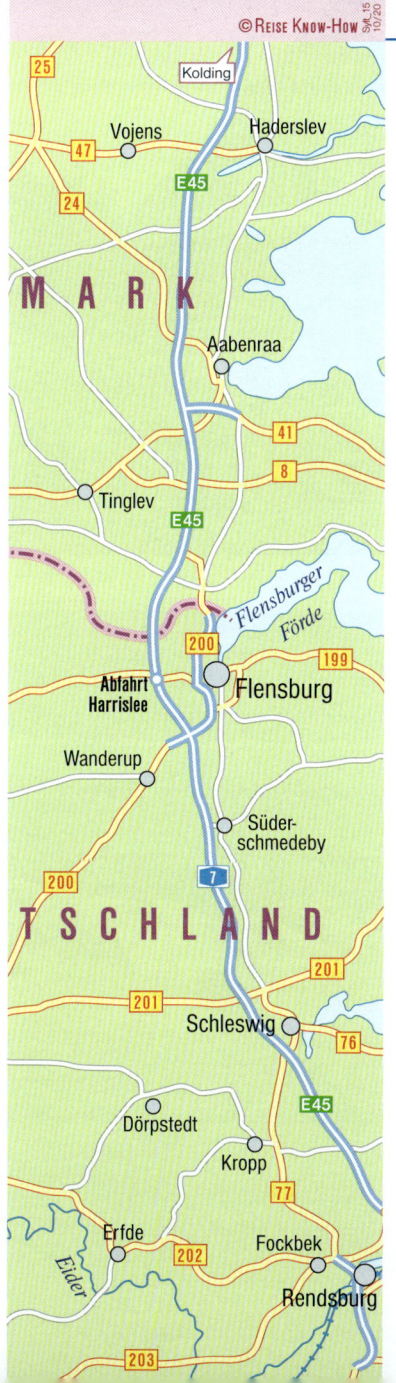

Überblick

Sylt ist schön, keine Frage. Aber warum nicht einmal die nähere Umgebung entdecken? Dazu bieten sich drei grundsätzliche Varianten an:

Von Hörnum aus können die benachbarten Inseln **Amrum, Föhr** sowie die **Halligen,** vor allem Hallig Hooge, besucht werden. Außerdem werden von hier Fahrten zu den nahen Seehundbänken angeboten. In der Saison zwischen Mai und Oktober werden sogar direkte Touren nach **Helgoland** angeboten.

Von Westerland aus geht es mit der Bahn über den Hindenburgdamm aufs Festland beispielsweise in die Theodor-Storm-Stadt Husum. Oder man unternimmt einen Ausflug ins weltberühmte Emil-Nolde-Museum, das gut per Fahrrad vom ersten Bahnhof auf dem Festland, Klanxbüll, zu erreichen ist.

Von List aus pendelt eine Autofähre mehrmals täglich zur dänischen Nachbarinsel Rømø hinüber, die wiederum durch einen Straßendamm mit dem Festland verbunden ist. Somit bietet sich ein Tagesausflug zu einigen reizvollen Orten auf dem dänischen Festland an, wie Tønder, Løgumkloster und Ribe, die älteste Stadt Dänemarks.

Kurztrips zu den **Seehundbänken** unternehmen Ausflugsschiffe der Adler-Reederei sowohl von List als auch von Hörnum aus, Infos: www.adler-schiffe.de.

586sy sm

581sy sm

Ausflug nach Amrum

Amrum ist eine relativ kleine Insel von etwa 10 Kilometern Länge und 2,5 Kilometern Breite. Prägend für die Insel ist

◁ Eines der vielen schönen Friesenhäuser in Nebel

▽ Der malerische Strand von Amrum, begrenzt von einer Dünenkette, auf der auch der Leuchtturm (kleines Bild) steht

der **sagenhafte Sandstrand,** der bis zu 1,5 Kilometer breit ist und die gesamte Westseite einnimmt. Etwas Vergleichbares gibt es in Schleswig-Holstein nur noch in St. Peter-Ording. Auf der Insel liegen fünf Orte, von denen das alte Friesendorf **Nebel** mit seinen reetgedeckten Häusern der schönste ist und einen Besuch unbedingt lohnt.

Hin- und Rückfahrt

Ab Hörnum auf Sylt startet von **Ende März bis Anfang November** täglich um 12 Uhr ein Personenschiff (kein Autotransport!) nach Amrum, wo die **„MS**

Adler Express" um 12.45 Uhr einläuft. Zurück geht es von dort um 16.15 Uhr, Ankunft in Hörnum: 17 Uhr. Bei einem Tagesausflug hat man also knapp 3½ Stunden Aufenthalt.

Zwischen **Ende April und Ende Oktober** fährt von Sonntag bis Donnerstag das Schiff „**Adler IV**" um 10 Uhr nach Amrum, Ankunft dort um 11.30 Uhr, Aufenthalt bis 16.15 Uhr und Rückfahrt nach Hörnum dann mit „Adler Express", Ankunft in Hörnum 17 Uhr. Man hat mit dieser Variante eine gute Stunde länger Aufenthalt.

■ **MS Adler Express,** Tel. (04651) 987 08 88, www.adler-schiffe.de, Infos auch im Büro Boysenstr. 13 in Westerland.

Fortbewegung auf der Insel

Das Schiff legt im Hafen von Wittdün an. Dieser kleine Ort besteht eigentlich nur aus einigen wenigen Straßen, an denen aber viele Geschäfte und einige Lokale liegen. Man kann auch schon hier **zu Fuß** bis zum sehr breiten Strand gehen, besser ist es aber, sich direkt am Hafen ein **Fahrrad** zu mieten und zum Strandübergang von Nebel oder Süddorf zu radeln. Dort ist der Strand schöner, nicht ganz so breit wie in Wittdün und vor allem gibt es einen großen Parkplatz für Räder sowie an beiden Strandübergängen ein Lokal. Ins schöne Friesendorf Nebel sind es von Wittdün vielleicht 5 Kilometer; man radelt durch eine ruhige und sehr schöne Landschaft.

Nach Nebel kann man auch mit dem halbstündlich verkehrenden **Bus** fahren, die Strände sind mit Bussen ohne weite Wege nicht zu erreichen.

Nebel

Das schöne Friesendorf glänzt mit reetgedeckten Häusern und einer malerischen **Kirche** aus dem 13. Jahrhundert. Dort befindet sich auch der Friedhof mit den **sprechenden Grabsteinen**. Es handelt sich um fein gearbeitete Gedenksteine, die ausführlich vom Leben der Verstorbenen berichten, besonders bei ehemaligen Kapitänen, die auf den Weltmeeren so manches Abenteuer erlebten.

Unweit der Kirche steht das **Öömrang Hüs**, ein ehemaliges Kapitänshaus aus dem frühen 18. Jahrhundert, das heute ein Heimatmuseum ist. Hier bekommt man sehr gute Einblicke in die Lebens- und Kulturwelt der einstigen Bewohner, einer ziemlich wohlhabenden Familie.

■ **Öömrang Hüs,** Waaswai 1, Nebel, Mo–Fr 11–13.30 und 15–17, Sa 15–17 Uhr, Nebensaison Mo–Fr 15–17 Uhr, Eintritt frei, Spende erbeten.

▷ Die Kirche in Nebel und einer der vielen „sprechenden Grabsteine" (kleines Bild)

Der Strand

An der gesamten Westseite erstreckt sich der wunderschöne breite Strand. Am Hauptort Wittün ist er sehr breit, aber gar nicht so sehr ansehnlich. Etwas weiter in der Inselmitte, in Höhe Süddorf oder Nebel, zeigt er sich viel strahlender, weißer, feinsandiger. Dort gibt es jeweils einen Zugang über Holzbohlen. Der Strand wird von einer malerischen Dünenkette begrenzt und dahinter öffnet er sich über mehrere Hundert Meter.

Ausflug nach Föhr

Föhr ist die zweitgrößte Nordfriesische Insel und mit etwas Wohlwollen als „fast rund" zu bezeichnen. Neben der einzigen Stadt Wyk, wo auch die Fähre anlegt, verteilen sich 16 Dörfer auf der „grünen Insel". Sehenswert sind neben der Inselhauptstadt **Wyk** vor allem das schöne Friesendorf **Nieblum** und das tolle **Museum Kunst der Westküste** im kleinen Ort Alkersum.

Hin- und Rückfahrt

Vom Hafen Hörnum fährt **zwischen Anfang Mai und Ende Oktober** täglich außer Freitag und Samstag das Schiff **„Adler IV"** nach Wyk auf Föhr. Abfahrt

⌄ Das Friesenmuseum in Wyk

588sy sm

in Hörnum: 10 Uhr, Ankunft auf Föhr: ca. 12.30 Uhr, Abfahrt von Wyk auf Föhr: 15.30 Uhr, Ankunft Hörnum ca. 17.45 Uhr.

Die andere und etwas umständlichere Variante führt über das Festland und den Fährhafen **Dagebüll Mole** (dazu mit der Bahn von Westerland bis Niebüll fahren, dort umsteigen und mit einem anderen Zug das kurze Stück bis zum Fährhafen Dagebüll Mole fahren). Ab Dagebüll fährt die Autofähre der WDR fast stündlich, im Winter etwas seltener, in 50 Minuten nach **Wyk auf Föhr.** Günstig ist das Schleswig-Holstein-Ticket für die Bahnfahrt, da bis zu fünf Personen ab 9 Uhr damit fahren können, am Wochenende auch vor 9 Uhr.

Fortbewegung auf der Insel

Direkt beim Hafenausgang lassen sich **Fahrräder** mieten und als Radler kann man sowohl **Nieblum** als auch **Alkersum** gut erreichen. Die Wege sind bestens ausgeschildert, gut zu befahren und die Distanzen sind überschaubar, nach Alkersum sind es etwa 4 Kilometer, nach Nieblum 5 Kilometer.

Man kann beide Orte aber auch mit dem **Linienbus** erreichen. Vom Fähranleger in Wyk gibt es eine Ringlinie durch alle Dörfer der Insel.

Wyk

Vom Fähranleger spaziert man direkt ins touristische Zentrum der Inselhauptstadt, wo zahlreiche Lokale, Cafés und Geschäfte liegen und man auch rasch

⌃ Beschaulichkeit in der Inselhauptstadt

https://stock.adobe.com © lupico

den Strand erreicht. Der innerstädtische Bereich ist Fußgängerzone, man kann hier sehr nett spazieren. Der Strand zieht sich fast entlang der gesamten Südküste, wer lange genug läuft, findet auch ein ruhiges Plätzchen.

Sehenswert ist in Wyk das **Friesenmuseum,** das einen guten Einblick in die friesische Kulturgeschichte gewährt und in einem historischen Gebäude untergebracht ist. Auf dem Freigelände finden sich weitere Exponate.

■ **Friesenmuseum,** Rebbelstieg 34, Tel. (04681) 25 71, 16.3.–31.10. Di–So 10–17 Uhr, Juli/Aug. auch Mo, 1.11.–15.3. Di–So 14–17 Uhr, 4,80 €, Kinder (4–17 Jahre) 2,50 €.

Museum Kunst der Westküste

Dieses außergewöhnliche Museum ist in einem modern gestalteten Gebäude untergebracht, in dem Kunstwerke und vor allem Bilder zum Thema „Meer und Küste" ausgestellt sind. Grundstock ist eine private Sammlung von Gemälden der Nordseeküste, die zwischen 1830 und 1930 entstanden, darüber hinaus finden auch regelmäßig Wechselausstellungen statt.

■ **Museum Kunst der Westküste,** Hauptstr. 1, Alkersum, Tel. (04681) 74 74 00, www.mkdw.de, 1.3.–31.10. Di–So 10–17 Uhr, 1.11.–10.1. Di–So 12–17 Uhr, 8 €. Anfahrt per Bus: Vom Fähranleger mit dem Linienbus bis zur Haltestelle „Alkersum Hauptstraße" oder „Alkersum Nieblumweg" fahren. Auf der Homepage des Museums finden sich detaillierte Informationen zu den Bussen und passgenau dazu auch die Fährzeiten.

⌂ Die Kirche St. Johannis in Nieblum

Nieblum

Das schöne Dorf Nieblum ist geprägt durch eine Vielzahl an älteren **Reetdach-häusern,** die ihm eine äußerst malerische Note geben. Mitten im Ort steht die **St. Johanniskirche** aus dem 13. Jahrhundert, auch „Friesendom" genannt und umgeben von zahlreichen „sprechenden Grabsteinen", auf denen die teils abenteuerlichen Lebensgeschichten von Föhrer Kapitänen dargestellt sind.

☑ Die Lange Anna ist
das Wahrzeichen von Helgoland

Ausflug nach Helgoland

Helgoland ist die **einzige deutsche Hochseeinsel** und befindet sich etwa 70 Kilometer vom Festland entfernt mitten in der Nordsee. Rötlich schimmernd ragt die Felseninsel immerhin bis zu 60 Meter aus dem Meer heraus, nur im Bereich des Hafens und des kleinen Strandes liegt sie fast auf Meereshöhe. Sie misst einen knappen Quadratkilometer, die benachbarte Nebeninsel, die „Düne", ist 0,7 Quadratkilometer groß.

Helgoland ist unterteilt in **ein Ober- und ein Unterland,** zudem spricht man auch noch von einem Mittelland. Ober- und Unterland sind durch einen kosten-

572sy sm

sy20098s sm

pflichtigen Fahrstuhl und durch Treppen verbunden. Markantes Wahrzeichen ist ein frei stehender, 47 Meter hoher, schmaler Felsen, die „**Lange Anna**".

Bereits im 7. Jahrhundert soll Helgoland besiedelt gewesen sein. Im 12. Jahrhundert war es **dänisch** regiert, ab dem 14. Jahrhundert kam die Insel zum **Herzog von Gottorf,** 1717 war sie wieder **dänisch.** 1721 zerstörte eine Sturmflut die Landverbindung zur Düne, seitdem besteht Helgoland eigentlich aus **zwei Inseln.**

1807 wurde Helgoland **britisch** und bleib es bis 1890, als **Deutschland** die Insel im Tausch gegen Sansibar erhielt. Im Zweiten Weltkrieg erlebte die Insel im April 1945 **schwerste Bombardierungen** durch die britische Luftwaffe, danach war Helgoland nicht mehr bewohnbar, die Überlebenden wurden evakuiert.

Nach dem Krieg wollten die Briten 1947 die Insel durch eine gewaltige **Sprengung** endgültig zerstören, was aber misslang. Bis 1952 war sie dann **Übungsgebiet für Bombenabwürfe** der britischen Luftwaffe. Nach einer einzigartigen Protestaktion zweier Studenten kam Helgoland schließlich zurück an **Deutschland** und die Insel wurde **wieder aufgebaut.** Danach entwickelte sich der **Tourismus,** von dem Helgoland noch heute maßgeblich lebt, besonders vom Tagestourismus, da auch Ausflugsboote aus Hamburg, Cuxhaven und Bremerhaven die Insel ansteuern.

Hin- und Rückfahrt

Von Sylt aus gibt es zu bestimmten Terminen eine Direktverbindung ab Hafen Hörnum nach Helgoland. Der Katamaran „**Adler Cat**" fährt zwischen Ende April und Ende Oktober immer Mo bis Do um 10 Uhr Uhr nach Helgoland (Ankunft: 12.30 Uhr). Dort hat man vier Stunden Aufenthalt, bevor es um 16.15 Uhr zurück nach Hörnum geht (Ankunft: 18.30 Uhr).

⌂ Blick hinüber zur Badestelle auf der Düne

Bummel über die Insel

Neben einem Rundgang über das Oberland, ein bisschen Shopping und einem Restaurantbesuch bleibt meist nicht viel Zeit. Es reicht aber, um die **einzigartige Atmosphäre** dieser Insel aufzunehmen und vielleicht einen längeren Aufenthalt für später zu planen.

Helgoland liegt zolltechnisch im Ausland, viele Waren (Alkohol, Zigaretten, Parfüm, Kosmetika, Markenbekleidung, Fotoartikel u. a.) sind **zoll- und mehrwertsteuerfrei** und damit deutlich billiger als zu Hause, aber es gilt eine Obergrenze von 430 € Warenwert.

Vom Anleger der Börteboote geht man auf eine Häuserzeile von Hotels und Appartements zu, die alle Balkone zum Meer haben und in ziemlich ähnlichem Stil erbaut sind. Linker Hand stehen die farbenfrohen **Hummerbuden,** die heute als Lokale, Galerien oder Andenkenläden zweckentfremdet sind. Hier werden auch Bücher von *James Krüss* verkauft.

Im Oberland ragt der spitz zulaufende Turm der **St.-Nicolai-Kirche** aus dem Häusermeer heraus. Die Kirche entstand 1952 im Zuge des Neuaufbaus, der Vorgängerbau wurde im Bombardement des Zweiten Weltkrieges zerstört. Erhalten geblieben ist von der Ur-Kirche sehr wenig, darunter eine Taufschale von 1783.

Oben liegen auch **Lokale und Geschäfte,** die alle zur Kernbesuchszeit der Tagestouristen geöffnet haben, aber auch im Unterland findet man genügend Shops und Restaurants. Neben Fahrstuhl und Treppen führt zwischen den Hummerbuden auch ein steiler Weg hoch zum Oberland.

Dort oben kann man auf einem 3 Kilometer langen Rundweg einmal um die Insel spazieren. Dieser heißt auf gut Halunder (Helgoländisch) **Wai Langs Klef**

☐ Bunte Hummerbuden am Helgoländer Hafen

Ausflüge von Sylt aus

570sy sm

und man passiert dabei auch die **Lange Anna,** das Wahrzeichen von Helgoland, und den **Lummenfelsen,** wo Trottellummen ab Mitte April bis Anfang Juli am Felsen brüten. Die Jungtiere müssen irgendwann ihren Nistplatz mit einem beherzten Sprung vom Felsen ins Meer verlassen, dies passiert meist in der Abenddämmerung zwischen Ende Juni und Anfang Juli. Auf dem Weg stehen in regelmäßigen Abständen 16 kleine Infotafeln in Pyramidenform, auf denen wichtige Geschichtsdaten stehen.

Museum Helgoland

In diesem keinen Museum werden Exponate zur Insel gezeigt, die verschiedene Themen abdecken, darunter „Leben und Arbeiten", Militärgeschichte, Geologie oder auch „Helgoland als Seebad". Zudem ist hier ein weiteres kleines Museum

zu Ehren des Helgoländer Kinderbuchautors *James Krüss* eingerichtet.

■ **Museum Helgoland,** Kurpromenade 8, Tel. (04725) 12 92, www.museum-helgoland.de, ab April bis Anfang Nov. tägl. 10–14.30 Uhr, 4 €, ermäßigt 2 €.

Baden

Zum Baden muss man auf die kleine Nachbarinsel **Düne** übersetzen, dazu pendeln kleine Boote vom Hafen. Auf der Düne gibt es zwei Strände und viel Ruhe, auch wenn sich dort ein Campingplatz, ein Bungalowdorf und auch der kleine Flugplatz befinden. Zudem ist die Chance groß, einmal **Seehunde** von Nahem zu sehen.

■ **Tourist Information,** Lung Wai 28, Tel. (04725) 20 67 99, www.helgoland.de.

sy20099 sm

Ausflug zur Hallig Hooge

Hooge ist die **zweitgrößte Hallig** mit einer Fläche von 5,78 Quadratkilometern und etwas mehr als 100 Einwohnern, die auf **zehn bewohnten Warften** leben. Auf Hooge gibt es einen Pastor, einen Krankenpfleger und eine Lehrerin an einer Grund- und Hauptschule mit zuletzt vier Schülern. Hallig Hooge ist von einem 11 Kilometer langen **Deich** umgeben, weswegen sie auch sehr viel seltener „Land unter" meldet als früher und als andere Halligen, aber auch sie wird bis zu fünf Mal im Jahr überschwemmt. 1825 ertranken letztmalig Menschen auf Hooge bei einer großen Flut, zwischen 1911 und 1914 wurde der Deich errichtet. 1959 bekam Hooge Wasseranschluss vom Festland, 1968 Stromanschluss. 1962 und 1976 verursachten die großen **Sturmfluten** noch einmal starke Schäden, aber es kamen keine Menschen zu Schaden, die Deiche und die Warften hatten sich bewährt.

Heute zählt der **Tourismus** zu den wichtigsten Einnahmequellen. Durch die guten Schiffsanbindungen nicht nur zum Festland, sondern auch nach Sylt, Amrum und teilweise Föhr, wird Hooge von sehr vielen Tagesgästen besucht. Deswegen kann es an manchen Tagen tatsächlich auch auf Hallig Hooge mal etwas eng werden, vor allem in den Lokalen.

<️ Am Lummenfelsen auf Helgoland

Hin- und Rückfahrt

Von Hörnum fährt zwischen **Ende März und Anfang November** täglich außer Montag das Schiff „**MS Adler Express**". Abfahrt Hörnum Hafen 12 Uhr, Ankunft Hooge 13.20 Uhr. Zurück ab Hooge 15.40 Uhr, Ankunft Hörnum 17 Uhr. Infos zum Schiff ↗ Ausflug nach Amrum.

Fortbewegung

Gleich nach Ankunft wird von jedem Gast eine Tageskurabgabe kassiert (1 €, Kinder 0,20 €), die etwas beschönigend „Hallig-Taler" genannt wird und manchen Besucher doch erkennbar verärgert. Nicht von ungefähr wirbt eine andere Hallig ausdrücklich damit, dass dort „kein Hallig-Taler" erhoben wird.

Die Sehenswürdigkeiten auf der Hanswarft und der Kirchwarft sind gut **zu Fuß** erreichbar. Alternativ lässt sich auch direkt beim Anleger ein **Fahrrad** mieten oder man lässt sich mit einer **Pferdekutsche** herumfahren.

Die Hanswarft

Die Hanswarft ist die **Hauptwarft** mit der größten Besiedlung und mehreren wichtigen Einrichtungen. Hier befinden sich Lokale, ein Info-Gebäude der Schutzstation Wattenmeer, ein Heimatmuseum, der Hallig-Laden, das Bürgermeisteramt, ein Sturmflutkino und nicht zuletzt eines der eindrucksvollsten Museumsgebäude des ganzen Landes, der **Königspesel**. Dieser ist einem schönen Haus aus dem 17. Jahrhundert untergebracht.

Was ist eine Hallig?

Eine Hallig unterscheidet sich von einer Insel dadurch, dass sie **keinen Deich** hat, oder bestenfalls einen flachen Sommerdeich, der nicht zum Hochwasserschutz geeignet ist. Eine Hallig ragt auch bei normaler Flut aus dem Wasser heraus, aber jede Sturmflut sorgt für **Land unter.** Das Ufer einer Hallig ist mit Steinen geschützt, die als Wellenbrecher dienen und verhindern, dass ständig Land durch die Wellen abgerissen wird.

Heute existieren noch die Halligen Gröde, Habel, Hamburger Hallig, Hooge, Langeneß, Norderoog, Nordstrandischmoor, Oland, Südfall und Süderoog. Wissenschaftler gehen davon aus, dass es **einst bis zu 90 Halligen** gab, von denen die allermeisten bereits untergegangen oder mit dem Festland verbunden sind. Das gleiche Schicksal droht auch den verbliebenen, denn mehrmals im Jahr werden sie bei jeder größeren Sturmflut unter Wasser gesetzt. Deshalb stehen alle Häuser auf Hügeln, Warften genannt.

Dauerhaft bewohnt sind die Halligen Langeneß (ca. 110 Einwohner), Hooge (ca. 110), Gröde (17), Nordstrandischmoor (ca. 20) und Oland (20). Dort wird **Landwirtschaft betrieben,** und es hat sich ein **bescheidener Tourismus** entwickelt, der nach Hooge immerhin 90.000 Tagesgäste im Jahr spült. Früher hatten die Halligen keinen Strom- und Wasseranschluss, und nur sehr unregelmäßige Verbindungen zum Festland. Das Leben war äußerst beschwerlich und gefährlich. Es gab nur eine bescheidene Landwirtschaft, viele Männer fuhren zur See. Regenwasser wurde durch in speziellen Gruben (Fething genannt) aufgefangen. Dieses Wasser durfte sich aber nicht mit dem Meerwasser vermischen, sonst litten Tiere und Menschen Durst. Erst seit den 1950er Jahren beziehen die Halligen **Strom** und noch später **Wasser** vom Festland.

Der Pesel ist in allen nordfriesischen Häuser die sogenannte gute Stube, die nur zu wichtigen christlichen Feierlichkeiten aufgeschlossen wurde. Die noch erhaltene **kostbare Einrichtung** stammt aus dem Jahr 1760 und wurde vom Kapitän *Tade Hans Bandiks* zusammengetragen. Noch heute leben Nachfahren in der mittlerweile achten Generation im Haus und sie haben nichts verändert. Prägend sind die hübschen blauen Kacheln (insgesamt 6500 Stück, alle handbemalt) an den Wänden, die biblische Motive zeigen und mit biblischen Versen versehen sind. In der Ecke befindet sich ein Schlafalkoven (ca. 1,60 m Länge), in dem die Menschen halb sitzend mit vielen Kissen im Kreuz geschlafen haben, übrigens zu zweit! Weitere wertvolle Einrichtungsgegenstände sind die Uhr aus England (1667)und der gusseiserne Ofen, ein sogenannter Bilegger (Beileger), der von der Küche aus mit Holz belegt wurde und unweit des Alkovens steht. Die ältesten Objekte sind zwei Wandteller aus dem Jahr 1066.

Der Name Königspesel geht auf einen Besuch des dänischen Königs *Friedrich VI.* im Jahr 1825 zurück. Der besuchte damals die Hallig, um Flutschäden zu begutachten, wurde aber abends von einer neuen Flut überrascht und konnte nicht zurückreisen. Also übernachtete er im Alkoven im Pesel und seitdem heißt diese Stube „Königspesel".

■ **Königspesel,** Besuche sind nur in geführten Gruppen möglich, einfach hingehen und vor der Tür warten. Eintritt: 2,50 €.

▷ Schlafalkoven im Königspesel, die Menschen schliefen sitzend

575sy sm

Auch das kleine **Heimat- und Hallig-museum** ist sehenswert. Es ist aus einer Privatinitiative hervorgegangen und der Seefahrt, der Kultur und der Kunst der Hallig gewidmet. Es gibt dramatische Fotos und vergilbte Zeitungsartikel von Überschwemmungen, Keramikfunde aus dem Watt, einen Querschnitt durch insulare Alltagsgegenstände, auch ein Schlafalkoven ist dargestellt und es wird eine typische Frauentracht gezeigt sowie ein „Juleboom", ein friesischer Weihnachtsbaum-Ersatz.

■ **Heimat- und Halligmuseum,** geöffnet: Di–So 11.30–14.30 Uhr, Eintritt: 3 €.

Nebenan gibt es das kleine **Sturmflut-kino,** in dem fortlaufend ein 15-minütiger Film über Sturmfluten und die Situation auf der Hallig bei „Land unter" gezeigt wird.

■ **Sturmflutkino,** Eintritt: 2,50 €.

Etwas am Rande der Hanswarft befindet sich ein **Infozentrum der Schutzstation Wattenmeer,** das eine gut gemachte Ausstellung zum Thema „Mensch und Watt" zeigt, wobei das Gezeitenaquarium besonders eindrucksvoll ist. Im Vorgarten wird ein Salzwiesengarten gepflegt und hier gibt es ein anschauliches Beispiel einer Lahnung, wie sie im Wattenmeer zur Landgewinnung genutzt wird.

■ **Infozentrum der Schutzstation Wattenmeer,** geöffnet: tägl. 11–16 Uhr.

⌂ Wohnen auf der Warft

▷ Der Hooger „Bus"

Die Kirchwarft

Auf der Kirchwarft steht die kleine, schmucke **Kirche** von Hooge, das größere Gebäude daneben wird vom Pastor bewohnt. Die Kirche wirkt etwas gedrungen, verströmt aber gleichwohl einen gewissen feierlichen Ernst. Die Einrichtung ist eher schlicht, wobei sich die harmonische Farbgestaltung an den friesischen Farben Blau, Rot und Gelb orientiert.

Die Hooger Kirche wurde 1637 bis 1642 erbaut. 1634 hatte es eine verheerende Flutkatastrophe gegeben, bei der etwa 6400 Menschen an der Nordseeküste und auf den Inseln ertrunken und große Teile von anderen Inseln mitsamt den Kirchen untergegangen waren. Von 24 damals existierenden Kirchen wurden 18 zerstört. Die Hooger Überlebenden besorgten sich teilweise Material und Inventar aus diesen zerstörten Kirchen und bauten sich selbst eine neue, weshalb Teile der Inneneinrichtung älter sind als die eigentliche Kirche. So zum Teil auch die Sitzbänke mit den schönen geschnitzten Wangen; die erste stammt von 1624 – wie das holzgeschnitzte Tauf-

576sy sm

becken. Auch die Kanzel kommt aus einer untergegangenen Kirche, wahrscheinlich aus dem nicht mehr existierenden Ort Osterwohld. Das auf das frühe 16. Jahrhundert datierte Kruzifix an der Südwand wurde nach der Sturmflut 1825 am Strand gefunden. Der Altar von 1857 kam erst 1931 von Klanxbüll (Festland) nach Hooge.

Etwas abseits steht am Eingang zum Friedhof der Glockenstuhl, der aus vier Eichenpfählen besteht, die am Strand gefunden wurden. Auf dem Friedhof steht auch ein schlichtes Holzkreuz, das aber auffällt, es trägt die Beschriftung: „Es ist das Kreuz von Golgatha, Heimat für Heimatlose". Hier sind Menschen beerdigt, deren Leichnam angespült wurde.

■ **Kirche,** Mo geschl.

Praktische Tipps

Essen und Trinken

■ **Zum Seehund,** Hanswarft. Im Café-Restaurant mit Terrasse wird norddeutsche Küche serviert, jeden Freitag ist Fischtag. Zudem gibt es die beliebte Friesentorte.

■ **Hallig-Café Zum blauen Pesel,** Backenswarft, Tel. (04849) 231, www.blauerpesel.de. Kleines Café mit schöner Stube in bläulichem Dekor, draußen gibt es einen kleinen, netten Garten. Geboten wird eine Bistroküche mit u.a. Suppen, Matjes- oder Schinkenbrot, außerdem hausgemachten Kuchen und Halliggebäck. 14–18.30 Uhr, Mo Ruhetag.

■ **Friesenpesel,** Backenswarft, Tel. (04849) 250, www.friesenpesel.de. Historisches Lokal auf der zum Anleger nächstgelegenen Warft. Der Innenraum ist mit viel Holz gestaltet und teilweise mit hübschen Kacheln geschmückt; den namensgebenden, sehr eindrucksvollen Pesel kann man nur durch eine abgesperrte Tür bewundern. Draußen sitzt man aber auch sehr schön auf der Terrasse unter Bäumen. Es gibt eine regionale Küche mit Gerichten wie Mehlbüdel oder Porrenpann (Krabbenpfanne), jeden Mi ab 18 Uhr ist Krabbentag, dann wird sogar ein Menü auf Krabbenbasis gereicht.

■ **T-Stube,** Hanswarft, Tel. (04849) 909 79 77. Es gibt regionale Gerichte, außerdem Tee aus aller Welt, insgesamt 41 verschiedene Sorten. Das Lokal hat eine größere Terrasse und bietet ab 21 Uhr Baguettes („La Flute") sowie am Mittwoch ein Krabbenmenü, dazu zählen dann auch Krabbensuppe, Porrepann und Krabbenfrikadellen. Tägl. ab 11 Uhr.

Seehundbänke

Ein Besuch der Seehundbänke kann eigentlich gar nicht stattfinden, denn kein Schiff darf sich diesen Sandbänken vor Hörnum und List nähern. Selbst die angepriesenen Ausflugsfahrten dorthin enden in respektvoller Distanz. Das ist auch notwendig, um die sensiblen Tiere nicht unnötig zu stören. Dennoch, mit Fernglas oder Teleobjektiv kann man die **Seehunde gut beobachten.**

⟨ ⌄ Die Hooger Kirche

Emil-Nolde-Museum

Hin- und Rückfahrt

Das ehemalige Haus von *Emil Nolde* liegt **in Seebüll,** knappe 10 Kilometer vom Bahnhof Klanxbüll entfernt. Dank der guten Ausschilderung sollte es kein Problem sein, dorthin zu finden. Es fahren aber auch Busse der Linie R110 vom Bahnhof, Fahrplan auf Homepage der Nolde Stiftung.

Die **Bahn** bietet ein Kombiticket an. Es beinhaltet den Autotransport mit dem Sylt Shuttle hin und zurück sowie den Eintritt ins Nolde-Museum für bis zu vier Personen für 69 €. Also mit dem eigenen Auto rüber aufs Festland nach Niebüll, von dort nach Klanxbüll und

580sy sm

weiter zum ausgeschilderten Museum fahren.

Andere Möglichkeit: Per Zug und Fahrrad. Dazu mit der Bahn von Westerland bis Klanxbüll fahren, dann ca. 10 Kilometer radeln und auf diesem Weg auch wieder zurück. Nach 9 Uhr (Sa/So auch vor 9 Uhr) kann man das Schleswig-Holstein-Ticket nutzen, die Fahrradkarte ist extra zu lösen.

Die Ausstellung

Das auffällige Haus steht leicht erhöht auf einer Warft hinter hohen Bäumen. Es handelt sich nicht um ein typisches Reetdachhaus der Gegend, sondern im gewollten Kontrast ist es **würfelförmig in dunklem Backstein** entstanden. Das Haus wurde 1927 von *Nolde* persönlich entworfen. Hier entstanden seine großartigen Werke, die von den Eigenarten der friesischen Landschaft zeugen, von Sturm und Deich, rasendem Himmel

und Farbenpracht des Frühlingsraps. Ausgestellt sind **Bilder von Noldes langer Schaffensperiode,** der thematische Schwerpunkt wechselt jährlich. Hervorzuheben ist auch der **prachtvolle Blumengarten.**

Einen Blick wert ist die Künstlerbiografie auf der Website des Museums, in der u.a. **Noldes Verhältnis zum Nationalsozialismus** sehr sachlich dargestellt wird; trotz Ächtung durch das Regime war Nolde überzeugter Anhänger der Nazi-Ideologie und glühender Antisemit.

■ **Emil-Nolde-Museum,** Seebüll 31, 25927 Neukirchen, Tel. (04664) 98 39 30, www.nolde-stiftung.de, März bis Nov. tägl. 10–18 Uhr, Juni–Sept. Do bis 20 Uhr, 8 €, Kinder bis 12 Jahre frei, Schüler ab 13 Jahren und Studenten 3 €.

⌃ Das Emil-Nolde-Museum in seinem schönen Garten

⌵ Krokusblüte im Husumer Schlossgarten

Husum

Theodor Storm sprach von einer grauen Stadt am Meer und meinte damit seine Heimatstadt Husum. Aber so grau ist der Ort gar nicht. Jedenfalls nicht, wenn man bei schönstem Sonnenschein über den Marktplatz schlendert. Oder am Hafen die bunten Kutter bestaunt. Auch nicht im kalten Monat März, wenn im Schlossgarten Millionen Krokusse blühen. Genügend Gründe also, einmal nach Husum zu fahren. Vom Bahnhof ist ein 10-minütiger Fußweg zum Markt und zum Hafen ausgeschildert.

Hin- und Rückfahrt

Ab Westerland nimmt man einen Zug in Richtung Hamburg-Altona. Nach etwa einer Stunde Fahrt ist Husum erreicht. Vom Bahnhof sind es ca. 10 Minuten Fußweg ins Zentrum beim Hafen.

Als Fahrkarte bietet sich das Schleswig-Holstein-Ticket an, mit dem bis zu fünf Personen vergünstigt ab 9 Uhr fahren können (Samstag, Sonntag, Feiertag auch noch früher).

Rundgang

Das **nette Stadtbild** mit dem Hafen, dem Marktplatz, den engen Gassen und dem Schlossgarten erschließt sich auf einem gemütlichen Spaziergang. Hübsch verstreut liegen unterwegs mehrere Museen unterschiedlichster Ausrichtung.

Husums Zentrum ist der **Marktplatz,** dort befinden sich die Touristeninformation, der Tinebrunnen und die Kirche St. Marien. Die **Figur der Tine,** eine junge Halligfriesin, schaut als Sinnbild von Fischhandel und Viehmarkt Richtung Meer. Die Figur wurde von den Husumern zunächst abgelehnt. Der Grund: Sie trägt Holzschuhe, was zur damaligen Zeit als ärmlich angesehen wurde. Später aber wurde sie dann doch akzeptiert.

https://stock.adobe.com © Animaflora PicsStock

ner ganz eigenen Symbolsprache. Im Inneren stehen dorische Säulen am Gang neben den Sitzreihen, sie führen die Besucher regelrecht hin zum Altarbereich. Dieser wird flankiert von ionischen Säulen. Im Zentrum liegen der Altar und darüber die Kanzel mit dem Symbol des aufmerksamen Auge Gottes und dem Dreieck als Symbol der Dreieinigkeit und der Vollkommenheit. Ganz oben schließlich thronen ein Kreuz und ein Bogen als Symbol für den Frieden Gottes mit den Menschen.

■ **St. Marien,** Norderstr. 2, tgl. 11–16 Uhr.

Theodor-Storm-Haus

Ab 1866 lebte der Dichter mit seiner zweiten Frau *Dorothea Jensen* in diesem Haus und **schrieb hier 20 Novellen.** Es ist im Stil eines Althusumer Bürgerhauses gebaut mit drei Etagen und kleinem Garten. Der Besucher durchwandert fast automatisch irgendwie ehrwürdig die Räume auf knarzenden Bohlen, durch zu niedrige Türrahmen und über enge Treppen. Neben Möbeln, Bildern und Einrichtungsgegenständen finden sich immer wieder Hinweise auf den Schriftsteller, seine Freunde und Familie sowie übersetzte Werke und Faksimiles seiner Handschriften.

Die **Kirche St. Marien** wurde zwischen 1829 und 1833 erbaut, nachdem eine erste Kirche aus dem Jahr 1463 abgerissen werden musste. Der schlanke Kirchturm ist einem Leuchtturm nachempfunden. Die Baupläne des Gotteshauses erstellte der damals sehr gefragte Architekt *Christian Frederik Hansen,* dessen Eltern aus Husum stammten und der in Hamburg sehr viele noch heute existierende Bauwerke schuf. Die Kirche steht auf einer Art Podium und ist umgeben von 40 Linden in Doppelreihen. Der Abstand zwischen den Bäumen entspricht dem Säulenabstand im Inneren, ein Versuch, Natur und Architektur zu verbinden. Ein Teil der ursprünglichen Kunstschätze wurden übernommen, so beispielsweise die 1643 erschaffene Messingtaufe. Ansonsten wirkt das Innere des Gotteshauses relativ schlicht, die Kirche gilt aber als Hauptwerk des **Klassizismus** in Schleswig-Holstein mit ei-

⊳ Im Theodor-Storm-Haus

◁ Der Kirchturm von St. Marien, davor schaut die die Figur der Tine gen Meer

■ **Theodor-Storm-Haus,** Wasserreihe 31, eine Parallelstraße hinter der Hafenmeile. Geöffnet: April–Oktober Di–Fr 10–17, Sa 11–17, So/Mo 14–17 Uhr, Nov.–März, Di, Do, Sa, So 14–17 Uhr, Eintritt: 4 €, ermäßigt 3 €.

Schloss vor Husum

Das Schloss heißt tatsächlich so und lag wohl früher mal vor den Toren der Stadt. Heute führt ein schmaler Gang vom Marktplatz zu einer breiten Straße, die zu überqueren ist, bevor man in den weitläufigen **Schlossgarten** eintaucht. An dieser Straße steht das ehemalige **Torhaus,** ein eindrucksvolles Gebäude aus dem Jahr 1612. Zwischen 1577 und 1582 wurde am

Theodor Storm

Dem Dichter (1817–1888) kann in Husum niemand entkommen. Bei einem Stadtbummel trifft man allerorten auf ihn:

■ In der Straße Osterende liegt seine **Grabstelle** beim St.-Jürgen-Stift.
■ Sein **Geburtshaus** steht am Markt 11 und direkt nebenan befindet sich heute ein Storm Café.
■ Im Schlossgarten steht eine **Stormbüste.**
■ In der Süderstraße 12 **lebte der Dichter** ab 1864 mit seiner ersten Frau *Constanze.*

054sy hf

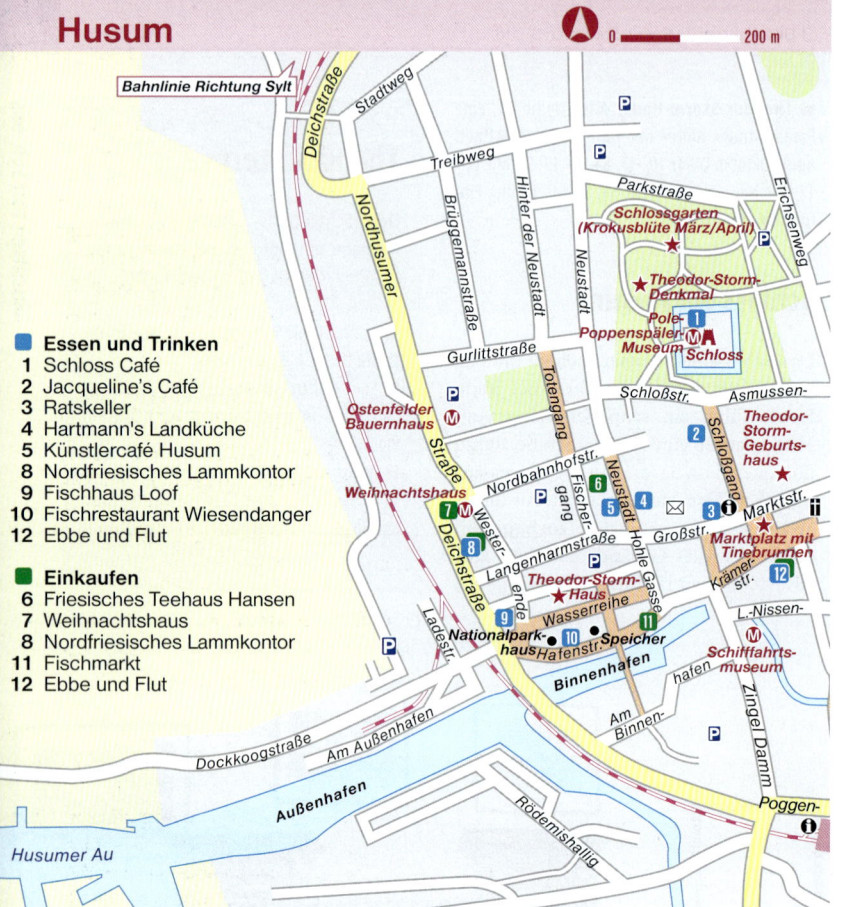

Bahnlinie Richtung Sylt

Essen und Trinken
1 Schloss Café
2 Jacqueline's Café
3 Ratskeller
4 Hartmann's Landküche
5 Künstlercafé Husum
8 Nordfriesisches Lammkontor
9 Fischhaus Loof
10 Fischrestaurant Wiesendanger
12 Ebbe und Flut

Einkaufen
6 Friesisches Teehaus Hansen
7 Weihnachtshaus
8 Nordfriesisches Lammkontor
11 Fischmarkt
12 Ebbe und Flut

Schloss gebaut. Es präsentiert sich noch heute in U-Form mit einem hervorstechenden Mittelturm. Herausragend sind mehrere gewaltige **Kamine aus Alabaster,** vor allem der sogenannte Todeskampfkamin im Rittersaal aus dem Jahr 1616. Der Name geht auf das Motiv des Frontreliefs zurück, auf dem ein Gerippe mit Pfeil und Bogen auf Mensch und Tier schließt. Der zweitgrößte Kamin ist derjenige der Glücksgöttin Fortuna. Auf dem Mittelrelief schwingt sie einen Schleier über Pechvögel und Glückspilze. In der Nissen Galerie sind Möbel und Gemälde des 19. und frühen 20. Jahrhunderts ausgestellt, sie stammen größtenteils aus der Nissen-Stiftung. Im Erdgeschoss ist das **Pole-Poppenspäler-Museum** untergebracht, gewidmet einer der bekanntesten Figuren von *Theodor Storm*. Ausgestellt werden dort zahlreiche Marionetten aus aller Welt.

Ausflüge von Sylt aus

Schifffahrtsmuseum

Das Schifffahrtsmuseum schreibt sich im Original noch mit zwei Eff, aber wir wollen mal fortschrittlich sein. Es liegt beim Hafen und gibt einen Einblick in die **Welt der Küstenseefahrt über mehrere Jahrhunderte.** Die Ausstellung ist in thematische Gruppen unterteilt. So widmet sich ein Raum dem Holzschiffbau, ein anderer dem Metallschiffbau, wieder andere zeigen den Krabben- und Walfang. Schmuckstück der Ausstellung ist das **Uelvesbüller Wrack,** ein niederländischer Lastensegler aus dem 16. Jahrhundert, der vor Eiderstedt im Watt gefunden wurde.

■ **Schifffahrtsmuseum,** Am Zingel 15, www. schiffahrtsmuseum-nf.de, tägl. 10–17 Uhr, 4 €, Kinder 2 €, jeder 4. So im Monat Eintritt frei.

Nordfriesland Museum

Dieses Museum, auch **Ludwig-Nissen-Haus** genannt, präsentiert anschaulich die **Besonderheiten und Kultur der nordfriesischen Küste** und folgt damit der Absicht des Namensgebers, eines reichen ausgewanderten Husumers. In mehreren Abteilungen zu jeweils unterschiedlichen Themen erfahren Besucher viel über das Wattenmeer, über Sturmfluten und Deichbau, aber auch den Lebensalltag der Friesen, dargestellt an Wohneinrichtungen, Trachten und Arbeitsgeräten, sowie über friesische Auswanderer.

■ **Nordfriesland Museum,** Herzog-Adolf-Str. 25 (in Bahnhofsnähe), 16.6.–15.9. tägl. 10–17 Uhr, 16.9.–15.6. Di–So 11–17 Uhr, 5 €, ermäßigt 3,50 €, Kinder bis 12 Jahre frei.

Im Schlossgarten liegt das **1 Schloss Café,** das von Hörgeschädigten geführt wird. Deswegen müssen Gäste auf einem Bestellzettel ihre Wünsche ankreuzen und bei Rückfragen sehr deutlich sprechen, mit Blickkontakt, damit die Bedienung von den Lippen ablesen kann.

■ **Schloss vor Husum,** Ferdinand-Tönnies-Allee, März bis Okt. Di–So 10–17 Uhr, Nov. bis Februar Sa/So 11–17 Uhr, 5 €.

6

sy20101 sm

Weihnachtshaus

Hier dreht sich alles um das Thema Weihnachten, dargestellt an einem historischen Laden und einem Museum. Zu finden ist schlichtweg alles: Accessoires, Schmuck, Adventskalender, Figuren aus dem Erzgebirge, Literatur, eine Weihnachtsbäckerei und vieles mehr.

7 **Weihnachtshaus,** Westerende 46, Tel. 668 59 08, tägl. 11–17 Uhr, Mitte Jan. bis Mitte Febr. geschlossen, Mitte Febr. bis Ende März 14–17 Uhr. Erw. 3 €, Kinder bis 14 Jahre 1 €, Kinder bis 6 Jahre frei, Familien 7 €.

Der Hafen

Der Hafen ist heute eine richtig angenehme kleine **Flaniermeile** geworden. Heute spazieren Besucher ganz entspannt entlang der Hafenstraße und können sich in einem der Lokale (fast alle mit Terrasse) stärken. Die lieben Klei-nen erkunden derweil die Spiellinie. An der Hafenstraße steht auch der **Speicher,** ein Veranstaltungszentrum, in dem regelmäßig Husums alternative Kulturszene auftritt.

■ **Speicher,** Hafenstr. 17, Tel. 65 000, www.speicherhusum.de.

Am oberen Bereich der Hafenstraße befindet sich im **Nationalparkhaus** eine Ausstellung zum Thema „Nationalpark Wattenmeer".

⌃ Der Husumer Hafen

⌄ Die Husumer Einkaufsmeile

Praktische Tipps

Essen und Trinken

Die gesamte **Hafenmeile** ist ein reizvolles Ensemble aus schicken, teils historischen Häusern, vielen Gaststätten mit Terrasse und einer Prise Meeresluft.

3 Ratskeller, Großstr. 27, Tel. (04841) 77 99 16, www.ratskellerhusum.com, Di–Sa 11.30–14 und ab 18 Uhr. Das historische Lokal liegt unten im alten Rathaus und bietet gute regionale Küche sowie Salate und vegetarische Gerichte.

2 Jacqueline's Café, Schloßgang 12, Tel. (04841) 55 53, www.jacquelines-cafe.de, Mo–Sa ab 9 Uhr, So ab 14 Uhr bis jeweils 18 Uhr. Ein nettes Café mit französischem Flair. Serviert werden Frühstück und kleinere Gerichte.

4 Hartmann's Landküche, Neustadt 13, Tel. (04841) 668 22 19, www.hartmanns-landkueche. de, Do 9.30–18, Fr 12–22, Sa 9.30–22 Uhr. Kleines, uriges Lokal mit ganz eigenem Charme, getragen vom charismatischen Betreiber *Klaus Thiem*. Er kocht in seiner kleinen Küche ständig wechselnde Gerichte, die regional und saisonal ausgerichtet sind, frei nach dem Motto „Vesper, Tapas und ein Glas Wein". Regelmäßig finden Veranstaltungen statt, eine Reservierung ist ratsam.

9 Fischhaus Loof, Kleikuhle 7, Tel. (04841) 20 34, www.fischhausloof.de. Schick gestaltetes Bistro mit netter Terrasse, serviert werden kleine Gerichte und sehr schmackhafte Fischbrötchen.

10 Fischrestaurant Wiesendanger, Hafenstr. 2, Tel. 28 10, www.fischrestaurant-husum.de, tägl. 12–14.30, 17–22 Uhr. Klassisches Fischrestaurant, das passend am Hafen liegt. Innen gemütlich eingerichtet, gibt es auch noch eine größere Terrasse. Wer keinen Fisch mag, bekommt auch Fleischgerichte oder Salatteller.

5 Künstlercafé Husum, Neustadt 18, Tel. 01516 752 14 00, https://künstlercafehusum.de, Do–Di 11–18 Uhr, Do–So wird zwischen 9 und 11 Uhr Frühstück serviert. Kleines, nett gestaltetes Café. Neben Kuchen gibt es Tartes, auch Herzhaftes wie Quiche aus dem Steinofen sowie eine Tageskarte. Im Sommer öffnet der schattige Hinterhof.

8 Nordfriesisches Lammkontor, siehe „Einkaufen".

12 Ebbe und Flut, siehe „Einkaufen".

Ausflüge von Sylt aus

590sy hf

https://stock.adobe.com © AlexWolff68

Einkaufen

6 Friesisches Teehaus Hansen, Neustadt 26, Tel. (04841) 36 63. In dem kleinen, altehrwürdigen Geschäft gibt es eine große Auswahl an Teesorten und auch Kandiszucker. Überhaupt ist die Straße Neustadt eine zwar relativ kurze, aber doch sehr interessante Shoppingmeile mit einer großen Vielfalt an kleinen Geschäften.

8 Nordfriesisches Lammkontor, Deichstr. 7–8, Tel. 404 28 01, www.lammkontor.de, in der Saison tägl. 12–21 Uhr. Hier wird im kleinen Hofladen Fleisch vom Salzwiesenlamm verkauft. Im gemüt-

lich eingerichteten Restaurant werden Lamm- und andere regionale Gerichte gekocht.

12 Ebbe und Flut, Rote Pforte 8–10, Tel. 62 486. Sehr gut bestückter Laden mit regionalen Bioprodukten, auch ein Brot- und Käsetresen mit Bedienung. In der oberen Etage ist ein Bio-Café angeschlossen. Mo–Fr 8–19, Sa 8–16 Uhr.

11 Fischmarkt: zwischen März und Oktober jeden 3. So im Monat direkt am Hafen.

Das Husumer Schloss

6

Ausflüge nach Dänemark

Am einfachsten lässt sich ein Ausflug ins Nachbarland über **List** bewerkstelligen. Zunächst nimmt man von dort die Fähre zur benachbarten Insel **Rømø.** Diese Insel ist allein schon einen Tagesausflug wert, aber man kann auch noch weiter über den etwa 10 Kilometer langen Autodamm zum nahen **Festland** fahren. Dann eröffnen sich gleich mehrere Möglichkeiten. Direkt am Ende des Damms liegt der sehenswerte **historische Freizeitpark, Hjemsted Oldtidspark,** der Besucher mit in die Eisenzeit nimmt. Oder man fährt nach Süden und erreicht die kleine, schmucke Stadt **Tønder,** die nahe der dänisch-deutschen Grenze liegt. Etwas im Hinterland wartet das beeindruckende **Zisterzienserkloster Løgumkloster.** Fährt man etwas nach Norden, folgt Dänemarks älteste Stadt, **Ribe,** die einen ganz bezaubernden innerstädtischen Kern hat und ein hochattraktives Wikinger-Freiluftmuseum.

Rømø

Rømø ist die dänische Nachbarinsel nördlich von Sylt, sie liegt in Sichtweite von List, etwa drei Kilometer entfernt. Die kleine Insel misst 17 Kilometer in der Länge und 6 Kilometer in der Breite, sie ist wie Sylt durch einen (Auto-) Damm mit dem Festland verbunden. Rømø (früher in der deutschen Schreibweise „Röm" geheißen) hat etwa 600

☐ Fachwerkhäuser in Ribe

sy20177 sm

Einwohner und gefühlt ebenso viele Ferienhäuser. Dies ist auch ein ganz markanter Unterschied zu Sylt, denn hier gibt es keine großen Orte, keine touristischen Ballungszentren und **keinen Besucheransturm.** Hier urlauben eher Individualisten und vor allem Familien in einem der teils etwas abgeschieden liegenden Ferienhäuser oder auf einem Campingplatz. Verglichen mit Sylt geht es hier sehr beschaulich zu. Auch am Wasser bleibt viel Platz rund ums Handtuch, der **breite Strand** bei **Lakolk** misst zumindest bei Ebbe 6 Kilometer und kann zum Teil sogar mit dem Auto befahren werden. Seine Breite hat er einer

früher vorgelagerten Sandinsel zu verdanken, die heute mit Rømø verbunden ist und immer noch wächst, und dem bei Herbststürmen von Sylt abgerissenen Sand, der dann hier angespült wird – so behaupten es jedenfalls die Leute von Rømø. In der Inselmitte besteht Rømø aus Kiefernwäldchen, Heide und einigen Dünen, aber das prägende Bild ist der kilometerbreite Weststrand.

Rømø gehörte, wie Sylt, im 12. Jahrhundert dem **St. Knut-Kloster in Odense,** ab 1290 gehörte es zum **Kloster Ribe.** Auch von Rømø kamen viele Seeleute, die im 17. und 18. Jahrhundert auf **Walfang** gingen, und so kamen auch hier viele Familien zu Geld. Zwischen 1864 und 1920 gehörte „Röm" **zur preußischen Provinz Schleswig-Holstein,** erst nach der Volksabstimmung von 1920, als die Grenzen verschoben wurden, wurde Rømø wieder dänisch.

⌃ Der sagenhaft breite Strand von Rømø

Rømø erreichen

Die **Fähre** zwischen List und Rømø pendelt acht- bis neunmal in der Saison, im Winter etwas seltener. Die Fahrt dauert 40 Minuten, in der Hochsaison sollten Autofahrer einen Platz reservieren.

■ **Infos:** Tel. 04651 864601, www.syltfaehre.de.
■ **Adresse der Häfen fürs Navi:** Am Fähranleger 3, 25992 List auf Sylt; Kilebryggen 1, 6792 Havneby, Rømø.
■ **Ticketpreise:** Auto bis 6 m inklusive Personen: 83 € hin und zurück, Fahrrad inklusive Person: 15,90 €, Personen ohne Fahrzeug hin und zurück: 12,30 €, Kinder (4–14 Jahre) 8,10 €, Senioren über 60 Jahre 9,30 €.

☑ Die Kirche Sankt Clemens auf Rømø

Rømø erkunden

Vom Hafenort Havneby führt eine Straße nach Norden in Richtung Festlandsdamm, der auf Dänisch **Rømødæmningen** (Röm-Damm) heißt. Entlang dieser Straße liegen alle Sehenswürdigkeiten. Ein Kurzbesuch, egal ob mit Auto oder Fahrrad, folgt dieser Straße, und dann kann und sollte noch einen Abstecher zum schönen und sehr breiten Strand von Lakolk auf dem Programm stehen.

Es gibt einen **Fahrrad-Rundweg** namens **Panoramaroute 402,** der auch einen Schlenker durch die Inselmitte macht, die geprägt ist von Heidelandschaft, Dünen und Kiefernwäldchen. Der Weg beginnt direkt in Havneby. Wer kein eigenes Fahrrad von Sylt mitbringt, kann sich in Havneby eines ausleihen (auch E-Bikes) bei Rømø Cycler, Nørre Frankel 1 B, Tel. +45 88935040, www.romocycler.dk (deutschsprachig).

sy20115 sm

MEIN TIPP: Nach einer Rundreise über die Insel hat man sich eine Pause am Hafen verdient, dort sind mehrere Lokale zu finden. Ein besonderer Tipp ist **Otto & Ani's Fisk Bistro,** das direkt am Hafen liegt. Eine kleine, etwas unscheinbare Bude, in der es leckere Fischbrötchen, Räucherfisch und auch Fischfrisch gibt, auch Tellergerichte und bei großem Hunger sogar ganze Fischplatten.

Sehenswertes

Havneby ist der **Hafen,** wo die Fähre anlegt und auch das **kommerzielle Zentrum** mit einigen Lokalen und Shops, darunter auch Geschäfte mit Sport-, Freizeit- und Outdoorbekleidung, sowie einen Fahrradverleih.

Nur wenige Kilometer weiter nördlich steht die schöne weiße **Sankt-Clemens-Kirke.** Die Kirche stammt ursprünglich aus dem Jahr 1200, aber davon ist nur noch ein Gebäudeteil erhalten, später wurde sie mehrfach renoviert und auch erweitert, als durch den Walfang Geld auf die Insel kam. Von außen wirkt sie sehr schön, innen eher etwas gedrungen und schlicht, aber auch gemütlich. Die Sitze tragen teilweise noch die Namen oder Kürzel ihrer Besitzer, denn die Sitze konnte man früher kaufen. Einige Reihen nahe der Orgel waren für die Dänen von List reserviert, sie heißen deshalb auch „Lister Stühle". Der Altar stammt aus einer Werkstatt in Tønder und setzt sich aus mehreren Teilen aus verschiedenen zeitlichen Epochen zusammen. Der Taufstein aus Granit stammt aus der Zeit um 1100 und ist damit der älteste Kirchenschatz. Die Kanzel wurde 1584 gebaut. Die im Walfang reich gewordenen Kapitäne spendeten einige der sieben Votivschiffe, die von der Decke hängen, das älteste ist eine Fregatte aus dem frühen 18. Jahrhundert und hängt vor der Kanzel. Die drei großen Kronleuchter sind ebenfalls Spenden von Walfängern, sie stammen aus der Zeit um 1700.

Auf dem **Friedhof** stehen an der Nordmauer insgesamt 36 Grabsteine aus dem 17. und 18. Jahrhundert, einige davon kunstvoll gestaltet. Sie erzählen teilweise die Familiengeschichte, oft wird auch die Anzahl der Kinder genannt und auf einigen sind bildhafte Darstellungen zu finden wie das Abschiedsnehmen eines Seemanns, die Darstellung einer Familie oder auch biblische Motive.

Knapp nördlich der Zufahrt zum Rømødamm liegt bei Toftum der **Kommandørgård,** das 1749 erbaute beindruckende Reetdachhaus eines ehemaligen Commandeurs, heute ein Nationalmuseum. Es zeigt die Wohneinrichtung einer wohlhabenden Familie, teils mit blau-weißen holländischen Kacheln verkleidete Wände, und im Seitengebäude ist das Skelett eines Pottwals ausgestellt, der 1996 vor Rømø angespült wurde.

● **Kommandørgård,** Ostern und 1.–31.5. 10–15, 1.6.–30.9. 10–17, Herbstferien (42. Woche) 10–15 Uhr, 50 DKK.

Zum Ausstellungsbereich gehört auch die knapp südlich gelegene **kleinste und auch älteste Schule Dänemarks.** Gegründet wurde sie 1784 von Dorfbewohnern, die sich für ihre Kinder ein gewisses Maß an Bildung wünschten. Sie organisierten die Schule selbst: Lehrer waren Bauern und ältere Kapitäne, unterrichtet wurde Lesen, Schreiben, Rechnen und Navigation. Die Schüler lernten vom 5. bis zum 8. (Mädchen) bzw. 12. (Jungen) Lebensjahr.

Nur einen Kilometer weiter nördlich steht bei **Juvre** an der Straße ein **Zaun**

sy20116 sm

aus Walkieferknochen aus dem Jahr 1772. *Peter Andersen List* aus Rømø war lange Jahre Commandeur auf einem Walfänger und brachte die Knochen mit nach Hause. Sie dienten hier auf der beinahe baumlosen Insel als Holzersatz beim Hausbau und eben auch als Zaun. Dieses Exemplar ist das letzte erhaltene auf den nordfriesischen Inseln, einen ähnlichen Zaun findet man noch auf Borkum, einer der sieben ostfriesischen Inseln.

Einen Abstecher zum sehr breiten **Strand** bei **Lakolk** darf nicht fehlen. Dazu die Vesterhavsvej, die schnurgerade Verbindungsstraße vom Rømødamm zum Strand, befahren. Lakolk ist ein überschaubares touristisches Zentrum mit Campingplatz, Supermarkt, PølserBude und eben der Zufahrt zum sagenhaft breiten Strand. Es gibt einen Parkplatz, Mutige fahren bis auf den Strand, woran man sich auch erstmal gewöhnen muss.

⌃ Dänemarks kleinste Schule

Besuch auf dem dänischen Festland

Das dänische Festland wird rasch über den Rømødamm erreicht, von dort sind einige interessante und auch sehr gemütliche (*hyggelig*, wie die Dänen so schön sagen) Orte zumindest per Auto schnell erreicht.

Hjemsted Oldtidspark

Fast unmittelbar vor dem Damm zur Insel Rømø liegt das **Freilichtmuseum zur Eisenzeit** (800 v. Chr.–400 n. Chr.), das landesgrößte zum Thema. In der Nähe des Ortes Skærbæk wurden in den 1970er Jahren Überreste eines eisenzeitlichen Dorfes entdeckt. Aus diesem Fund entstand schließlich das Freilichtmuseum mit etlichen nachgebauten Gebäuden und einem großen unterirdischen Museum, in dem viele Fundstücke präsentiert werden, darunter auch im Boden eingelassene, nachgestellte Bestattungsriten. Das eigentliche 13 Hektar große Freigelände erstreckt sich hinter dem Museum, welches unmittelbar beim Haupteingang liegt. Auf dem Gelände sind Gehöfte zu finden, Tiergehege, eine Verteidigungspalisade, eine römische Kriegsmaschine, ein Kräutergarten, ein Schlachtfeld, ein kleiner See, aber auch historische Spielgeräte. Diese Stationen besucht man auf einem Rundgang und kommt auch mit „Bewohnern" ins Gespräch. Denn vor einigen der Bauten sitzen Handwerker, schmieden Waffen oder schnitzen Holz, außerdem gibt es besonders im Hochsommer verschiedene Veranstaltungen, die vor allem für Kinder konzipiert sind.

■ **Hjemsted Oldtidspark,** Hjemstedvej 60, 6780 Skærbæk, www.hjemsted.dk, 11.5.–30.6., 31.8.– 22.9. Di–So 10.30–16.30, 1.7.–30.8. tägl. 10–17 Uhr, Erw. 65 DKK (1.7.–30.8. 95 DKK), Kinder 3–13 Jahre 45/55 DKK.

sy20117 hf

Ausflüge von Sylt aus

Tønder

Die Kleinstadt (7600 Einwohner) liegt nur wenige Kilometer jenseits der dänisch-deutschen Grenze. Der Ort zählt zu den **ältesten Städten** des Landes, er war bereits im 11. Jahrhundert bekannt. 1243 erhielt Tønder als erster Ort in Dänemark Stadtrechte. Im Mittelalter lag Tønder noch direkt am Meer und war eine Hafenstadt. Diesen Status verlor die Stadt in späteren Jahren, da durch Eindeichungen dem Meer Land abgerungen wurde. In der jüngeren Historie spielte das kleine Tønder zweimal eine Rolle in der großen Politik. Nach dem für Dänemark verlorenen Krieg mit Preußen im Jahr 1864 fiel die Stadt mit der gesamten Grenzregion an das **Deutsche Reich,** sein Name war fortan Tondern. Nach dem Ersten Weltkrieg wurde nach einer Volksabstimmung die Grenze erneut verschoben, Tondern fiel **zurück an Dänemark,** obwohl die Mehrheit der Stadtbewohner für einen Verbleib bei Deutschland stimmte.

Tønder konnte über all die Jahre ein **zauberhaftes innerstädtisches Häuserensemble** erhalten. Es macht einfach Spaß, durch die charmanten Straßen zu spazieren, auf Details an den liebevoll gepflegten Häusern zu achten. Tønder lebte lange Zeit vom Handel und speziell von **Tuch- und Klöppelarbeiten,** was einige Händler sehr reich machte. Eines der schönsten Häuser ist das **Drøhse**

Hus aus dem Jahr 1672 in der Storegade 14. Dort werden noch heute Ausstellungen zu Textilien und Klöppelarbeiten gezeigt (Di–Fr 11–17, Sa 10–14 Uhr, 50 DKK). Sowieso sollte man einmal über die **Haupteinkaufsstraße Storegade** flanieren. Mal hier ein Geschäft schauen, um reizvolles Design oder stilvolle Alltagsgegenstände zu entdecken, und zwischendurch das oberleckere dänische Softeis schlecken.

MEIN TIPP: Unbedingt besuchen sollte man **Det Gamle Apotek** („Die Alte Apotheke") aus dem Jahr 1595. Dieses verwinkelte Gebäude ist eine wahre Fundgrube für Geschenkideen und Kunsthandwerk. In insgesamt 46 Räumen gibt es wohl nichts, was es nicht gibt. In den Kellerräumen findet sogar das ganze Jahr über eine Weihnachtsausstellung statt.

■ **Det Gamle Apotek,** Østergade 1, https://det-gamle-apotek.dk, Mo–Fr 10–17.30, Sa und So 10–16 Uhr.

sy2118 sm

> ☐ Die „Alte Apotheke" ist ein Shopping-Paradies

> ☐ Hjemsted Oldtidspark

Ganz in der Nähe öffnet sich ein größerer Platz mit der **Skulptur des Kagmanden,** der eine Peitsche in der Hand hält. Dieser strenge Herr gemahnt an die Einhaltung der Gesetze, denn hier stand in der Vergangenheit der Pranger (*Kag* genannt), wo schon geringe Vergehen teilweise brutal bestraft wurden.

Sehr viel friedlicher zeigt sich die große und eindrucksvolle **Kristkirke** einmal ums Eck. Schon 1350 stand hier eine erste Kirche, die aber 1591 wegen Baufälligkeit abgerissen wurde. Nur ihr Turm blieb stehen und wurde so Bestandteil der neu gebauten heutigen Kirche. Das Innere stammt überwiegend aus dem 17. Jahrhundert und zeigt den damaligen städtischen Wohlstand. Dazu zählt auch der detailreich gearbeitete Altar, eine Schenkung des damaligen Amtsschreibers im Jahr 1695. Der achteckige Taufstein aus schwarzem Marmor stammt aus Belgien und wurde um 1400 erschaffen, der Taufhimmel wurde 1619 angefertigt. Auch die reich geschmückte Kanzel ist eine Schenkung (1586). An den Wänden hängen 14 Gedenktafeln *(Epitaphien),* die älteste stammt aus dem Jahr 1586.

Ebenfalls sehenswert ist das **Kunstmuseum** im weithin sichtbaren Wasserturm. Dort befindet sich auch eine Ausstellung des Möbeldesigners *Hans J. Wegner,* von dem 36 Stühle auf acht Etagen verteilt präsentiert werden. Diese sind eine Schenkung des bekannten Designers, der 1914 in Tønder geboren wurde, an seine Heimatstadt.

■ **Kulturhistorie Tønder,** Wegners Plads 1, www.msj.dk, Di–So 10–17 Uhr, Erw. 70 DKK.

⌂ Charmantes Straßenbild in Tønder

Tønder erreichen

Tønder liegt einige Kilometer nördlich der deutsch-dänischen Grenze an der Fernstraße *(Primærrute)* 11, der Verlängerung der deutschen Bundesstraße 5. Sylt-Urlauber auf dem Weg zur Fähre von Rømø nach List fahren in Sichtweite an der Stadt vorbei und könnten einen kurzen Stopp einlegen. Wer einen Tagesausflug von Sylt mit der Fähre nach Rømø unternimmt, fährt von der Insel über den Damm zum Festland und erreicht dort schnell die Fernstraße 11. Von Rømø nach Tønder sind es ca. 45 Kilometer. Ein stadtnaher kostenloser Parkplatz liegt an der Straße Sønderlandesvej.

Auch mit der **Bahn** ist Tønder erreichbar, von **Niebüll** fährt regelmäßig ein Zug hoch bis Esbjerg und passiert auch Tønder und Ribe.

☑ Das Løgumkloster

Løgumkloster

Løgumkloster, nordöstlich von Tønder gelegen, ist sowohl ein **kleiner Ort** als auch ein ehemaliges **Zisterzienserkloster.** Dieses Kloster wurde ab 1175 hier aufgebaut, der Name leitet sich ab vom lateinischen „Locus Dei" („Ort Gottes"). Das Kloster gewann rasch großen Einfluss und auch politische Macht, es zählte nach einigen Schenkungen zu den reichsten Klöstern neben dem Bischofssitz von Ribe und Schleswig.

Der **Aufbau** eines Zisterzienserklosters ist überall gleich. Es handelt sich immer um einen Komplex aus vier Flügeln, die einen geschlossenen Bereich mit Innenhof bildeten. In Løgumkloster war der nördliche Flügel die Kirche, und der Ostflügel war der Kapitelsaal, der Versammlungsraum der Mönche, in dem ihnen u.a. jeden Tag eine der strengen Ordensregeln vorgelesen wurde, wovon sich auch der Name „Kapitelsaal" ablei-

sy20120 sm

tet. Vom früheren Kloster sind nur noch Teile erhalten, darunter die Kirche, die ab 1200 errichtet wurde und deren Fertigstellung etwa ein Jahrhundert dauerte, sowie ein Teil des Ostflügels. 1548 wurde das Kloster im Zuge der Reformation aufgelöst, seine Kirche zur Pfarrkirche herabgestuft und die Gebäude weitestgehend abgerissen.

Die **Kirche** ist relativ schmucklos, gemäß den Regeln der Zisterzienser. Das barocke Taufbecken wurde im Jahr 1704 geschaffen. Der Flügelaltar stammt aus dem späten 15. Jahrhundert, kam aber erst 1825 in diese Kirche. An der Nordwand befindet sich ein Reliquienschrein aus dem frühen 14. Jahrhundert; in dieser Zeit wurde auch das Kruzifix der Triumphkreuzgruppe erschaffen. Die Kanzel baute man um 1580 in Tønder.

🔴 **Løgumkloster,** Slotsgade 11, 6240 Løgumkloster, Mo–Sa 10.30–17.30, So 12–17 Uhr.

Etwas außerhalb steht am Sølstedgaardvej ein 25 Meter hoher Turm mit dem **größten Glockenspiel Nordeuropas** (49 Glocken). Hier werden sechsmal am Tag Kirchenlieder gespielt, genaue Zeiten unter https://royalcarillon.dk.

Løgumkloster erreichen

Von der Fernstraße 11 zweigt knapp nördlich von Tønder die Fernstraße 25 ab, die nach knapp 10 Kilometern Løgumkloster erreicht.

▷ Blick auf den Dom und die Stadt Ribe

Ribe

Ribe ist die **älteste Stadt Dänemarks** und **eine der schönsten** noch dazu. Um den zentral stehenden mächtigen Dom hat sich ein wirklich zauberhaftes Stadtbild erhalten.

Ribe war schon im 9. Jahrhundert ein Handelsort, der an einem schiffbaren Fluss mit Verbindung zur Nordsee lag. Archäologische Funde belegen sogar eine frühe Siedlung, die etwa auf das Jahr 710 datiert wird. 860 kam der Missionar *Ansgar* nach Ribe und baute hier eine Holzkirche, die als die erste Kirche ganz Skandinaviens gilt. Die Handelsaktivitäten dauerten bis etwa zum 15. Jahrhundert an, dann begann ein schleichender Niedergang. Zunächst verlagerten sich altbewährte Handelswege, hinzu kam eine Reihe von Unglücken (Feuer, Sturmfluten, Pest). Die Stadt existierte aber weiter und profitierte auch von mehreren Klöstern in der Umgebung sowie vom Bischofssitz. Der Bischof von Ribe war nämlich mächtig und hatte Besitzungen auch weit außerhalb der Stadt, die sogar bis auf die Insel Sylt reichten, denn List stand unter seiner Herrschaft, genau wie Amrum und Teile von Föhr. Zwischen 1864 und 1920 gehörten große Gebiete südlich von Ribe zum Deutschen Reich, die Stadt war dadurch unfreiwillig fast Grenzstadt geworden.

Alle Stürme der Zeit konnte aber der **innerstädtische Kern** überdauern, er zählt heute zu den charmantesten Altstadtkernen überhaupt. Zahllose kleine, gedrungene Häuser stehen hier an schmalen Straßen aus Kopfsteinpflaster, und alles gruppiert sich um den mächtigen Dom. Der mittelalterliche Kern ist nicht übermäßig groß, er ist auf einem

Spaziergang bequem zu erkunden. Seit dem 13. Jahrhundert scheint der Verlauf der Straßen sich kaum verändert zu haben. Die meisten von ihnen wurden nicht planmäßig angelegt, bildeten sich einfach heraus; es gibt nur eine einigermaßen gerade verlaufende Straße, die Stenbogade. Insgesamt 109 Gebäude stehen in der Altstadt unter Denkmalschutz. Schöne Häuser findet man vor allem entlang der Hauptstraße mit wechselndem Namen (Overdammen, Mellemdammen, Nederdammen, die allgemein als „Dammene" („Dämme") bekannt ist, auch kleine Geschäfte, einige Lokale, aber eben auch viele noch bewohnte Gebäude. Sehr schicke Häuser stehen in der Præstergade und Grønnegade, auch die schmalen Gassen beim Fluss sind sehr idyllisch. Ein besonders eindrucksvolles und ziemlich schiefes Giebelhaus steht an der Sønderportsgade 37.

Dom zu Ribe

Ansgar, der Missionar des Nordens, errichtete im 9. Jahrhundert eine erste Holzkirche in Ribe, die Steinkirche wurde zwischen 1150 und 1175 begonnen und etwa 100 Jahre später im Stil der **Romanik** beendet. Das **Baumaterial Tuffstein** musste mühsam mit Lastkähnen aus Köln herantransportiert werden, nur für die Fundamente und Sockel wurde heimischer Granit genutzt.

Innen wirkt die 68 Meter lange und 34 Meter breite Kirche sehr hell und auch etwas schlicht gestaltet. Auffällig ist die **Apsis** mit der Kuppel und den ausdrucksstarken Wandmalereien, die aber erst in den 1980er Jahren entstanden. Davor steht u.a. die **Bronzetaufe** aus dem Jahr 1375, das **Eichengestühl** wurde dagegen erst Anfang des 20. Jahrhunderts geschaffen. Die **Kanzel** ist eine Arbeit aus dem Jahr 1597. An den Seiten

Ausflüge von Sylt aus

sy20121 sm

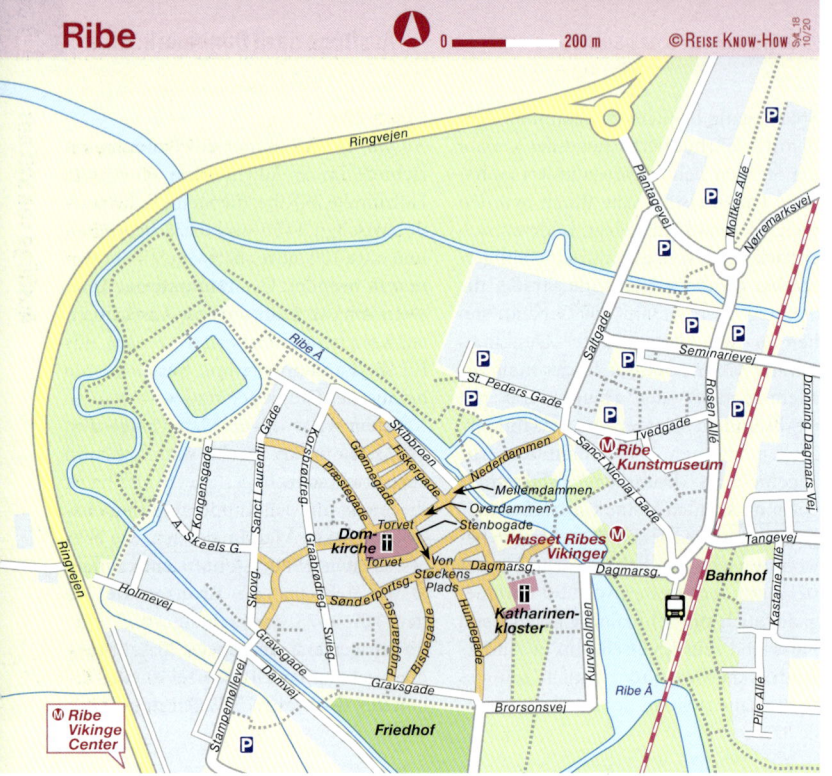

finden sich zahlreiche Grabplatten und Gedenkbildnisse, darunter auch eine Skulptur des Drachentöters St. Jürgen, die sich vor der hellen Wand sehr deutlich abzeichnet, sie stammt aus dem Jahr 1475. Besonders wertvoll ist auch das **Südportal** mit der Katzenkopftür, wo ein Granitrelief die Kreuzabnahme darstellt, erschaffen um 1150.

Der rechteckige **Turm** wurde 1333 fertiggestellt, nachdem ein früherer Turm 1283 eingestürzt war. Dieser Backsteinturm wird „Bürgerturm" genannt und trägt oben eine Sturmglocke, die bei Gefahren läutete. Der südliche Turm ist auch ein Nachbau, der frühere Marienturm musste 1790 abgerissen werden. Der Bürgerturm trägt ein Glockenspiel,

das täglich um 8 und um 18 Uhr den Psalm „Die lieblichste Rose ist gefunden" spielt und um 12 und um 15 Uhr das Volkslied „Königin Dagmar liegt krank in Ribe".

■ **Ribe Domkirke,** ab 11 Uhr, Mai bis Sept. ab 10 Uhr, So immer ab 12 Uhr, Eintritt frei, Turmbesteigung 20 DKK.

Katharinenkloster

Nicht sehr weit entfernt von der City steht die **Katharinenkirche,** die zum 1228 von den Dominikanern gegründeten Kloster gehörte. Die heutige Kirche stammt aber aus dem 16. Jahrhundert; das Kloster wurde im Zuge der Reformation 1536 aufgelöst. Es war dann zunächst Hospital, und heute sind hier neun Wohnungen eingerichtet, die für „ältere dänische Staatsbürger über 45 Jahre" gedacht sind. Diese Kirche ist die einzige, die neben dem Dom nach der Reformation weiterhin als Gotteshaus genutzt wurde, weitere 12 Kirchen wurden geschlossen. Die Katharinenkirche wurde Anfang des 20. Jahrhunderts aufwendig restauriert, da sie durch den insgesamt sumpfigen Untergrund stark geneigt war. Durch die Kirche kann man den schönen Innenbereich des ehemaligen Klosters betreten. Vor der Kirche stellt der auffällige **Sankt-Katharina-Brunnen** die Historie Ribes in acht Reliefs dar, angefangen mit *Ansgar* und dem Bau der ersten Kirche.

Museet Ribes Vikinger

Dieses moderne **Geschichtsmuseum** liegt direkt am Fluss gegenüber vom Bahnhof knapp außerhalb der historischen Altstadt. Die Ausstellung erzählt die 1000-jährige Geschichte Ribes von den Anfängen im 8. Jahrhundert, wobei die ersten Handelsbeziehungen beleuchtet werden, die Zeit der Wikinger, das Mittelalter und der Bogen bis etwa zum frühen 18. Jahrhundert gespannt wird. Viele Fundstücke wie Schmuck, Waffen, Münzen und Trachten sind ausgestellt, Tafeln erklären die Zusammenhänge. Zudem sind szenisch ein Marktgeschehen aus dem 8. Jahrhundert sowie eine Baustelle aus der Zeit um 1500 nachgebildet.

■ **Museet Ribes Vikinger,** Odins Plads 1, www.ribesvikinger.dk, 1.9.–31.5. Di–So 10–16, 1.6.–31.8. tägl. 10–17 Uhr, Erw. 85 DKK, Personen bis 17 Jahre frei.

☑ Die Domkirche von Ribe

sy20124 sm

Ribe Kunstmuseum

Auch das Kunstmuseum zählt zu den ältesten im dänischen Königreich (seit 1891) und befindet sich in einer stolzen Villa mit prächtigem Garten. Ausgestellt ist dänische Kunst aus der Zeit zwischen 1750 und 1950 sowie wechselnde Sonderausstellungen.

■ **Ribe Kunstmuseum,** Sct. Nicolaj Gade 10, www.ribekunstmuseum.dk, 1.1.–30.6. und 1.9.–31.12. Di–So 11–16, 1.7.–31.8. tägl. 11–17 Uhr, Erw. 80 DKK, Personen unter 18 Jahren gratis.

Ribe Vikinge Center

Dieses **Wikingermuseum** liegt etwas außerhalb südlich der Stadt, ist aber ausgeschildert. Auf einem großen Freilichtgelände wird die Welt der Wikinger nicht nur gezeigt, sondern durch zahlreiche Freiwillige auch gelebt. Denn hier ist die Wikingersiedlung Ripa nachgebaut, mit einem Marktplatz, einem Hafen, einem Bauernhof mit Tieren, der alten Ansgar-Kirche und vor allem mit Menschen, die ihr Handwerk oder Landwirtschaft betreiben, oder sich auch mal zu Kämpfen formieren. Es gibt zahlreiche Aktivitäten speziell für Kinder.

■ **Ribe Vikinge Center,** Lustrupvej 4, 6760 Ribe, www.ribevikingecenter.dk. Ende April bis Mitte Okt. meist (!) Mo–Fr ab 10 Uhr, geschlossen wird zwischen 15.30 und 17 Uhr; Ende Juni bis Ende August tägl. 11–17 Uhr, Erw. 130 DKK, Kinder (3–13 Jahre) 65 DKK.

Ribe erreichen

Von Rømø über den Damm zum Festland fahren und dann nach links über die Fernstraße 11 ca. 40 Kilometer bis Ribe. Vom gut erreichbaren kostenlosen **Parkplatz Nord** an der Straße Plantagevej erreicht man die Altstadt mit dem kaum zu übersehenden mächtigen Dom in 10 Minuten Fußweg über die Saltgade. Ribe hat einen zentrumsnah gelegenen Bahnhof, an dem die **Züge** aus **Niebüll** auf ihrer Fahrt nach Esbjerg halten.

◁ Charmantes Stadtbild in Ribe

▷ In der Domkirche

7 **Praktische Reisetipps von A bis Z**

 Die Promenade von Westerland

Anreise

Wie gelangt man nach Sylt? Ganz einfach: zunächst nach Norden und dann (ab Hamburg) immer geradeaus. Aber wie immer liegen die Schwierigkeiten im Detail.

Per Bahn

Es gibt Direktverbindungen aus dem westdeutschen Raum, aus Süddeutschland per **IC** und aus Berlin. Ohne Umsteigen gelangt man so aus etlichen deutschen Städten hoch auf die Insel. Infos: www.bahn.de.

Wer keine direkte Verbindung nehmen kann, reist zunächst bis **Hamburg-Altona** (nicht Hamburg Hauptbahnhof!) und steigt dort um. Steigt man am Hauptbahnhof Hamburg um, muss man den Zug ein weiteres Mal wechseln, nämlich 20 Minuten später in Elmshorn. Unnötig, da praktisch alle Fernzüge sowieso in Altona enden. Stündlich startet in Altona ein Zug, der nach drei Stunden Fahrt die Insel erreicht.

Kleiner Hinweis: In den Sommermonaten sind die Züge an den Wochenenden immer **brechend voll,** jedenfalls die Vormittagszüge nach Sylt und die Abendzüge zurück. Warum? An sonnigen Tagen nutzen viele Hamburger und Schleswig-Holsteiner das sogenannte Schleswig-Holstein-Ticket der Bahn und gönnen sich einen Tagesausflug. Manches Mal waren die Züge schon derart überfüllt, dass die Bahn im Minutenabstand einen zweiten Zug vorausschickte. Also, möglichst die entsprechenden Zeiten meiden oder ab Hamburg mit einem der eingangs erwähnten IC-Züge weiterfahren, denn in diesen Zügen gilt das Schleswig-Holstein-Ticket nicht.

Und noch ein Hinweis für die letzten Kilometer der Bahnfahrt: Auf den Bahnhöfen zwischen Husum und Westerland sind die Schilder zweisprachig, der Ortsname erscheint nicht nur auf Hochdeutsch, sondern auch **auf Friesisch:** Hüsem (Husum), Bräist (Bredstedt), Naibel (Niebüll), Klangsbel (Klanxbüll), Muasem (Morsum), Kairem (Keitum) und Weesterlön-Söl (Westerland-Sylt).

Per Auto

Bis Niebüll

Alle Wege führen zunächst nach **Hamburg,** durch den Elbtunnel. Danach haben angehende Sylt-Urlauber allerdings zwei Varianten zur Auswahl. Etwa 5 Kilometer nach dem Passieren des Elbtunnels gabelt sich die Autobahn. Geradeaus verläuft die A 7 in Richtung Kiel/Flensburg, während die rechte Spur zur A 23 nach Heide/Husum führt.

Die **A 23** ist die Westküstenstrecke, die Autobahn endet bei Heide. Sie geht in die Bundesstraße 5 über, die bestens ausgebaut, aber nur einspurig bis nach Niebüll führt. Früher war auf dieser Strecke die Stadt Husum ein Nadelöhr – das ist vorbei, die B 5 führt großzügig außen herum.

Wer längere Zeit Autobahn fahren möchte, wählt die **A 7** in Richtung Flensburg. Kurz vor der dänischen Grenze nimmt man die Abfahrt Harrislee und dann geht es noch über 36 Kilometer auf der B 199 rüber nach Niebüll.

Bei den beiden Varianten kann ich keine eindeutige Empfehlung aussprechen. Der Weg über die A 7 zählt mehr Kilometer, dafür bleibt man länger auf der Autobahn. Auf der anderen Strecke fährt man zwischen Heide und Niebüll 81 Kilometer Bundesstraße, und die ist nur einspurig und überraschend stark befahren.

Leider kommt es immer wieder zu Staus vor dem Hamburger **Elbtunnel.** Je nach Staulänge kann man sich dann in Geduld üben und irgendwann doch durchfahren oder eine Ausweichmöglichkeit wählen.

⌄ Mit Doppeldeckerwagen fährt heute der SyltShuttle auf die Insel

Autozug von Niebüll

In Niebüll glücklich angekommen, reiht sich jeder ein in die Schlange bei der **Autoverladestation.** Denn auf die Insel geht's nur per Zug. Dieser hat seinen eigenen Terminal in Niebüll, die Adresse für das Navi lautet: Kurt-Bachmann-Ring 2, 25899 Niebüll. Bei Problemen: Der alte Straßenname lautete Südergath.

Jahrzehntelang bediente die Deutsche Bahn diese Strecke allein, ihr Service heißt **Sylt Shuttle.** Man fährt nach Niebüll zur Verladestation, kauft sich ein Ticket und fährt auf den doppelstöckigen Wagen; eine Reservierung ist nicht möglich. Die Fahrt dauert 35 Minuten. Der Sylt Shuttle verkehrt zwischen 5 und 21 Uhr alle 60 bis 90 Minuten, in Spitzenzeiten halbstündlich. Es gibt zehn Fahrspuren. Die Passagiere bleiben übrigens im Auto sitzen und schaukeln so durchs Watt. Wer oben sitzt, hat die besten Ausblicke.

sy20125 sm

Anreise mit Hindernissen

Wer heute mit dem Zug nach Sylt reist, befährt die Strecke von Hamburg durch Schleswig-Holstein nach Westerland in knapp drei Stunden. Trotz gelegentlicher Verspätungen ist dies kein Vergleich zu **früheren, äußerst mühseligen und umständlichen Anreise-Varianten.**

Der Hindenburgdamm wurde 1927 eröffnet, vorher mussten die Badegäste die letzten Kilometer mit einem Schiff zurücklegen, und auch da gab es unterschiedliche Varianten. Die ersten Sylt-Urlauber reisten vom Festland bei Emmerleff (heutiges Emmerlev in Dänemark, drei Kilometer nördlich von Højer) mit einem Schiff an und mussten mitten im Watt auf einen Pferdewagen umsteigen, der sie langsam und vermutlich auch unbequem nach Westerland brachte. Eine andere Schiffsroute führte von Husum über Föhr zur Sylter Ostseite, von wo der letzte Weg nach Westerland wohl auch nicht komfortabler war. Etwas angenehmer, weil kürzer, war dann die Überfahrt von Hoyer (heutiges Højer) nach Munkmarsch mit einem Raddampfer, der ab etwa 1860 verkehrte. Diese Verbindung etablierte sich, und ab 1870 legte das Schiff vom Hafen Hoyer Schleuse ab. Ab 1888 verkehrte dann sogar die Inselbahn von Munkmarsch nach Westerland, ein weiterer Vorteil für die Gäste. Es gab auch noch eine Schiffsverbindung von Hamburg über Helgoland und Föhr nach Hörnum. Aber auch hier musste erst eine etwa 150 Meter lange Seebrücke ins Meer gebaut werden, damit die Schiffe dort überhaupt anlegen konnten; das geschah 1901. Ab 1903 fuhr dann auch die Inselbahn von Hörnum bis nach Westerland.

Und als wäre dies alles nicht bereits umständlich genug, mussten die Gäste ja überhaupt erst einmal in den hohen Norden gelangen. Dazu war eine **Eisenbahnlinie** notwendig, die von Hamburg entlang der Westküste bis ganz nach Norden fuhr. Diese 237 Kilometer lange Strecke zwischen Hamburg-Altona und Westerland entstand in Etappen. Mit dem Bau der sogenannten **Marschbahn** begann man 1845 mit einer kurzen Verbindung zwischen Elmshorn und Glückstadt. Diese Verbindung wurde dann fortgeführt bis Itzehoe (1857) und später bis Heide (1878). Mit Umsteigen konnte man von dort Husum erreichen und damit eine Fähre nach Sylt. 1887 erreichte die Marschbahn dann erst Husum, später Niebüll, und schließlich gab es Anschlüsse nach Tondern (heutiges Tønder in Dänemark). Von dort ging es weiter nach Hoyer Schleuse zum Fährschiff nach Munkmarsch. Als 1920 die deutsch-dänische Grenze verschoben wurde, lagen Tondern und Hoyer Schleuse in Dänemark und waren nur mit zweimaliger Grenz- und Passkontrolle erreichbar. Eine Zeit lang verplombte man die Türen der Waggons in Niebüll

und ließ die Züge bis zum Fährhafen durchrollen, aber eine gute Lösung war das auch nicht. Erst mit Eröffnung des Hindenburgdamms im Jahr 1927 rollten die Züge direkt ab Hamburg-Altona nach Westerland. Seit 1932 werden auch Autos per Bahn nach Sylt transportiert. Die Inselbahn wurde 1970 eingestellt und durch Busse ersetzt, seit 1963 pendelt eine Fähre von der dänischen Nachbarinsel Rømø nach List.

Die Marschbahn hat sich mittlerweile bewährt und bietet unterwegs sogar einige touristisch **interessante Ausblicke.** So beispielsweise beim Überqueren des Nord-Ostsee-Kanals über die 2218 Meter lange Brücke bei Hochdonn, von wo man auf die Schiffe im Kanal hinunterblicken kann. Auch die Überquerung der breiten Eider erfolgt bei Friedrichstadt über eine historische Eisenbahnbrücke. In Husum wird die Husumer Au überquert, auf der linken Seite kann man Schiffe im Hafen sehen, die bei Ebbe auf dem Schlick liegen. Spektakulär ist dann die Überfahrt auf dem 11,3 Kilometer langen Hindenburgdamm durch das Wattenmeer von Klanxbüll (Festland) auf die Insel Sylt, die bei Morsum erreicht wird. Kurz zuvor betrachtet man noch auf dem Festland die vielen Windräder und Solaranlagen auf der linken Seite beim Friedrich-Wilhelm-Lübke-Koog, dem letzten Koog, der in Schleswig-Holstein zur Landgewinnung entstand. Er ist von einem 8,5 Kilometer langen Deich eingefasst, der durchs Wattenmeer getrieben wurde – der größte Deichbau in der Nachkriegszeit in Schleswig-Holstein. In dieser kleinen Gemeinde wird durch Windenergie so viel Strom erzeugt wie in kaum einer anderen Region.

◁ Die Marschbahn überquert den Nord-Ostsee-Kanal und bietet spektakuläre Ausblicke

■ **Infos:** Tel. 0800-822 83 83, www.syltshuttle. de.
■ **Preise:** Pkw (inklusive Insassen) einfache Fahrt 56 €, Hin- und Rückfahrt 99,90 €. Di, Mi und Do mit der **DiMiDo-Fahrkarte** 87 € für Hin- und Rückfahrt. Für Motorräder, Wohnmobile und Fahrzeuge über 6 m Länge gelten spezielle Tarife.

Seit 2016 gibt es eine zweite Gesellschaft, die Nutzungsrechte an dieser Strecke hat und nun ebenfalls von Niebüll einen eigenen Autozug nach Westerland betreibt, den einstöckigen blauen **Autozug Sylt.** Die **RDC** (Railroad Development Corporation) nutzt dieselben Abfertigungsgebäude wie der Sylt Shuttle. Leider erkennen die Gesellschaften ihre Tickets wechselseitig nicht an – doch vielleicht wird sich das ja noch ändern.

Der Zug fährt täglich in der Zeit von 4.30 bis 18.35 bis zu 26 Mal ab Niebüll, hier kann sogar ein Platz fest reserviert werden. Der Zug hat in Niebüll die Spuren 9 bis 11 ganz rechts, in Westerland sind es an der Auffahrt direkt rechts die Spuren 7 und 8.

■ **Infos:** Tel. 01806-25 82 58, www.rdc-deutsch land.de.
■ **Preise:** Einzelfahrt 60 € (ohne Reservierung), Hin- und Rückfahrt 85 € (Di–Do) oder 100 € (Fr–Mo). Es gibt auch günstige Online-Tarife (Spar-Preis: 19,90).

Autofähre von Rømø

Immer mehr Autofahrer wählen diese zweite Variante, sie führt über die **dänische Insel Rømø** zum Hafen Havneby. Das Aufkommen hatte sich zuletzt sehr erhöht, da es leider in der Vergangenheit immer wieder zu Pannen und Verspätungen im Zugverkehr gab. Die Fährgesellschaft kaufte dann ein weiteres Schiff und wird dieses nun zusätzlich pendeln lassen. Zu erreichen ist Rømø über die B 5 und die A 7.

Wer die Bundesstraße wählt, wechselt nach dem Passieren der Grenze auf die dänische Fernstraße 11. Nach 34 Kilometern zweigt links eine Straße nach Rømø ab, die Insel wird über einen 10 Kilometer langen Damm erreicht.

Anreisende über die A 7 überqueren erst die Grenze, verlassen aber kurz danach die Autobahn und fahren die 37 Kilometer über die dänische Straße Nr. 8 nach Tønder. Dann geht's weiter wie eben beschrieben.

Von Havneby pendelt im Sommer bis zu 18 Mal und im Winter 5–7 Mal pro Tag eine **Autofähre nach List auf Sylt,** Fahrtzeit: 35 Minuten. Dieses Angebot kann sich mit der neuen Fähre noch erhöhen.

■ **Infos und Reservierung:** Tel. (0461) 86 46 01, www.syltfaehre.de. Wer online bucht, kann bei bestimmten Fahrten bis zu 20 % sparen.
■ **Fahrpreise Personen:** einfache Fahrt 8,90 €, Hin- und Rückfahrt 12,90 €, Senioren (ab 60 Jahre) 6,50/9,70 €, Kinder (4–14 Jahre) 5,70/8,50 €, Familien (2 Erwachsene und 2 Kinder) 19,30/31,30 €.

■ **Fahrpreise Kfz (inklusive Insassen): Pkw** (bis 6 m Länge): einfache Fahrt 51,80 €, Hin- und Rückfahrt 85 €, **Wohnmobile** (bis 5,99 m Länge): einfache Fahrt 60,90 €, Hin- und Rückfahrt 92,60 €. Bei größeren Fahrzeugen wird es je nach Länge und Gewicht teurer. **Motorrad** (inklusive Fahrer): einfache Fahrt 29,80 €, Hin- und Rückfahrt 51 €.
■ **Fahrrad (inklusive Radler):** einfache Fahrt 10,70 €, Hin- und Rückfahrt 16,40 €.

Per Flugzeug

Die Flugverbindung nach Sylt hat sich in den letzten Jahren deutlich verbessert, auch hier stieg die Nachfrage wegen der häufigen Pannen auf der Bahnstrecke. Heute kann man Sylt aus Düsseldorf, Berlin, Frankfurt/M., Hamburg, Köln/ Bonn, Kassel, Mannheim, Stuttgart und München erreichen. Auch aus Zürich gibt es eine Verbindung.

■ **Sylter Flughafen,** Tel. (04651) 92 06 12, www. flughafen-sylt.de.

⌄ Die Sylt-Fähre nähert sich List

002sy sm

Per Schiff von Nordstrand

Die Anreise mit der „MS Adler Express" ab Nordstrand bietet sich in erster Linie für Urlauber mit kleinem Gepäck an, denn es handelt sich um eine Personenfähre, die zwar Fahrräder, aber keine Autos befördert. In der Saison fährt sie ab Hafen Strucklahnungshörn auf der Halbinsel Nordstrand zweimal am Tag nach Hörnum auf Sylt – mit Zwischenstopp auf Hallig Hooge und Amrum – und zurück.

■ **Infos:** www.adler-schiffe.de.
■ **Fahrplan:** Ende März bis Anfang November, Abfahrt ab Hafen Nordstrand/Strucklahnungshörn 9.15 und 14.35 Uhr (Ankunft Hörnum 11.50 bzw. 17.10 Uhr), Abfahrt ab Hörnum 12 und 17.15 Uhr (Ankunft Nordstrand 14.30 bzw. 19.40 Uhr). Hin- und Rückfahrt ab 33 €.
■ **Anfahrt zum Hafen Strucklahnungshörn:** Bahnfahrer erreichen die Schiffe per Bus Nr. 1047 ab Husum, Abfahrt dort vom Bahnhof 8.35 und 13.35 Uhr, Fahrzeit 35 Minuten. Bei der Rückkunft mit der Fähre gibt es jeweils direkten Busanschluss nach Husum. Autofahrer können am Hafen Strucklahnungshörn kostenlos parken.

⌃ Ein Adler-Schiff mit Kurs auf den Hörnumer Hafen

Einkaufen

Einkaufen und Shoppen, beides kann man auf Sylt ganz ausgezeichnet. Einkaufen bedeutet in diesem Fall, die Dinge des täglichen Bedarfs für den Aufenthalt in der Ferienwohnung zu besorgen: Schwarzbrot und Krabbensalat beispielsweise oder auch Frühstücksbrötchen und -zeitung.

Bäckereien und **Supermärkte** gibt es in vielen Inselorten, aber doch nicht in allen. Munkmarsch ist zu klein und Keitum, wo es einen Supermarkt gibt, relativ nah. Braderup hat „nur" einen Ökoladen, und auch in Archsum gibt es nur noch einen Bäcker. In Westerland befinden sich aber nicht weit vom Bahnhof entfernt gleich mehrere Supermärkte, und in der zentralen Friedrichstraße gibt es mehrere Geschäfte, die alles für den Strand anbieten: z.B. Sonnenmilch, Schaufel für die Lütten und Badelaken mit Sylt-Logo.

Im benachbarten Ort Tinnum findet sich in unmittelbarer Nähe der Bahnlinie sogar ein ganzes **Einkaufszentrum** mit mehreren größeren Geschäften und Supermärkten. Auch in List, Rantum, Kampen, Keitum und Hörnum gibt es

Supermärkte. Ebenso in Wenningstedt, wobei hier der Begriff „Supermarkt" schon eine gewaltige Untertreibung ist, denn bei Feinkost Meyer werden selbst anspruchsvolle Genießer fündig, weshalb hierher auch viele Gäste aus Kampen zum Einkaufen kommen. Geräucherten und frischen **Fisch** bieten die Shops von Fisch Blum in Wenningstedt, Westerland und Tinnum an, auch Fisch Matthiesen in Hörnum ist eine gute Wahl.

Die **Öffnungszeiten** der meisten Geschäfte passen sich den Touristenströmen an. Das heißt, viele Geschäfte öffnen während der Saison ganz selbstverständlich auch am Sonntag. Neigt sich die Saison dem Ende zu, beschränken sich die Öffnungszeiten auf die üblichen Zeiten, und so mancher kleinere Laden schließt ab Mitte November gern auch mal für vier Wochen komplett.

Damit wären wir beim **Shopping.** Auf Sylt bieten viele Geschäfte Kunsthandwerk, Modeartikel, Souvenirs, Nützliches und weniger Nützliches an. **Keitum** gilt als das Dorf der **Kunsthandwerker.** Dort fertigen und verkaufen Töpfer, Goldschmiede, Weber und Glaskünstler ihre schönen Werke in eigenen Galerien. In **List** verkaufen in der Tonnenhalle neben Gosch noch etliche kleinere, sehr spezielle Geschäfte ihre Waren, darunter ein Buchladen mit gutem Sylt-Sortiment. In List findet man mit dem Lister Markt im Ortskern auch eine überdachte, aber nicht zu große Einkaufsmall. **Westerland** ist die Inselhauptstadt, und deshalb gibt es dort das breiteste Angebot. Neben einem Wochenmarkt (samstagvormittags und in der Saison auch am Mittwoch vor dem Rathaus) findet man hier vor allem eine breite Anzahl an Modegeschäften. Darunter mit Outback

sy20127 hf

(Strandstraße) und Come In (Andreas-Dirks-Str. 14) zwei Geschäfte, die Shirts u.Ä. mit einem speziellen Sylt-Logo verkaufen. In Westerland gibt es auch mehrere Buchläden, Galerien und sogar einen Kunstsupermarkt.

Einige Unternehmen verkaufen auch **Produkte von der Insel,** seien es Bekleidungsartikel wie bei der Sansibar, die sogar eigene Geschäfte hat (beispielsweise in der Westerländer Friedrichstraße oder in List in der Hafenstraße), oder Lebensmittel wie bei Voigt's Alte Backstube in List oder beim Sternekoch *Johannes King* in Keitum. Und es gibt die Schokoladenmanufaktur (Café Wien) in Westerland, wo oberleckere Pralinen und Schokoladen aus eigener Herstellung verkauft werden. Die Milch der Hofmeierei Jens Nielsen (Morsum) wird in blauen Tüten mit dem markanten Sylter Inselprofil in Supermärkten und Bäckereien angeboten. Auch die bauchigen Flaschen mit dem Wasser der Sylt Quelle gibt es in etlichen Supermärkten, oder die Eier vom Hansenhof aus Morsum, die alle mit einem eigenen Sylt-Stempel versehen sind. Man kann sie direkt vom Hof oder in einigen Supermärkten erwerben. Am Ortsrand von Keitum verkaufen mehrere Läden Fleisch und Käse aus lokaler Produktion. Auch Sylter Bier gibt es („WATT Blondes"), u.a. in Keitum im Lokal Brot & Bier oder in der Syl-

ter Meersalz Manufaktur in List. Das einzigartige und teure „Sylter Hopfen" erhält man bei Feinkost Meyer in Wenningstedt. Weiterhin gibt es den süßen Brotaufstrich „Syltella" unter anderem im Café Wien sowie das auf der Insel gewonnene Meersalz im Geschäft Sylter Meersalz in List. Und einen Strandkorb, den könnte man auch noch mitnehmen, es gibt sie u.a. in der Fabrik Sylt-Strandkörbe in der Hafenstraße 10 in Rantum. Am Bahnhof Morsum werden in einer kleinen Firma Seifen mit ganz speziellen Sylter Aromen hergestellt (Sylter Seifenmanufaktur). In Keitum liegt nahe der Kirche ein Weinberg, was kein Witz ist. Dort wachsen die Trauben, aus denen der Sylter Wein Sölviin produziert wird, erhältlich bei Feinkost Meyer in Wenningstedt oder bei Edeka Johannsen in Keitum. Im Keitumer Edeka wird auch exklusiv der Sylter Honig Inselgold verkauft, den Herr *Johannsen* produziert.

Der **Syltfisch** hat sich zu einer Marke entwickelt. Gemeint ist der Schriftzug „Sylt", der ein wenig an eine Fischgräte erinnert. Dieser steht in groß in Westerland auf dem Dach des Kaufhauses Jensen und vor dem Sylt Aquarium, außerdem am Westerländer Strand und auch vor dem Kursaal[3] in Wenningstedt, jeweils als markanter Blickfang und beliebtes Fotomotiv. In klein gibt es ihn gedruckt auf Taschen, Aufklebern, Bändern, als Schmuck oder Postkarte oder auch aus Holz oder Kork gefertigt. Zu kaufen u.a. im Kaufhaus Jensen, im Sylt Aquarium, bei Vino Vin in Tinnum oder in der Touristeninformation in der Friedrichstraße. Infos: syltfisch.de.

Syltprodukte kann man auch **online** bestellen unter: www.syltiges.de oder bei Feinkost Meyer www.feinkostmeyer.de

◁ Da schlägt der Tee Nordseewellen

7

Essen und Trinken

Auf Sylt soll es um die **330 Gastrono-miebetrieb**e geben, viele davon existie-ren schon seit Jahrzehnten. In Kampen beispielsweise trafen sich schon vor zwei Generationen die Reichen und Schönen im Gogärtchen – und das Lokal gibt es noch heute. Aber auch bei sehr boden-ständigen Restaurants ist es beileibe keine Seltenheit, dass bereits das 20-oder gar 30-jährige Jubiläum gefeiert wurde.

Auf Sylt kochen auch mehrere **Sterne-köche,** doch der Trend geht zurück. Selbst auf dieser Insel scheint es nicht so ganz einfach zu sein, mit der Sterneküche Geld zu verdienen, mehrere Sterne-köche gaben mittlerweile auf bzw. das Küchenkonzept von früheren Sternelo-kalen wurde überarbeitet. Einige Köche verzichten sogar freiwillig auf ihre Ster-ne. Der wohl prominenteste unter ihnen

ist *Jörg Müller.* Weg von der Gourmet-küche, hin zu einer hochwertigen und dabei zugleich etwas geerdeteren und bezahlbaren Küche. Dies scheint ein Trend auf Sylt zu sein, denn gleich meh-rere Restaurants folgten diesem Beispiel.

Doch auch auf der Stufe unterhalb der Sterneküche wird exzellent gekocht, sei es in der **gehobenen Gastronomie** mit nur einer Handvoll Tischen oder im **In-Lokal,** wo es jeden Tag so richtig brummt. Einige Lokalitäten haben einen derartigen Bekanntheitsgrad, dass man durchaus von einem Kultstatus sprechen kann. Dazu zählen die Läden von **Gosch** in List, Wenningstedt und Westerland, die **Sansibar** bei Rantum und auch die **Osteria** in Westerland. Letztere befindet sich auf dem Campingplatz und bietet in einer angenehmen, lässigen Atmosphäre gutes Essen in großen Portionen. Auch die Waffeln der **Kleinen Teestube** in Keitum stehen hoch im Kurs, genau wie die Fleischgerichte in der **Butcherei,** die

Austern von **Austernmeyer** und die 60 Pfannkuchenvarianten in **Voigt's Alter Backstube** (alle in List). Es wären wirklich noch viele weitere Lokale zu nennen – Sylt gilt nicht umsonst als gastronomisches Paradies.

Und dann gibt es noch die **Strandbistros.** Von ganz oben bei List bis hinunter zu den Dünen von Hörnum findet man sie. Speziell zur Sonnenuntergangszeit (aber nicht nur dann ...!) sitzt man dort einfach göttlich, schaut der Sonne beim Verglühen im Meer zu und staunt, wie angenehm einfach das Leben doch manchmal sein kann.

Nicht viel zu sagen ist hingegen zu vegetarischen Restaurants – es gibt **nicht ein einziges rein vegetarisches Lokal auf Sylt.** Zwar stehen auf manchen Speisekarten vegetarische und auch vereinzelt vegane Gerichte, allerdings sind dies eher Ausnahmen. Insofern es dem Autor bekannt ist, wird in der Kurzbeschreibung der vorgestellten Restaurants darauf hingewiesen.

Läden, die als **Treffpunkte für Homosexuelle** gelten, sind auch nicht gerade üppig gesät: In Westerland existierten viele Jahre lang zwei Lokale, in denen sich die Gay-Community trifft, eines hat nun zugesperrt, bleibt noch das **Kleist Casino** (Elisabethstr. 1).

◁ An Lokalen herrscht kein Mangel in Westerland

▽ Berühmte Location: das Strandbistro Buhne 16

593sy sm

Und was ist mit der **Sylter Küche?** Hier soll die Sylt-Kennerin *Silke von Bremen* zitiert werden, die in ihrer „Gebrauchsanweisung für Sylt" zu diesem Thema schreibt: „... die Gerichte der Friesen beschränkten sich in den frühen Jahrhunderten im Wesentlichen auf Grütze, Kohl- und Fischgerichte." Das war lange vor dem Touristenboom, eine inseltypische Küche oder auch nur spezielle Gerichte haben sich aber bis heute nicht entwickeln können. Auch die in allen Cafés angebotene Friesentorte (bestehend aus mehreren Blätterteigschichten mit Pflaumenmus) und der Friesenkeks haben ihre Existenz dem Fremdenverkehr zu verdanken.

⌄ Das Lokal Strandmuschel am Strandübergang in Rantum

Fahrrad fahren

Die gesamte Insel eignet sich bestens zum Radfahren. Spezielle Radwege, die oftmals abseits der Autostraßen angelegt wurden, führen zu allen Orten. Nach List oder auch nach Hörnum kann man beispielsweise auf verschiedenen Wegen radeln. Zum einen gibt es einen asphaltierten Radweg parallel zur Hauptstraße, die direkt nach List bzw. Hörnum führt. Oder man nimmt den Radweg auf der **Trasse der ehemaligen Inselbahn.** Diese führt idyllisch mitten durch die Dünenlandschaft weitab vom Autolärm der Hauptstraße. An schönen Tagen, wenn der Wind hoffentlich nicht allzu stark bläst, herrscht hier zwar auch relativ viel

596sy hf

Rad-Verkehr, dennoch, eine Tour durch die Dünen sollte sich niemand entgehen lassen. Die Entfernungen bleiben erträglich, die Ausschilderung ist hervorragend, und die landschaftlichen Reize sind schlicht phänomenal. Das Weiß der Lister Wanderdünen blitzt in der Sonne, changiert mit dem Grün der Dünenheide, und im Hintergrund rollt die Brandung der Nordsee, lockt zum erfrischenden Bad.

Die **Strecke nach Wenningstedt** ist meist stark befahren, weiter hoch **bis nach List** radeln schon weniger Menschen, aber es sind – zumindest in der Saison – immer noch genügend unterwegs. Vorteil dieser Strecke: Man kann problemlos mal einen **Zwischenstopp** einlegen, beispielsweise um die **Uwe-Düne** in Kampen zu erklimmen (der Radweg führt in Sichtweite vorbei) oder den Strand an der berühmten **Buhne 16** zu besuchen. Auch ein schöner Blick auf die **Wanderdünen** vor List und die **Austernzucht** im Wattenmeer ist für Radler leicht zu erhaschen, während Autofahrer erst mal einen passenden Parkplatz finden müssen. Wer sogar den Bogen zum Listland schafft, kann sich auch den **Lister Ellenbogen** erradeln und einen umwerfenden Blick auf die Dünen genießen – die 6 € Mautgebühr auf dieser Privatstraße zahlen übrigens nur motorisierte Reisende. Die in diesem Buch vorgestellte Radtour Nr. 7 beschreibt diese Strecke ganz genau und gibt etliche Tipps für unterwegs.

Bis nach **Hörnum** sind schon weniger Radler unterwegs. Dabei kann man auch hier an verschiedenen Stellen einen ra-

△ Rad mit hohem Wiedererkennungswert

schen Abstecher an den Strand machen, bei Samoa beispielsweise, bei der Sansibar oder kurz vor Hörnum bei Möskental. Und natürlich in Rantum selbst. Detaillierte Tipps für eine Tour nach Hörnum bietet unsere Radtour Nr. 6.

Die Ostdörfer lassen sich leicht erradeln, den Hauptweg bis Morsum begleitet ein Radweg und Keitums Dorfkern, der auf der Strecke liegt, sollte sowieso möglichst nicht per Auto erkundet werden. Auch eine sehr einsame Strecke kann auf Sylt geradelt werden, nämlich entlang des Nössedeichs nach Morsum (Radtour Nr. 8).

Insgesamt macht das Radeln auf Sylt Spaß, es gibt viel zu entdecken unterwegs, viele Lokale laden zur Rast und nur die jeweiligen Insel-Antipoden List und Hörnum könnten manchem etwas weit sein, zumindest wenn der Wind aus der falschen Richtung weht.

Wer sein eigenes Rad nicht mitbringen mag, findet genügend Vermieter in allen Inselorten. Die Preise liegen bei 6 bis 9 € pro Tag, je nach Fahrradtyp, und beinahe überall lassen sich auch E-Bikes ausleihen.

Zu viel zugemutet? Den Wind unterschätzt, keine Puste mehr für den Rückweg? Kein Problem, mit den Fahrradbussen der SVG (↗ Öffentliche Verkehrsmittel) können Radler und Fahrrad zurückfahren.

> Die Biike wird angezündet

Feste und Veranstaltungen

■ Allgemeine Infos: www.insel-sylt.de/veranstaltungen

Januar
■ **1.1.: Neujahrsbaden,** jedes Jahr baden in Wenningstedt gegen Mittag Unerschrockene und leicht Verrückte vor Tausenden von bibberndern Zuschauern.

Februar
■ 21.2.: **Biikebrennen,** überall auf der Insel lodern bei diesem traditionellen Fest Feuer, es werden Ansprachen auf Friesisch gehalten, der Winter wird verabschiedet, und im Anschluss gibt's in vielen Kneipen „Grünkohl satt".

■ 22.2.: **Petritag,** wird inselweit gefeiert, die Kinder haben schulfrei und für die Lütten und auch für die nicht mehr ganz so Lütten gibt's ein Tanzvergnügen. Früher spendierten Oma und Opa einen „Petri-Groschen", aber das ist heutzutage ausgestorben, zumal man mit einem Groschen ja auch nicht sehr weit käme.

März
■ **Syltlauf,** ein Volkslauf über 33,333 km von Hörnum nach List, bei Interesse rechtzeitig(!) anmelden, erfahrungsgemäß ist der Lauf bereits im Sommer des Vorjahres ausgebucht. Infos: www.syltlauf.eu.

April
■ Ostern: In Kampen findet der traditionelle **Ostereierlauf** statt.

Mai
■ **Katamaran Cup** am Brandenburger Strand in Westerland.

■ **Morsumer Markttage,** traditionelles Marktgeschehen.

■ Mai bis August: **Ringreiten** in den Ost-Dörfern. An acht Wochenenden wird diese friesische Tradition gepflegt in den Ost-Dörfern Archsum, Keitum und Morsum, bei dem Reiter im Galopp einen winzigen Ring mit einer Lanze treffen müssen.

Juni

■ **Harley-Davidson-Treffen** in Westerland.

■ 20. Juni: **Mittsommernacht.** Die kürzeste Nacht des Jahres wird in Hörnum mit einem nächtlichen Fußmarsch am Strand unter Fackeln um die Odde gefeiert, Start ist um 22.30 Uhr beim Tourismus-Service.

■ Juni bis September: **Meerspaß** in Rantum. Surfen, Wellenreiten und Wassersport kann im Sommer unter Anleitung in kleinen Gruppen betrieben und gelernt werden. Infos: https://meerspass.jim dofree.com.

■ Ende Juni bis Anfang September: Der **Insel-Circus** gastiert in Wenningstedt, und alle Kinder dürfen mitmachen.

■ Juni bis Oktober: **Meerkabarett** in Rantum, mittlerweile eine feste kulturelle Größe. In der Sylt-Quelle wird abends zwei Monate lang ein buntes Programm geboten: Bekannte Liedermacher, Kabarettisten, Nachwuchskünstler und gestandene Profis treten hier, jeweils für ein paar Tage, dann kommen andere. Die Nachfrage ist riesig. Karten und Infos: Hafenstr. 1 in Rantum, Tel. 04651 47 11, www. meerkabarett.de.

038sy hf

■ Ende Juni/Anfang Juli: **Kitesurf World Cup** in Westerland. Die internationale Kite-Elite gibt sich vor dem Westerländer Strand ein Stelldichein.

Juli
■ Anfang Juli: **Dorffest Morsum**
■ **Deutscher Windsurf Cup** in Westerland.
■ **Winzerfest.** Auf der Promenade in Westerland laden Winzer aus verschiedenen deutschen Anbaugebieten zur Weinverköstigung ein.
■ **Dorffest Tinnum**
■ letzter Samstag: **Dorfteichfest Wenningstedt** mit Kinder Fun Festival, Beach Volleyball Cup.
■ **Dorffest Archsum**
■ **Hafenfest List**
■ **Hafenfest Hörnum**
■ Juli/August: **Kampener Literatursommer,** Promis lesen bzw. stellen ihre Werke in Kampen vor.

August
■ **Dorffest Keitum**
■ **Mittelaltermarkt in Morsum.** Rund um das Muasem Hüs entsteht ein historischer Markt.

■ **German Polo Masters.** In Keitum am Siidik treten Polospieler von Weltrang an.
■ **Sylter Sailing Week.** Vor Westerland werden Regatten gefahren.
■ **Feuerwehrfest Rantum**
■ **Sommerfest in Kampen**
■ **Feuerwehrfest Hörnum**

September
■ Ende September: **Surf World Cup.** Die Weltelite der Surfer trifft sich in Westerland am Brandenburger Strand und zeigt ihr Können.
■ **Wiesenfest in Tinnum,** mit Flohmarkt, Livemusik und Kinderprogramm.

⌂ Surfcup vor Westerland

Oktober

■ **Goldener Oktober in Morsum.** Im Muasem Hüs gibt es eine Mischung aus Kunst- und Wochenmarkt mit lokalen Spezialitäten.

Dezember

■ **Weihnachtsmärkte:** Sie finden an verschiedenen Orten statt, beispielsweise in List, Westerland und Kampen, aber auch vor Jörg Müllers Restaurant in Westerlands Süderstraße 8. Sehr geschätzt ist auch der friesische „Jööltir ön Muasem" („Weihnachtszeit in Morsum") im Muasem Hüs.

■ **26. Dezember: Weihnachtsbaden** in Westerland. Am zweiten Weihnachtstag stürzen sich gegen 14.30 Uhr Mutige in die eiskalten Wellen, angefeuert von Hunderten von Zuschauern, die meist schon beim Zuschauen frieren.

☑ Häufchen einsammeln nicht vergessen!

Hunde mitnehmen

Nicht zu übersehen und doch dezent platziert, etwa in Augenhöhe der Vierbeiner, prangen an manchem Friesenwall die Schildchen, die verhindern wollen, dass ein Fiffi oder Waldi dort sein Geschäft verrichtet. Notwendig scheint es wohl zu sein, nicht wenige Urlauber bringen ihre Hunde mit, etwa 30.000 Jahr für Jahr. Und das bedeutet gut 90 Tonnen Hundekot.

Nicht jeder Vermieter wünscht, dass Tiere in die **FeWo** kommen, also unbedingt vorher abklären. Dem **Strandbesuch** steht nichts entgegen. In den

sy20131 ah

meisten Orten wurden Extrazonen für Hunde eingerichtet, der sogenannte „Hundestrand", dort können die Tiere herumtoben.

Auch wenn es verlockend scheint den Hund in der Natur auslaufen zu lassen: bitte nicht! Die Dünen- und Heidelandschaften stehen unter **Naturschutz,** Hunde können nistende Vögel erschrecken oder Jungpflanzen zerstören.

Da es immer wieder zu Beschwerden von Familien mit Kindern über freilaufende Hunde kommt, wurde schon einmal öffentlich über eine Kurkarte für Hunde nachgedacht, dies wurde bislang jedoch nicht umgesetzt.

⊳ Geht gut auf Sylt: Drachen steigen lassen

⌄ Zirkus in Wenningstedt

Kinder – Tipps für Kids

Immer nur im Sand buddeln? In den Wellen toben? Das wird wohl auch dem geduldigsten Kind irgendwann zu langweilig. Hier ein paar Vorschläge, genaue Adressen sind unter den jeweiligen Ortsbeschreibungen zu finden.

Westerland

◾ In der **„Villa Kunterbunt"** an der oberen Promenade werden Kinder ab 4 Jahren gegen Gebühr stundenweise betreut. Nach etwa drei Stunden sollten die Eltern die Kleinen wieder abholen.

Wer ganz kleine Kinder hat und trotzdem mal ausgehen möchte, kann sich einen **Babysitter** über die Villa Kunterbunt vermitteln lassen (Tel. 99 82 75).
◾ Im **Confetti Kinderclub** organisiert das Dorint Hotel eine Erlebnisbetreuung für Kinder im Alter von 1 bis 13 Jahren.

sy20132 sm

■ Die Westerländer **Stadtbücherei** verleiht Bücher, 600 Gesellschaftsspiele u.a. Sie kann auch von Feriengästen genutzt werden, für Kinder kostenlos.

■ **Sylt Aquarium:** Einmal Auge in Auge mit einem Hai sein oder die Unterwasserwelt der Tropen und der Nordsee kennenlernen: Im Aquarium am Schützenplatz ist das möglich.

■ **Minigolf:** beim Aquarium befindet sich ein Minigolfplatz.

■ Am Brandenburger Strand gibt es **Volleyballfelder** und -netze, außerdem können in der sogenannten Fun-Beach-Hütte kostenlos Sportgeräte ausgeliehen werden.

Wenningstedt

■ Die **Norddörfer Halle** bietet ein großes Indoor-Sportangebot, Highlight: Boulderwand mit unterschiedlichen Schwierigkeitsstufen.

■ Ab Mitte Juli gastiert für sechs Wochen der **InselCircus,** ein Kinderzirkus zum Mitmachen, bei der Kirche. Hier können Kinder eine Woche lang Zirkusluft schnuppern und am Freitag den stolzen Eltern ihre neuen Kunststücke vorführen.

■ Nahe beim Hauptzugang zum Strand können Kinder den **Minigolfschläger** schwingen.

Braderup

■ Das **Naturzentrum Braderup** vermittelt einfach und klar die Geheimnisse des Wattenmeeres.

Kampen

■ Die Touristeninformation bietet im **Kampino Kinderclub** eine täglich wechselnde Animation für Kids, zumeist am Strand.

Rantum

■ Ein **Minigolfplatz** befindet sich an der Hafenstraße 12.

Hörnum

■ In Hörnum unternehmen Mitarbeiter der Schutzstation Wattenmeer **Exkursionen ins Watt,** die speziell für Kinder ausgelegt sind.

■ Im Sommer finden regelmäßig **Fahrten zu den Seehundbänken** statt. Unterwegs wird ein kleines Schleppnetz ins Wasser gelassen, der Fang später den Kindern gezeigt und erklärt, aber schlussendlich wieder dem Meer übergeben.

List

■ Im Sommer geht es regelmäßig am Nachmittag mit der „Gret Palucca" auf **Piratenfahrt.**

■ Im **Erlebniszentrum Naturgewalten** wird sehr anschaulich an vielen Mitmach-Stationen erklärt, was es so mit Wind, Wellen und dem Klima auf sich hat.

Tinnum

■ **Tierpark:** Der Besuch fasziniert die meisten Kinder. Hier leben etwa 300 Tiere, einige dürfen sogar gefüttert und gestreichelt werden.

sy20133 sm

Informations-stellen

Jeder Ort auf Sylt hat eine eigene touristische Auskunftsstelle, die Adresse wird unter der jeweiligen Ortsbeschreibung genannt. Wer sich zunächst nur einen Überblick verschaffen möchte, findet hier Informationen:

■ **Sylt Marketing GmbH,** Stephanstr. 6, 25980 Westerland, Tel. (04651) 820 20, www.sylt.de.

Weitere Informationsstellen

■ Die Bahn gibt über ein spezielles Servicetelefon Auskünfte zum **Sylt Shuttle:** Tel. 0800-822 83 83, www.syltshuttle.de.
■ Der blaue **AutoZug Sylt** ist erreichbar unter Tel. 01806-25 82 58 oder über www.rdc-deutschland. de, die Fähre zwischen Hörnum und Rømø unter Tel. 04651-86 46 01 oder über www.sylt-faehre.de.

■ **Sylter Fernsehen:** Über das Onlineportal www. sylt1.tv können sich Insel-Fans über die aktuellen Ereignisse informieren und auch vorab schön gefilmte Impressionen zur Urlaubseinstimmung anschauen.
■ **Antenne Sylt,** das Inselradio: Hier dreht sich alles um die Insel, zu empfangen auf UKW 89,8 (analoge Frequenz) oder über www.antenne-sylt.de.
■ **Sylt-Reisen:** Unter www.insel-sylt.de öffnet sich die gemeinsame Homepage der Gemeinde Sylt, also der Ostdörfer, Westerlands und Rantums.

Sylt im Internet

■ **www.sylt.de**
Infos zur ganzen Insel von der Sylt Marketing GmbH, u. a. mit der Möglichkeit, online zu buchen.
■ **www.sylt-az.de**
Sylt von A bis Z mit vielen Tipps und Adressen, auch mit Last-Minute-Angeboten.

⌃ Infostelle open air ...

Praktische Reisetipps von A bis Z

■ **www.guideaufsylt.de**
Silke von Bremen bietet Führungen über die ganze Insel oder zu einzelnen Orten an.

■ **www.flughafen-sylt.de**
Hier findet man den aktuellen Flugplan nach und von Sylt.

■ **http://gastgeber-sylt.de**
Über 900 Unterkunftsangebote zur ganzen Insel.

■ **www.svg-busreisen.de**
Alle Infos inklusive Fahrplan zum Busverkehr auf Sylt.

■ **www.kirche-auf-sylt.de**
Infos zu den Kirchengemeinden sowie Termine der einzelnen Gottesdienste.

■ **www.syltlauf.eu**
Infos und Anmeldungsformular zum legendären Lauf über 33,333 km.

☑ Praktisch: Die Busse haben Fahrradanhänger

Öffentliche Verkehrsmittel

„Kurs Sylt" überschreibt die Sylter Busgesellschaft SVG ihr System. Insgesamt **sechs Linien** werden regelmäßig befahren, jeder Inselort ist so per Bus zu erreichen.

■ **Infos:** Sylter Verkehrsgesellschaft, Trift 1, Westerland, Tel. (04651) 83 61 00, www.svg-sylt.de.

Genaue Fahrpläne erhalten Sie beim ZOB am Bahnhof. Für alle Linien gilt, dass **während der Winterzeit** die Busse deutlich seltener fahren.

■ **Linie 1** verkehrt zwischen Westerland und List im Sommer in der Hauptzeit (10–19 Uhr) alle 15 Min., sonst alle 20–30 Min., im Winter alle 30 Min.

307sy hf

Autonomer Bus

Durch **Keitum** pendelt derzeit ein autonom fahrender kleiner blauer Bus auf einem **Rundkurs,** ausgehend vom großen Parkplatz an den Museen vorbei und wieder zurück. Er fährt sehr langsam (max. 18 km/h) und vorsichtig auf einer einprogrammierten Route, wird aber von einem Experten begleitet, der im Notfall eingreifen kann. Dieser Bus ist Teil eines Forschungsprojekts und läuft zunächst im Probebetrieb bis Juni 2020. Der Bus fährt Dienstag bis Samstag zwischen 10 und 17 Uhr, die Fahrt ist kostenlos.

- **Tageskarte 1 Person:** 9,90 €
- **Tageskarte Mini** (1 Erw. und 2 Kinder): 16,40 €
- **Tageskarte Maxi** (2 Erw. u. 4 Kinder): 23,20 €
- **Kleingruppenkarte** (gilt 1 Tag für bis zu 5 Personen): 41,50 €
- **2-Tageskarte:** 18,30 €
- **2-Tageskarte Familie:** 34,60 €
- **3-Tage-Karte** (1 Erwachsener): 26,10 €
- **3-Tage-Familienkarte** (2 Erwachsene und 4 Kinder): 50 €
- **4-Tage-Karte:** 33,95 €
- **4-Tage-Familienkarte:** 65,60 €
- **5-Tage-Karte:** 41,60 €
- **5-Tage-Familienkarte:** 81 €
- **6-Tage-Karte:** 48,65 €
- **6-Tage-Familienkarte:** 96,50 €
- **7-Tage-Karte:** 52,80 €
- **7-Tage-Familienkarte:** 103 €

- **Linie 2** verkehrt von 8.45 bis 18.25 Uhr zwischen Westerland und Hörnum alle 20 Min. (im Winter alle 30 Min.), dann bis etwa 23 Uhr und morgens ab 5.10 Uhr knapp stündlich.
- **Linie 3** fährt zwischen 11.20 und 17.20 Uhr stündlich von Westerland über Tinnum, Keitum, Munkmarsch, Wenningstedt zurück nach Westerland, vorher ab 9.20 Uhr und auch 17.20–21.45 Uhr knapp stündlich, aber zu unregelmäßigen Zeiten.
- **Linie 3a** befährt die umgekehrte Richtung.
- **Linie 4** fährt von Westerland über Tinnum (auch zum Einkaufszentrum), Keitum, Archsum nach Morsum und zurück. Frequenz: zwischen 8.20 und 18.20 Uhr alle 2 Stunden.
- Ein Bus der **Linie 5 „Strandverkehr"** fährt zwölfmal von List Hafen zum Weststrand, weiter zur Lister Strandsauna und von dort wieder zurück.

Alle Busse fahren als sogenannte **Fahrradbusse** mit einer speziellen Einhängevorrichtung für einige Räder. Die Fahrradmitnahme kostet allerdings extra.

Die SVG bietet **Tageskarten** an, mit denen die ganze Insel kreuz und quer befahren werden kann.

Die **Einzelpreise** richten sich nach Zonen und beginnen bei 2,05 €, Kinder (6–14 Jahre) 1 €.

Mit der **SVG-Sparkarte** kann man im Bus bis zu 16 % auf den regulären Tarif sparen. Die Sparkarte ist wieder aufladbar und beim Busfahrer erhältlich. Die Tarife richten sich nach Entfernungszonen, entsprechend lässt man beim Selbstentwerter abbuchen. Die Karte kann beliebig aufgefüllt werden mit einem Betrag zwischen 20 und 100 €. Sie ist unbegrenzt gültig, kann also auch noch im nächsten Sylt-Urlaub genutzt werden.

Des Weiteren gibt es noch einige **Kombi-Tickets,** die Eintrittspreise und Fahrpreis kombinieren, beispielsweise zum Erlebniszentrum Naturgewalten in List oder ins Sylt Aquarium Westerland.

In **Westerland** verkehren **blaue Stadtbusse** auf drei Strecken. Sie fahren jeweils stündlich, sonntags und feiertags jedoch gar nicht.

■ **Linie A** fährt vom Bahnhof zum Südwäldchen und über die Breslauer Straße zurück.

■ **Linie B** fährt vom Bahnhof durch Alt-Westerland zur Nordseeklinik und zurück.

■ **Linie C** wird „kleiner Tinnumer" genannt, denn er fährt in einer großen Runde durch den Nachbarort Tinnum und kehrt dann zurück nach Westerland.

Preisniveau

Ist Sylt teuer? Als Billigreiseziel kann die Insel jedenfalls nicht bezeichnet werden. Wer auf den Cent achten muss, dürfte sich nicht wohl fühlen. „Teuer" ist immer relativ, aber das durchschnittliche Preisniveau liegt schon über dem von zu Hause bekannten. Wobei ein 120-€-Menü oder eine 460-€-Hotelsuite noch nicht einmal die Obergrenzen sind.

Restaurants und Lokale gibt es nun wirklich genug auf Sylt, für jeden Geldbeutel ist etwas dabei.

Bei Unterkünften sieht es schon etwas anders aus. **Top-Hotels** liegen vielfach im hochpreisigen Bereich und bieten auch viel. Auch die Mittelklasse hat ihren Preis, der oft über dem Mittelfeld liegt. Sowieso scheint es ein Trend zu sein, eher hochpreisige Häuser neu zu bauen, die gute Mittelklasse gibt es zwar, aber bei Neubauten eher nicht.

Bei **Ferienwohnungen** ist schlichtweg alles möglich: exzellent eingerichtete Wohnungen zum Preis für 500 € (pro Tag, nicht pro Woche) oder auch ein Zimmerchen unterm Dach – nichts, was es nicht gibt. Wer keine übermäßig hohen Ansprüche stellt, kann so tatsächlich eine günstige Unterkunft finden. Wer aber etwas Komfort oder gar eine Lage nahe am Wasser sucht, wird fast zwangsläufig sein Portemonnaie weiter öffnen müssen. Und nicht die Nebenkosten zu vergessen, die sogenannte **Endreinigung.** Die schlägt manchmal mit einem Betrag zu Buche, den anderswo ein Doppelzimmer kostet. Fazit: Sylt kann teuer werden, muss aber nicht.

☑ Der Sonnenuntergang ist auch auf Sylt gratis ...

sy20134 hf

Sport und Erholung

Angeln

■ **Angelscheine für den Strand** gibt es bei der Gemeinde Sylt, Bahnstraße 20–22 in Westerland, Tel. 85 10.

■ **Erlaubnisscheine für Binnengewässer** erhält man bei der Tourist-Information in Keitum, Gurtstig 23, Tel. 299 03 97.

Golf

■ **Marine Golf Club Sylt** beim Flughafen, Tel. 92 75 75, www.sylt-golf.de. Ein 18-Loch Links Course, Voranmeldung ist im Sommer geboten.

■ **Golf-Club-Sylt,** Norderweg 5, Wenningstedt, Tel. 995 98 10, www.golfclubsylt.de. Der 18-Loch-Platz liegt zwischen Kampen und Wenningstedt.

■ **Golf-Club Morsum,** Uasterhörn 37, Tel. 89 03 87, www.golf-morsum.de. Ganz im Osten, in Morsum, liegt dieser 18-Loch-Platz.

■ **Golfclub Budersand,** Fernsicht 1 in Hörnum, Tel. 449 27 10, www.budersand.de. Hochgelobte 18-Loch-Anlage in den Dünen von Hörnum.

Kutschfahrten

■ In der Saison von Mai bis Oktober werden mittwochs und sonntags zwischen 11 und 14 Uhr im Stundentakt einstündige Kutschfahrten in Keitum angeboten. Treffpunkt: Großparkplatz am Ortseingang. Infos: Tel. 0175-207 43 00, https://syltkutsch fahrten-jimdo.com.

⌄ Minigolf in Wenningstedt

sy20135 sm

015sy sm

Minigolf

🟥 **Westerland,** beim Sylt Aquarium, Gaadt 33, Tel. 836 25 22.
🟥 **Rantum,** Hafenstraße, Tel. 225 84.
🟥 **Wenningstedt,** Dünenstraße, Tel. 44 70.

Nordic Walking

Auf Sylt existiert ein **Nordic Walking Park** mit einem insgesamt 220 Kilometer langen Streckennetz und 26 unterschiedlich langen Routen von 1,6 bis 18,7 Kilometer. Info-Flyer gibt es bei den Tourist-Informationen, Nordic-Walking-Stöcke können am Sport Info Center in der Strandstraße 32 in Westerland ausgeliehen werden, Tel. 99 80.

Ortsführungen

Es gibt eine **Vielzahl an geführten Touren** auf Sylt, sei es durch einen der Orte oder auch in die Natur, beispielsweise ins Watt oder zum Morsum-Kliff. Infos: Naturzentrum Braderup oder Arche Watt in Hörnum.

Der **Fremdenverkehrsverein Westerland** veranstaltet Gästeführungen durch Westerland (u. a. „Westerland einst und jetzt"), Rantum und Keitum (u. a. „Keitum, das Kapitänsdorf") sowie auch Touren zum Morsumkliff.

🟥 Infos zu den Führungen vom **Fremdenverkehrsverein Westerland:** Tel. 835 85 24, www. fvv-westerland.de.

Eine ausgewiesene Inselkennerin, *Silke von Bremen,* organisiert in der Saison (Ostern bis Ende Okt.) **Dorfführungen,** beispielsweise in Keitum, Westerland oder Kampen. Die **Termine** für die wöchentlich stattfindenden Touren stehen im insularen Veranstaltungskalender, ab-

⌃ Joggen am Strand: anstrengend, aber schön

sy20136 hf

gedruckt im kostenlosen Heft „TV Sylt", und auf der Website. Auf Anfrage werden auch individuelle Touren durchgeführt.

■ **Silke von Bremen,** Tel. 355 74, www.guideauf sylt.de.

Reiten

Reitwege mit einer Gesamtlänge von 30 Kilometern wurden angelegt, erfahrene Reiter können sich hier den Nordseewind auf dem Rücken der Pferde um die Nase wehen lassen. Wer eigene Pferde mitbringt, wird gebeten, sich die vorgeschriebene Kopfplakette fürs Pferd zu kaufen. Zu erhalten bei der Gemeindekasse Sylt, Bahnweg 20 in Westerland.

In verschiedenen Orten bieten Reiterhöfe Anfängerkurse und Ausritte an:

Morsum
■ **Reiterhof Lobach,** Litjemuasem 16, Tel. 89 02 39, ganzjährig Unterricht und tägliche Ausritte.

Tinnum
■ **Reitschule Olivenhof,** Ingewai 40, Tel. 329 06, www.olivenhof.de. Reitunterricht für Kinder und Erwachsene sowie Ausritte zum Meer.

Keitum
■ **Reitstall Grünhof,** Süderstr. 80, Tel. 312 08, www.gruenhof-sylt.de. Unterricht, auch für Anfänger, Ausritte zum Watt. Appartements werden auch vermietet und ein Restaurant wird betrieben. Boxen für Gastpferde sind vorhanden.
■ **Reitstall Hoffmann,** Gurtstich 46, Tel. 315 63, www.reitstall-hoffmann.de. Ausritte zum Watt und Appartement-Vermietung.

⌂ Könner surfen auch bei Flaute

Schach

■ Direkt **an der Promenade von Westerland** befinden sich zwei riesige Spielfelder unterhalb der Arkaden schräg gegenüber der Musikmuschel, die in den Boden eingelassen wurden.

Strandsauna

■ **List,** Alte Listlandstr., Tel. 87 71 74, www. strandsauna-list-auf-sylt.de, Anfang April bis Ende Okt. tägl. ab 11 Uhr.

■ **Rantum,** Strandsauna Rantum, Dünenübergang am Campingplatz, Hörnumer Str. 3, Tel. 83 41 86. Eine finnische Sauna mit Blick aufs Meer, zudem eine Terrasse mit Strandkörben und Deckchairs. Ende April bis Anfang Okt. tägl. 11–17/18 Uhr.

■ **Rantum,** Strandsauna Samoa, Hörnumer Landstr. 70, Tel. 221 65, www.strandsauna-samoa.de, April bis Okt. ab 12 Uhr.

■ **Hörnum,** Süderende 25, Tel. 88 03 00, www. strandsauna-sylt.de, tägl. 12–18 Uhr.

Surfen

■ **Südkap Surfing,** Strandpromenade 1 in Hörnum, Tel. 995 44 10, www.suedkap-surfing.de. Angeboten werden Kurse im Kitesurfen, Stand-up-Paddling, Segeln und Windsurfen.

■ **Surfschule Sunset Beach** in Westerland, Brandenburger Straße 15, Tel. 271 72, www.sunset beach.de. Das Revier der Surfschule liegt beim Brandenburger Strand, unweit der Sylter Welle. Hier finden auch alljährlich der Surf World Cup und Deutsche Meisterschaften statt, das deutet schon an, was einen erwartet. Anfängerkurse werden deshalb auch an der ruhigeren Wattseite abgehalten.

■ **Syltsurfing,** Heefwai 4, 25980 Munkmarsch, Tel. 93 50 77, www.syltsurfing.de. In Munkmarsch betreibt *Calle Schmidt* seit 1972 seine Surfschule. Auf der relativ ruhigen Wattseite gelegen, ist das

Revier ideal für Einsteiger. Weiterhin werden Segelkurse angeboten.

■ **Wassersportschule List,** Tel. 0175-205 54 94, http://wassersport-sylt.de. Die Station liegt im Hotel Strand am Königshafen, die Surfschule selbst am Lister Ellenbogen am Surf-Parkplatz. Geboten werden Kurse im Wind- und Kitesurfen, Surfen und Stand-up-Paddling. Es gibt auch Kurse für Kinder.

Teeseminar

■ **Teeseminar im Teehaus,** Strandstr. 28, Tel. 29 98 11, www.teehaus-janssen.de. Jeden Montag ab 19 Uhr findet hier eine Einführung in die Vielfalt des Tees statt, mit humorvollen Anekdoten und diversen Tassen zum Probieren.

Tennis

■ **Rantum:** Hafenstr. 12, Tel. 225 84, Ostern bis Okt., ein Hallen- und ein Außenplatz.

■ **Westerland:** Am Seedeich 38, Tel. 67 29, www. tennisclub-westerland.de, ganzjährig geöffnet, drei Hallen- und zehn Außenplätze.

Wattwanderung

Eine Wattwanderung gehört zum Nordsee-Urlaub dazu, aber bitte nur geführt, jedenfalls wenn man sich weiter hinaustraut. Auf eigene Faust zu gehen birgt Risiken, außerdem erklären die Wattführer all das, was man sowieso nicht finden würde. Auskünfte über die Tourist-Informationen, Arche Watt in Hörnum oder das Naturzentrum Braderup.

Unterkunft

Auswählen und Buchen

Die erste Überlegung sollte der **Wahl des Ferienorts** gelten. Lieber das etwas quirlige Westerland? Oder das ruhigere Wenningstedt? Oder gar das mondäne Kampen?

Dann ein **Quartier suchen.** Von der jeweiligen **Tourist-Information** erhält man **Unterkunftsverzeichnisse,** die teilweise über 100 Seiten dick sind. Aufgelistet sind Hotels, Ferienhäuser, Ferienwohnungen und Privatunterkünfte des jeweiligen Ortes.

Gebucht werden können viele (nicht alle) Unterkünfte über die Tourist-Information, dies gilt speziell für die im Ortsprospekt vorgestellten. Einige Unterkünfte werden dort aber nicht erwähnt, da muss man sich dann an den jeweiligen **Vermieter** wenden. Der kann, muss aber nicht auf Sylt wohnen, falls letzteres der Fall ist, muss die Frage der Schlüsselübergabe und der Nebenkostenverrechnung geklärt werden.

Weiterhin bieten spezielle **Vermietungsagenturen** eigene Prospekte an. Diese Agenturen verwalten und vermieten stellvertretend für die Besitzer eine Reihe von Ferienwohnungen. Adressen dieser Anbieter sind unter den jeweiligen Orten zu finden. Der Vorteil solcher Büros liegt darin, dass ein Interessent gleich mehrere Objekte nachfragen kann und sich nicht von einer Adresse zur nächsten durchtelefonieren muss. Tauchen diese Ferienwohnungen im Unterkunftsverzeichnis auf, wird auch immer auf das Vermietungsbüro verwiesen.

Und auch dies muss beachtet werden: Nicht jeder Eigentümer wünscht **Hunde** oder **Katzen** im Haus, auch spezielle **Nichtraucherwohnungen** sind häufig. Also vorsichtshalber gezielt nachfragen!

Mietvertrag

Hat nun der zukünftige Feriengast eine adäquate Unterkunft ausgewählt und bestätigt der Vermieter, dass der angestrebte Termin frei ist, wird ein Mietvertrag geschlossen. Dieser ist bindend und kann nicht einseitig aufgekündigt werden.

Nimmt der Gast die Unterkunft nicht in Anspruch, muss er trotzdem den vereinbarten Preis zahlen, Gründe für die **Absage** spielen keine Rolle. Der Anspruch auf Bezahlung erstreckt sich dabei auf die gesamte vereinbarte Zeitdauer, es sei denn, der Gastgeber kann die Unterkunft noch anderweitig vermieten. Dazu ist der Vermieter nach Treu und Glauben verpflichtet. Auch wenn der Gast vorzeitig abreist, bleibt er verpflichtet, den vollen Preis zu zahlen.

Und umgekehrt? Was passiert, wenn der Vermieter mal **einen Gast „ausbucht"?** Weil beispielsweise eine Ferienwohnung versehentlich doppelt vermietet wurde (selbst zweimal erlebt)? Dann muss adäquater Ersatz gestellt werden,

▷ Hotel Sylter Blaumuschel in Westerland

wobei „gleichwertig" eben relativ ist. Abspeisen lassen muss sich allerdings niemand. In den einzelnen Mietverträgen steht es so explizit selten, aber in allen Unterkunftsverzeichnissen ist es zu finden, wenn auch manchmal arg klein gedruckt: „Die Rechte und Pflichten aus dem Gastaufnahmevertrag". Eine der Passagen lautet: „Der Hotelier oder Vermieter ist verpflichtet bei Nichtbereitstellung des Zimmers oder der Wohneinheit Schadenersatz zu leisten."

Preise

Die Preise **schwanken** teilweise ganz erheblich je nach Saison. In diesem Buch sind immer die Angaben für den **Sommer** zu finden, naturgemäß sind in dieser Jahreszeit die Preise am höchsten.

Die Sommersaison erstreckt sich grob von Mitte Juni bis Ende August, außerhalb dieser Zeit fallen die Preise teilweise um die Hälfte. Allerdings gilt mittlerweile auch die Zeit zwischen Weihnachten und Heilige Drei Könige als Hochsaison, da Tausende auf die Insel kommen. Leider existiert keine inselweit allgemeingültige Regelung für den Terminus „Hochsaison". Immerhin haben sich viele Vermieter, wenn auch längst nicht alle, auf eine einheitliche **Sylt-Saison** verständigt. Diese Saisonzeit schwankt etwas von Jahr zu Jahr, richtet sich aber generell nach den Ferienzeiten. In den Unterkunftsverzeichnissen wird auf die Sylt-Saison verwiesen.

Außer bei Hotels sind die Extrakosten für die sogenannte **Endreinigung** zu beachten. Diese muss im Vertrag aufgeführt sein und schwankt etwa zwischen

sy20138 hf

547sy sm

25 € und 75 € (Letzteres selbst erlebt). Wer möchte, kann gegen Gebühr auch ein **Wäschepaket** bestellen, das enthält Handtücher und Bettwäsche.

Anreise

Meist wünschen die Vermieter, dass der Gast am frühen Nachmittag **anreist** bzw. bis etwa 10 Uhr **abreist.** Die Zwischenzeit wird genutzt, um die Unterkunft zu „endreinigen".

Unterkunftskategorien

Hotels

In jedem Ort stehen einige Hotels, die meisten in Westerland. Viele haben einen hohen **Standard,** speziell im Zentrum der Insel in Westerland und vor allem in Kampen, aber es gibt auch einige ganz familiäre Häuser. Mittlerweile hat jede Gemeinde wenigstens ein Top-Hotel, nachdem auch in Hörnum (Budersand) und List (Arosa) neue Häuser öffneten. Die Preise sind recht hoch; es gibt sogar Häuser, die einen Aufschlag verlangen, wenn man nur eine oder zwei Nächte bleibt.

Ferienhäuser

In Dänemark sind die einzeln stehenden Häuser eine Selbstverständlichkeit, nicht selten mit einem 1000 Quadratmeter

Das Strandhotel in Wenningstedt

großen Grundstück. Auf Sylt sind derartige Unterkünfte die **Ausnahme** und teilweise für ein Jahr im Voraus ausgebucht. Einige dieser Filetstücke tauchen nicht einmal in den Unterkunftsverzeichnissen auf. Einzeln stehende Häuser sind die teuersten Objekte, einige liegen aber auch derart idyllisch, dass man beinahe gewillt ist, jeden Preis zu zahlen.

Ferienwohnungen

Das mit Abstand größte Segment bei den Unterkünften sind Ferienwohnungen. Die genaue Anzahl kann nicht einmal geschätzt werden. In zahlreichen Gebäuden auf der ganzen Insel werden ausschließlich Ferienwohnungen vermietet. Außerdem gibt es noch jede Menge private Zweitwohnungen, die zeitweise vermietet werden. Die gängige Wohneinheit besteht seit einigen Jahren aus einem Gebäude mit vier, sechs oder acht Wohnungen, vor allem bei Neubauten. Aus den 1970er und 1980er Jahren gibt es speziell in Westerland einige Wohnblocks mit sehr viel mehr Einheiten, diese fehlen in den anderen Inselorten.

Privatzimmer

Es gibt sie noch, die Vermieter, die zwei oder drei Zimmer in ihrem Privathaus anbieten. Diese sind dann mal mit, mal ohne eigenes Bad und WC, inklusive Frühstück oder ohne. Wem dies genügt, der kann zu einem kaum zu schlagenden Preis auf Sylt übernachten. Vermieter von Privatzimmern stehen ebenfalls in den Unterkunftsverzeichnissen der einzelnen Orte.

Campingplatz

Insgesamt **sieben Plätze** gibt es, hübsch verteilt über die ganze Insel. Bis auf die Plätze in Tinnum und Morsum liegen sie alle am Meer an der Westseite, nur ein paar Schritte durch die Dünen sind es bis zum Strand. Allzu groß fällt keiner aus, deshalb muss sich ein angehender Sylt-Camper rechtzeitig seinen Platz reservieren lassen.

Bei Westerland befindet sich eine ganz besondere Einrichtung, der **Jugendzeltplatz** Dikjen-Deel. Hier werden nur Jugendliche bis 18 Jahre zugelassen, umgekehrt werden sie auf den anderen Plätzen als Einzelreisende nicht aufgenommen.

Hotels, Pensionen, Privatzimmer

①	bis 50 Euro
②	50–75 Euro
③	75–100 Euro
④	100–125 Euro
⑤	über 125 Euro

Der Preis bezieht sich auf ein Doppelzimmer in der Hauptsaison.

Ferienwohnungen und Ferienhäuser

①	bis 50 Euro
②	50–75 Euro
③	75–100 Euro
④	100–125 Euro
⑤	über 125 Euro

Der Preis bezieht sich auf die Hauptsaison.

Auswahl

Auf der Insel gibt es mehrere Tausend Gästebetten, die allermeisten stehen in Ferienwohnungen. Es ist völlig unmöglich im Rahmen dieses Buches auch nur eine repräsentative Auswahl vorzustellen. So werden nur einige wenige Unterkünfte genannt, die wegen ihrer Lage oder Einzigartigkeit auffallen. Unter den Hotels sind primär Häuser der Mittelklasse aufgeführt, auch Campingplätze und Jugendherbergen sind in den Ortsbeschreibungen zu finden.

☑ Wanderung in den Dünen bei List

Jugendherberge

In List, Westerland und in **Hörnum** steht jeweils eine Herberge, die Lister liegt etwa 2 bis 3 Kilometer außerhalb des Ortes, die Hörnumer ca. 1 Kilometer. Unmittelbar vor der Tür beider Herbergen hält ein Linienbus, sodass die Lage keine Hürde darstellt.

In Hörnum hält ein Bus der Linie 2 Westerland – Hörnum, in List ist es etwas komplizierter. Zunächst muss man mit dem Bus der Linie 1 (Westerland – List) nach List zum Hafen fahren, von dort verkehrt ein Bus der Linie 5 Richtung Weststrand und fährt an der Jugendherberge vorbei. **Aber Achtung:** Diese Linie wird nicht im Winter befahren und auch im Sommer endet der tägliche Service relativ früh.

sy20137 sm

Überblick Buchungsportale

Als Ergänzung zu den sorgfältig zusammengetragenen Unterkunftsempfehlungen in diesem Buch können Portale wie Booking.com, Agoda.com, Tripadvisor, Hostelworld oder Airbnb dazu genutzt werden, aktuelle Preise und die Bewertungen anderer Reisender einzusehen sowie Unterkünfte direkt zu buchen.

Die Plattformen arbeiten mit Unterkünften aller Art zusammen und machen diese für Reisende leicht auffindbar. Sie übernehmen bürokratische Aufgaben wie die Abwicklung der Bezahlung oder stellen den Kontakt zwischen Unterkunft und Unterkunftssuchenden her.

Hilfreich bei der Entscheidungsfindung sind die **Bewertungen** anderer Kunden in diesen Portalen. Gäste bewerten eine Unterkunft nach oder während ihres Aufenthalts und sorgen im besten Fall für aussagekräftige Benotungen (1–10, 10 ist das Optimum). Je mehr Nutzer die Unterkunft bewertet haben, desto verlässlicher ist das Ergebnis. Auch lassen sich Veränderungen im Qualitätsstandard erkennen, wenn eine insgesamt positiv bewertete Unterkunft in jüngster Zeit zahlreiche schlechte Bewertungen erhalten hat. Vorsicht ist geboten, wenn nur sehr wenige Nutzer ihre Meinung abgegeben haben. Aber auch sonst lohnt es sich, kritisch zu lesen: Die Texte der Rezensionen lassen oft Rückschlüsse auf die Echtheit der Bewertung zu.

Über die Plattform **Airbnb** können private und gewerbliche Vermieter ihr „Zuhause" oder einen Teil davon anbieten. Auch hier vermittelt das Portal zwischen Anbieter und Kunde. Es werden zusätzlich Touren und Aktivitäten mit Einheimischen vermittelt, bisher allerdings nur in touristischen Ballungsgebieten.

Tripadvisor ermöglicht es, auch Bewertungen ohne eine Buchung abzugeben. Dies hat Vor- und Nachteile. Bei den Gastronomietipps ist es von Vorteil, da auch Gäste, die nicht über ein Buchungsportal einen Tisch reserviert haben, eine Bewertung abgeben können und somit deutlich mehr Bewertungen zustande kommen.

Ob man sich für die Buchung über ein **Online-Buchungsportal** entscheidet, hängt von der Präferenz der Nutzer ab. Zur generellen Sondierung der Marktsituation und zur Einschätzung von Unterkünften sind die Portale meist empfehlenswert. Die Nutzung ist für Endkunden zunächst kostenlos, für die Betreiber der Unterkünfte fällt jedoch eine Provision an – die im Zweifel doch irgendwann eingepreist wird. Die Haltung der Betreiber ist unterschiedlich: Während manche über das Portal sogar günstigere Preise anbieten, freuen sich andere ausdrücklich, wenn man persönlich und direkt bucht.

⌃ Mit Meerblick: Hotel Miramar in Westerland

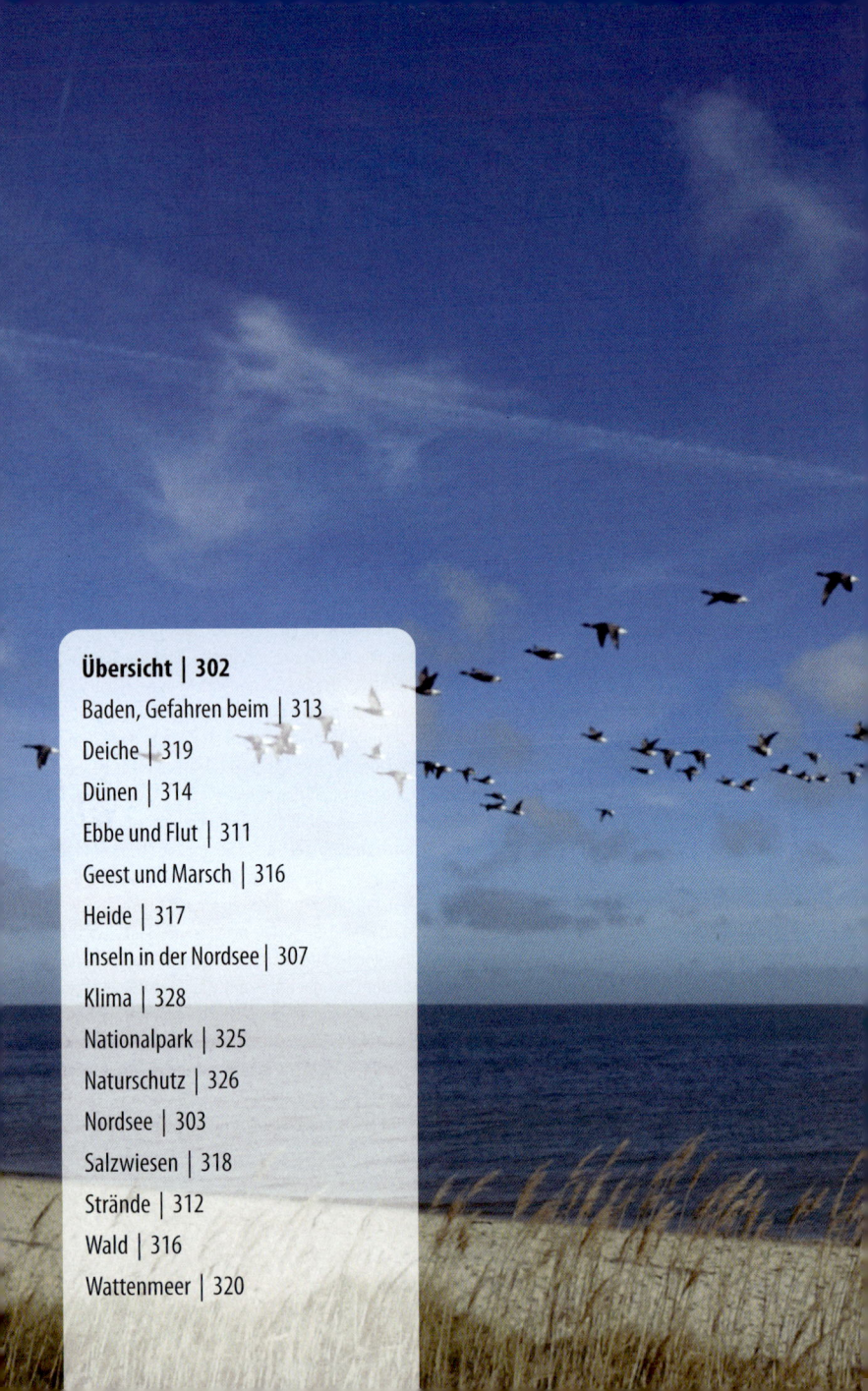

8 Die Natur

◁ Formationsflug Richtung Sylt

Übersicht

Sylt ist mit 99 Quadratkilometern die **viertgrößte Insel Deutschlands** nach Rügen, Usedom und Fehmarn. Sie liegt zwischen 9 und 16 Kilometer vom Festland entfernt und hat eine sehr markante längliche Form. Von Norden nach Süden erstreckt sie sich über knapp 38 Kilometer, aber in Ost-West-Richtung ist sie überwiegend sehr schmal, an der schmalsten Stelle bei Rantum und bei List sogar jeweils weniger als 500 Meter. Die etwas bauchige Inselmitte misst von Westerland bis Morsum 12,6 Kilometer. Wer die Insel einmal umrunden möchte (was machbar ist!), kann gut 100 Kilometer laufen. Höchste natürliche Erhebung ist die Uwe-Düne bei Kampen (52,50 Meter). Die Insel besteht zu gut einem Drittel aus **Dünen.** Sie hat in ihrem Zentrum einen **Geestkern,** und im Bereich der Ostdörfer besteht sie aus fruchtbarem **Marschboden.** An der Westseite erstreckt sich ein durchgehender 40 Kilometer langer **Sandstrand.**

Auf Sylt finden sich unterschiedliche **Naturlandschaften.** Neben dem Sandstrand an der Westseite und den malerisch schönen Dünen existieren hier auch zwei **Wäldchen,** was auf Nordseeinseln eher ungewöhnlich ist. Außerdem gibt es eine Zone mit **Weiden und Wiesen,** obendrein eine **Heidelandschaft,** und an der Wattseite schließt sich das Übergangsland **Salzwiesen** an. Teile der Ostseite und die Nordspitze der Insel sind durch einen Deich geschützt. Überall haben Pflanzen und Tiere ihre Nischen gefunden, den jeweiligen Bedingungen perfekt angepasst.

☑ Buhnen wurden einst zum Schutz vor den Nordseewellen errichtet

sy20138 sm

Die Nordsee

Die Nordsee ist ein Teil des **Atlantischen Ozeans.** Sie hat durch das Skagerrak (zwischen Dänemark und Norwegen) Kontakt zur Ostsee und durch den Ärmelkanal (zwischen Großbritannien und Frankreich) zum Atlantik. Mit Letzterem ist der **Wasseraustausch** gewaltig, mit der Ostsee jedoch gering, was sich langfristig nachteilig auf den Sauerstoffgehalt der Ostsee auswirkt. Die gesamte Nordsee hat eine eine **Fläche** von 575.000 Quadratkilometern und eine durchschnittliche **Tiefe** von nicht ganz 100 Metern. Ihre **Nord-Süd-Ausdehnung** beträgt 1100 Kilometer, wovon der deutsche Küstenanteil etwa 460 Kilometern entspricht.

Entstanden ist die Nordsee nach der letzten Eiszeit, der Weichseleiszeit. Diese Kälte-Phase begann vor etwa 115.000 Jahren und endete vor ca. 11.000 Jahren. Phasenweise lag der Meeresspiegel damals 120 Meter unter dem heutigen. Nach dieser Eiszeit schmolzen die **Gletscher** langsam ab, der Nordseepegel stieg an. Landmassen erhoben sich, vom Druck des Eises befreit, niedrig gelegenes Land versank dagegen in den Fluten, und erste Inseln entstanden. Vor etwa 5000 Jahren lag der Wasserstand dann bei gut 10 Metern unter dem heutigen Normalnull. Knapp 1000 Jahre später entstanden die ersten **Watten,** der gestiegene Wasserpegel staute schließlich auch die Flüsse, und ein breiter, schlammiger Streifen bildete sich heraus. Hier lagerten sich im Lauf der Jahrtausende viele Sinkstoffe ab und bildeten einen Nährboden für Kleinstlebe-

Baken, Bojen, Buhnen und Pricken

Eine **Bake** ist ein Seezeichen, das an Land steht und als Peilpunkt für die Seefahrt dient.

Bojen, oder auch Tonnen, sind im Wasser schwimmende Seezeichen, die am Meeresboden durch eine Kette verankert sind. Grüne Bojen liegen von See kommend R-echts an Steue-R-bord, rote Bojen entsprechend an Backbord, also links.

Buhnen wurden früher zum Küstenschutz gebaut. Sie ragen vom Strand weit ins Meer hinein und sollen Strömungen und Wellen beruhigen. Manche Buhne bestand aus einer Doppelreihe von massiven Holzpfählen, andere aus Eisen, die mehrere Meter tief in den Boden gerammt wurden und die heute teilweise halb verrostet noch im Sand stecken. Die Buhnen zwischen List und Westerland tragen Nummern, der Strandabschnitt Buhne 16 bei Kampen (↗ Kampen) hat eine gewisse Berühmtheit erlangt.

Pricken sind 5 bis 7 m lange Stangen oder schlanke Bäumchen (meist Birken) mit Zweigbüscheln an der Spitze, die fest in den Wattboden gerammt wurden und Fahrwasserrinnen markieren. Dabei sind zwei Typen zu unterschieden: Eine Steuerbord-Pricke (wieder von See kommend betrachtet) liegt rechts und hat an der Spitze zusammengebundene und nach unten aufgefächerte Zweige. Bei einer Backbord-Pricke (links, von See kommend) sind die Zweige an der Spitze aufgefächert und unten zusammengebunden.

» Bei Ebbe präsentiert sich der Meeresboden als Kunstwerk

Windstärken

Bft*	km/h	Wind und Zustand der See
0	0–1	Still, es herrscht **Windstille,** Rauch steigt senkrecht auf, das Meer ist glatt.
1	1–5	**Leiser Luftzug,** leichte Kräuselung der See.
2	6–11	**Leichte Brise,** leichter Wind spürbar.
3	12–19	**Schwache Brise,** vereinzelte Schaumköpfe auf dem Meer, Fahnen stehen im Wind gestreckt.
4	20–28	**Mäßige Brise,** vermehrt Schaumköpfe auf dem Meer.
5	29–38	**Frische Brise,** überall Schaumköpfe auf dem Meer.
6	39–49	**Starker Wind,** große Wellen entstehen, etwas Gischt wird gebildet.
7	50–61	**Steifer Wind,** Wellen türmen sich, weißer Schaum in Windrichtung, ganze Bäume schwanken.
8	62–74	**Stürmischer Wind,** relativ hohe Wellenberge, gegen den Wind gehen fällt schwer.
9	75–88	**Sturm,** hohe Wellenberge entstehen, Dachziegel können abgeweht werden.
10	89–102	**Schwerer Sturm,** sehr hohe Wellenberge, weißer Schaum auf dem Meer, Bäume können entwurzelt werden.
11	103–117	**Orkanartiger Sturm,** sehr hohe Wellenberge.
12	ab 118	**Orkan,** das Meer ist vollständig weiß, die Luft ist mit Gischt durchsetzt.

(* = Beaufort)

Inseln in der Nordsee

wesen aller Art. Durch die Gezeiten fielen diese Gebiete periodisch trocken und wurden dann ebenso regelmäßig wieder überschwemmt. Der Wind tat ein Übriges, er wehte überwiegend aus Westen und trieb Sand vor sich her, der sich schließlich auf Meeressockeln ablagerte. Kleine **Inseln** entstanden, erste Pionierpflanzen wuchsen, und auf diesen Sandinseln siedelten sich schließlich auch Menschen an. So geschah es zumindest bei den Ostfriesischen Inseln; die Nordfriesischen Inseln haben eine andere Entstehungsgeschichte (siehe folgendes Kapitel).

Vor der deutschen Nordseeküste, vom Festland etwa 5 bis 20 Kilometer entfernt, liegen ein gutes Dutzend bewohnter Inseln wie aufgereiht im Meer sowie einige unbewohnte Inseln und zehn Halligen, die in etwa kreisförmig um die Insel Pellworm angeordnet sind. Zu Schleswig-Holstein gehören die **Nordfriesischen Inseln** Sylt, Amrum, Föhr und Pellworm nebst den Halligen. Zu den **Ostfriesischen Inseln** zählen die vor der niedersächsischen Küste liegenden sieben Inseln **Borkum, Juist, Norderney, Baltrum, Langeoog, Spiekeroog** und **Wangerooge** sowie die vier unbewohnten Mini-Eilande **Lütje Hörn** (östlich von Borkum), die Vogelinsel **Memmert** und die **Kachelotplate** (zwi-

☑ Gewaltige Naturkräfte formten die Inseln in der Nordsee

sy20140 sm

schen Borkum und Juist), **Minsener Oog** und **Mellum** (beide südöstlich vor Wangerooge). Die Ostfriesischen Inseln haben im Gegensatz zu den nordfriesischen einen **sandigen Untergrund,** den die Nordseeströmung beständig heranspült. Zunächst waren es nur Sandbänke, die bestenfalls sporadisch bei Ebbe aus dem Wasser herausragten, später, vermutlich im Mittelalter, entstand daraus festes Land, das eine Besiedlung ermöglichte.

Die **Nordfriesischen Inseln** sind im Kern entweder **früheres Festland** oder **Überreste größerer Inseln,** die im Laufe der Jahrhunderte durch Fluten zerrissen und durch Strömungen und Wind modelliert wurden. Sylt, Amrum und Föhr haben einen Geestkern und liegen im Wattenmeer, das hier von tiefen Prielen und Strömungswegen durchzogen wird. Für die Schifffahrt sind diese zumindest teilweise durch Pricken oder Bojen markiert. Pellworm und einige Halligen sind Überbleibsel eines früher sehr fruchtbaren Marschbodens, der zum Festland gehörte.

Die Inseln gleichen sich in ihrem **Aufbau:** An ihrer zum Meer offenen Seite findet sich ein heller **Sandstrand,** begrenzt von einer Dünenzone (siehe auch Kapitel „Dünen"). Etwas weiter im Inland stehen dann hochgewachsene **Weißdünen,** die von Strandhafer am Wandern gehindert werden. Noch weiter im Hinterland hat sich die Farbe der Dünen durch Humus verdunkelt, diese nennt man **Graudünen** bzw. **Braundünen** (auch „Schwarzdünen"), und hier können sogar Büsche und Bäume wachsen. Danach folgen Flächen mit kleinen **Weiden** oder auch **Heide** und schließlich an der dem Festland zugewandten Inselseite **Salzwiesen,** wo nur noch sehr spezielle salzwasserresistente Pflanzen gedeihen können. Daran schließt sich dann das **Wattenmeer** an, das einen ganz eigenen Lebensraum darstellt.

☑ Strandhafer stoppt die Wanderlust der Dünen

sy20142 sm

Schwere Sturmfluten an der Nordseeküste

■ 1164: 16.2., Julianenflut. Man spricht von 20.000 Opfern.

■ 1219: 16.1., Marcellusflut, 36.000 Tote.

■ 1287: Luciaflut am 14.12., 50.000 Opfer.

■ 1362: Marcellusflut oder auch „Grote Mandränke" genannt. Die Insel Rungholt geht unter, angeblich 100.000 Tote. Sylt wird zur Insel.

■ 1436: Am 1.11. fegt ein Orkan über die Küste, genannt die „Allerheiligenflut", auf Sylt versinkt Eidum in den Fluten.

■ 1532: Am 2.1. fordert die „Große Flut" allein auf Nordstrand 1600 Menschenleben, zwei Orte gehen in Ostfriesland unter.

■ 1570: Allerheiligenflut mit Tausenden Opfern.

■ 1634: Zweite Grote Mandränke, schlimmste Sturmflut bisher, die Insel Strand wird in mehrere Teile zerrissen, mindestens 8000 Tote.

■ 1651: Petriflut mit zehntausend Opfern, Juist wird in zwei Teile gerissen.

■ 1715: Die Kirche von Juist wird zerstört.

■ 1717: Die Weihnachtsflut fordert 12.000 Tote, die Bevölkerung von Langeoog muss die Insel wegen der großen Zerstörungen verlassen.

■ 1825: Große Sturmflut mit 800 Toten und sehr schweren Schäden

■ 1855: Neujahrsflut, große Zerstörungen auf den Ostfriesischen Inseln.

■ 1906: Höchste Flutmarke bislang an der ostfriesischen Küste mit 5,35 m.

■ 1962: Am 17.2. steigt das Wasser so hoch, dass weite Teile Hamburgs überflutet werden, etwa 300 Tote im Hamburger Raum.

■ 1976: Große Flut mit dem höchsten Pegel, der je gemessen wurde, 6,45 m über NN.

■ 1981: Schwere Sturmflut, der Pegelstand liegt über dem von 1962, aber die Schäden sind geringer, vor allem die Opferzahlen.

■ 1990: Allein im Februar ziehen fünf Stürme übers Land.

■ 1994: Große Flut, der Pegel übersteigt die 6-Meter-Marke.

■ 1999: Zwei große Fluten, einmal im Februar, dann wieder im Herbst, setzen der Küste zu, der Pegel bleibt knapp unter 6 m.

■ 2006: Schwere Sturmflut im November, Dünenabbrüche auf den Ostfriesischen Inseln.

■ 2007: Im November fegt Orkan „Tilo" über die Nordsee, sehr schwere Sturmflut, Pegelstand 5,42 m.

■ 2013: Orkan „Xaver" trifft auf die gesamte Nordseeküste, es kommt zu einer sehr schweren Sturmflut mit Sandverlusten auf Sylt und den Ostfriesischen Inseln, Pegelstand 6,09 m.

■ 2016/2017: mehrere Sturmfluten haben genug Kraft, sehr viel Sand von der Hörnum Odde abzutragen. Die Sylter befürchten, dass die Odde bald nur noch eine Sandbank sein wird.

■ 2020: Frühjahrssturm „Sabine" hinterlässt Sturmschäden auf Sylt, vor allem in List und Kampen kommt es zu großen Sandverlusten.

▽ Pegelstände von schweren Sturmfluten im Hafen von Husum

03.01.1976

16.02.1962
24.11.1981
03.02.182

11.10.1634

Gewaltige Naturkräfte formten und formen bis heute die gesamte Inselwelt der Nordsee. **Sturmfluten** zerrissen die Küstenlinie, schufen neue Inseln, ließen früheres Land untergehen. Am 16. Januar 1362 kam es zu einer **vernichtenden Sturmflut, die Marcellusflut** ging als „Grote Mandränke" in die Geschichte ein. Sie riss ganze Landstriche auseinander, Deiche brachen, Orte wurden überflutet. Die sagenhafte Insel Rungholt verschwand von der Karte, Husum wurde quasi über Nacht zur Hafenstadt, und **Sylt wurde zur Insel.** In der Nacht vom 11. auf den 12. Oktober 1634 schlug die Nordsee in der **Burchardiflut** abermals zu, die Insel Strand wurde in drei Teile gerissen: Pellworm, Nordstrand und die Hallig Nordstrandischmoor entstanden. Beide Fluten setzten weite Teile des einstigen Nordfriesland dauerhaft unter Wasser und waren an der Entstehung und Formung der Nordfriesischen Inseln beteiligt.

Aber auch der beständige **Wellengang,** die dauernde **Strömung** sowie der zumeist aus **Westen** wehende **Wind** veränderten die Inseln und lassen noch heute die Strände entstehen und vergehen. Es bilden sich auch neue Sandarme, Nehrungen genannt, was man gut im Norden von Sylt beim „Ellenbogen" sehen kann. Die extrem breiten Strände der Inseln Amrum und Rømø sollen zum nicht geringen Teil von Sylt stammen. Und nicht nur die Strände sind recht dynamisch unterwegs, auch ganze **Inseln wandern.** So hat sich Wangerooge in den letzten 400 Jahren um etwa drei Kilometer fortbewegt, auf Juist musste die evangelische Inselkirche bislang fünfmal versetzt werden, da Sandverwehungen ihren jeweiligen Standort

gefährdeten. Auch auf Sylt musste in Rantum erst eine Kirche aufgegeben werden, und schließlich verschluckte der Sand auch die anderen Gebäude des Ortes.

Eine der früheren Ostfriesischen Inseln ist sogar vollständig untergegangen. **Buise** lag zwischen Juist und Norderney und war bis 1541 bewohnt, im Jahr 1690 ging sie nach einer Sturmflut für immer verloren, ihr Sand wanderte nach Norderney. Ursprünglich soll Buise bei einer Sturmflut aus der sehr viel größeren Insel Bant herausgerissen worden sein. Diese Insel, im 16. Jahrhundert noch bewohnt, schrumpfte durch Erosion und Sturmfluten immer mehr, bis sie ab 1780 vollständig in der Nordsee verschwand.

Sylt geht der „Sandraub" besonders stark an die Substanz, was dann im Frühjahr mit kostspieligen **Aufspülungen** ausgeglichen werden muss.

▷ Ebbe heißt: noch sechs Stunden warten

Ebbe und Flut

Die Nordsee wird durch die Gezeiten geprägt, Tiden genannt. Fließt das Wasser ab, spricht man von **Ebbe,** auflaufendes Wasser wird **Flut** genannt, **Hochwasser** ist der höchste Stand des Wassers. Hat das ablaufende Wasser seinen tiefsten Punkt erreicht, nennt man das **Niedrigwasser.** Wenig später beginnt das Wasser wieder aufzulaufen. Der kurze Zeitraum dazwischen wird **Stauwasser** genannt, hier „steht" das Wasser. Gefährlich wird es bei Neumond oder Vollmond, da sich dann die Kräfte verstärken und die Tide „an Land springt", was **Springtide** oder Springflut genannt wird. Herrscht bei auflaufendem Wasser starker Westwind, kommt es zu einer der gefürchteten **Sturmfluten.** Das Gegenteil ist eine **Nipptide.** Bei Halbmond heben sich die Kräfte von Sonne, Mond und Erde nahezu auf, die Flut „nippt" nur schwach ans Ufer. Sechs Stunden läuft das Wasser auf, dann läuft es wieder sechs Stunden ab und alles geht von vorn los. Nach exakt 12 Stunden und 25 Minuten wird dann wieder Hochwasser erreicht. Dieses weltweit zu beobachtende Phänomen hängt mit dem **Mond** zusammen. Ein kompliziertes Zusammenwirken der Anziehungskräfte und der Fliehkraft des Mondes und der Erde erzeugt ein Ansteigen und Absinken des Wasserstandes, an den Küsten als Ebbe und Flut spürbar. Die Erde dreht sich in 24 Stunden einmal um die eigene Achse, der Mond aber benötigt knapp 25 Stunden, um die Erde einmal zu umrunden, weswegen sich die Tiden jeden Tag um knapp eine Stunde verschieben. Genaue Tiden können im **Gezeitenkalender** nachgelesen werden, der auch in den Kurverwaltungen ausliegt.

sy20144 sm

sy20145 hf

Strände

Vom nördlichen List bis zum südlichen Hörnum zieht sich auf Sylt über gut 40 Kilometer ein **durchgängiger Strand.** Wie ein heller Streifen schiebt er sich auf dem Luftbild der Nordsee entgegen. Zwischen 50 und 100 Meter breitet er sich aus, besteht aus feinem hellen Sand, der seicht ins Meer übergeht. Begrenzt wird der Strand weitestgehend von einer **Dünenlandschaft** und vereinzelt von einer **Kliffkante.**

Die Sylter **Dünen** fließen mit dem Strand zusammen, stehen aber unter Naturschutz. Nur auf markierten Wegen und extra ausgelegten Holzbohlen darf hier durchgegangen werden.

Auf Sylt sind auch Steilküsten zu finden und vor allem einige markante Abbruchkanten, insgesamt sind es vier **Kliffs.** Das **Rote Kliff** zwischen Wenningstedt und Kampen misst immerhin 4,5 Kilometer und flacht jeweils nach Norden und Süden ab. Entstanden durch Gletscherverschiebungen der Eiszeit, leuchtet das Kliff mit seinem eisenhaltigen Lehm vor allem bei Sonnenuntergang rot auf.

Als **Weißes Kliff** wird eine Steilküste zwischen Munkmarsch und Braderup bezeichnet, die von hellem Kaolinsand geprägt ist. Das **Grüne Kliff** in Keitum ist eine bewachsene Abbruchkante, woraus sich dieser Name erklärt. Und am **Morsum-Kliff** sind mehrere farblich unterschiedliche Gesteinsschichten er-

⌃ Viel los am Sylter Strand im Sommer

▷ Baden erwünscht!

8

Die Natur

kennbar, was zum Beinamen „Buntes Kliff" führte.

Auf der Wattseite zeigt sich der Strand deutlich schmaler als zur Nordsee hin, an nicht wenigen Stellen misst er gerade ein paar Schritte, das war's dann. Zwei der genannten Steilküsten erheben sich hier, das Morsum- und das Weiße Kliff. Ein weiteres landschaftliches Phänomen an dieser Seite sind die satten grünen Wiesen, die durch einen Deich geschützt werden (zwischen Archsum und Rantumbecken). Wer also möchte, kann die Insel einmal umrunden, ohne den Strand jemals zu verlassen.

An den touristischen Brennpunkten Westerland, Wenningstedt und Kampen wurden die **Strände in verschiedene Zonen** unterteilt. Nur ein Teil ist bewacht, ein Abschnitt für die Freikörperkultur reserviert, ein weiterer für Hundehalter.

Gefahren beim Baden

Strömungen

Gibt es etwas Schöneres, als in der Brandung zu toben? Mit den Wellen zu kämpfen, wenn sie anrollen und sich überm Kopf brechen? Ja, das gehört zu einem Nordsee-Urlaub einfach dazu. Aber jeder sollte auch die Gefahren kennen. Zunächst darf die Strömung nicht unterschätzt werden. Besonders **bei ablaufendem Wasser** werden Badende unweigerlich weggetrieben, bei starker Strömung haben selbst geübte Schwimmer Schwierigkeiten, wieder an Land zu kommen. Kinder dürfen deshalb nie allein gelassen werden, selbst wenn sie

637sy hf

nur am Ufer planschen. Die Wellen brechen sich nicht immer an der gleichen Stelle, manche rollen weiter aus und können eine unglaubliche **Sogwirkung** entwickeln, wenn sie zurückfließen. Das kann einem kleinen Menschen glatt die Beine wegreißen. Wer es nicht glaubt, braucht sich nur mal bei etwas stärkeren Wellen bis zu den Knien ins Wasser stellen, das genügt meist schon für einen bleibenden Eindruck.

Wellenkräfte

Wellen entwickeln unglaubliche Kräfte, sie können auch Erwachsene glatt **zu Boden schleudern.** Schürfwunden sind da noch das Harmloseste, schlimmer wäre es, die Besinnung zu verlieren und von der Strömung ins Meer hinausgetragen zu werden. Je höher die Wellen sich aufbauen, desto stärker ist auch der Rückfluss und damit der Sog.

An den Stränden

An den Stränden gibt es immer **bewachte Zonen,** hier passen erfahrene Rettungsschwimmer auf, die ihre Pappenheimer kennen. Rigoros pfeifen sie mit ihren Trillerpfeifen oder Tröten Unbelehrbare zurück. Sie sitzen von ca. 10 bis 17 Uhr auf ihren Hochsitzen, bei Bedarf auch länger.

Sind die Rettungsschwimmer vor Ort, wird die **Flagge** „Badezeit" gesetzt. Ist das Baden unter Aufsicht möglich, weht zusätzlich eine grüne Fahne. Bei einer gelben Fahne ist das Baden nur im begrenzten Badefeld erlaubt, weht eine rote Fahne, herrscht absolutes Badeverbot.

Dünen

Dünen entstehen durch **Sandaufschiebungen,** die durch den stetig wehenden Wind aus zumeist westlicher Richtung und durch die entsprechenden Strömungen des Meeres bedingt sind. Zuerst bleibt der Sand an kleinen Hindernissen wie Muschelschalen hängen. Dadurch entstehen langsam kleine Sandhäufchen. Nun bilden sich allmählich **Sandbänke** auf Bodensockeln, die irgendwann schließlich nicht mehr vom Wasser überspült werden. In Sandsenken sammelt sich Regenwasser, was zur **Ansiedlung erster Pflanzen** führt. Der ständige Westwind schichtet dann nach und nach den Sand zu Dünen auf und lässt diese gleichzeitig langsam **von West nach Ost wandern.**

Auf den noch kleinen Dünen siedelt sich **Strandhafer** an. Er ist so robust, dass er auch kurzfristig vom Sand zugeweht werden kann. Dann schiebt er einfach seine Blätter nach oben und buddelt sich gewissermaßen selbst wieder aus dem Sand heraus. Nach unten entwickelt die Pflanze meterlange Wurzeln und sitzt so tief und fest verankert auf der Düne. Diese Wurzeln verhindern auch, dass der Sand weiterwandert.

▷ Sandfangzaun

Nachdem sich der Strandhafer festgesetzt hat, entstehen allmählich **Weißdünen**. Durch den Westwind wird immer mehr Sand auf der dem Meer zugewandten Seite angehäuft. An der Landseite wird stellenweise Sand abgetragen, außerdem gehen dem Strandhafer so langsam die Nährstoffe aus. Im Windschatten der Dünen wäscht das Regenwasser über die Jahre den Kalk aus, und aus abgestorbenen Pflanzen entsteht Humus, der die obere Sandschicht dunkel färbt, sodass allmählich eine sogenannte **Graudüne** entsteht. Dort siedeln sich weitere Pflanzen an, beispielsweise Gräser oder Kräuter. Der Boden wird durch weiteren Humus immer dunkler, und der **Pflanzenbewuchs** verändert sich, es gedeihen Beeren, kleine Sträucher und Heidekraut. In den Dünentälern sammelt sich teilweise Wasser, was wieder spezielle Pflanzen anzieht. Hier wächst die Glockenheide, die im Sommer rosafarben aufblüht.

Heute befindet sich beinahe entlang der gesamten 40 Kilometer langen **westlichen Strandseite eine Dünenkette.**

Insgesamt bedecken die Dünen ein gutes Drittel der Sylter Inselfläche. Im Inselnorden liegt das große **Wanderdünengebiet Listland** (1284 ha), das unter Naturschutz steht und gern auch „Sylter Sahara" genannt wird. Diese Dünen wandern etwa 4 Meter pro Jahr Richtung Osten. Aber auch alle anderen Dünen sind geschützt und dürfen nur auf den Bohlenwegen durchquert werden.

Die höchste Düne ist die **Uwe-Düne** (52,20 m) in Kampen, in Hörnum erhebt sich der Budersand auf 32 Meter.

Neben den Sturmfluten bedrohten **Sandverwehungen** die Sylter schon seit Jahrhunderten. So wurden beispielsweise in Alt-Rantum mehrfach Häuser vom Sand verschluckt, die Bewohner mussten immer weiter nach Osten flüchten. Bereits im 18. Jahrhundert wurde versucht, die **Wanderung der Dünen** zu verhindern. Dies geschieht noch heute durch Bepflanzung mit Strandhafer und durch **Sandfangzäune.** Diese bestehen aus Reisigbündeln und werden unmittelbar am Strand vor den Dünen angelegt, sie stehen dort wie ein Gartenzaun.

sy20142 s111

Wald

Große Wälder sucht man auf Sylt vergebens, Holz war hier schon immer Mangelware. Heute wachsen auf der Insel mehrere **kleine Wäldchen,** die gezielt angepflanzt wurden. So geschehen beispielsweise im 18. Jahrhundert bei der Kampener Vogelkoje, um die Entenfanganlage zu schützen und zu tarnen. Ebenso wurde es ein Jahrhundert später bei der Eidumer Vogelkoje gehandhabt. Größtes Waldgebiet ist der Friedrichshain nördlich von Westerland, der ab 1894 angelegt wurde. Ab Mitte der 1950er Jahre kamen dann Wäldchen bei Wenningstedt und Braderup dazu, sowie das Südwäldchen bei Westerland, unweit des Campingplatzes. Außerdem findet man vereinzelte sehr kleine Baumbestände, wie bei der Kupferkanne in Kampen.

Geest und Marsch

Geest ist **trockenes, fast sandiges Land** (niederdeutsch *gest* = trocken, unfruchtbar), entstanden durch Sandablagerungen und entsprechend wenig fruchtbar. Sylt zählt genauso wie Föhr und Amrum zu den **Geestinseln,** da zumindest ein Teil ihres Bodens aus Geest besteht; bei Sylt ist dies das höher gelegene Inselzentrum, das Westerland, Kampen und die Ostdörfer umfasst.

▷ Die Heide blüht ...
und gelegentlich brennt sie auch

Die **Marsch,** fruchtbares Schwemmland, umschließt den Geestkern und zieht sich etwa von Munkmarsch entlang der Ostgebiete bei Nösse bis Rantum. Die dortigen Wiesen und Weiden werden aber landwirtschaftlich kaum mehr genutzt. Schon in der Vergangenheit war der Anbau erschwert, da der Marschboden oft überschwemmt wurde. Erst nachdem 1937 der Nössedeich gezogen worden war, wurde es besser. Allerdings hatten die meisten Landwirte inzwischen aufgegeben und den Hof zu Ferienwohnungen umgebaut.

Heide

Landschaftlich ist Sylt neben Dünen auch durch **große Heidezonen** geprägt. Ein Großteil der Insel besteht aus Heide, insgesamt sind es etwa 2900 Hektar, was gut 50 Prozent der gesamten Heidelandschaft in Schleswig-Holstein entspricht.

In dieser Zone leben 2500 Tier- und 150 Pflanzenarten. Größere **zusammenhängende Heidegebiete** befinden sich bei Braderup (137 Hektar). Überwie-

sy20146 hf

gend wächst hier die Krähenbeere (Blütezeit im Mai/Juni). Auch bei Kampen liegt ein Gebiet, ein weiteres beim Morsum-Kliff. Auf trockenem Boden gedeiht auch die Besenheide (Blütezeit ab August, auch in Braderup), während sich bei Morsum eine Heidelandschaft auf eher feuchtem Untergrund gebildet hat, hier wächst die Glockenheide (Blütezeit Juni/Juli). Die Heide blüht in violetten und roten Farbtönen. Das inspirierte den Sylter *Jens Mungard* zu einem Gedicht in friesischer Sprache, die ersten Zeilen lauten übersetzt: „Die Heide ist Braut, und leuchtet so rot." Die Heide muss gepflegt werden, sonst verholzt sie. Dies geschieht durch das Herausschneiden von Schösslingen, das Entfernen von Erdschichten (Plaggen genannt), durch das Beweiden mit Schafen und Ziegen und gelegentlich auch durch kontrolliertes Abbrennen.

Salzwiesen

Salzwiesen liegen im **Übergangsbereich zwischen Meer und Land,** sie werden zumindest sporadisch vom Salzwasser überflutet. Sie entstehen vorwiegend am Ufer des Wattenmeeres, wenn sich allmählich eine **Schlickschicht** bildet, die nach und nach fester und damit auch immer seltener überflutet wird. Hier können nur Pflanzen gedeihen, die sich sowohl an den festen Boden als auch an das Meersalz angepasst haben, was vor allem dem **Queller** ausgezeichnet gelingt. Diese Pflanze, die mancher Koch mittlerweile als salzhaltige Beilage zu seinen Gerichten entdeckt hat, siedelt sich meist als Erstes dort an.

Nur dort, wo die Salzwiesen nicht mehr regelmäßig überflutet werden, bil-

sy20147 sm

det sich eine eigenständige Vegetation aus **Salzpflanzen** auf dem besonders fruchtbaren Boden heraus. Neben Queller gedeiht hier vor allem Andelgras, Rotschwingel und der im Spätsommer violett blühende Strandflieder. Im Frühjahr blühen zartrosa die Strandgrasnelken, Queller zeigt sich im Herbst bräunlich. In den Sommermonaten, wenn die Pflanzen blühen und ihnen somit eine besonders gute Tarnung bieten, brüten hier auch viele **Vögel.**

Deiche

Deiche sind an der Küste notwendig, keine Frage. „Wer nicht will deichen, der muss weichen", hieß es früher, und das war bitter ernst gemeint: Wer seiner **Deichpflicht** nicht nachkam, wurde enteignet. Wie schon in der Novelle „Der Schimmelreiter" von *Theodor Storm* sehr eindringlich beschrieben, wacht auch heute ein Deichgraf über die Deiche. Er kontrolliert sie regelmäßig und repariert kleine Löcher sofort. Heute übernimmt zwar der Staat einen Großteil des Küstenschutzes, trotzdem werden Anrainer immer noch in die Pflicht genommen. Sie zahlen heute Mitgliedsbeiträge an den Deich- und Sielverband, der die Deiche instand hält.

Seit etwa dem **11. Jahrhundert** wird Deichbau betrieben, zuerst noch einfach, später äußerst verfeinert. Heute fallen Deiche zur Wasserseite sehr flach

◁ Strandflieder und Austernfischer

ab, das war zu „Schimmelreiter"-Zeiten noch ganz anders. Damals waren es einfache Wände aus Holzbohlen, die auf der Rückseite mit Klei geschützt waren. **Deichbau** war knüppelharte Arbeit, schwerer Kleiboden musste transportiert und an der Holzwand festgestampft werden. Heute verrichten Bagger diese Arbeit. Sie legen zunächst einen Sandkern an. Darauf wird eine dicke Schicht Kleiboden gelegt, die an der Außenböschung sacht zum Wasser hin abfällt. Zum Schluss folgt eine Rasendecke, die später von Schafen kurzgefressen und gleichzeitig festgetrampelt wird. Wenn „normale" Hochwasser auftreten, rollen die Wellen an der langen Böschung ab; die früheren Deiche wurden oftmals von starken Wogen zerschlagen. Deichbrüche treten heute vor allem auf, wenn die Flut über die Krone schwappt. Dann wird der Deich aufgeweicht, und irgendwann bricht er. Auf Sylt wurden frühere Deiche oft durch Sturmfluten zerstört.

Heute gibt es auf der Insel Deiche von etwa 22 Kilometern Länge. 1936 wurde das Rantumbecken durch einen langgezogenen Deich an der Wattenmeerseite angelegt. 1937 entstanden zwei weitere Deiche, da der Reichsarbeitsdienst zwei Köge anlegte: im Osten den Nössekoog, der durch einen 13 Kilometer langen Deich geschützt wird, der von Morsum bis Rantum verläuft, und den Lister Koog, der durch den 2,5 Kilometer langen Mövenbergdeich geschützt ist. Auch das Wiesengelände Rantum-Inge, das oft von Überschwemmungen bedroht war, wurde 1987 eingedeicht, und die schönen Häuser dort sind nun auch geschützt durch einen Deich, der überwiegend durch Spenden finanziert wurde.

Das Wattenmeer

Watt wird der **Meeresboden entlang der Nordseeküste** genannt, der **zweimal in 24 Stunden trockenfällt** und ebenso regelmäßig **zweimal für knapp sechs Stunden von Wasser bedeckt** ist. Das Wattenmeer in der Deutschen Bucht erstreckt sich über eine ungefähre Länge von **500 Kilometern,** vom niederländischen Den Helder bis hoch zur dänischen Stadt Esbjerg. Es erreicht in seiner Breite auch die davor gelagerten Inseln und gilt als das **größte zusammenhängende Wattgebiet weltweit.**

Das Watt entstand nach dem Abschmelzen der Gletscher und des meterdicken Eises nach der letzten **Eiszeit.** Das Wasser stieg dadurch deutlich an, die Küstenlinie bildete sich als sehr flaches Ufer heraus, und der Tidenhub durch Ebbe und Flut überspülte das Land regelmäßig. Sand und Schlick lagerten sich dauerhaft auf dem Boden ab. Hier bildeten sich im Lauf der Zeit einzigartige Lebensformen heraus, die ausgezeichnet mit den speziellen Bedingungen klarkommen. Es entstand eine **große Artenvielfalt,** regelrechte Spezialisten für das Überleben teils im Wasser, teils auf dem Trockenen, entwickelten sich, und damit auch sehr komplexe Lebensstrategien. Hiervon kann jeder Wattführer lebhaft berichten, weswegen jedem Urlauber angeraten sei, einmal an einer **Wattführung** teilzunehmen.

Der Tidenhub wird vor allem durch **Priele** kanalisiert, was zugleich auch eine Gefahr für unkundige Wattwanderer darstellt. Was bei Ebbe ein Priel mit vielleicht knietiefem Wasserstand ist, verwandelt sich bei auflaufendem Wasser in einen mannshohen Wasserlauf mit starker Strömung. Diese unterschätzte

sy20148 hf

Gefahr hat schon vielfach zu kritischen Situationen geführt, deshalb sollte man einen Spaziergang nur mit einem erfahrenen Wattführer unternehmen.

Das Watt selbst zeigt unterschiedliche Gesichter. Relativ küstennah findet man eher das sehr wasserhaltige **Schlickwatt,** auf dem man nicht so gut gehen kann, weil man oft einsinkt. Weiter draußen findet man dann Misch- und Sandwatt vor. **Mischwatt** ist feucht, man kann ganz gut darauf laufen und findet häufig die so markanten Häufchen der Wattwürmer. **Sandwatt** ist sandiger, trockener Boden, der von einer typischen gerippten Struktur durchzogen wird.

Die Tierwelt

Das Wattenmeer erscheint auf den ersten, oberflächlichen Blick vielleicht wie eine graue Schlickwüste, eine Ödnis aus Wasserresten, Schlamm und Muscheln. Dies trifft aber nicht zu, denn das Watt ist **Lebensraum für ungefähr 10.000 Tier- und Pflanzenarten.** Der blauschwarze Boden wird durch Ebbe und Flut ständig mit Mikroorganismen angereichert, von denen sich Wattwürmer, Muscheln und Krebse ernähren. Das wiederum lockt Wattvögel an, die Beute pickend herumstolzieren. Auf einem Quadratmeter Watt können bis zu 50

Regeln für Wattwanderungen

■ Niemals allein gehen, jedenfalls nicht ins offene Watt, nie ohne Uhr und Kenntnis der Tide.
■ Niemals bei auflaufendem Wasser starten.
■ Keinen Priel zwischen sich und dem Land lassen: Priele laufen bei Flut zuerst voll und schneiden dann den Rückweg ab.
■ Im Watt fängt man sich schnell einen Sonnenbrand ein, also an Kopfbedeckung und Sonnenschutz denken.
■ Im Priel baden kann aufgrund der Strömungen gefährlich sein.
■ Vor einer Wattwanderung beim Vermieter abmelden.
■ Keine Wattwanderung bei Nebel und Gewitter starten.
■ Barfuß im Watt laufen macht den größten Spaß, ansonsten Gummistiefel anziehen.
■ Kameras und Camcorder mitzunehmen lohnt sich bestimmt, ein Kompass kann bei plötzlich aufziehendem Nebel Lebensretter sein.
■ Aber am meisten bringt eine geführte Tour, denn der Wattführer erklärt so manches Geheimnis, das einem ansonsten doch entgeht.

> Watt ist denn das?
Ein erfahrener Wattführer erklärt's

< Wattwanderer vor List

Wattwürmer, 2000 Herzmuscheln oder gar 100.000 Wattschnecken leben – fast unvorstellbar! In Anlehnung an den Begriff der „Big Five", der bei Safaris durch die afrikanische Tierwelt die Tiere berzeichnet, die man dort möglichst gesehen haben sollte (Elefant, Löwe, Nashorn, Büffel, Leopard), spricht man im Wattenmeer von den **„Small Five"** und meint damit Wattwurm, Herzmuschel, Strandkrabbe, Wattschnecke und Nordseegarnele. Auffällig sind die vielen kleinen Häufchen im Wattboden. Es handelt sich um Kothäufchen, die sich dort befinden, wo ein Wattwurm (Pierwurm) einen Gang gegraben hat. Ebenfalls unterirdisch leben Sandklaffmuschel, Plattmuschel, Schlickkrebs und Pfeffermuschel. Auffällig ist auch der Bäumchenröhrenwurm, dessen kunstvoll zusammengeklebte Röhre ein Stückchen aus dem Boden schaut. Durch sie saugt er Wasser an und nimmt Nahrungspartikel auf bzw. stößt sie wieder aus. Andere Tiere, hauptsäch-lich Schnecken, Krebse und einige Muschelarten, leben oberirdisch, sie entwickelten im Laufe der Zeit einen harten Panzer gegen das Austrocknen und als Schutz gegen Vögel. Miesmuscheln schließen sich zu großen Gruppen zusammen, sodass Muschelbänke entstehen. Schon am Strand sind sie häufig zu finden. Im Watt leben sie knapp unter der Oberfläche des Bodens. Sie filtern durch ein Röhrchen Plankton aus dem Wasser, durch ein zweites Röhrchen wird das Wasser wieder ausgestoßen. Wattführer zeigen gerne einen Trick, den sie den Möwen abgeschaut haben: Die Vögel trampeln auf dem weichen

⌂ Natürliche Eleganz: eine Möwe im Flug

▷ Austernfischer sind zu jeder Jahreszeit auf Sylt zu bewundern

Die Natur

Wattboden herum, dadurch kommen die Muscheln an die Oberfläche und werden zur leichten Beute. Die Sandklaffmuschel lebt im Wattboden in einer Tiefe von 15 bis 25 Zentimetern. Auch sie filtert durch ein Röhrchen Wasser, und durch ein zweites gelangt es wieder hinaus. Ähnlich leben die Pfeffermuschel und die Plattmuschel, beide in etwa 7 bis 12 Zentimetern Tiefe. Weiterhin leben hier Fische, und viele Vögel beziehen ihre Nahrung aus dem Wattboden.

Die **Vogelwelt** kennt Gastvögel und Dauergäste. Tausende von Zugvögeln kommen im Frühjahr und Herbst und futtern sich hier durch. Unter den Dauergästen zählt der Austernfischer zu den bekannteren, er ist an seinem auffälligen roten, etwas gebogenen Schnabel zu erkennen.

Auch die **Möwen** gehören zur Nordsee. Ihr Gefieder glänzt hell, leicht silbrig bis grau, markant ist auch ihr kräftiger Schnabel. Vor allem die Silbermöwe kann eine erstaunliche Spannweite erreichen: immerhin bis zu 1,40 Meter. Sie ist am häufigsten an der Küste anzutreffen. Auch die Lachmöwe mit ihrem im Sommer dunkelbraunen Kopf begleitet, ihre heiseren Schreie ausstoßend, häufig die Schiffe. Elegant segeln die Möwen heran, hocken sich auf Strandkörbe und

Buhnen und sind alles andere als scheu. Leider hat das ständige Anfüttern durch Menschen auch dazu geführt, dass sie diesen ziemlich dreist Waffeln, Eis oder sonstige Lebensmittel aus den Händen reißen. Deshalb ergehen auch jedes Jahr eindringliche Appelle an die Urlauber, die Möwen nicht zu füttern.

Am Meeressaum ist auch die **Küstenseeschwalbe** beheimatet, sie hat einen markanten roten Schnabel. Sehr farbenfroh zeigen sich die **Brandgänse** mit einem grünen Kopf, rotem Schnabel und schwarz-weißem Gefieder. Den **Sandregenpfeifer** erkennt man gut an einem schwarzen, geschlossenen Band am Hals. Der **Säbelschnäbler** hat ein schwarz-weißes Gefieder und blaugraue Füße sowie einen langen, nach oben gebogenen Schnabel. Der **Große Brachvogel** erreicht die Größe einer Lachmöwe und gilt damit als größter Vogel des Wattenmeeres. Er hat einen langen, nach unten gebogenen Schnabel.

Der wohl berühmteste Bewohner des Wattenmeeres ist der **Seehund.** Er wird im Schnitt 12 Jahre alt und bis zu 1,80 Meter lang. Er wiegt bis zu 120 Kilogramm, hält sich küstennah auf und flieht bei Störung ins Wasser. Er zieht sich zum Gebären und Säugen auf Sandbänke zurück. Die Tiere dort wollen

614sy sm

und sollen ihre Ruhe haben, sie sind schon genügend Stressfaktoren ausgesetzt. Seehunde werden meist im Juni oder Juli geboren und wiegen 7 bis 10 Kilogramm. Die Jungtiere wachsen schnell, schon nach wenigen Wochen kann sich ihr Gewicht verdreifacht haben. Wenn kurz nach der Geburt die Flut die Sandbank wieder überspült, müssen sie sofort ihre ersten Schwimmversuche starten. Wattwanderer finden während dieser Zeit manchmal kläglich schreiende „Heuler". Dies sind Jungtiere, die von ihrem Rudel kurzfristig getrennt wurden und sich nun allein im Watt orientieren müssen. Sie wirken hilflos, aber dies ist Bestandteil des Abnabelungsprozesses. Die kleinen, niedlichen Tiere rühren das Herz, doch niemals sollten sie angefasst werden, sonst nimmt die Mutter sie unter Umständen nicht mehr an. Sie schwimmt meist ganz in der Nähe, traut sich bei den Menschenmassen aber nicht an ihr Junges.

Also: Niemals den Heuler anfassen, andere Gäste fernhalten, großen Abstand halten und Polizei bzw. Kurverwaltung verständigen.

Männliche **Kegelrobben** können stolze 2,20 Meter groß werden und bringen ein Gewicht von bis zu 330 Kilogramm auf die Waage, die Weibchen etwa die Hälfte. Damit gehören sie zu den größeren Tieren der Nordsee. Der Name leitet sich von ihren kegelförmigen Zähnen ab. Die Jungen kommen auch auf einer Sandbank zur Welt, erstaunlicherweise im kalten Winter. Die Jungtiere wiegen etwa 10 bis 12 Kilogramm.

Quallen möchte wohl jeder Badende aus dem Weg paddeln. Besonders bei Ostwind treten sie verstärkt auf, sie schwimmen nämlich gegen die Strömung. Bei Westwind, der meist an der Nordsee vorherrscht, tummeln sie sich also in der offenen See. Manche dieser zu 98 Prozent aus Wasser bestehenden Tiere haben Tentakel, die um einiges länger sind als ihr eigener Körper. Vor allem die Nesselqualle erzeugt bei Kontakt mit der Haut das typische Brennen. Etwa 20 Zentimeter im Durchmesser und leicht bläulich bzw. violett gefärbt, wird sie auch „Feuerqualle" genannt. Diesen Namen gab der Volksmund auch der Kompassqualle, die ebenfalls mit ihren Nesselkapseln für Brennen auf der Haut sorgen kann. Zur besseren Unterscheidung: Die Kompassqualle weist braune Streifen auf, die vom Zentrum an die äußeren Ränder laufen. Auch häufig zu sehen ist die ungefährliche Ohrenqualle, die bis zu 30 Zentimeter misst und vier klar erkennbare ohrenförmige Geschlechtsorgane aufweist.

> Im Wattenmeer heimisch: Seehunde

Die Natur

Der Nationalpark

Der Nationalpark **Schleswig-Holsteinisches Wattenmeer** reicht von der **deutsch-dänischen Seegrenze** bis zur **Elbmündung** im Süden; im Wattenmeer verläuft die Nationalparkgrenze etwa 150 Meter vor der Küste. Deiche und Deichvorland gehören nicht zum Schutzgebiet, ebenso sind die Strände ausgenommen. Seeseitig verläuft die Grenze etwa bis in Höhe von Amrum entlang einer 12-Meilen-Linie, südlich davon entlang der 3-Meilen-Linie. Etwa zwei Drittel der Nationalparkfläche liegen dauerhaft unter Wasser, etwa 30 Prozent sind Watt, das bei Flut überspült wird und bei Ebbe trocken fällt. **Bewohnte Gebiete** (alle Inseln und die größeren Halligen) zählen nicht zum Nationalpark. Die wenigen Landzonen, die eingeschlossen sind, bestehen aus Salzwiesen, Sandbänken und auch aus einigen wenigen Dünen. Teil des Nationalparks sind unbewohnte Inseln und Halligen. Nur zwei Menschen leben ganzjährig im Nationalpark, auf Hallig Süderoog, drei weitere leben nur im Sommer auf Trischen (einer) und auf Südfall (zwei).

Es gibt zwei **Schutzzonen.** Die Zone 1 ist ein absolutes Schutzgebiet und darf nicht betreten werden, mit Ausnahme von küstennahen Wattwanderungen unter Leitung eines Wattführers. Südlich des Hindenburgdamms liegt eine Zone, die völlig nutzungsfrei bleibt, hier darf man auch keine Wattwanderungen unternehmen. Der Kernbereich, die Zone 1, umfasst ein knappes Drittel des gesamten Nationalparks. Hier sind große Flächen von Watt und Salzwiesen zu finden, aber auch dauerhaft unter Wasser liegende Flächen und einige kleinere, sehr spezielle Gebiete, wie beispielsweise die Seehundsbänke. Zone 2 kann mit gewissen Einschränkungen betreten werden. Die Westseite zählt zu einem großen Walschutzgebiet als Teil der Zone 2.

615sy sm

Fakten zum Nationalpark

- **Gründung:** 1.10.1985
- Der Nationalpark beginnt **150 Meter seewärts** vom Deich und den Dünen.
- **Fläche:** 4410 km² (441.000 ha), damit größter Nationalpark in Deutschland. Die Inseln und Halligen (auch Sylt) gehören nicht zum Schutzgebiet.
- **Schutzzone 1:** 1570 km², davon 125 km² nutzungsfreies Gebiet
- **Schutzzone 2:** 2840 km², davon 1240 km² Walschutzgebiet
- **Flora und Fauna:** etwa 2300 Pflanzenarten, 4200 Tierarten, davon 250 endemisch
- **Hunde** müssen im Nationalpark immer angeleint sein.
- **Drachen** kann man in Zone 2 **steigen lassen.**
- **Muscheln** oder **Muschelschalen** können in Zone 2 gesammelt werden.
- **Reiten** geht nur in einigen ausgewählten Gebieten.
- **Wattwandern** ist in Zone 2 erlaubt, in Zone 1 nur küstennah mit einem Wattführer.
- **Drohnen** sind generell nicht erlaubt.

Naturschutz

Auf Sylt ist ein Drittel der Inselfläche unter Schutz gestellt, es gibt elf Naturschutzgebiete. Außerdem gehört das Meer rund um Sylt zum Nationalpark Schleswig-Holsteinisches Wattenmeer.

Die einzelnen Gebiete in Nord-Süd-Richtung:

- **Nord-Sylt** umfasst ein sehr großes Dünengebiet, das vom Ellenbogen über das Listland bis nach Kampen reicht und 1796 Hektar groß ist. Hier liegen u.a. die gewaltigen Wanderdünen von List. Dieses Schutzgebiet wurde bereits 1923 festgelegt.
- **Lister Koog** ist ein 18 Hektar großes Feuchtgebiet zum Schutz für Seevögel eingerichtet, es entstand nach der Eindeichung durch den Möwenbergdeich knapp außerhalb von List.
- **Kampener Vogelkoje** ist 10 Hektar groß und seit 1935 Schutzgebiet für immerhin etwa 100 Pflanzen- und etwa 40 Vogelarten.
- **Nielönn** liegt unmittelbar nördlich von Kampen, ist 64 Hektar groß und ein weiteres Schutzgebiet für Vögel.

sy20150 sm

sy20151 sm

■ **Rotes Kliff** mit seiner Dünenlandschaft misst 177 Hektar und hat auch eine sehr große Heidefläche, die nur auf wenigen Wegen betreten werden darf. Hier steht mit der Uwe-Düne die höchste natürlich Erhebung (52,50 Meter) der ganzen Insel.

■ **Braderuper Heide** (137 Hektar) liegt zwischen Braderup und Kampen und schützt weite Heideflächen sowie das Weiße Kliff direkt an der Wattseite.

■ Das Schutzgebiet **Morsum-Kliff** ist 43 Hektar groß und schützt diese erdgeschichtlich einzigartige Steilküste. Sie steht seit 1923 unter Naturschutz, ist damit das älteste Schutzgebiet auf der Insel neben Nord-Sylt.

■ **Rantum-Becken** umfasst ein großes Wasser-Gebiet von 597 Hektar, zu dem auch die Eidumer Vogelkoje zählt. Ursprünglich im Zweiten Weltkrieg als Landeplatz für Wasserflugzeuge konzipiert, ist es heute vor allem ein Rast- und Brutplatz für viele Vogelarten.

■ **Baakdeel** bezeichnet die 242 Hektar große Dünenzone zwischen Westerland und Rantum.

■ Die **Rantumer Dünen** liegen zwischen Rantum und Hörnum, es ist ein Gebiet von 397 Hektar.

■ Die Dünenlandschaft ganz im Süden, die **Hörnum-Odde,** ist seit 1972 Naturschutzgebiet, verliert aber beständig an Fläche durch die regelmäßig auftretenden Sturmfluten.

Informationsstellen auf Sylt zum Thema „Natur"

■ **Erlebniszentrum Naturgewalten** in List ist eine multifunktionelle Ausstellung zum Erleben, Anfassen und Mitmachen rund um das Thema Natur, Naturgewalten, Wetter, Küstenschutz.

■ **Naturzentrum Braderup** in Braderup erklärt den Küstenschutz der Insel, zeigt Sylter Flora und Fauna, gibt Einblicke in die Naturschutzgebiete Wattenmeer, Braderuper Heide und Morsum-Kliff.

■ **Arche Wattenmeer** in Hörnum zeigt in Aquarien die Meeresbewohner und informiert über das Wattenmeer.

■ Ergänzend gibt es noch das **Sylt Aquarium** in Westerland, in dem u.a. Nordseefische beobachtet werden können, und es gibt die beiden **historischen Vogelkojen** bei Kampen und bei Rantum, in denen früher Enten gefangen wurden.

⌃ Die Lister Dünen stehen unter Naturschutz

◁ Das Schild markiert den Nationalpark Wattenmeer

8

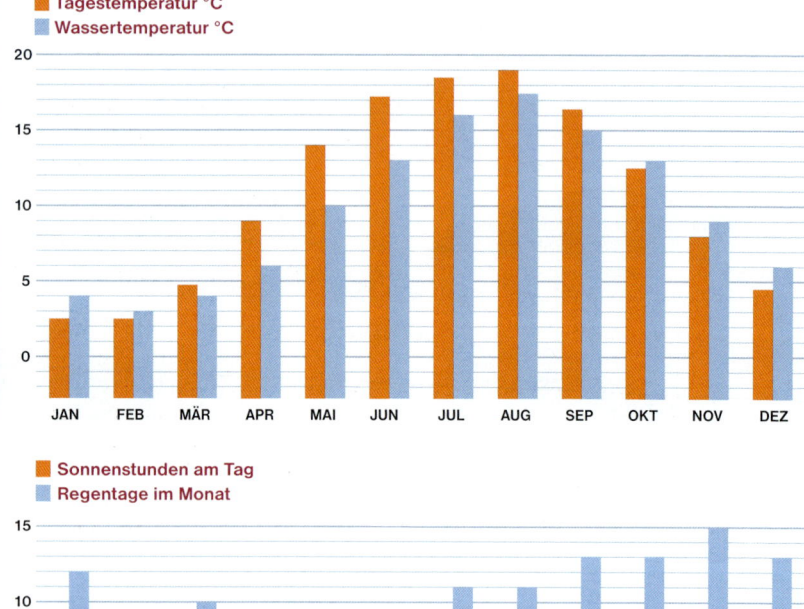

Tagestemperatur °C
Wassertemperatur °C

Sonnenstunden am Tag
Regentage im Monat

Das Klima

In Schleswig-Holstein gilt der Schnack: „Hinterm Kanal ändert sich das Wetter." Gemeint ist der Nord-Ostsee-Kanal, und eine derartige Aussage dürfte bestenfalls Wunschdenken sein. Zweifelsohne gilt aber, dass auf Sylt die Sonne scheinen kann, während sich auf dem Festland der Himmel wolkenverhangen zeigt.

Die vorgeschobene Lage im Meer erzeugt ein **Reizklima,** geprägt durch den warmen Golfstrom aus dem Atlantik. Der besondere Reiz des Nordseeklimas liegt im Zusammenspiel von Sonnenlicht, Luft und Wind. Die Nordseeluft ist salzhaltig und feucht, hervorgerufen durch das Brechen der Wellen, das die Jod- und Salzteile des Wassers zerstäubt. Der Westwind trägt diese ans Land, der Mensch nimmt sie dann auf. Genau das hat Auswirkungen auf die Schleimhäute,

Allergiker atmen in der reinen Luft endlich wieder frei durch. Es kann allerdings zunächst auch zu einer ständig laufenden Nase kommen, das reguliert sich jedoch nach ein paar Tagen.

Da die Luft durch den Wind ständig etwas kühler ist, wird der Körper gezwungen zu reagieren. Die Blutgefäße ziehen sich zusammen, der Herzschlag verlangsamt sich, der Blutdruck steigt. Sogar ein kurzfristiges Unwohlsein könnte eintreten, längerfristig jedoch **verbessern sich der Kreislauf und die Durchblutung,** eine Art Abhärtungsprozess setzt ein. Nicht umsonst behaupten Sylt-Fans, dass sie nirgends so gut schlafen können wie auf der Insel, was der Autor bestätigen kann.

Wer sich am Strand sonnt, darf die Kraft der **Sonne** nicht unterschätzen. Der ständig wehende Wind kühlt so schön, subjektiv wird es gar nicht als so warm empfunden, warum also besonders schützen? Das Ergebnis kann dann abends vor dem Badezimmerspiegel bewundert werden, ein krebsroter Bauch.

Dazu kommt die am Wasser immer erhöht auftretende **UV-Strahlung.** Sie verstärkt die Vitamin D-Bildung, was zu erhöhter Calciumproduktion führt. Dies ist für die Knochenbildung wichtig und verhindert Osteoporose. Schon eine fünfzehnminütige direkte Sonnenbestrahlung führt zur ausreichenden Bildung von Vitamin D, besonders für ältere Menschen wichtig.

Die **Gefahren** der Sonnenbestrahlung dürfen aber nicht verkannt werden. Zwar herrscht über Schleswig-Holstein noch kein Ozonloch, aber die UV-Strahlen können nicht nur zu einem Sonnenbrand führen, sondern erhöhen auch die Gefahr von Hautkrebs.

Eine Konstante des Nordseeklimas ist die **Unbeständigkeit.** Zwar gibt es generelle Tendenzen, aber ein wolkenverhangener Himmel kann ruck, zuck aufklaren und schon scheint die Sonne wieder. Durch den Golfstrom und den Wind kommt es zu einem relativ milden Grundklima, im Sommer wird es nie so heiß wie auf dem Festland, im Winter dagegen fällt das Thermometer selten auf arktische Tiefen.

Der **Wind** weht zumeist aus Westen, beschert der Küste vor allem im Januar/Februar schwere Stürme. Mai und Juni gelten als die schönsten Monate mit der geringsten **Bewölkung,** in dieser Zeit kann der Himmel strahlend blau sein. Juli und August bescheren hoffentlich ebenso schöne Tage, vereinzelt kommt es zu Gewitterschauern. Auch der September und Oktober glänzen oft noch mit herrlichen Tagen und geringen Niederschlägen, bevor dann im November mit schweren Herbststürmen gerechnet werden muss.

Die Nordsee erwärmt sich langsamer als das nahe Festland, die **Wassertemperaturen** übersteigen selten einmal 20 Grad.

Tipp: Unter **www.sylt-tv.com** kann man sich durch mehrere Web-Kameras einen Überblick über die aktuelle Wetterlage verschaffen.

9 Die Nordfriesen

◁ Diese Eingangstür in Keitum zeigt Friesisches

Die Kultur

„Frisia non cantat", die Friesen singen nicht – heißt es jedenfalls. Die Menschen hier rangen schon immer mit den Naturgewalten, mussten sich und ihr Heim vor Sturm und Wellen schützen, da blieb wenig Zeit für Fröhlichkeit.

Etwa ab dem 7. Jahrhundert zogen die Friesen an die Westküste des heutigen Schleswig-Holstein, besiedelten Inseln und Marschen „achtern Diek" (hinterm Deich). Jahrhundertelang lebten sie dort von Ackerbau, Viehzucht und Fischfang. Die Sylter verdingten sich viele Jahrhunderte danach als Walfänger auf fremden Schiffen, so drangen erste nichtfriesische Elemente auf die Insel vor. Später kam der Tourismus, brachte massiv neue kulturelle Einflüsse, dadurch geriet das Friesische in Bedrängnis.

Etwa 50.000 Menschen entlang der schleswig-holsteinischen Nordseeküste bezeichnen sich heute als Nordfriesen, aber nur jeder fünfte beherrscht noch die **friesische Sprache.** Damit sich diejenigen, die das Friesische noch sprechen, gleich erkennen, stecken sich manche einen kleinen Silberknopf ans Revers.

Der friesische **Nationalstolz** zeigt sich in dem traditionellen Ausruf: „Lewer duad üs Slav" („Lieber tot als Sklave"). *Detlef von Liliencron* verarbeitete dies zu einer Ballade, dort taucht der stolze Ausruf gleich zehnmal auf: *Pidder Lüng,* starrköpfiger Hörnumer, verweigerte dem Amtmann von Tondern die Steuer, sodass der sich aufmachte, dieselbe persönlich einzutreiben. Ein Wort gab das andere, der Amtmann spuckte dem Pidder in den Grünkohl. Darauf steckte der mit dem eben zitierten Ausruf den Kopf des Amtmanns in die Kohlschüssel, bis der Verhasste erstickte.

Der **Heimatverein** „Söl'ring Foriining" versucht friesische Kultur und Traditionen ins 21. Jahrhundert zu retten. Dazu gehört auch das alljährliche **Biikebrennen** am 21. Februar. Große Stapel von Busch, Stroh und Tannenbäumen werden Tage vorher aufgeschichtet und unter großer Anteilnahme verbrannt. Auf diese Weise wird Abschied genommen vom Winter, die Flammen sollen aber auch reinigen, von Krankheit und Streit. Außerdem tragen sie Fruchtbarkeit und Liebe, symbolisiert durch einen gemeinsamen Sprung über die heruntergebrannte Biike. Und nicht zuletzt verabschiedeten sich die Fischer und Seeleute, die im Frühjahr wieder aufs Meer hinausfuhren. Kein Biikebrennen, das nicht mit dem Lied „Üüs Söl'ring Lön, dü best üüs helig" („Unser Sylter Land, du bist uns heilig") ausklingt und mit einem deftigen Grünkohlessen. Letzteres gehört seit 1909 zur Tradition der Biike. Damals hatten sich in Keitum einige Bürger in einem Gasthaus versammelt. Als sie Hunger bekamen, hatte der Wirt nur noch die Überreste seines Mittagessens, nämlich Grünkohl, anzubieten. So einfach können Traditionen entstehen.

Am folgenden Tag, dem **Petritag**, haben die Kinder schulfrei und es finden kulturelle Veranstaltungen statt. Früher traf sich an diesem Tag der Sylter Rat zu einem Thing, um Recht zu sprechen unter freiem Himmel, bevor die Män-

---

Üüs Söl'ring Lön (erste Strophe)

Üüs Söl'ring Lön, dü best üüs helig,
Dü blefst üüs ain, dü best üüs Lek!
Din Wiis tö hual'en, sen wü wellig
Di Söl'ring Spraak auriit wü ek.
Wü bliiv me di ark Tir forbün'en,
Sa lung üs wü üp Warel' sen.
Uk diar jaar Uuning bütlön'fün'en,
Ja leng dach altert tö di hen.

(Refrain)
Kumt Riin,
Kumt Senenskiin,
Kum junk of lekelk Tiren,
Tö Söl' wü hual'
Aural,
Wü bliiv truu Söl'ring Liren!

Unser Sylter Land, du bist uns heilig,
du bist unser Eigen, du bist unser Glück.
An deine Art uns zu halten, sind wir willig.
Die Sylter Sprache vergessen wir nicht.
Wir bleiben dir allzeit verbunden,
solange wir auf Erden sind.
Auch jene, die ihr Zuhause außerhalb fanden,
sie sehnen sich doch immer nach dir hin.

(Refrain)
Kommt Regen,
kommt Sonnenschein,
kommen dunkle oder glückliche Zeiten
Zu Sylt halten wir
immer.
Wir bleiben treue Sylter Leute.

◁ Sylts Wahlspruch

9

einer Kette hing der Silberschmuck, sehr dekorativ. Auffällig auch die Kopfhaube aus schwarzem Samt. Eine Auswahl der Trachten kann im Heimatmuseum in Keitum besichtigt werden.

Die friesische **Fahne** kann man gar nicht übersehen, in so manchem Vorgarten flattert sie: Gelb-Rot-Blau und in der Mitte der Wahlspruch: „Rüm Hart, klaar Kiming" (großes oder reines Herz, klarer Horizont). Die Farben Gelb, Rot, Blau (auf Friesisch: Göljin, Rüüdj, Ween) symbolisieren die Farben des Horizontes an einem sonnigen Abend. Und auf der Titelseite der Sylter Rundschau ist er auch zu finden, der Wahlspruch, friesischer Stolz eben.

sy20154 sm

ner wieder zur See fuhren. Diese Tradition wurde im Jahr 1867 mit der Einführung der preußischen Gerichtsbarkeit aufgehoben.

Auf Heimatabenden werden sie gelegentlich noch vorgeführt, die rotweißen **Trachten** der Sylter Festtagskleider mit dem entsprechenden Schmuck dazu. Dieser drückte früher den Wohlstand des Hauses aus und wurde von den Frauen quer über der Brust getragen. An

sy20153 sm

▷ ⌂ Syltfriesische Tracht

1 Söl'ring
2 Fering
3 Öömrang
4 Halunder
5 Halifreesk
6 Wiedingharder freesk
7 Bökingharder frasch
8 Kårhiirder fräisch
9 Nordergoesharder fräisch
10 Mittelgoesharder fräisch
11 Südergoesharder fräisch

Weesterlön (Westerland)

Söl (Sylt)

Naibel (Niebüll)

Leek (Leck)

Feer (Föhr)

a Wik (Wyk)

Witjdün (Wittdün)

Oomram (Amrum)

Bräist (Bredstedt)

Halligen

Pellworm

Helgoland

Hüsem (Husum)

Nordstrand

Die Sprache

Friesisch ist eine **eigenständige Sprache** der Gruppe der westgermanischen Sprachen. Es hat mehr Gemeinsamkeiten mit dem Englischen als beispielsweise mit dem Plattdeutschen. Auf Föhr wird etwa das Wort „Wai" (Weg) wie „Woi" ausgesprochen, was nicht mehr weit entfernt ist vom englischen „way".

Grundsätzlich gibt es **drei Sprachzweige:** Westfriesisch wird in der niederländischen Provinz Friesland von ca. 400.000 Menschen gesprochen, diese Sprache kennt kaum dialektale Unterschiede. Ostfriesisch sprechen vor allem noch im kleinen ostfriesischen Gebiet Saterland (Kreis Cloppenburg) ca. 1500 Menschen. Nordfriesisch ist im Kreis Nordfriesland sowie auf der Insel Helgoland zu hören, insgesamt etwa 10.000 Menschen verwenden es.

Nordfriesisch zerfällt in **mehrere Dialekte,** die derart voneinander abweichen, dass sich die Sprecher untereinander nur schwer verständigen können. Auf Sylt wird **Söl'ring** gesprochen, auf Helgoland **Halunder,** auf Föhr **Fering** und auf Amrum **Öömrang.** Neben den Dialekten auf den Inseln gibt es noch wenigstens sechs

Moin Moin

„Moin" oder „Moin, Moin", so grüßt man sich auf Sylt, und zwar zu jeder Tages- und Nachtzeit. Das verwirrt immer wieder Urlauber, glauben sie doch, dass dieses „Moin" sich von „Morgen" ableitet. Diese These gibt es durchaus, aber eine andere besagt, dass „Moin" abgeleitet wird vom friesischen Wort **„moi" (gut, schön),** was auch in manchen Regionen mit niederdeutschem Idiom bekannt ist. Beispielsweise, wenn der Fischer sagt. „Hüd hebt wi moijen Wind" („Heute haben wir guten Wind"). Demnach wünschen sich die Sylter ganz einfach **„einen Guten".**

Weitere „Friesen-Begriffe"

Friesennerz: scherzhafter Ausdruck für eine knallgelbe Regenjacke, die früher häufig getragen wurde, heute eher selten zu sehen ist.
Friesentorte: Blätterteigtorte, die mit viel Pflaumenmus gefüllt ist und mit Schlagsahne serviert wird.
Jöölboom: Da auf Sylt kaum Tannen wachsen, wurde ein spezieller Weihnachtsbaum erfunden. Der Jöölboom besteht aus einem Rundstab, der auf einem Fuß steckt. Dieser Rundstab hat drei Querstreben und wird weihnachtlich dekoriert. Ähnliches wird heute gerne zu Ostern gemacht.

610sy hf

weitere auf dem Festland. Um Niebüll wird **Bökingharder** gesprochen, während weiter nördlich, bei Klanxbüll, das **Wiedingharder** vorherrscht, weiter südlich **Goesharder,** das sich abermals unterteilt. Selbst die Aussage, dass jemand Friesisch spricht, unterscheidet sich in den Dialekten: „Ma me koost Dü frash/friisk/fresk snååke" („Mit mir kannst du Friesisch sprechen"). Und als wären das noch nicht genügend Sprachunterschiede, wird auf Sylt beispielsweise groß geschrieben, was auf Amrum klein bleibt. So liest sich friesischer Nationalstolz auf gut syltisch: „Lewer duar üüs Slaav", hingegen auf Öömrang: „Liawer duad üüs slaaw" („Lieber tot als Sklave").

Nordfriesisch weist Einflüsse von **Altdänisch** auf, weniger aus dem Plattdeutschen. Das niederdeutsche Idiom hatte lange Zeit als Alltagssprache größere Bedeutung, die Zahl jener, die friesisch sprechen, ging zurück. Heute versucht man, diesen Trend zu stoppen. So wird Friesisch an Schulen unterrichtet, es gibt Volkshochschulkurse, und seit ein paar Jahren findet sich auf Straßenschildern jeweils auch der friesische Ortsname.

Söl'ring wird auf Sylt hauptsächlich in den Ostdörfern gepflegt, also in Keitum, Archsum, Morsum; etwa 700 Sylter beherrschen die Sprache noch.

Ein friesischer Dialekt ist bereits **ausgestorben:** Südergoesharder (um Hattstedt, nördlich von Husum) spricht seit 1980 niemand mehr. Mit dem Schwinden des Friesischen verringert sich auch die Zahl der Personen, die mehrere Sprachen beherrschen. Speziell im Grenzbereich zu Dänemark gab es nicht wenige

Friesische Straßennamen

So mancher Feriengast hat sich schon gewundert, wenn er die Buchungsunterlagen seiner Ferienwohnung aufschlug, die Adressen wirken doch manches Mal arg fremd. Es handelt sich nämlich um friesische Straßennamen, hier eine kleine Auswahl, so wie sie in verschiedenen Sylter Orten zu finden sind.

Bi Kiar	Am Teich
Däälgung	Dünentalacker
Dikstig	Wallweg
Dikwai	Wallweg
Gaadt	eine enge Gasse
Gurtdeel	großes Dünental
Gurtmuasem	Groß Morsum
Halemdüür	Halm-Tür (gemeint ist der Halm von Strandhafer)
Hüs bi Hef	Haus am Watt
Liiger Hörn	niedrige Ecke
Lochterbarig	Laternenberg oder Leuchterberg
Munkhoog	Mönchshügel
Odde Wai	Oddeweg, der Weg zur Hörnumer Südspitze
Pröstwai	Pastorenweg
Serkwai	Kirchenweg
Stiindeelke	Steintal
Sölring Hüs	Sylter Haus
Strön-Wai	Strandweg
Täärpstig	Dorfweg
Uaster Reeg	Ost Reihe
Üp Klef	Auf dem Kliff
Üp de Hiir	Auf der Heide

◁ Friesische Straßennamen

Leute, die fünf Sprachen konnten: Friesisch, Plattdeutsch, Hochdeutsch, Dänisch und dänisches Platt, das Sønderjüsk. Neben Friesisch wird auch Letzteres immer seltener.

9

Sprachvergleich

Deutsch	Friesisch Sylt	Friesisch Föhr/Amrum	Englisch
Guten Tag	Gur Dai	gudai	good day
Guten Morgen	Gur Miaren	gud maaren	good morning
Tag	Dai	dai	day
Weg	Wai	wai	way
Kirche	Serk	sark	church
Mittwoch	Winjsdai	weedensdai	wednesday
Haus	Hüs	hüs	house
Küche	Kööken	köögem	kitchen
Tisch	Staal	boosel	table
Messer	Knif	knif	knife
Fenster	Wining	wöning	window

Die Bräuche

Im Folgenden werden drei lokale Bräuche vorgestellt, die allerdings auch im südlichen Schleswig-Holstein bekannt, also nicht rein friesisch sind.

Ringreiten

Vielfach wurde dieses Fest im Herbst auf den abgeernteten Feldern gefeiert, heute findet es ab **Pfingsten** statt. Das Spiel klingt nur einfach: Die Reiter müssen versuchen, mit einer zwei Meter langen Lanze einen kleinen Ring zu treffen, der an einer zwischen zwei Pfählen befestigten Leine hängt. Dieser Ring hat einen Durchmesser von 12 bis 25 Millimetern. Zumindest kurz bevor der Reiter den Ring zu stechen versucht, muss das Pferd einige wenige Galoppsprünge machen (Anzahl variiert). Gewonnen hat der Rei-

▷ Nicht ganz einfach: Ringreiten

ter, der die meisten Ringe gestochen hat. Es gibt mehrere Ringreit-Vereine auf Sylt, auch einige ausschließlich für Frauen. Die Turniere finden zwischen Pfingsten und August statt, Termine werden öffentlich bekannt gemacht.

Maskenlaufen

Das Maskenlaufen findet am **Silvesterabend** statt. Kleine Gruppen von maskierten und fantasievoll verkleideten Kindern (oder Erwachsenen) ziehen von Haus zu Haus. Sie „rummeln", machen Lärm mit einer alten Schweinsblase (ursprünglich mal, heute eher Trommeln oder Zigarrenkisten) und singen ein Lied. Damit erbitten sie eine milde Gabe, die bei Kindern aus Nüssen und Äpfeln

besteht, bei Erwachsenen aus „Köm", Schnaps. Aber wehe, jemand gibt zu wenig! Dann folgt unweigerlich ein abschließender Spottreim auf den Geizhals, und das will sich natürlich niemand nachsagen lassen!

Eierwerfen

Ostern werden die Eier nicht gesucht, sondern gerollt oder geworfen. An bestimmten Plätzen traf sich die Jugend, rollte Eier aufeinander zu, in anderen Orten wurden sie geworfen. Zerbrachen die Eier, war man aus dem Spiel, die anderen durften weitermachen. Heute findet das Eierwerfen nicht nur in Keitum statt, auch die Kampener Prominenz huldigt am Strön-Wai diesem Brauch.

sy20155 sm

Das Friesenhaus

Unübersehbar stehen sie in beinahe allen Orten der Insel, die **hübschen Friesenhäuser.** Zwar sind die allermeisten neueren Datums und auch nur zum Teil auf die klassische Art und Weise gebaut, aber nett anzusehen sind sie allemal. Die ältesten Häuser tragen stolz das Jahr ihrer Erbauung über der Eingangstür, manche stammen tatsächlich noch aus dem 17. Jahrhundert.

Einige dieser Häuser, vor allem jene, die an der Wattseite von Braderup und Kampen liegen, erzielen auf dem Immobilienmarkt wahnwitzige **Preise:** zwischen 3 und 5 Millionen Euro, liegen die Häuser besonders schön, wird auch der zweistellige Millionenbereich erreicht.

Die historischen Häuser nennt man „uthlandfriesische Häuser", es handelt sich dabei um ein Langhaus, in dessen Außenbereichen meist auch ein Stall untergebracht war.

Die Friesenhäuser wurden grundsätzlich um stämmige Holzbalken errichtet. Zunächst entstand eine Art Gerippe, eine **Ständerkonstruktion,** erst danach mauerte man mit roten Backsteinen, teils auch mit Grassoden oder Holz, die Wände hoch, das Dach wurde mit Reet gedeckt. Sinn dieser Konstruktion war es, einer Sturmflut trotzen zu können. Bei besonders schweren Stürmen flüchteten die Bewohner in die obere Etage. Unten konnte das Wasser die Wände

629sy sm

220sy sm

⬆ Reetdachdecker bei der Arbeit
⬇ Friesenhaus in Braderup

eindrücken, das Haus blieb trotzdem auf den Balken stehen und die Bewohner waren (hoffentlich) in der oberen Etage gerettet. Die dicken Balken wurden tief in den Boden eingegraben, der Abstand maß etwa 2,50 Meter, und dieser Zwischenraum wird „Fach" genannt.

Das gesamt Haus wurde generell in **Ost-West-Richtung** gebaut, um dem Wind wenig Angriffsfläche zu geben. Mensch und Tiere lebten zumeist unter einem Dach, Stall und Wohnraum lagen unmittelbar zusammen.

Die charakteristischen **Spitzgiebel** über der Eingangstür erfüllten eine Fluchtfunktion. Sollte bei einem Brand das brennende Reet ins Haus fallen und die Wege zur Tür versperren, war oben noch ein zweiter Ausgang möglich. Der Giebel befand sich immer direkt über der Tür. Dadurch rutschte brennendes Reet seitlich hinunter und nicht direkt vor den Eingang.

Der **Wohnraum** bestand in den meisten Fällen aus einem täglichen Wohn-

9

zimmer *(Dörnsk)*, der guten Stube (*Pesel* genannt) und der Küche mit Speisekammer. Die Küche hatte einen Herd und einen Ofen, der ins Wohnzimmer abstrahlte und *Bilegger* genannt wurde (Beileger). Das waren die einzigen Wärmequellen im Haus. Der vierte Raum wurde zur Unterbringung aller möglichen Dinge benutzt und vereinzelt auch als Schlafraum für Mägde oder Knechte.

Ein eigenes Schlafzimmer existierte zumeist nicht, die Betten waren als Alkoven in der Wand eingelassen, zumeist wurde die Außenwand vermieden. Die Schlafkammern waren recht klein, oft mussten sich mehrere Kinder eine teilen, und selbst Erwachsene schliefen teilweise halb sitzend.

Da sich das Leben auf Grund des Klimas viel im Innenbereich abspielte, waren die Häuser oftmals behaglich und kunstvoll eingerichtet. Die Seefahrer brachten zwischen dem 17. und 19. Jahrhundert beispielsweise die herrlich **bemalten Kacheln** aus Holland nach Sylt, die später so manche Stube schmückten. Diese Kacheln zeigen entweder ein Einzelmotiv oder zusammengesetzt ein großflächiges und waren zumeist in Blautönen gehalten. Im Heimatmuseum von Keitum sind mehrere Varianten ausgestellt.

Die Häuser wurden traditionell mit einer 30 bis 35 Zentimeter dicken Schicht **Reet** gedeckt. Ein vernünftig gedecktes Haus hält ein Leben lang, heißt es, erst nach 60 Jahren muss Reet ausgetauscht werden. Es isoliert außerordentlich gut, war aber – wen wundert's – schon immer gegen Feuer anfällig. Früher, als in der Küche noch über offenem Feuer gekocht wurde, brannte so manche Kate ab. In Schleswig-Holstein gilt heute ein Mindestabstand von 15 Metern zum nächsten Reetdachhaus, um der Feuergefahr zu begegnen. Aber den jährlichen Stürmen trotzt das Reetdach besser. Reetdecker wissen es ganz genau, bei Sturm wehen Dachziegel weg, Reet gibt nach und bleibt liegen.

Typisch war auch die **Klöndöör** (die Plauder-Tür), die heute wohl kaum noch gebaut wird. Früher gehörte sie zu jedem Haus. Eine Klöndöör ist zweigeteilt, die obere Luke kann unabhängig von der unteren geöffnet werden. Die Bewohner öffnen also die obere, lehnen sich gemütlich auf die verschlossene untere und klönen mit den Nachbarn oder vorbeigehenden Passanten.

Nicht fehlen darf ein **Friesenwall,** eine etwa einen Meter hohe Grundstücksgrenze aus aufeinander gesetzten Steinen, die heute zumeist mit Heckenrosen bewachsen sind.

Auf Sylt kann man ein typisches Uthlandfriesisches Haus noch in **Keitum** besichtigen, das **Altfriesische Haus** beherbergt heute ein Museum. Ähnliche Häuser stehen auf Hallig Hooge mit dem Königspesel auf der Hanswarft oder in Wyk auf Föhr mit dem Altföhrer Haus, dem heutigen Friesenmuseum. Auch in Niebüll steht ein Friesisches Museumshaus in der Ostserstraße 76.

⊳ Haus mit Geschichte in Archsum

Geschichte

Frühe Besiedlung

Funde aus Grabhügeln deuten darauf hin, dass Sylt bereits im **Neolithikum** (**Jungsteinzeit,** um 4000 v. Chr.–1800 v. Chr.) besiedelt war. In dieser Zeitspanne wurden aus Nomaden sesshafte Bauern. Aus dieser Siedlungsphase stammen einige Grabhügel, die sich auch auf Sylt nachweisen lassen, darunter vor allem der Denghoog in Wenningstedt (siehe Ortskapitel). Sehr viel ist von dieser Kultur allerdings nicht bekannt. Grabfunde belegen, dass die Menschen bereits verarbeitete Gerätschaften und Waffen aus Feuerstein besaßen.

Ab etwa 1800 v. Chr. währte für knapp 1000 Jahre die **Bronzezeit.** Bronze war besser zu bearbeiten als Stein, und die Menschen schufen Waffen, Schmuck und hauswirtschaftliche Gerätschaften aus dem Material. Bronze musste importiert werden, was darauf schließen lässt, dass es schon Handelsbeziehungen zu anderen Völkern gab. Die Verstorbenen wurden in großen Grabhügeln beigesetzt. Anfänglich bestattete man noch den Körper, später wurde dieser verbrannt, und man platzierte in die Grabhügel nur noch die Asche oder Urnen. Den Gräbern wurden teilweise prachtvolle Bronzeschwerter beigegeben.

⌂ Ein Steingrab in Kampen

Kennzeichnend für die **Eisenzeit** (500 v. Chr.–600 n. Chr.) ist die Verarbeitung von Eisen als Material für Waffen und Handwerksgerät. Geschmiedet wurde auch auf Sylt, aber da es kaum Bäume gab, musste die Holzkohle importiert werden. Die Besiedelung konzentrierte sich auf die Geest in einiger Entfernung vom offenen Meer. Dort entstanden erste Siedlungen und Gehöfte, in denen Mensch und Tier wahrscheinlich unter einem Dach wohnten. Diese Besiedlung nahm zum 5. Jahrhundert deutlich ab.

Etwa von 800 bis 1066 spricht man von der **Wikingerzeit,** die aus dem heutigen Skandinavien bis nach Schleswig-Holstein kamen und sich vor allem in Haithabu bei Schleswig ansiedelten. Von dort und auch von Skandinavien unternahmen sie ausgedehnte Raubzüge durch Europa. Auch nach Sylt kamen die Wikinger, trafen hier auf eine ziemlich menschenleere Insel. Zeitgleich wanderten ab dem 8. Jahrhundert die Friesen ein, sodass die Bevölkerungszahlen wieder zunahmen. Die Wikinger bestatteten ihre Toten in kleineren Grabhügeln von maximal 1,50 Metern Höhe. Dort wurde immer nur ein Verstorbener beigesetzt, meist in benachbarten Grabhügeln, sodass kleine Hügelfelder entstanden. Noch heute sind diese Grabstätten in Morsum und Wenningstedt bekannt. Ein wichtiger Fund aus der Wikingerzeit war auch ein 1937 in den Lister Dünen gefundener Münzschatz, der in einem Kuhhorn verborgen war. Es waren insgesamt 616 ganze Münzen, von denen 516 den englischen König *Aethelraed II.* (978–1016) zeigten. Sogar einige orientalische Dirham waren darunter. Der Schatz befindet sich heute im Landesmuseum Schleswig.

Christianisierung, Sturmfluten und Heringsfang

Wahrscheinlich wurden die Friesen um 1100 von Mönchen aus dem dänischen **Odense** zum Christentum bekehrt. Nun mussten die Sylter auch Abgaben zahlen, was für das St.-Knuts-Kloster in Odense belegt ist. Der dänische König *Erich III.* übertrug im Jahr 1141 einen Teil der Abgaben von „Sild" an das Kloster, dies ist in einer Schenkungsurkunde beglaubigt. So mussten die wenigen Bewohner 10 Courant der jährlichen Abgaben an das Kloster abführen. Die Mönche führten das Sylter Gebiet in ihren Büchern als „Monkmarsch", woraus sich der Ortsname Munkmarsch ableitet. In einem Verzeichnis aus dem 16. Jahrhundert ist sogar noch der alte Name Sankt Knutsland vermerkt, womit sich die Zugehörigkeit zum Kloster Odense belegen lässt. 1231 wurde Sild als abgabepflichtiges Gebiet im Erdbuch von König *Waldemar II.* geführt. 1386 überließ die dänische Königin *Margarete I.* die Insel dem **Herzogtum Schleswig,** nur List verblieb bei der Stadt Ripen (heutiges Ribe), der es seit 1292 verpflichtet ist. Die Sylter zahlten ihre Abgaben nun an den Schleswiger Bischof, was sehr penibel im Zinsbuch vermerkt wurde, beginnend mit Bischof *Nikolaus III. Brun* (1354–1369).

Die ersten **Kirchen** standen in Eidum und Rantum, sie existieren nicht mehr. Die Gotteshäuser von Keitum und Morsum stehen noch heute, beide wurden urkundlich 1240 erstmals erwähnt. Die Kirchen sind teilweise mit Kunstschätzen aus fernen Landen geschmückt, was auf gesicherte Fernhandelsbeziehungen schließen lässt, die es bereits im 12. und 13. Jahrhundert gegeben haben muss. Selbst das Baumaterial der Kirchen stammt nicht ausschließlich von der Insel, der Tuffstein der Keitumer Kirche kam aus dem Rheinland, der für die Morsumer Kirche aus Gotland.

Die Insel Sylt wurde, genau wie die gesamte Nordseeküste auch, von verheerenden **Sturmfluten** geprägt. Eine besonders schwere, die als „Marcellusflut" bekannt ist, ereignete sich am 13. Februar 1362. Die Küste und ganze Inseln wurden zerrissen, Kirchen gingen in den Wogen unter. Diese Sturmflut gestaltet die gesamte nordfriesische Topografie um. Ein Großteil des Landes blieb dauerhaft überspült, **Sylt wurde zur Insel.** Tausende ertranken, deshalb wird die Marcellusflut auch „Grote Mandränke" genannt. Auf Sylt zerstörte sie die Ortschaft Lystum (Alt-List), die Ortschaft Alt-Rantum wurde stark beschädigt. Im bischöflichen Zinsbuch wurde auch dieser Verlust vermerkt.

Im 14. Jahrhundert wurde die **Sylter Bevölkerung stark dezimiert.** Neben den regelmäßigen Sturmfluten litten die Bewohner unter der **Pest** und den **Seeräubern.**

Das 15. Jahrhundert brachte eine Veränderung: Die Sylter leben nun hauptsächlich vom **Heringsfang,** da sich die Wege der Schwärme geändert hatten. Die Fische verließen ihre altbekannten Wege vom Nordmeer hinunter entlang der schwedischen Küste in die Ostsee und schwammen nun entlang der Westküste an Helgoland vorbei. Als die Sylter dies registrierten, organisierten sie gemeinsame Fahrten und brachten alljährlich reichen Fang zur Insel. Durch Ein-

salzen konnten die Heringe haltbar gemacht werden, und so wurde der „Sild" (Hering) zum ersten Wappentier. Den Fang brachte man hauptsächlich in Budersand bei Hörnum an Land, wo ein paar einfache Hütten in den Dünen standen. Der Heringsfang endete mit dem 17. Jahrhundert, da die Fischschwärme erneut neue Wege nahmen.

1436 kam es zu einer weiteren schweren Sturmflut. Bei dieser „Allerheiligenflut" ging der Sylter Ort Eidum endgültig unter. Und dann folgte die wohl schlimmste Sturmflut der Geschichte: Die „Burchardiflut" zerriss am 11. Oktober 1634 ganze Inseln (beispielsweise die große Insel Strand), sie zerstörte auch auf Sylt viele Deiche. Wie viele Menschenleben sie forderte, weiß man nicht genau. 8000 Opfer sind durch Abgleich der Überlebenden mit den Kirchenbüchern belegt, aber es könnte auch die doppelte Anzahl sein.

Walfängerzeit

Dann tat sich eine ganz neue Möglichkeit auf, Geld zu verdienen, nämlich mit dem Walfang. Ab **1642** waren die ersten Sylter Kapitäne unter holländischer Flagge unterwegs, viele sollten folgen. Etwa zwischen Mitte des 17. Jahrhunderts und Ende des 19. Jahrhunderts fuhren nicht nur Sylter auf Walfang vor Grönland und Spitzbergen. Die Jagd auf die Meerestiere war damals ein einträgliches Geschäft, auch von Föhr, Amrum und den Ostfriesischen Inseln heuerten Seeleute auf Walfängerschiffen aus den Niederlanden und Hamburg an.

Vor der Abreise ins Nordmeer versammelten sich die Seeleute spätestens

sy20157 sm

im März in den großen Häfen Hamburg, Amsterdam oder Kopenhagen. Teilweise fuhren ganze Familien oder Dorfgemeinschaften auf demselben Schiff. Die **Walsaison** dauerte grob von **April/Mai bis spätestens September.**

Mit dem alljährlichen Abschied der Männer von der Insel etablierte sich das **Biikebrennen** am 21. Februar. Traditionell wurden dann die rechtlichen Dinge geregelt, und am nächsten Tag verabschiedeten sich die Männer.

Während ihrer monatelangen Abwesenheit mussten die **Frauen** auf Sylt den Alltag bewältigen. Das gelang ihnen ausgezeichnet, und so entwickelten sie ein starkes Selbstbewusstsein. Wenn die

Männer dann im Herbst zurückkamen, gab es sicher so manche Reiberei, wenn die Herren der Schöpfung wie selbstverständlich wieder ihre Rolle zu Hause einnehmen wollten.

Auf See wurden die getöteten Wale sofort verarbeitet, die Speckschicht herausgeschnitten und später zu Tran gekocht. Der **Verdienst** an Bord war je nach Tätigkeit und Dienstgrad gestaffelt. Die wichtigsten Leute an Bord waren der Kapitän, Commandeur genannt, der Harpunier, der Steuermann und der Speckschneider, sie waren auch am Fang beteiligt als „Partfahrer".

Wer zurückkam, hatte buchstäblich die Taschen voller Geld, einige Kapitäne wurden sogar schwerreich. **Lorens Petersen de Hahn** (1668–1747) gilt unter den Walfänger-Kapitänen als der erfolgreichste, er soll 169 Wale erlegt haben, was ihm ein Vermögen von umgerechnet 4 Millionen Euro eingebracht haben soll. 1699 baute er sich ein großes Frie-

⌃ Schiffskapitäne bekamen oft prächtige Grabsteine

9

Hark Olufs – die Abenteuer eines Amrumer Sklaven

1708 wird *Hark Olufs* in Süddorf auf Amrum geboren, mit 13 Jahren fährt er auf dem Schiff seines Vaters erstmals zur See. 1724 wird sein Schiff auf einer Fahrt von Nantes nach Hamburg vor den britischen Scilly-Inseln von algerischen **Piraten** angegriffen und gekapert. Die Mannschaft wird verschleppt; die Piraten fordern für die Freilassung von *Olufs* und zwei Cousins ein hohes Lösegeld. Die Familie auf Amrum kann dieses nicht aufbringen, und da das Schiff unter Hamburger Flagge fuhr, zahlt auch die dänische Sklavenkasse nichts. So wird der gerade einmal 16-Jährige auf dem Sklavenmarkt in Algier verkauft und kommt zum **Bey von Constantine,** dessen Lakai er wird. Er lernt rasch die Sprache, gewinnt das Vertrauen des Herrschers und übt ab 1728 das Amt des Schatzmeisters aus. Später wird er sogar zum Kommandeur der Leibgarde des Beys ernannt. Zwischen 1732 und 1735 ist *Olufs* Oberbefehlshaber der Kavallerie. 1732 begleitet er den Bey nach Mekka.

In der Zwischenzeit gelingt es *Olufs* Vater doch noch, das Lösegeld aufzutreiben, aber *Hark* kommt dennoch nicht frei: Durch eine **Verwechslung** wird ein anderer Seemann gleichen Namens freigelassen.

1735 beteiligt sich *Olufs* an der Eroberung von Tunis; als Dank für seine Dienste schenkt ihm der Bey nun endlich die **Freiheit.** Wohlhabend kehrt *Hark Olufs* nach Amrum zurück, wo er am 25. April 1736 eintrifft. Zurück auf der Insel muss er sich zunächst wieder in sein altes Leben einfinden, wobei ihm sein Reichtum einerseits hilft, andererseits ruft er aber auch **Misstrauen** hervor. Obendrein trägt *Olufs* ständig orientalische Kleidung, weswegen man argwöhnt, er sei zum Islam übergetreten, was er jedoch bestreitet. Er lässt sich sogar öffentlich konfirmieren, allerdings behält er dabei seine fremd anmutenden Kleider an. Ein Jahr nach seiner Rückkehr **heiratet** er die Amrumerin *Antje Lorentzen*. Das Paar bekommt fünf Kinder, vier Töchter und einen Sohn. Die Reintegration in die Amrumer Gesellschaft gelingt schließlich doch, und *Olufs* übernimmt auch hier wichtige Ämter. 1747 erscheinen seine Lebenserinnerungen „Sonderbare Avanturen" als Buch in dänischer Sprache, im Jahr 1751 dann auch auf Deutsch. Am 13. Oktober 1754 stirbt *Hark Olufs* mit nur 46 Jahren.

---

senhaus, das 1967 abbrannte. Ein originalgetreuer Nachbau steht heute im Freilichtmuseum Molfsee bei Kiel. In Westerland ist eine Richtung Hörnum führende Straße nach ihm benannt.

Es gab aber auch viele **Sylter, die auf See ihr Leben ließen.** Eine Volkszählung im Jahr 1769 listete für die Insel 713 Häuser mit 2814 Einwohnern, davon 1634 weiblich und nur 1180 männlich ...

Bis zum Ende des 18. Jahrhunderts verlor der Walfang an Bedeutung, da zwischenzeitlich zu viele Tiere bejagt waren, die Bestände schrumpften dramatisch. Ab Anfang des 19. Jahrhunderts wurden die Walfangfahrten von den Syltern eingestellt (s. auch Exkurs „Die „goldene" Zeit der Walfänger").

Viele erfahrene Seemänner wechselten nun in die **Handelsschifffahrt,** heuerten auf Schiffen in Hamburg, Altona, Kopenhagen oder Flensburg an. Etwa ein Viertel der Sylter Bevölkerung (2700 Einwohner) arbeitete Ende des 18. Jahrhunderts als Seemann, davon 150 als Kapitän. Viele Kapitäne gaben nach Ende ihrer Fahrenszeit ihr nautisches Wissen in privaten **Navigationsschulen** weiter, die seit dem frühen 18. Jahrhundert auf Sylt betrieben wurden. Ab 1869 mussten angehende Seemänner jedoch eine staatliche Schule besuchen, außerdem vorher vier Jahre zur See gefahren sein. Das war schon sehr lang, verglichen mit früheren Zeiten, als junge Männer von Anfang 20 teilweise bereits als Commandeur fuhren. Obendrein verlangte Preußen von jedem das Ableisten einer dreijährigen Militärzeit, was für die meisten jungen Leute einfach zu viel war; das Berufsziel „Seemann" wurde unter den Syltern immer seltener gewählt.

Die **Handelsschifffahrt** barg aber auch ihre ganz eigenen **Gefahren,** denn speziell im Mittelmeerraum tummelten sich **Piraten** aus Nordafrika. Viele Schiffe wurden überfallen, die Mannschaften gefangen gesetzt und auf Sklavenmärkten verkauft, oder es wurde ein hohes Lösegeld erpresst. Deswegen gab es sogar sogenannte Sklavenkassen, die vor allem in Dänemark obligatorisch waren und wie eine Art Versicherung funktionierten. Auch in Hamburg und in Lübeck gab es ähnliche Einrichtungen. Es gab Fälle, dass ein versklavter Friese sich eine gewisse Vertrauensstellung erarbeiten konnte und gelegentlich sogar die Freiheit erlangte, zumeist allerdings erst nach Übertritt zum Islam. Der wohl bekannteste Fall war die abenteuerliche Geschichte des Amrumer *Hark Olufs* (siehe Exkurs). Und es sind auch Fälle belegt, bei denen ein friesischer Konvertit mit eigenem Geld einen gefangenen Sylter auf dem Sklavenmarkt auslöste und ihm dann die Freiheit schenkte.

19. Jahrhundert

Sylt war weiterhin unter dänischer Regierung und geriet nun auch ins Fahrwasser der großen **Weltpolitik.** Dänemark unterstützte nämlich 1806 *Napoleons* **Kontinentalsperre** gegen England, und so konnten Sylter Seemänner, die auf dänischen Schiffen fuhren, praktisch nicht mehr arbeiten. Auch Hamburg war betroffen, und viele Reeder dort gerieten in große Schwierigkeiten. Als die Sperrung 1813 schließlich aufgehoben wurde, hatten viele Sylter die Seefahrt bereits aufgegeben.

Auch diese Erfahrung der Abhängigkeit vom dänischen König dürfte den friesischen Stolz und den Wunsch nach mehr **Autonomie** befeuert haben. Erstmals taucht der friesische Freiheitsruf „Lewer duad üs Slav" („Lieber tot als Sklave") auf. Sowohl in Gedichten als auch auf Dorffesten wurde dieses friesische Motto verbreitet, auch Sylts Chronist *C.P. Hansen* erwähnt es in einem Werk über friesische Sagen.

So weit wollte der Politiker *Uwe Jens Lornsen* (1793–1838) gar nicht gehen; er war für ein geeintes Schleswig-Holstein und damit für Distanz und Trennung von Dänemark. Natürlich sorgten dieses Gedankengut, das *Lornsen* sogar auf eigene Kosten drucken und verteilen ließ, für Wirbel am dänischen Hof. Die Konsequenz: *Lornsen* wurde zu einem Jahr Festungshaft verurteilt, die er in Rendsburg absitzen musste, fern von seiner Insel (siehe Exkurs „Uwe Jens Lornsen – Aufrührer auf Sylt").

Nach *Lornsens* viel zu frühem Tod verschärfte sich die Lage, die Spannungen zwischen den Friesen und dem dänischen Königshaus nahmen zu. Auch

Uwe Jens Lornsen – Aufrührer auf Sylt

„Meine Sache ist so klar wie die Sonne". Derart selbstbewusst äußerte sich *Uwe Jens Lornsen* bei seiner Verhaftung. Ungebrochen saß er ein Jahr in Haft und wich dabei nicht von seiner Überzeugung ab. Damals galt er als **Aufrührer**, als Umstürzler, heute wird er als **größter Sohn der Insel** geehrt, nicht nur in Keitum, seinem Geburtsort. Dort steht mitten im Ort ein Denkmal mit dem eingangs zitierten Ausspruch. Auch die höchste Erhebung der Insel, die Uwe-Düne bei Kampen, wurde nach ihm benannt. Und Mitte 1998 befürworteten heimatverbundene Friesen sogar eine Umbenennung des Hindenburgdammes in seinen Namen. Wer war dieser Mann?

Am 18. November 1793 im beschaulichen Keitum geboren, wollte *Lornsen,* ganz im Sinne der Familientradition, zur See fahren. Dies war aufgrund damaliger politischer Konstellationen (Kontinentalsperre) nicht möglich. Nach erfolgreichem Schulbesuch in Tondern ging er nach Kiel und begann 1814 ein **Jurastudium.** Zwei Jahre später wechselte er nach Jena und schloss 1820, wieder in Kiel, sein Studium ab. In diesen Jahren kam er mit freiheitlichem Gedankengut in Berührung.

Im Jahr 1822 ging er nach Kopenhagen, arbeitete an einer der damals wichtigsten Behörden, der Schleswig-Holsteinisch-Lauenburgischen Kanzlei. Schnell machte er Karriere, wurde Kanzleirat und 1830 zum **Landvogt** auf Sylt berufen. *Lornsen* war dank seines Studiums und beruflichen Werdegangs mit Verfassungs- und Verwaltungsfragen zu Schleswig-Holstein beschäftigt – er war ein Experte auf diesem Gebiet.

Kurz vor seinem Amtsantritt auf Sylt verfasste er eine zwölfseitige Flugschrift „Über das Verfassungswerk in Schleswigholstein" (er schrieb es bewusst in einem Wort). Diese Schrift ließ er in 9000 Exemplaren drucken, die aufgestellten Forderungen sollten an den dänischen König weitergegeben werden. Im Kern ging es um mehr **Autonomie für Schleswig-Holstein;** so sollte ein eigener Gerichtshof in Schleswig eingerichtet werden, es sollten eigene Regierungsstellen in Kiel und Schleswig entstehen und eine eigene Verwaltungsbehörde, der alle Landesbehörden untergeordnet waren. Dänemark und beide Herzogtümer sollten einen Doppelstaat bilden.

Die Schrift fand unter der Bevölkerung eine große Resonanz, aber dem dänischen König gefiel sie überhaupt nicht. *Uwe Jens Lornsen* wurde als Verschwörer verhaftet, kaum zehn Tage war er als Landvogt auf Sylt im Amt. Die Anklage: „gesetzwidrige und die öffentliche Ruhe gefährdende Umtriebe"; das Urteil: **ein Jahr Festungshaft.** Die Sylter protestierten. *Lornsen* hielt an seinen Ideen fest, so saß er dieses Jahr tatsächlich ab.

1832 kehrte er auf die Insel zurück, der Staatsdienst blieb ihm aber verschlossen. Gesundheitlich angeschlagen und **depressiv** wegen seines offenkundigen Misserfolgs, reiste er nach Brasilien. Dort hoffte er auf Heilung, kehrte aber 1837 nach Europa zurück. Unweit von Grenoble vollendete er sein Buch „Die Unions-Verfassung Dänemarks und Schleswigholsteins", in dem er die Zusammengehörigkeit beider Herzogtümer darlegte und für eine Union mit Dänemark eintrat. Seine Depression verschlimmerte sich, er fühlte sich todkrank. In der Nacht zum 12. Februar 1838 setzte *Lornsen* seinem Leben ein Ende.

⌃ Uwe Jens Lornsen stand für seine Überzeugungen ein

überregional veränderte sich die Lage entscheidend. 1864 kam es zu einem **Krieg** zwischen Preußen/Österreich und Dänemark mit einer entscheidenden Schlacht vor Düppel, nahe dem dänischen Ort Sønderborg. Dort wurde das dänische Heer besiegt, aber der Krieg endete erst zwei Monate später, und am 30. Oktober 1864 wurde ein Friedensvertrag in Wien geschlossen. Als Folge verschob sich die deutsch-dänische Grenze nach Norden, Sønderborg fiel an **Preußen,** genau wie Sylt und ganz Schleswig-Holstein.

Damit brachen auf Sylt völlig andere Zeiten an. So wurde beispielsweise die **Wehrpflicht** eingeführt. Der dänische König hatte bereits 1735 für die Bewohner der Nordseeinseln und Halligen eine Befreiung vom Wehrdienst verfügt, nur im Kriegsfall wären sie zu den Waffen gerufen worden. Preußen hob dieses Privileg auf, was viele junge Männer zur sofortigen Auswanderung bewog. Allerdings arrangierten sich die Sylter dann doch allmählich mit den Preußen, denn für sie brach durch den beginnenden **Tourismus** eine völlig neue Zeitrechnung an. Wie es ein Sylter mal so schön formulierte: „Früher mussten die Menschen ihre Insel verlassen und in die Fremde gehen, um Geld zu holen, nun kamen die Fremden auf die Insel und brachten das Geld gleich mit."

Die Anfänge waren allerdings bescheiden: 1855 kamen die ersten Badegäste auf die Insel, es sollen gerade einmal 98 gewesen sein. Damals existierten in Westerland auch nur zwei Logierhäuser. *C.P. Hansen* schreibt, er selbst habe 1850 eine Volkszählung auf der Insel durchgeführt und dabei 613 Häuser für ganz Sylt gezählt. Davon standen 331 in Keitum, 175 in Morsum, und in Westerland waren es 101 Häuser mit 450 Menschen. Das änderte sich aber rasch: Seit 1855 entstanden in Westerland 40 neue Häuser, darunter acht Hotels und 1867 zahlte Westerland 507 Einwohner.

☑ Bei Düppel fand 1864 eine Schlacht zwischen Preußen und Dänemark statt

sy20158 sm

Dass der Tourismus Startschwierigkeiten hatte, lag auch daran, dass die **Anreise** sich **sehr umständlich** gestaltete. In den ersten Jahren ging es mit der Bahn über Rendsburg und von da weiter bis Husum. Dort wurde übernachtet, und schließlich ging es per Dampfer über Föhr dann endlich an die Sylter Ostspitze bei Nösse. Die Gäste reisten erst ab 1887 mit der noch heute so bezeichneten „Marschbahn" durchgehend von Hamburg bis Tondern, vorher endete die Eisenbahnlinie in weiter südlich gelegenen Orten. Von Tondern ging es weiter nach Hoyer Schleuse, von wo ein Raddampfer nach Munkmarsch ablegte. Ab 1859 gab es diese Schiffsverbindung zwischen Hoyer Schleuse auf dem Festland und Munkmarsch. Von dort reisten die Gäste die letzten Kilometer auch nicht sehr bequem weiter auf Pferdewagen bis nach Westerland. Ab 1888 befuhr dann die Inselbahn diese vier Kilometer.

Ab 1880 kamen mehr Touristen nach Westerland, das brachte auch eine langsame Veränderung der **Kultur** mit sich. In den Ostdörfern erhielten sich dagegen noch die friesische Sprache und Kultur. 1895 wurden schon 10.000 Urlauber auf Sylt gezählt, 1905 waren es 22.000. Es war das Jahr der Stadtgründung von Westerland. 1901 wurde eine Inselbahn zwischen Hörnum und Westerland eröffnet. Sie wurde notwendig, weil in Hörnum nun auch Passagierschiffe mit Urlaubern direkt aus Hamburg ankamen und diese weiter nach Westerland transportiert werden mussten. Kurz vor dem Ersten Weltkrieg zählte man 30.000 Gäste, eine Zahl, die man erst 1938 wieder erreichte. Nun urlaubten die Gäste auch in anderen Orten, so in Wenningstedt und vor allem in Kampen.

Erster Weltkrieg

Der Erste Weltkrieg brachte **große Umwälzungen** nach Sylt. Im Sommer 1914 mussten alle Badegäste die Insel sehr schnell verlassen, denn über **5000 Soldaten rückten ein.** Unterkünfte mussten errichtet werden, u.a. in List, Rantum, Hörnum und Klappholttal, auch Bunker baute man in die Dünen. Die Kasernen wurden an das Bahnnetz angeschlossen, teilweise wurden neue Schienenstränge verlegt, beispielsweise bis zum Ellenbogen. Trotz der ganzen Aufrüstung und Stationierung der vielen Soldaten blieb es **friedlich** auf der Insel, es kam dort zu keinen Kampfhandlungen. Allerdings verloren 160 Sylter als Soldaten ihr Leben. Für die Inselbevölkerung waren die vier Kriegsjahre trotz fehlender Kampfhandlungen eine schwere Zeit. Sylts Wirtschaft war zu jener Zeit schon recht stark auf den Fremdenverkehr ausgerichtet, die Soldaten mit ihrem knappen Sold brachten nicht genug in die Kassen. Nahrungsmittel und Petroleum mussten zeitweise rationiert werden, viele Menschen litten Hunger. Nach dem Krieg wurden die Baracken teilweise wieder abgebaut (Ellenbogen), oder sie wurden in Unterkünfte für Kinder und Jugendliche umgestaltet, so in Puan Klent und im Klappholttal. Ein Relikt aus dem Ersten Weltkrieg ist das Denkmal des Roland, das am Kreisverkehr an der Ausfallstraße von Westerland nach Wenningstedt steht.

Zum Kriegsende überschlugen sich dann die Ereignisse. Ausgehend von einer Meuterei von Matrosen im Kieler Hafen, dankte wenige Tage später der deutsche Kaiser ab (siehe Exkurs), auch auf Sylt übernahm zeitweise ein Solda-

Der Kieler Matrosen- aufstand von 1918 stürzte den Deutschen Kaiser

30. Oktober 1918. Der Erste Weltkrieg ist verloren, Deutschland will und muss kapitulieren. Die Leitung der Marine versucht dagegen, die Flotte noch ein letztes Mal zu einer **Entscheidungsschlacht gegen England** zu schicken. Die Offiziere sehen dies als eine Frage der Ehre an. Der Offiziersehre natürlich, denn die **Mannschaftsdienstgrade** wurden gar nicht erst gefragt. Diese aber **weigern sich.** Heizer löschen die Kessel der Schiffe, sodass diese nicht auslaufen können. Die Meuterei findet in Bremerhaven statt; die Anführer werden daraufhin festgesetzt, fünf Schiffe nach Kiel verlegt. Man hofft, dass sich die Lage so beruhigt, doch weit gefehlt. Auf den Kieler Schiffen sind auch die 47 gefangenen Rädelsführer, die am 1. November in Holtenau festgesetzt werden. Jetzt meutern auch die Kieler Matrosen. In der Innenstadt versammeln sich vor dem Gewerkschaftshaus erste Demonstranten und fordern die Freilassung der Gefangenen und auch gleich die Abschaffung des Militarismus. Am 2. November kommen etwa 600 Männer vor dem Gewerkschaftshaus zusammen, das aber von der Polizei geschützt wird. Die Matrosen ziehen weiter zum Exerzierplatz. Dort rufen sie für den kommenden Tag zu einer **Massendemonstration** auf. Am 3. November versammeln sich etwa 5000 Menschen auf dem Exerzierplatz, darunter viele Matrosen, und marschieren zur Arrestanstalt, wo es zu **Schießereien** kommt. Ergebnis: sieben Tote und 29 Verletzte. Das empört die Menschen nur noch mehr, die Proteste weiten sich aus, immer mehr Matrosen meutern. Tatsächlich werden daraufhin die meisten Gefangenen freigelassen. Aber der Zorn wächst weiter. Aus Berlin reist der Sozialdemokrat *Gustav Noske* an und versucht, die Menge zu beruhigen. Die wichtigsten Gebäude der Stadt sind derweil von Aufständischen besetzt. Am 5. November werden Arbeiter- und Soldatenräte gebildet. Auf fast allen Kriegsschiffen weht nun die rote und nicht mehr die preußische Kriegsflagge. Zwei Tage später beruhigt sich durch Vermittlung von *Noske* die Lage in Kiel endgültig wieder. Die **revolutionäre Idee aber pflanzt sich fort,** erreicht andere Städte und Regionen, u.a. auch, weil viele der Matrosen Kiel verlassen und per Zug in ihre Heimatregionen fahren. Mehrere Fürsten müssen abdanken. Am 9. November passiert dann in Berlin Großes, denn Kaiser *Wilhelm II.* dankt ab, und *Philipp Scheidemann* ruft die **erste deutsche Republik** aus. Das Deutsche Kaiserreich ist am Ende, und ausgelöst wurde dies durch eine mutige Weigerung von Matrosen im hohen Norden, sich in den Tod schicken zu lassen.

[>] Gedenktafel zum Kieler Matrosenaufstand

sy20160 sm

tenrat die Macht, wenngleich nur kurzfristig.

Der Fremdenverkehr begann erst im Sommer 1919 wieder, und anfangs nur auf bescheidenem Niveau. Dazu kam eine für Sylt deutliche Verschlechterung der territorialen Lage als Folge des Versailler Vertrages, den Deutschland als Kriegsverlierer unterschreiben musste, denn die deutsch-dänische Grenze wurde nach Süden verschoben. Der Artikel 109 des Vertrages sah vor, dass die Bewohner im Grenzgebiet abstimmen sollten, ob sie lieber zu **Dänemark** oder zu **Deutschland** gehören wollten. Bei der Abstimmung zogen die Sylter mehrheitlich das Deutsche Reich vor, nur knapp 11 % votierten für Dänemark, aber viele Menschen im nördlichen Grenzgebiet

auf dem Festland stimmten für Dänemark. Die Grenze wurde schließlich so gezogen, dass die ehemals deutschen Städte Tondern und Hoyer nun dänisch wurden. Nun hießen sie Tønder und Højer, der Fährhafen Hoyer Schleuse (jetzt Højer Sluse) für die Fähre nach Sylt lag nun plötzlich in Dänemark. Dadurch wurde die **Anreise deutlich erschwert,** denn zukünftige Sylt-Urlauber mussten nun **zweimal kurz hintereinander die Grenze passieren,** mit allen Formalitäten. Eine Zeit lang versuchte man eine pragmatische Lösung, die Waggons wurden in Niebüll verplombt und rollten unkontrolliert bis zum Hafen, aber insgesamt blieb diese Anreise doch belastend für die Gäste. Eine neue Lösung musste dringend gefunden werden. Und so plante man eine Verbindung zum Festland in Form eines **Dammes.** 1923 begannen die Bauarbeiten, vier Jahre später wurden sie abgeschlossen. Der 11,2 Kilometer lange Eisenbahndamm wurde am 1. Juli 1927 vom damaligen

⌃ Der hübsche dänische Ort Tønder hieß früher einmal Tondern und war deutsch

Reichspräsidenten *Paul von Hindenburg* eingeweiht. Bis heute wird der Damm deswegen auch „Hindenburgdamm" genannt, obwohl er diesen Namen offiziell nicht trägt, getauft wurde der Damm nämlich nie (siehe auch Kapitel „Sylter Essays/Wie der Hindenburgdamm entstand").

Knapp nach der Jahrhundertwende kamen die ersten **Künstler** und **Literaten.** Sie residierten vor allem in Kampen und waren damals fast noch Exoten, wanderten durch die Dünen, ließen sich inspirieren oder verträumten die Tage am Strand. Einige Verleger erwarben dann gleich ganze Häuser, *Peter Suhrkamp* war einer von ihnen. Zeitweilig tummelte sich alles, was im Literaturbetrieb der 1920er, 1930er Jahre Rang und Namen hatte, am Strand von Kampen, *Thomas Mann* soll nur stellvertretend genannt sein. Literaturzeitschriften wurden damals von Sylt aus gemacht, Rezensionen fielen im Licht der untergehenden Sonne vor dem Roten Kliff milder aus.

Nazi-Zeit und Zweiter Weltkrieg

Die ersten Jahre nach Ende des Ersten Weltkriegs waren für Sylt nicht leicht. Die erschwerte Anreise schreckte viele ab, die Inflation machte es für viele Menschen unmöglich, überhaupt in den Urlaub zu fahren, und der Dammbau zog sich hin. Im ersten Baujahr zerstörte eine Sturmflut die bis dahin getätigten Arbeiten, und man musste erneut beginnen. 1927 wurde es dann besser, nachdem endlich die ersten Züge über den Damm

rollen konnten. In ganz Schleswig-Holstein aber brodelte die Stimmung. Die neue Links-Bewegung konnte zwar die ersten Wahlen als stärkste Partei gewinnen (SPD 45,7 %), aber die alten Eliten aus der Kaiserzeit behielten vielfach ihre Macht. Es kam zu ständigen **Konfrontationen** und **Straßenkämpfen,** bei denen viele Menschen starben. Insbesondere die Landbevölkerung wünschte keine Veränderungen. Auch die Verschiebung der deutsch-dänischen Grenze brachte große Unzufriedenheit, wobei die Schuld den fernen Politikern der Weimarer Republik zugeschoben wurde.

Wirtschaftlich ging es dem Land nicht gut: Die Marine und die Werften fielen als Arbeitgeber weitestgehend aus, die Landwirtschaft, die meist aus Kleinbetrieben bestand, bekam in der Inflationszeit während der 1920er Jahre große Schwierigkeiten. Und als es Deutschland nach dem Ersten Weltkrieg wieder erlaubt war, internationale Handelsverträge zu schließen und auch landwirtschaftliche Produkte zu importieren, gerieten viele heimische Bauern noch stärker unter wirtschaftlichen Druck. Etliche von ihnen mussten aufgeben, es kam zu Zwangsversteigerungen. Der Zorn der Bauern wuchs, und daraus entwickelte sich die „Landvolkbewegung", die sich teils mit Gewalt gegen „den Staat" wehrte, der ihnen – so die damalige Lesart – ihren Grund und Boden wegnahm. Sehr gut wird dies beschrieben im Roman „Bauern, Bomben, Bonzen" von *Hans Fallada.*

In diesem Klima konnte die **NSDAP** ab 1928 schnell Fuß fassen. So gab es im ganzen Land eine generelle Zweiteilung: Die Arbeiterschaft in den Städten wählte eher linke Parteien, Bauern und Landbevölkerung unterstützten die NSDAP ab 1930 massiv, bei den Reichstagswahlen wurde sie mit 27 % zweitstärkste Partei im Land hinter der SPD. 1932 errangen die Nazis sogar 51 %, den höchsten Wert in ganz Deutschland, und 1933, bei den letzten Wahlen, lag die Zustimmung sogar bei 53 %. Danach wurden überall in Schleswig-Holstein die wichtigsten Posten mit Nazi-Anhängern besetzt.

Die **Machtübernahme** durch die Nazis im Jahr 1933 hatte auch auf Sylt gravierende Folgen. Bei der Wahl von 1932 bekam die NSDAP ca. 50% der Stimmen. Auf Sylt gab es damals noch Landwirte, aber die insulare Wirtschaft bestand aus vielen Gewerbetreibenden, und auch sie begrüßten meist die Nazi-Ideologie. Einen Tag nach der Machtergreifung, die in Berlin mit einem Fackelzug gefeiert wurde, marschierten auch in Westerland SA-Männer durch die Straßen. Bald flatterten auch auf Sylt Hakenkreuzfahnen, sogar in den Strandburgen, aufgesetzt von national gesinnten Bürgern; die Sylter zogen erst später nach. 1931 kam es in Westerland zu einer Straßenschlacht zwischen Nazis und Linken. Kommunisten und Gegner der Nazis wurden verfolgt, einen Arbeiter trieb man mit einem Schild durch die Straßen, auf dem er sich selbst als „roter Lump" bezeichnen musste. Schließlich wurden die wichtigsten Institutionen auch auf Sylt gleichgeschaltet, u.a. der Heimatverein Söl'ring Foriining. *Hitler* wurde Ehrenbürger Westerlands, eine Düne sollte nach ihm benannt werden, was dann aber doch nicht geschah, doch eine „Hitler-Eiche" pflanzte man auf dem Schulhof in Keitum.

Auf Sylt lebten sehr wenige **Juden**, auch sie wurden verfolgt, genau wie jüdische Badegäste, für die ab 1934 ein „Strandverbot" galt. In der Pogromnacht vom 9. November 1938 wollten SA-Leute den Klenderhof in Keitum abbrennen, was aber ein entschlossener Ortsgruppenleiter verhinderte, so wurde „nur" geplündert.

Auch Nazi-Prominenz kam gerne nach Sylt, allen voran *Hermann Göring.* Er ließ ein Haus in Wenningstedt bauen („Mien Lütten"), das auf den Namen seiner Frau eingetragen war und noch heute existiert. Und als *Göring* in der Morsumer Heide einen Ehrendolch verlor, den er einst von *Mussolini* geschenkt bekam, suchte und fand ihn ein Sylter. Er brachte den Dolch zurück und erhielt 100 Mark Finderlohn, was unter den Syltern als äußerst großzügig wahrgenommen wurde.

Der Fremdenverkehr konnte anfangs durch organisierte KdF-Reisen (KdF: Kraft durch Freude) noch erhalten werden, aber mit Ausbruch des Zweiten Weltkrieges wurde Sylt zur militärischen Sicherheitszone erklärt, und Urlauber kamen nicht mehr.

Auf der Insel wurden erneut viele **militärische Anlagen** gebaut, vor allem entstanden Kasernen in List und Hörnum sowie der Wasserflugplatz Rantumbecken. Zudem zog man zwei Schutzdeiche, die heute noch bestehen: den Nössedeich bei Archsum und Morsum und den Möwenbergsdeich bei List. Weiterhin baute man Bunker, Flugzeughallen

> ⏵ Das Rantumbecken sollte ein Flugplatz für Wasserflugzeuge werden

9

Weiterführende Literatur: *Frank Deppe* hat eine gut gemachte Dokumentation veröffentlicht mit dem Titel „Wie der Nationalsozialismus die Insel Sylt eroberte", die auch in Sylter Buchhandlungen erhältlich ist.

und Depots für Treibstoff und Munition. Sylt sollte für eine mögliche Invasion vom Meer verteidigungsbereit gemacht werden, die Insel wurde kurz vor Kriegsende von *Hitler* sogar zur „Festung" erklärt. Zum Glück kam es auf Sylt nicht zu größeren Kriegshandlungen.

Nach Kriegsende wurden einige Militäranlagen umgewidmet: Aus zwei großen Kasernen in List und Hörnum wurden später beispielsweise Jugendherbergen. Viele **Hinterlassenschaften der Nazis** wurden jedoch von den Briten gesprengt oder abgebaut. Aber so mancher Bunker ließ sich nicht zerstören, sie ragten noch lange nach Kriegsende aus den Dünen, so beispielsweise ein Exemplar

unweit des Miramar Hotels, das aber heute verschwunden ist. Aus einigen Bunkern wurde später noch Nützliches, einige Firmen nutzten die Räume, um Lebensmittel gekühlt zu lagern. Und aus einer ehemaligen Flakstellung wurde in Kampen ein Café, die Kupferkanne, man kann die alten Räumlichkeiten noch heute erahnen. Die Betonplattenstraße auf dem Ellenbogen baute einst die Wehrmacht, und in List wurden am Ellenbogen noch bis Anfang der 1980er Jahre Schießübungen der Bundeswehr abgehalten. Noch heute stehen dort am Straßenrand vor den Wiesen Warnschilder auf Munitionsreste.

Nach Kriegsende strömten ca. 14.000 Flüchtlinge aus dem Osten und Heimatvertriebene auf die Insel, außerdem lebten hier anfänglich mehrere Tausend Zwangsarbeiter, wodurch es sehr eng wurde auf Sylt, die Menschen lebten teilweise unter prekären Bedingungen. Nach der Währungsreform entspannte sich die Lage allmählich, da viele Menschen auch weiterzogen.

sy20161 hf

Nachkriegszeit

Es dauerte ein wenig, bis der Badebetrieb wieder in Gang kam, aber nach der Währungsreform 1948 kamen auch alsbald die ersten Gäste. Vorwiegend nach Kampen zog es die bekannteren und vor allem reicheren Gäste. Dies sprach sich herum und zog wiederum andere, nicht ganz so prominente Urlauber an, während die Medien zumindest im Sommer ausführlich darüber berichteten.

Schriftsteller kamen jetzt seltener, Buchverleger verkauften ihre Häuser, Zeitungsverleger nahmen ihren Platz ein. *Axel Springer* erwarb ein Anwesen und läutete damit eine Zeitenwende ein. Literaten gingen, **Journalisten** kamen. Die Hamburger Medienwelt entdeckte Sylt. Ideologische Ausrichtungen zählten nicht. „Spiegel"-Redakteure plauderten ganz zwanglos mit „Bild"-Reportern, eine ganz neue Truppe sammelte sich hier. Hamburger Redaktionskonferenzen sollen sich damals am Flugplan nach Sylt orientiert haben. Bei einem Bier am Strand von Buhne 16 konnten spielend Kontakte geknüpft werden, man kannte sich ja. Ausgemusterte Chefredakteure buhlten um neue Posten, rasende Reporter versuchten die Story ihres Lebens zu verkaufen. Und die Klatschpresse entdeckte das lockere Treiben in den Dünen, das Sommerloch konnte gefüllt werden. Wo so viel Medienprominenz geballt auftritt, finden sich immer Mitsegler im Windschatten ein. Neben der Pressemeute kamen auch die wirklich Reichen und Bekannten. Schauspieler, Fabrikbesitzer, Wirtschaftskapitäne, sie alle sonnten sich nackt am Strand. Der eine suchte verstärkt den Draht zu den Medien-Menschen, der andere gerade

nicht. Wer wollte, bekam sein Foto, die Klatschpresse hatte jedenfalls ihr allsommerliches Spektakel. Aber einige der Reichen begannen sich schon bald zurückzuziehen, in ihre Millionenhäuser hinterm Friesenwall.

Mittlerweile hatte das **Privatfernsehen** die deutschen Wohnzimmer erobert, damit wurden neue Stars und Sternchen nach Sylt gespült. Assistentinnen in Gameshows wurden mit einem Mal zu gefragten Promis, und irgendwann gab's „Sylter Geschichten", eine eigene Fernsehserie zur Insel.

1970 wurde die **Inselbahn eingestellt,** ein uriges Unikum, das von Westerland nach List und hoch bis nach Hörnum durch die Dünen schaukelte. Heute bedauern viele Sylt-Fans diese Entscheidung, aber die Busse waren und sind einfach schneller, und auf der Trasse der alten Inselbahn kann man heute zumindest bis List radeln, nach Hörnum geht's teilweise.

Der **Fremdenverkehr regierte immer stärker.** Überall wurde (und wird) vermietet, wo es möglich ist, wird sofort ein altes Haus abgerissen und ein neues Gebäude mit mehreren Appartements gebaut. In Westerland riss man sogar die alten Hotels der Gründerzeit ab und ersetzte sie durch moderne Gebäude mit eher zweckmäßigem Äußeren. Aber es gibt sie noch, diese schicken, alten Häuser, allen voran das Hotel Miramar am Westerländer Strand. Ende der 1960er Jahre entstand das große und unübersehbare Kurzentrum am Strand von Westerland, mit einer Reihe von Kur-Einrichtungen und insgesamt 360 Wohnungen. Das gigantomanische Projekt „Atlantis" konnte durch Proteste gerade noch zu Fall gebracht werden: Das Appartementhaus von 80 Metern Höhe mit 751 Wohnungen wurde zwar geplant, aber letztendlich doch nicht gebaut.

In den 1980er Jahren kamen immer mehr Touristen auf die Insel, 1984 waren es 356.000, 1990 schon 521.000 Urlauber. Und so ging es weiter, rund 625.000 Touristen wurden 1998 gezählt, zehn Jahre später waren es bereits 818.000. 2017 stand man mit 952.000 knapp vor der Millionengrenze. Aber eine Entwicklung fällt doch auf: Die Aufenthaltsdauer geht zurück. Blieben die Gäste 1990 noch durchschnittlich 10,3 Nächte, waren es 2017 nur noch 7,45 Nächte.

Gegenwart

Dieser geballte Zustrom bringt aber auch geballte Probleme mit sich. **Dauerwohnraum** ist **äußerst knapp** geworden, Sylter und dauerhaft auf der Insel arbeitende Menschen finden kaum noch bezahlbare Wohnungen. Ein Haus zu kaufen ist für Normalverdiener völlig unmöglich geworden, die **Immobilienpreise** gehören zu den **höchsten in ganz Deutschland.**

Etwa 4000 Menschen **pendeln** täglich vom Festland auf die Insel zur Arbeit, und auch das brachte massive Probleme, denn die Bahn hatte speziell 2018 große Schwierigkeiten. Viele Züge fielen aus oder kamen fast täglich verspätet. Wenn diese Menschen morgens fehlen, wirkt sich das sofort auf die Gästebetreuung in Hotels, Restaurants und Geschäften aus. Anfang 2020 schloss ein Bäcker fünf Filialen mit dem ausdrücklichen Hinweis, dass seine Angestellten, die auf dem Festland wohnten, ständig zu spät kämen. Nur eine Filiale betreibt er weiter

auf Sylt, und in dieser arbeiten nur Angestellte mit Wohnsitz auf der Insel. Der Ruf nach mehr und preiswerterem Dauerwohnraum für Insulaner und Beschäftigte wird immer lauter. Erste Restaurants schlossen ihren Betrieb ausdrücklich mit dem Verweis auf fehlendes Personal. Das Problem ist so gravierend, dass der Wirtschaftsminister von Schleswig-Holstein schon Strafzahlungen gegen die Bahn verhängte.

Aber auch auf der Insel entstehen Probleme: Sehr viel Müll fällt an, der Wasserverbrauch ist immens, und zumindest im Sommer herrscht eine hohe Verkehrsdichte auf den wenigen Inselstraßen. Und auch dies ist ein Dauerthema: Die alljährlichen Stürme, die große Flächen Sand vom Strand wegreißen und so die Insel immer stärker bedrohen. Zwar wird genauso alljährlich mit Sandaufspülungen dagegen gehalten, aber dieses Verfahren kostet Millionen und sorgt bestenfalls für einen Aufschub.

Politisch gab es 2009 einen bemerkenswerten Zusammenschluss zwischen Rantum, Westerland und den Ostdörfern zur neuen **„Gemeinde Sylt".** Erstes gewähltes Oberhaupt wurde die langjährige Bürgermeisterin von Westerland. Und auch das bewegte viele Sylter: Die Geburtsstation im Westerländer Krankenhaus schloss 2014, daher werden kaum noch Babys auf der Insel Sylt zur Welt gebracht, es gibt nun keine „gebürtigen Sylter" mehr!

10 Sylter Essays

INFORMATIVES, BESINNLICHES, LUSTIGES

◁ Sylt im Winter

Wie der Hindenburgdamm entstand

Der Namensgeber blieb nur vier Stunden, die Feierlichkeiten zur Eröffnung dauerten drei Tage, die Planungen beinahe ein Menschenleben.

Kaum ein Gast macht sich wohl eine Vorstellung davon, unter welchen Mühen die Urlauber **vor der Erbauung des Damms** auf die Insel kamen. Mitte des 19. Jahrhunderts reisten die ersten Feriengäste nach Sylt, spätestens da wurde über eine regelmäßige Anbindung nachgedacht.

Zunächst pendelte an drei Tagen der Woche eine **Fähre zwischen Hoyer und Munkmarsch,** damals noch eine umständliche Tour, mussten die Gäste doch oft genug mitten im Watt in kleine Pferdewagen umsteigen. Die transportierten dann die Sommerfrischler über Wiesen und Heide nach Westerland. Um 1856 wurde ein erstes Dammprojekt gedanklich durchgespielt, der Damm hätte bis nach Hoyer führen sollen. Der Fremdenverkehr wuchs langsam, aber stetig, die Frage der Anreise wurde wichtiger. Zunächst wurde in Hoyer eine Schleuse gebaut, seitdem konnten Dampfschiffe von dort nach Munkmarsch verkehren. Auf dem Festland wurde zwischenzeitlich das Schienennetz bis Tøndern und später bis Hoyer-Schleuse ausgebaut.

Ab 1890 richtete die Reederei Hapag einen regelmäßigen **Liniendienst von Hamburg** ein, der, nach einigen Zwischenstationen, ab 1901 **nach Hörnum** führte. Von dort, damals bestand Hörnum nur aus einer Handvoll Häuser, brachte eine Kleinbahn die Gäste nach Westerland. 1913 zählte man schon 32.000 Gäste, die Frage der Anreise wurde immer dringlicher. Dann unterbrach der Erste Weltkrieg alle Pläne. Anschließend erfolgte 1920 eine Volksabstimmung in Nordschleswig, bei der Hoyer zu Dänemark kam. Dies war noch eine Erschwernis für Syltreisende, die nur unter zeitraubenden Formalitäten bis zum Fährableger kamen.

1923 wurde dann tatsächlich mit dem **Dammbau** begonnen. Man wählte die

schmalste Stelle zwischen der Insel bei Nösse und dem Festland. Über insgesamt 11 Kilometer wurde der Damm im Watt aufgeschüttet, in Form eines zweiseitigen, abschüssigen Deiches.

Am 1. Juni 1927 war es schließlich so weit, der Damm wurde für den Verkehr freigegeben. Der damals schon greise Reichspräsident *Hindenburg* kam zur **Eröffnung,** ließ ein paar Reden über sich ergehen, wurde durch Westerland chauffiert und reiste wieder ab. Die Sylter feierten drei Tage, eine neue Zeit konnte anbrechen.

Angelegt als Eisenbahndamm, verkehrt hier seit 1932 auch ein **Autozug** nach Sylt, seit 1962 mit doppelstöckigen Waggons von Niebüll nach Westerland. Seit 1973 gibt es ein zweites Gleis. Die Überfahrt dauert 35 Minuten, die Fahrgäste bleiben im Auto sitzen, was für viele Urlauber schon gleich einen leicht abenteuerlichen Einstieg in die Ferien bedeutet. Seit 2016 gibt es zusätzlich zum **Sylt Shuttle** der deutschen Bahn einen weiteren Autozug auf die Insel, und zwar von der **RDC** (Railroad Development Corporation).

Kommt es in der Hauptsaison und an Feiertagen schon mal zu stundenlangen Wartezeiten, wird immer mal wieder die Forderung nach einer Straße über den Hindenburgdamm laut. Dies wurde bislang aber immer abgelehnt, einerseits verdient die Bahn kräftig am Autotransport, andererseits rollen wahrlich genügend Autos über die Insel. Spätestens in diesem Fall hätte Sylt den Inselstatus auch restlos verloren, und das will nun wirklich niemand.

◁ Zugfahrt über den Hindenburgdamm

■ **Weiterführende Literatur:**
Margarete Boie: **Dammbau – Ein Sylter Roman,** Husum 2012, Neuauflage des 1930 erschienenen Romans. Die Autorin stellt die Schwierigkeiten des Dammbaus dar, einschließlich aller technischen Probleme und der unterschiedlichen Haltungen zu dem Projekt, etwa die Abwehr seitens der Bauern und die Zustimmung des Pastors. Dabei wird auch der zeithistorische Kontext mit Kriegsende und Inflation erläutert. Insgesamt handelt es sich um ein zeithistorisches Dokument einer längst vergangenen Epoche weit vor den Touristenströmen.

Die Natur will die Insel nicht

Wütend heult der Orkan über den Deich, Menschen können nur in Schräglage widerstehen. Riesige Wellen brechen sich viel weiter im Land, vom üblichen Ufer entfernt. Bange, ungestellte Fragen: **Wie lange hält der Deich?** Die Nordsee wird zur Mordsee, sie zerrt und zieht am Land, das sich ihr quasi in den Weg gestellt hat. Sylt mit seiner 40 Kilometer langen Nord-Süd-Küste liegt dem vom Westwind getriebenen Wellenberg wie eine Barriere quer im Weg.

Die Küste wurde schon immer von **Sturmfluten** heimgesucht. Besonders schwer waren die der Jahre 1362 und 1634. Bei der ersten soll die sagenhafte Insel Rungholt untergegangen sein, bei der zweiten wurde eine Insel namens

Strand in drei Teile zerrissen, Pellworm, Nordstrand und die Hallig Nordstrandischmoor entstanden. Die Verluste waren immens, 1362 ertranken 100.000 Menschen, 1634 sprach man von 6000 Toten. In der Folge wurden die Deiche erhöht, verbreitert und besser befestigt. Dennoch gab es bei Sturmfluten weitere Opfer: 1717 starben 11.000 Menschen an der gesamten Nordseeküste.

Aus jüngerer Zeit bleibt vielen Norddeutschen die Flut vom 16. Februar 1962 in Erinnerung. Damals drückte ein Nordweststurm gewaltige Wassermassen in die Elbe, sodass **halb Hamburg überschwemmt** wurde. Der Pegelstand im Hamburger Hafen zeigte Rekordwerte: 5,70 Meter über Normalnull. 315 Hamburger kamen ums Leben. Sogar in des Autors Heimat, einer Kleinstadt an einem Elbe-Nebenfluss, liefen unzählige Keller voll. Erste dunkle Kindheitserinnerungen zeichnen ein Bild von überschwemmten Häusern, verschlammten Straßen und sorgenvollen elterlichen Blicken. Nach diesem Unglück wurde massiv aufgerüstet: Deiche wurden erneuert und Nebenflüsse der Elbe erhielten Sperrwerke.

▽ An der Hörnum Odde nagen die Stürme

627sy sm

Auf Sylt machen sich nicht nur Rekordfluten nachhaltig bemerkbar, jeder „bessere" Sturm nagt am Strand. Besonders an der Hörnum Odde reißen die Stürme immer wieder viel Land ab.

Und immer wieder schocken Schlagzeilen wie **„Sylt ist nicht mehr zu retten"** alle Inselfans. Der Direktor des Zentrums für Meeres- und Klimaforschung sprach schon in den 1990er Jahren nach einer Fachkonferenz eine bittere Erkenntnis aus: „Es ist gegenwärtig fast aussichtslos die Insel Sylt zu halten, weil die Natur die Insel nicht will." Sein Fazit: am besten Sylt gleich aufgeben! Gleichzeitig war ihm bewusst, dass diese Forderung natürlich nicht durchzusetzen wäre. An den Fakten sei aber nicht zu rütteln.

Der **Sylter Küstenschutz** ist eine Sisyphusarbeit. Allein für das Jahr 2019 wurden für Sylt 6,5 Millionen Euro vom Land Schleswig-Holstein und dem Bund bewilligt, in anderen Jahren sind die Summen ähnlich hoch. Ein Großteil fließt in Sandvorspülungen, tonnenweise wird Sand über mehrere Kilometer zu den Stränden an der Westseite gepumpt. Das kann den Küstenrückgang zwar aufhalten, aber nicht verhindern. Und so wird es wohl immer wieder zu Meldungen wie dieser kommen: „Dramatische Sturmschäden an Sylter Küste". In Hörnum Odde wurden die Sandvorspülungen vom Vorjahr kurzerhand vom Meer verschluckt. Anfang 2015 rissen mehrere Stürme so viel Land ab, dass ganze Dünen an der Odde verschwanden und man nun einen freien Blick bis zur anderen Inselseite beim Hotel Budersand hat. Erstmals bestand ernsthaft die Gefahr, dass die Hörnumer Odde von der Insel abgetrennt werden könnte.

Unablässig nagen Wind und Wellen an der Insel, im Schnitt betragen die **Landverluste** alljährlich etwa 1,50 Meter. Kommt es zu schweren Sturmfluten, fällt die Bilanz viel schlimmer aus – erschreckend zu beobachten etwa an Fotos, auf denen sich die Lage von Leuchttürmen oder markanten Häusern über mehrere Jahre vergleichen lässt.

In der Vergangenheit kam es immer wieder zu nennenswerten Landverlusten. Wie viel genau verschwunden ist, ist nicht sicher bekannt, aber einige Hundert Meter gelten als sicher. So wurde der alte Ort Eidum von den Fluten komplett geschluckt, und Rantum soll insgesamt dreimal weiter nach Osten verlegt worden sein. Die Sylter wussten um die Gefahren, bauten deshalb ihre Häuser möglichst weit entfernt von der Küste. Erst seit die Badegäste Zimmer mit Meerblick wünschten, wurde dann doch wieder strandnah gebaut. Und damit tauchte die Frage nach dem Küstenschutz immer wieder neu auf.

So stürzte beispielsweise vor vielen Jahren die „Sturmhaube" in Kampen ab, sie stand etwa dort, wo heute der Parkplatz vor den Dünen endet. Eine neue Sturmhaube wurde errichtet, gute 200 Meter vom Strand entfernt. Potenziell gefährdet sind auch das Haus Kliffende in Kampen und das (derzeit geschlossene) Restaurant Kliffkieker in Wenningstedt. Hier saßen die Gäste hinter riesigen Fensterscheiben direkt vor der Kliffkante. Schon einmal hatte der Betreiber Pech mit seinem Lokal. Am 18. Januar 1983 hing die halbe Gaststätte über dem Abgrund, die Nordsee hatte wieder zugeschlagen.

Die Natur will die Insel nicht, sagte der weiter oben zitierte Experte. Im

Grunde kann sie gar nichts dafür, denn die Insel liegt ihr einfach im Weg, quer zur Hauptwindrichtung. Zumeist weht Westwind, der die Nordsee mit **schweren Wellen anrollen** lässt, und die treffen plötzlich auf ein 40 Kilometer langes Hindernis. Nichts kann sie aufhalten, auch nicht die in den 1960er Jahren angelegten riesigen Tetrapoden aus Beton. Die meisten sind schon längst verschwunden, wurden vom Wasser unterspült und sackten ab, andere liegen gut sichtbar vor Hörnum.

An Versuchen, diesem Naturphänomen zu begegnen, hat es nicht gefehlt. Früher versuchten die Sylter es mit Buhnen, Pfahlkonstruktionen aus Beton und Stahl, die weit ins Meer ragten. Diese sollten die Wucht der Wellen brechen, verursachten aber das genaue Gegenteil. Die Wirbelbildung wurde verstärkt, der Sandabtrieb nur noch erhöht, was möglicherweise auch zum starken Sandverlust an der Spitze der Odde geführt hat; Experten streiten genau darüber noch.

Auch an **Vorschlägen zur Rettung der Insel** hat es nie gemangelt, 1986 gingen bei einem Wettbewerb des Deutschen Küstenschutzes immerhin 121 Vorschläge ein, einer skurriler als der andere. Da war die Rede von einem künstlichen Bogenriff zum Einfangen des abgetragenen Sandes, von Wellen-

⌄ ❯ Tetrapoden und Buhnen als Wellenbrecher

700sy sm

brechern aus Muschelbänken oder gar von im Meer versenkten Panzern. Weitere Vorschläge: Riesige Matten aus künstlichem Seegras sollen auf dem Meeresboden die Strömung bremsen. Oder: Betonterrassen in die Dünen bauen. Die letzte bekannte Idee wurde in einem Versuchsfeld am Ellenbogen umgesetzt. Verkürzt gesagt wurden Steine mit Polyurethan verklebt, einem Material, das zugleich fest und doch porös sein und den Wellengang dämpfen soll.

Die zurzeit favorisierte Methode der **Sandvorspülungen** scheint die einzige halbwegs funktionierende zu sein: Man nehme mehrere Millionen Kubikmeter Sand vom Meeresgrund, pumpe sie über viele Kilometer zum Strand, planiere sie dort sorgfältig und warte darauf, dass das Meer sich den Sand zurückholt. Wie war das doch gleich, die Geschichte mit Sisyphus? Die Kosten sind immens. Zwischen 1972 und 2018 wurden 228 Millionen Euro ausgegeben und insgesamt 50 Millionen Kubikmeter Sand vorgespült. Wer das kritisch sieht, darf nicht vergessen, dass die Insel Sylt quasi wie ein natürlicher Wellenbrecher in der Nordsee liegt und somit auch das Festland bei Stürmen schützt.

Künstler auf Sylt

Künstler entdeckten die landschaftlichen Reize von Sylt erst spät, denn die Insel lag zu weit außerhalb des gesellschaftlichen Fokus. Außerdem war die Anreise im 19. Jahrhundert beschwerlich, und nicht zuletzt galt Sylt gewissermaßen als Ausland, denn die Insel war viele Jahrhunderte unter dänischer Oberhoheit. Obendrein wurde Westerland erst 1857 zum Seebad, da waren andere Inseln wie Föhr, Norderney und Rügen schon weiter und hatten einen viel größeren Bekanntheitsgrad als Badeinsel.

Der erste, von dem bekannt ist, dass er Menschen und die Natur künstlerisch festhielt, war ein Sylter: **Christian Peter Hansen** (1803–1979), eigentlich Lehrer,

aber eher ein Multitalent (Künstler, Heimatforscher, Chronist), nach dem heute ein Weg in Keitum benannt ist. Er sammelte Sagen und Geschichten und hielt die damalige Wirklichkeit in Wort und Bild fest. Seine Werke sind heute im Sylt Museum in Keitum ausgestellt.

Nach diesen ersten mehr dokumentarischen folgten später künstlerische Werke, erschaffen von auswärtigen Malern. Möglicherweise wurden einige angelockt durch das „Sylter Tagebuch", in dem **Julius Rodenberg** (1831–1914) seine Eindrücke des damals kaum bekannten Seebads Westerland schilderte. Die Künstler kamen zunächst als **Badegäste** und noch nicht gezielt auf der Suche nach Inspiration, aber bereits ab 1870 reisten Landschaftsmaler im Sommer nach Sylt und hielten ihre Eindrücke fest. Darunter auch zwei Maler aus Schleswig-Holstein, **Hans Peter Feddersen** (1848–1941), ein Friese vom Festland, dem es besonders die Lister Dünen angetan hatten. Bilder von ihm hängen im Nissenhaus in Husum. Der zweite war **Hinrich Wrage** (1843–1912) aus Holstein, der in Düssel-

dorf studiert hatte und großformatige Landschaftsbilder schuf. Gerade aus Düsseldorf folgten weitere Maler, außerdem sprach es sich auch in der Berliner Kunstszene herum, welche tolle Motive die Insel zu bieten hatte.

Neben den vielen auswärtigen Künstlern profilierten sich auch zwei gebürtige Sylter. **Andreas Dirks** (1865–1922, nach ihm ist in Westerland eine Straße benannt) studierte in Düsseldorf und Weimar und fand immer wieder Nordsee- und speziell Sylt-Motive. **Dietrich Cornelius Diedrichsen** aus List (1884–1944), hatte nur eine kurze Schaffensphase und litt später unter einer psychischen Erkrankung. Während der Nazi-Herrschaft starb er in einer Anstalt.

Die wenigsten Künstler verbrachten eine längere Zeit auf Sylt, um richtig in die Natur einzutauchen, und ganz wenige Ausnahmen verblieben gleich ganz auf der Insel. Der erste Künstler, der blieb, war **Franz Korwan** (1865–1942), der auch gleich eine Sylterin heiratete. Er hatte in der Westerländer Strandstraße ein Atelier und engagierte sich sehr auf der Insel, nahm am gesellschaftlichen und sozialen Leben teil. Während der Nazizeit wurde er eingesperrt und verstarb in einem französischen Internierungslager. Ein Stolperstein vor dem Haus Nr. 21 in der Strandstraße in Westerland erinnert an ihn.

◁ Der Stolperstein in der Westerländer Strandstraße erinnert an Franz Korwan

Magnus Weidemann (1880–1967) kam ebenfalls von außerhalb auf die Insel und blieb. *Weidemann* war früher Pfarrer und wurde dann Maler und Aktfotograf. Er verschrieb sich der freien Natur und der Freikörperkultur. Er ist auf dem Keitumer Friedhof begraben, Bilder von ihm besitzt das Heimatmuseum in Keitum.

Nach dem Ersten Weltkrieg besuchten auch die **Expressionisten der Künstlergruppe „Brücke"** die Nordseeinsel. **Otto Müller** und **Erich Heckel** entdeckten die Sylter Natur, auch **Emil Nolde** siedelte 1930 für einige Monate vom nahen Festland nach Kampen über, da sein Haus renoviert wurde; während seines Aufenthalts schuf er 16 Gemälde. Sowieso residierten viele Künstler in **Kampen,** vor allem im Haus Uhlenkamp, im Haus Kliffende, das von *Clara Tiedemann* betrieben wurde, und im Wicherthof von *Fritz Wichert.*

Während der **NS-Zeit** suchten einige Künstler auf Sylt eine Zuflucht, was sich nur teilweise verwirklichen ließ, denn auch auf der Insel waren stramme Nazis am Ruder. So überlebte etwa *Franz Korwan* die Nazi-Verfolgung nicht. Auch die Malerin **Anita Rée** ertrug die Nazis und die gesamten Situation überhaupt nicht, sie schied 1933 völlig vereinsamt mit 47 Jahren freiwillig aus dem Leben.

Nach dem Zweiten Weltkrieg etablierte sich eine neue Künstlerszene u.a. im Haus des Verlegers **Peter Suhrkamp** in Kampen. Unter anderem kam aus Berlin **Siegward Sprotte** (1913–2004), der dauerhaft in Kampen blieb, ebenso wie **Otto Eglau** (1917–1988). Letzterer ist in Keitum begraben, und in Kampen in der Dorfstraße 8 ist seine ehemalige Galerie noch erhalten.

Aus der aktuellen Zeit fallen vielleicht die großformartigen Malereien der Künstlerin **Uschi Schmiedeberg** auf, die an Häusern wie z.B. an einem Wohnblock am Kirchenweg in Westerland (16 m hoch, 9 m breit) oder an Schaltkästen vor dem Westerländer Kaufhaus H.B. Jensen zu finden sind.

Im **Atelier Dobritz & Witt** in der Westerländer Strandstraße 12 werden ständig Bilder mit Sylter Motiven angeboten.

⌂ Großflächige Kunst am Bau von Uschi Schmiedeberg, zu finden im Kirchenweg in Westerland

Später löste die **Fotografie** die Malerei ab. Künstler von der Insel schufen großartige Landschaftsfotos und dokumentarische Bilder, wie **Bleicke Bleicken** (1898–1973), dessen noch immer lieferbarer Band „Sylt – Meine Insel" viele tolle Bilder zeigt, teilweise aus den 1920er und 1930er Jahren. Oder aus der aktuellen Zeit **Hans Jessel,** dessen wunderschöne Landschaftsbilder als Motive von Kalendern, Postkarten und Fotobüchern in jeder Sylter Buchhandlung ausliegen. Beide Fotografen bilden, genau wie die früheren Maler, die Naturschönheiten der Insel ab, zeigen aber auch die sie umgebene Realität ihrer jeweiligen Epoche.

Neben den vielen Malern kamen auch **Schriftsteller** und viel später **Journalisten** immer wieder gerne nach Sylt. Auffällig ist, dass die meisten die Insel schätzten, aber die wenigsten Sylt zum Thema machten. Viele Literaten und Künstler äußerten gerne und häufig ihre Befindlichkeiten, ihre Begeisterung und Eindrücke von der Insel. So sagte beispielsweise der Maler *Emil Nolde*: „Wie ein Trunkener lief ich stundenlang den Strand entlang oder durch den flüssigen Sand der Dünen." *Max Frisch* urteilt: „Hier, zwischen Dünen und endlosem Wasser, ist es herrlich." Der nüchterne **Thomas Mann,** der in Lübeck nahe der stillen Ostsee aufwuchs, schrieb ins Gästebuch seiner Wirtin *Clara Tiedemann* vom Haus Kliffende in Kampen: „An diesem erschütternden Meere habe ich tief gelebt", und schwärmte vom Baden

Buchtipp: *Ulrich Schulte-Wülwer:* „Sylt in der Kunst", Boyens Verlag 2018. Voluminöser Bildband, in dem zahlreiche Künstler vorgestellt werden, die auf Sylt wirkten, zusammen mit Abbildungen exemplarisch ausgewählter Werke. Ein sehr schön gemachtes Buch, das viele Impressionen der Insel zeigt aus längst vergangenen Tagen.

⌂ Im Haus Kliffende residierten viele Künstler Anfang des 20. Jahrhunderts

in der Brandung, „…nach deren Prankenschlägen ich mich das ganze Jahr zurücksehnen werde". Das waren schon sehr emotionale Aussagen. Als **literarisches Thema** wurde Sylt jedoch selten gewählt. Dies kam erst in den letzten Jahren auf, so entstand fast ein Boom mit Krimis und leichter Strandkorb-Lektüre, bei der die Insel Sylt immer den Hintergrund stellt, vielleicht sogar der heimliche Protagonist ist.

Einer der ersten, der ein Sylter Thema aufgriff, war **Detlev von Liliencron** (1844–1909), der die Ballade von Pidder Lüng verfasste und damit den friesischen Freiheitsruf „Lewer duad üs Slav" („Lieber tot als Sklave") berühmt machte. (siehe Exkurs bei Hörnum: „Lewer duad üs Slav"). Auch **Gerhard Hauptmann** ließ sich von Sylt inspirieren. Er war 1915 auf der Insel und ganz angetan von der Sylter Bauerntochter *Inken Diederichsen*. Sie und ihr „herber Charme" wurde Vorbild für die Figur Inken Peters in seinem Theaterstück „Vor Sonnenaufgang". **Margarete Boie** (1880–1946) schrieb mehrere Romane über Sylter Themen, u.a. „Dammbau", ein noch heute lesenswertes Buch mit vielen Hintergründen über die Schwierigkeiten beim Bau des Hindenburgdamms.

Viele Schriftsteller wurden durch großzügige **Einladungen** angelockt. Einer der ersten Gönner war wohl **Ferdinand Avenarius,** der 1876 nach Kampen kam und später ganz blieb. Er war Herausgeber der bedeutenden Kulturzeitschrift „Der Kunstwart" und ließ sich 1903 das Haus Uhlenkamp in Keitum bauen, in das er zahlreiche Kulturschaffende einlud. **Peter Suhrkamp** (1891– 1959, liegt in Keitum begraben) besaß ebenfalls ein großes Haus in Kampen,

und auch er ließ seine Autoren hier urlauben und Inspirationen sammeln. So ist folgendes Zitat von ihm überliefert: „Lassen Sie sich fallen! Werden Sie nicht unruhig, verzweifeln Sie nicht, wenn Sie drei, vier Wochen keine Zeile schreiben können." **Hans Fallada** („Wer einmal aus dem Blechnapf fraß", „Bauern, Bomben, Bonzen" und vor allem der Riesenerfolg „Kleiner Mann, was nun?"), gerade aus dem Gefängnis entlassen, verkaufte in Kampen Anzeigen für eine Zeitung, als ihn der Verleger **Ernst Rowohlt** erkannte. „In so einem Kaff herumlaufen und Abonnenten werben! Sie müssen nach Berlin, Mensch!" Dem leistete *Fallada* dann auch Folge, arbeitete halbtags für den Rowohlt Verlag und schrieb an seinen Büchern; leider verstarb er viel zu früh im Jahr 1947.

Siegfried Jacobsohn kaufte in Kampen ein altes Bauernhaus und redigierte hier im Sommer die im frühen 20. Jahrhundert beste und sehr kritische Zeitschrift „Die Schaubühne". Sie wurde 1918 in „Die Weltbühne" umbenannt und ab 1926 vom Friedensnobelpreisträger *Carl von Ossietzky* geleitet. Einer der bekanntesten Mitarbeiter war *Kurt Tucholsky.*

Die NS-Zeit versuchten einige Literaten auf Sylt zu überstehen, wie **Hans Zehrer,** später Chefredakteur der Zeitung „Welt". **Ernst von Salomon** (1902– 1972) war häufig auf Sylt und kam kurz nach Kriegsende erneut nach Kampen. Dort arbeitete er als Verwalter des Klenderhofs in Kampen, den Ende der 1950er Jahre *Axel Springer* erwarb. *Ernst von Salomon* schrieb hier eines der erfolgreichsten Bücher der Nachkriegszeit, „Der Fragebogen". Darin beantwortet er die 131 Fragen des Entnazifizierungsfra gebogens derart detailliert und ausschweifend, dass ein Buch mit über 1000 Seiten entstand. Es wurde bei Rowohlt verlegt und war ein überragender Verkaufserfolg.

Auch **Sylter** verfassten erfolgreiche Literatur. So schrieb beispielsweise **Boy Lornsen** (1922–1995) viele Kinderbücher, das vielleicht witzigste und vor allem bekannteste ist „Robbi, Tobbi und das Fliewatüüt". Der Keitumer **Hinrich Matthiesen** (1928–2009) schrieb hauptsächlich Krimis, sein Buch „Eine Liebe auf Sylt" ist noch heute erhältlich. Auch die in List geborene **Dora Heldt** ist eine erfolgreiche Autorin, die viele unterhaltsame Bücher verfasste (neben Kolumnensammlungen etwa Krimis mit einem schrägen Rentner-Ermittlungsteam).

Friesische Literatur schrieb vor allem **Jens Emil Mungard** (1885–1940) aus Keitum, der von den Nazis im KZ Sachsenhausen ermordet wurde. Er schrieb sehr viele Gedichte und auch sechs Theaterstücke in Sölring (Syltfriesisch). Im Sylt Museum in Keitum wird an ihn und die Mungard-Familie erinnert. Der ebenfalls aus Keitum stammende gelernte Tischler **Erich Johannsen** (1862–1938) verfasste viele Theaterstücke auf Friesisch, von denen auch einige aufgeführt wurden und die unter Syltern sehr beliebt waren. Nach ihm ist in Keitum eine Straße benannt.

Die Westerländerin **Gondel Wielandt** (1895–1964) war eine friesische Heimatdichterin, die auch viel für die „Sylter Rundschau" schrieb. Sie gehörte zur weitverzweigten Lassen-Familie (siehe Exkurs zu *Merret Lassen*) und schrieb die Familien-Chronik „Die Lassens von Sylt", das Buch ist nur noch antiquarisch erhältlich.

Sylt im Winter – ein Selbstversuch

Irgendetwas ist anders! Der **Zug** rattert über den Hindenburgdamm, läuft wenige Minuten später im Westerländer Bahnhof ein. Die Türen springen auf, aber es ist anders als sonst. Wo bleiben die Menschenmassen? Sonst quellen sie heraus, bevölkern den Bahnsteig, stolpern frohgelaunt taschenschulternd gen Strand. Heute nicht. Nur einige wenige Passagiere tröpfeln aus dem viel zu langen Zug, schlagen Mantelkragen höher

509sy sm

10

und ziehen Handschuhe fester. Der Kalender zeigt den dritten Advent, ein kalter Wind pfeift über den Bahnsteig.

Die wenigen Reisenden verteilen sich ganz schnell, entern ein Taxi oder werden abgeholt, fast alle Einheimische. Touristen? Fehlanzeige. Trotzig marschieren wir zur **Friedrichstraße,** überqueren ohne Ampelstop die Straße. Die Friedrichstraße: wie ausgestorben. Im Sommer schlendern Tausende hier durch, bevölkern Straßencafés, „Gosch" und „Leysieffer". Heute bleiben fast alle Lokale geschlossen, nur ein paar Unentwegte flanieren vorbei, dick vermummt den Minusgraden trotzend. Viel zu sehen gibt es nicht, sind sie vielleicht gar die wahren Sylt-Fans? Die, die extra gegen den Besucherstrom schwimmen? Die kommen, wenn alle gegangen sind – wer weiß?

Nun zum **Strand,** hier folgt das erste echte Wunder: Kein Mensch hockt in dem Kontrollhäuschen, fordert Kurkarte oder Tagesticket. Die Promenade ruht sich vom Sommerhoch aus, Strandkörbe warten auf den nächsten Frühling, die Lokale wurden schon vor Wochen verriegelt.

⌄ Wahrer Winterzauber auf Sylt

Gegen den eiskalten Westwind schreiten tapfer einige Dickvermummte an, nur der Hund freut sich. Die Schlaueren wandern in die andere Richtung, denen bläst der Wind in den Rücken, treibt sie voran, bringt sie schneller hin zu Grog und Rumpunch. Wir laufen „falsch", der Wind schneidet ins Gesicht, treibt Tränen aus den Augenwinkeln. Das Meer rauscht, Wellen brechen sich so hoch, wie im Sommer nie beobachtet. Die Nase läuft. Feine Sandfontänen umspielen die Füße, Hunde jagen hinter Gischtwolken her, vereinzelte Juchzer: „Herrlich!". Herrlich? Na ja, die an die Stadtluft gewöhnten Lungen jubilieren, das Gehirn wird frei gepustet, Stress und Ärger sind wie weggeblasen. Trotzdem ist's saukalt und bis Wenningstedt noch weit! Wollen wir wirklich? Ja klar doch!

Wenningstedt kommt näher, bald haben wir's geschafft. Die Nase läuft noch immer, aber so langsam gewöhnt man sich an die Kälte. Wie viel Grad haben wir? Knapp über oder schon unter Null? Zu Weihnachten und Neujahr **baden Leute in der eiskalten Nordsee,** kaum zu glauben! Am 2. Weihnachtstag findet ein traditionelles Weihnachtsbaden am Westerländer Strand statt, zu Neujahr in Wenningstedt. Einige Mutige stürzen sich in die knapp zwei bis drei Grad kalten Fluten, angefeuert von Hunderten von Schaulustigen, die, in Parka und Wintermantel, mit einem Glühwein in der Faust, schon beim Anblick frieren.

⌂ Reetdachhaus, leicht berieselt

Sylter Essays

My Strandkorb is my castle

Wenningstedt ist erreicht, die leicht angefrorene Holzbrücke hochgeklettert. Die Straßen wirken wie ausgestorben, doch Gosch ist offen, tatsächlich, und einen Grog gibt es auch. Das tut gut.

Zurück nach Westerland per **Bus,** der Zug fährt erst in einer Stunde. Zum Glück hat das Entrée geöffnet, rein und zwei Heißgetränke bestellt. Die wohlige Wärme macht schläfrig, das Gesicht glüht. Die Hände prickeln wie nach einer Schneeballschlacht ohne Handschuhe. Gleich fährt der **Zug** wieder ab, es dämmert schon. Kaum jemand steigt ein. Wer Sylt im Winter einmal erlebt, der bleibt, Tagesgäste sind in dieser Jahreszeit kaum vorgesehen.

Aber es gibt sie wirklich, Sylt-Urlauber, die im kalten Dezember auf die Insel kommen. Zu einer Zeit, wo fast alles geschlossen ist. Glücklich, wer etwas mit sich und der Zeit anzufangen weiß. Die Insel wirkt, als ob sie sich selbst vom Urlaubs-Wahnsinn des Sommers erholen müsste. Einmal ganz tief Luft holen, Kräfte sammeln, bevor es wieder losgeht und die Gäste-Welle **Weihnachten und Sylvester** über die Insel schwappt. Lokale öffnen plötzlich wieder, unterbrechen ihre Winterpause. Da füllt sich die Insel schlagartig und in den meisten Restaurants kann man nur in zwei Schichten essen. Erst nach dem 6. Januar atmen die Sylter wieder auf. Aber vorher gilt es noch den Abreise-Wahnsinn zu überstehen. In den Tagen nach Neujahr werden Autofahrer auf eine harte Geduldsprobe gestellt, teilweise muss man viele Stunden an der Autoverladung auf einen freien Platz warten. Es gab schon Rückstaus bis fast nach Rantum … Doch dann folgt eine weitere kurze Erholungspause – bis zum Biike-Brennen am 21. Februar.

Die Sonne brennt vom Himmel, ein laues Lüftchen weht vom Meer, das monotone Brechen der Wellen macht schläfrig, wohlig rekelt sich der Urlauber, die Augen fallen zu. Wie Perlen in einer Kette stehen sie, alle in Blickrichtung zur Sonne ausgerichtet. Von wem die Rede ist? Von **Strandkörben** natürlich. Kein Seeurlaub ohne Strandkorb; wer sich keinen mietet, dem entgeht etwas.

Alte Chroniken berichten, dass 1882 ein Korbmachermeister aus Rostock einer von Rheuma geplagten Urlauberin einen Wäschekorb zur Sitzgelegenheit am Strand umbaute. Eine **Idee war geboren,** trat ihren Siegeszug an, zunächst an der Ostseeküste, kam aber ganz schnell auch nach Sylt. Schon einige Jahre später wurden die ersten Körbe vermietet, von der Frau des Korbmachermeisters.

Und dann ging es auch bald richtig los, etwa ab der Jahrhundertwende. Ein ehemaliger Lehrling des Korbmachers der ersten Stunde stieg in den 1920er Jahren zum größten **Hersteller von Strandkörben** überhaupt auf. Beschleunigt wurde die Entwicklung durch die Gründung von immer mehr Seebädern und gleichzeitig durch eine immer bessere Bahnanbindung.

Kuriose Modelle gab es auch: zusammenlegbare Körbe, als Boot nutzbare und sogar drehbare (auf Kugellagern). Aber das Grundmodell hat sich seit den Anfängen kaum verändert.

Auf Sylt, so eine Schätzung, existieren heute an die 12.000 Strandkörbe, nach

10

etwa sieben Jahren Nutzung am Strand werden sie ausgetauscht.

Immer mehr Urlauber finden so sehr Gefallen an den gemütlichen „Zweisitzern", dass sie sich extra einen **für den heimischen Garten** herstellen lassen. Mehrere Firmen produzieren für den Kurgast, etwa 2000 Euro kostet ein schicker, persönlicher Strandkorb.

Warum ist er nun so beliebt? Steht er als Häuslebauer-Ersatz? Zeigt er den Rückzug ins Private, selbst am Strand? My Strandkorb is my castle? Vielleicht

ist's ja viel profaner, nämlich einfach saugemütlich! Der Urlauber mietet sich einen Strandkorb, der in 14 Tagen zu „seinem" wird. Ein zweites Zuhause, ein home away from home. Aber wie wird ein x-beliebiger zu einem persönlichen Strandkorb? Durch die Nummer! Unübersehbar prangt sie auf der Rückseite, macht jeden Korb unverwechselbar.

An **praktischen Details** wären da zuerst mal die Handschlaufen, außen angebracht. Zwei Mann – zwei Ecken, und schon wird er etwas gedreht, schön hi-

525sy sm

nein in die Sonne, den Wind (hoffentlich) im Rücken. Dann die Verriegelung kurz ausrasten lassen, das ganze Ding in Rückenlage stellen. Jetzt noch das Fußteil ausziehen, hier werden T-Shirt und Sonnencreme verstaut. Danach ein kleines Brettchen ausklappen und Getränke platzieren. Schließlich das Handtuch über die in Kopfhöhe gespannte Schnur hängen – und endlich kann man sich fallen lassen!

Badekarren, FKK und Neujahrsbaden

Erste **Seebäder** entstanden in Deutschland bereits Ende des 18. Jahrhunderts an der Ostsee (1794 Heiligendamm) und an der Nordsee (1797 Norderney). Auch auf der benachbarten Insel Föhr war man schneller, dort wurde die Hauptstadt Wyk bereits 1819 zum Seebad ernannt. Sylt folgte erst viele Jahre später, 1855 wurde Westerland Seebad, 1895 Wenningstedt. 1857 entstand das erste „Bewirtungshaus" für Gäste in Westerland, die „Dünenhalle". Einer der Initiatoren, der Altonaer Arzt Dr. *Gustav Roß* sprach in seiner Rede zur Grundsteinlegung fast schon prophetische Worte: „Vieler Orten sind Seebäder gegründet worden, aber nicht das schlechteste wird dasjenige sein, wozu wir hier den

Grundstein legen, vielleicht das kräftigste von allen." Die Gäste kamen, erst noch verhalten, aber dann doch schnell mit steigenden Zahlen. 1895 zählte man genau 470 Badegäste in Westerland. Zeitgleich wurde durch Dr. *Roß* die **therapeutische Wirkung des Nordseeklimas** propagiert, was eine hervorragende Werbung für Westerland war. Erste Hotels eröffneten, 1860 schaute sogar der dänische König vorbei, und ab 1893 übernahm die Gemeinde Westerland das aufstrebende Seebad. Die Gästezahlen stiegen bis kurz vor dem Ersten Weltkrieg auf 30.000, und eine Zeit lang wurden alle Neuankömmlinge namentlich in der lokalen Presse erwähnt, ganz besonders natürlich die etwas prominenteren Damen und Herren.

Bereits im Westerländer Gründungsjahr 1855 wurden erstmals **Badekarren** ins Meer geschoben, ein erster zaghafter Versuch der Badegäste, sich in die Nordsee zu begeben. Ein Badekarren war eine hölzerne Umkleidekabine auf zwei oder vier Rädern. Genutzt wurden sie vor allem im 19. Jahrhundert von Frauen, aber nicht ausschließlich. Die Damen betraten diese Karren in Alltagskleidung und zogen sich im Inneren um, ihre Badekleidung war allerdings kein Bikini oder Ähnliches, sondern bedeckte den Körper von den Schultern bis zu den Waden. Dann wurden die Karren von einem Badehelfer ins Wasser geschoben oder von Pferden gezogen. Hinten befand sich eine zweite Tür, und dort stieg man dann über eine Treppe ins Wasser, das dort nicht allzu tief war, denn schwimmen konnte kaum jemand. Man planschte ein bisschen im Wasser herum und stieg über die Treppe wieder in den Karren zurück, wo man sich erneut umkleidete.

◁ Strandkörbe vor Hörnums Leuchtturm

Das Gefährt wurde dann zurück zum Strand zurückgebracht.

Mit der Geschlechtertrennung nahm man es trotz der vor unzüchtigen Blicken schützenden Badekarren überaus genau: Die **Geschlechter** badeten zunächst sogar örtlich **strikt getrennt,** die Damen südlich von Westerland am „Damenbad", die Herren nördlich. Diese Trennung wurde erst 1902 aufgehoben.

Ansonsten vertrieb man sich die Zeit ähnlich wie heute mit Sonnenbaden, Flanieren auf der Wandelbahn (Promenade), dem Besuch eines Konzertes in der Musikmuschel (ab 1879) oder dem Besuch von gastronomischen Betrieben. Lange Zeit war auch das Bauen der so typischen runden Strandburgen noch erlaubt, und so mancher Familienvater wurde dabei richtig kreativ. Schmückte „seine" Burg mit Flaggen oder Namen aus gesetzten Muscheln. Es gab sogar Wettbewerbe im Burgenbauen, aber in den 1960er Jahren wurde es schließlich untersagt.

Bereits Mitte des 19. Jahrhunderts forderte der Badearzt *Otto Jenner* von den Kurgästen: „Unter allen Umständen bade man ohne Kleider", aber diese Aufforderung wurde damals eher nicht befolgt. Das **Nacktbaden** kam erst nach dem Zweiten Weltkrieg so richtig in Mode, und ab 1954 gab es erste FKK-Strandzonen. Das textilfreie Baden wurde aber bereits in den 1920er Jahren von den Gästen im Klappholttal praktiziert, wofür es sogar eine polizeiliche Sondererlaubnis gab. Heute sind die Übergänge zwischen FKK-Zonen und allgemeinen Strandbereichen eher fließend.

Heutzutage kommen die Urlauber natürlich immer noch zum Baden nach Sylt, aber, so scheint es jedenfalls, es gehen die wenigsten tatsächlich noch ins

Ein historischer Badekarren

Wasser. Selbst an sonnigen, warmen Tagen sieht man keine Massen in der Brandung toben, den meisten genügt es, am Strand oder im Strandkorb dösend zuzuschauen. Bei gutem Wind sind dann auch Surfer unterwegs. Da Sylt mittlerweile ein Ganzjahresziel geworden ist, baden die meisten Gäste außerhalb der Sommerwochen sowieso nicht. Große Ausnahme: das traditionelle **Weihnachtsbaden** am zweiten Weihnachtstag (ca. 14.30 Uhr Westerland) und das **Neujahrsbaden** (14 Uhr in Wenningstedt) locken alljährlich Hunderte von Mutigen in die eiskalte Nordsee.

Sylter Immobilienpreise und die Folgen

Ein x-beliebiger Samstag, die Sylter Rundschau gekauft und im Immobilienteil geblättert. Dezente Anzeigen wie diese lassen sich in jeder Wochenendausgabe finden: „Traumhaftes Einzelhaus unter Reet am Watt: 2,5 Millionen Euro" oder „Stolzes Reetdachanwesen in Archsum: 1,65 Millionen Euro" oder „Drei-Zimmer-Wohnung mit Blick auf die Promenade: 575.000 Euro". Das sind Beträge! Umgekehrt wird „... eine nicht zu kleine, dennoch bezahlbare Wohnung" gesucht.

Tapfere Neujahrs-Badende

sy20168 sm

Keine Frage, die Preise sind aus dem Ruder gelaufen. Der Ring Deutscher Makler veröffentlichte eine Analyse, nach der auf Sylt die **höchsten Immobilienpreise Deutschlands** gezahlt werden. In Kampen etwa gibt es für 5 Millionen Euro nicht mal eine Doppelhaushälfte, und 2015 wurde hier für ein Reetdachhaus in bester Lage mehr als 20 Millionen Euro gezahlt. Auch in ehemals „billigeren" Ecken wie Rantum oder List steigen die Preise deutlich an, und auch in Morsum wurde unlängst ein großes Luxusobjekt für exakt 8 Millionen Euro angeboten. In Braderup wird es dann etwas günstiger (7 Mio.), und auch an Keitums Wattseite (5 Mio.).

2018 lag der durchschnittliche Quadratmeterpreis für ein Einzelhaus bei 30.600 €, in Braderup bei 25.000 €. In Hörnum dagegen kosteten Eigentumswohnungen 4300 €/m² und in List etwa 5000 €. Die Gründe sind denkbar einfach: Es gibt so gut wie kein Bauland. Und wo mal eine Alt-Immobilie auf den Markt kommt (meist durch Erbschaft), wird diese schnellstmöglich abgerissen und das Land sofort neu bebaut. Es mag Ausnahmen geben, aber oft genug passiert genau dies. Kein Wunder bei diesen Preisen. Ein böser Spruch besagt, dass auf Sylt bei einem Todesfall immer als erster der Makler kondoliert.

Solche Preise können nur die wenigsten **Einheimischen** zahlen, Experten schätzen, dass sich mehr als die Hälfte aller Häuser in Westerland in fremdem Besitz befindet. Was aber machen die Sylter, die nicht zur Millionärsklasse gehören? Die Insel sucht händeringend

In Kampen (oben) und Keitum (rechts) stehen schmucke Häuser

preiswerten **Wohnraum.** Jungen Familien fällt es zunehmend schwerer, eine finanzierbare Wohnung zu bekommen. Nicht wenige resignieren und ziehen aufs Festland, dort liegen die Preise deutlich unter Sylter Niveau.

Inzwischen versuchen Sylter Politiker dieser Entwicklung mit der 40-60-Regel entgegenzusteuern. Bei Neubauten sollen 40 Prozent der Wohnfläche als Dauerwohnung vermietet werden, wobei diese Regel wohl noch nicht endgültig verabschiedet ist. Für eine echte Entlastung müsste deutlich mehr **Dauerwohnraum** gebaut werden, Untersuchungen sprechen von 2000 bis 3000 Wohneinheiten. Praktisch ist dies aber selbst bei gutem Willen schwer bis unmöglich zu realisieren, denn es fehlt ja schon allein der Baugrund.

Die Immobiliensituation wirkt sich auch auf das touristische Angebot aus. Erste Restaurantbesitzer klagen, dass sie **keine geschulten Servicekräfte** bekämen, weil gute Leute nicht bereit wären, in winzigen Zimmern zu überhöhten Preisen zu wohnen, da gäbe es attraktivere Arbeitsplätze in anderen Regionen. Und aufs Festland pendeln ist auch nicht jedermanns Sache, schon gar nicht, wenn man in der Gastronomie arbeitet. Einige Servicekräfte ziehen deshalb bereits über die Saison mit einem Zelt auf einen Campingplatz.

Etwa **4000 Menschen pendeln jeden Tag** vom Festland auf die Insel. Vor allem in Klanxbüll, dem letzten Bahnhof auf dem Festland, steigen viele Berufspendler in die Bahn, aber nicht wenige kommen sogar aus Niebüll. Zuerst und

632sy sm

schon ganz früh fahren die Handwerker. Die parken ihre Firmenwagen direkt am Bahnhof Morsum oder auch in Keitum und steuern von dort ihre jeweiligen Baustellen an. Später rollt die Welle der Servicekräfte an, also die vielen Kellner, Hotelangestellten und Verkäufer. Abends dann erfolgt die umgekehrte Wanderung. Zwischen 16 und 17 Uhr pendeln die „Blaumänner" (Handwerker, so genannt wegen ihrer blauen Arbeitstracht) zurück, ein Stündchen später folgen die Servicekräfte. Arbeitswege von insgesamt bis zu drei Stunden sind da keine Seltenheit.

So mancher Sylter hätte über Nacht Millionär werden können, wenn er das elterliche Grundstück verkauft hätte. Wer das nicht tut, stellt sich gegen den Trend, den Lokalpolitiker so umschreiben: „Sylt entwickelt sich langsam zu einer Insel ohne Sylter". Von den 18.000 gemeldeten Syltern sollen nur etwa 14.000 dauerhaft auf der Insel wohnen.

Das war mal ganz anders. In den **1950er Jahren** verschenkte die Gemeinde Hörnum sogar Grundstücke, um Fremde anzulocken und auf diese Weise Grundsteuern zu kassieren. Es klappte auch wunderbar, eine Spekulationswelle setzte ein, die bis heute noch nicht zum Stillstand gekommen ist.

Wer Hauseigentum besitzt, der vermietet auch – Ausnahmen bestätigen nur die Regel. **Kinder und Jugendliche** müssen in der Sommersaison aus ihren Zimmern raus, man benötigt Platz für die Gäste. Da werden dann sogar die Ferien verschoben. Ganz offiziell gelten für Sylt und Amrum frühere und kürzere Sommerferien, Ausgleich dafür gibt es im Herbst. Wohin aber mit den Jugendlichen? Tagsüber an den Strand, und

sonst? Nicht ungewöhnlich, dass Jugendliche dann in der Garage oder im Gartenhäuschen nächtigen oder sogar im Keller.

Kein Wunder, dass Frust entsteht, eventuell sogar Neid auf die vermeintlich wohlhabenden Gäste. Der entlädt sich vereinzelt in Randale oder auch Drogenmissbrauch, weshalb Jugendverbände von **„Saisonverwahrlosung"** sprechen, und auch der Anteil an Konsumenten harter Drogen war eine Zeit lang sehr hoch.

Die Geister, die sie rief, wird die Insel nicht mehr los. Will sie natürlich auch nicht, denn Touristen geben viel Geld aus. Immerhin hat sich die durchschnittliche **Vermietungsdauer** von 90 Tagen im Jahr auf 140 Tage verlängert. Die Urlauber kommen bereits zur Osterzeit und auch noch im Herbst, immer stärker auch um Weihnachten und Silvester. Die touristische Statistik zeigt seit Jahren nur eine Richtung, und zwar leicht nach oben, von ca. 350.000 im Jahr 1984 über 521.000 (1990) auf zuletzt rund 952.000 (2017). Da lohnt sich dann sogar der Abriss eines älteren Hauses und Neubau von Ferienwohnungen.

Die gestiegenen Sylter Immobilienpreise wirken sich auch auf die **benachbarten Inseln** aus. So mancher Hausbesitzer, der vor zehn oder 15 Jahren eine Ferienwohnung auf Sylt sich kaufte, nimmt nun die gestiegenen Preise mit, verkauft seine Wohnung mit deutlichem Gewinn und erwirbt auf Amrum oder Föhr ein größeres Ferienhaus. Was dort nun ebenfalls allmählich die Preise steigen lässt.

Liebenswertes Unikum: die Inselbahn

Ein Spaziergang durch die kleine, nördlichste Gemeinde **List** führt vielleicht auch durch die Alte Bahnhofstraße. „Bahnhofstraße?" mag man fragen, „wo gibt es denn hier einen Bahnhof?" Heute nicht mehr, aber ein knappes halbes Jahrhundert zurück, als List genau wie Hörnum auf Schienen zu erreichen war.

Weitsichtige Sylter Unternehmer dachten schon Ende des vergangenen Jahrhunderts darüber nach, wie die **Anreise für die Sommergäste** verbessert werden könnte. Den Hindenburgdamm gab es noch nicht, das letzte Stück der Reise musste per Schiff erfolgen. Lange Zeit führte dieser Weg vom heutigen dänischen Højer hinüber nach Munkmarsch, von dort per Pferdewagen weiter nach Westerland.

Folgerichtig wurde zunächst diese Verbindung verbessert, 1888 verband eine **erste Inselbahn** über 4 Kilometer Munkmarsch mit Westerland. Als dann auf dem Festland die Bahnverbindung über Tondern zum Hafen Hoyer-Schleuse (beide Orte liegen heute auf dänischem Territorium) weitergeführt wurde, ergab sich eine erneute Komfortsteigerung.

Hamburger Reeder beschlossen um die Jahrhundertwende ein damals wahrhaft ehrgeiziges Projekt: eine direkte Schiffsverbindung von Hamburg nach Sylt. Die Schiffe sollten an einem extra erbauten Anleger festmachen, im damals noch gar nicht erschlossenen Hörnum. Und wie sollten die Passagiere nach Westerland gelangen? Auch daran dachten die Reeder und bauten eine **zweite Inselbahn.** 1901 wurde sie eingeweiht. Sieben Jahre später wurde dann auch der Norden an das Inselbahnnetz angebunden, eine Kleinbahn schaukelte durch die Dünen an Kampen vorbei bis nach List. So bekam der Ort seine Bahnhofstraße.

Nachdem **1927** der Bahnverkehr über den Hindenburgdamm floss, war die Munkmarsch-Bahn überflüssig geworden, ein Jahr später wurde sie eingestellt.

Trotz Wirtschaftskrise und Weltkrieg, die Inselbahnen fuhren tapfer weiter, wurden zu **Kriegszeiten** vom Militär sogar gehegt und gepflegt.

1949 listet eine Statistik 600.000 beförderte Gäste auf (kurz vor Einstellung der Bahn waren es sogar 1,3 Millionen), die Fahrzeiten betrugen etwa 50 Minuten sowohl nach List als auch nach Hörnum.

Die **Züge** waren ein buntes Sammelsurium aus kleinen Triebwagen, Schienenbussen und altersschwachen Waggons. Beispielsweise gab es in den 1960er Jahren einen Borgward-Sattelschlepper als Triebwagen, der mit einem großen Nivea-Schild an der Seite fuhr und deshalb auch „Nivea-Express" genannt wurde. Die Züge schaukelten gemächlich durch die Dünen, auch der Autor reiste mit, wie seine Eltern begeistert erzählten, eigene Erinnerungen habe ich leider nicht mehr. Aber auch wenn sie langsam fuhren, kam es doch zu Unfällen mit Autos und einigen Passagieren soll sogar schlecht geworden sein von der Schaukelei. Seekrank an Land, sozusagen. Aber sie fuhren! Nur bei Überschwemmungen und Sandverwehungen in den Dünen gab's Zwangsstopps. Nicht selten wurden Fahrgäste aufgefordert, mitzuschieben oder den Sand wegzuschaufeln. Und an den Endpunkten wurde der Dünenexpress auf einer Drehscheibe wieder für die Rückfahrt in Position gebracht.

Ende der 1960er Jahre sah man die Inselbahn als nicht mehr zeitgemäß an, Busse waren schneller und flexibler. **1970 kam das Aus für dieses Transportmittel.** Auf dem Bahnhofsvorplatz stehen die letzten beiden Achsen der Inselbahn als kleines Denkmal an eine längst untergegangene Zeit. Heute können Radfahrer auf den alten Trassen der Bahn weitab vom Autolärm nach List radeln, wenn sie wollen, bis zur Bahnhofstraße.

Strandungen und Strandräuberei

Mein Schwager ist ein besonnener Mann, lässt sich nicht so schnell aus der Ruhe bringen, wägt seine Worte sorgfältig ab. Aber einmal rastete er doch aus, beschimpfte die Kurkartenkontrolleure als „Strandräuber". Dann setzte er noch eins drauf: „Früher habt ihr den Leuchtturm verdreht, damit die Schiffe auf Land gelockt werden ...", den Rest verschweigen wir lieber. Dabei ist diese Unterstellung natürlich an den Haaren herbeigezogen und völlig falsch – oder etwa doch nicht so ganz? Und dass man arme Überlebende, die sich mit letzter Kraft an den Strand retten konnten, kurzerhand totschlug – alles nur Gerüchte? Gesichert ist jedenfalls, dass es Strandräuberei gegeben hat, aber das wurde so nicht genannt.

Sprechen wir also von **Strandunfällen,** und die passierten und passieren an allen Küsten dieser Welt. Sylt stellt keine Ausnahme dar, über 200 Strandungen wurden seit 1788 protokolliert. Mit jedem Auflaufen eines Schiffes stellt sich sofort die Frage, was mit den Gütern zu geschehen habe. Besonders wenn die Besatzung das Unglück tragischerweise nicht überlebt.

Wenn also ein herrenloses Schiff am Strand lag, was war zu tun? Dann griff das **Recht des „Strandgangs",** sagten jedenfalls die eigenwilligen Friesen. Was man am Strand fand, das wurde eingesammelt und mitgenommen. So war es schon zu alten Zeiten und niemand wollte sich davon abbringen lassen. Aber ganz so einfach war es dann doch nicht.

Seit 1241 galt das sogenannte Jütische Recht, nach dem der **dänische König** die Strände für sich beanspruchte und folgerichtig alle angespülten Güter. Nun war der dänische König weit weg, und wer wollte es den Rantumer Fischern verdenken, wenn sie Funde am Strand eventuell nicht ins ferne Kopenhagen schickten.

1667 erließ *Herzog Christian Albrecht von Gottorf* (Herzogtum Schleswig) eine **neue Strandordnung,** die sich an dieser Erfahrung orientierte; er beanspruchte nur noch zwei Drittel. Den Rest sollten sich Landvogt, Strandvogt und das Bergungsteam teilen. So wurde es auch für Sylt bestimmt.

▷ Das Strandleben hat auch Schattenseiten ...

Die Umsetzung dieser Regeln sollte ein **Strandvogt** überwachen. Das klappte mal besser, mal weniger, je nachdem ob der Strandvogt sich loyaler dem König oder den Syltern gegenüber zeigte. Das war nicht immer einfach, immerhin lebte der Strandvogt unter Menschen, die nach vermeintlichem Gewohnheitsrecht Strandgut einfach aufsammelten. Wollte er diesem Treiben Einhalt gebieten, musste er schon eine starke Persönlichkeit sein. *Lorenz Petersen Hahn* war eine, stellte sich kraft seiner Person, nicht seines Amtes erfolgreich gegen die Strandsammler. Einem anderen fehlte dieser Charakter, er sammelte genauso eifrig wie die anderen und wurde schließlich wegen Stranddiebstahls angeklagt, ebenfalls wie die anderen.

Mit jeder Schiffsstrandung waren auch immer menschliche Schicksale verbunden, **ertrunkene Seeleute.** Nicht selten trieben sie an die Sylter Strände ohne irgendwelche Papiere, protokolliert sind in der ersten Hälfte des letzten Jahrhunderts immerhin 78 angeschwemmte Leichen. 1854 wurde speziell für diese unbekannten Toten ein kleiner Friedhof in Westerland angelegt, die „Heimstätte für Heimatlose". Innerhalb von 50 Jahren fanden 53 unbekannte Strandleichen hier eine letzte Ruhestätte, 1907 wurde dieser kleine Friedhof geschlossen, er war voll belegt. Noch heute liegt er recht unscheinbar neben den Betonbauten in der Käpt'n-Christiansen-Straße.

Wenn heute Strandgut angespült wird, greifen ganz profan die Vorschriften des BGB über Fundsachen. Wer also etwas Wertvolles am Strand findet, kann dies dem Fundbüro geben. Wenn sich nach einem Jahr niemand gemeldet hat, darf der Finder Ansprüche anmelden.

Diesen Umweg sind die Strandsammler noch nie gegangen, für sie war es ein klarer Fall: Der Strandgang ist frei und alles Angespülte entsprechend frei verfügbar. Komisch nur, dass die stolzen Friesen heute den Zugereisten genau diesen freien Zugang nicht gestatten. **Kurtaxenpflichtiges Gebiet,** heißt das Zauberwort. Darauf, und nur darauf wollte mein Schwager mit seiner zugegeben derben Wortwahl hinweisen.

606sy hf

◁ Zur Osterzeit in Braderup

Literaturtipps

■ *Beerwald, Sina:* **Möwenalarm.** Ein Sylt-Krimi, konsequent erzählt aus der Sicht von Möwen! Sie allein und nicht etwa ein allwissender Polizist lösen den Fall um ein entführtes Baby – das nennt man dann wohl zu Recht einen Perspektivwechsel. Und nebenbei schmunzelt man über verliebte Möwen und deren Hochzeit, über diebische Störche und Möwen, die den Touristen ihre Fischbrötchen aus den Händen schnappen. Emons Verlag, 2015.

■ *Beerwald, Sina:* **Krabbencocktail.** Das schwäbische Rentnerehepaar Schmälzle siedelt nach Sylt über. Leider nicht in ein schickes Reetdachhaus, sondern auf den Campingplatz von Tinnum. Noch dazu im Winter. Das muss man erstmal aushalten, und es führt natürlich sogleich zu Problemen. Durch verzwickte Umstände wird Herr Schmälzle in den Fall der verschwundenen Tochter des Bürgermeisters verwickelt, wird sogar beschuldigt und versucht nun, diese zu finden. Dabei prallen schwäbischer Dialekt und Sparsamkeit immer wieder mit friesisch-herbem Charakter zusammen. Ein unterhaltsames Spiel mit Klischees und insgesamt eine vergnügliche Strandlektüre. Emons Verlag, 2018.

Ein weiteres Buch um das skurrile schwäbische Ermittler-Ehepaar Schmälzle ist **Heringsmord.**

■ *Bremen, Silke von:* **Gebrauchsanweisung für Sylt.** Kennen Sie Sylt? Mag sein, aber *Silke von Bremen* kann auch noch dem besten Insel-Kenner neue Anregungen, Eindrücke und Aha-Erlebnisse vermitteln. Launig und kenntnisreich gibt die Autorin ihr immenses Wissen weiter. Piper, 2010.

■ *Ehley, Eva:* **Engel sterben.** Im hochsommerlichen Sylt verschwinden drei kleine Mädchen spurlos. Während die Polizei ermittelt und nicht recht vorankommt, macht sich ein versoffener Journalist ebenfalls auf die Suche. Weitere Personen sind in den Fall verwickelt, so eine Maklerin, die eine Wattvilla verkaufen will. Spannend dargestellt mit viel Lokalkolorit geschmückt. Fischer, 2011.

Dieselben Protagonisten von der Polizei und auch der Journalist klären weitere Fälle auf Sylt, insgesamt sieben Romane sind bislang erschienen, alle mit dem markanten Inselrelief auf dem Cover.

■ *Kunz, Harry* und *Steensen, Thomas:* **Das neue Sylt Lexikon.** Ein optisch und inhaltlich hervorragend gemachtes Nachschlagewerk über die Insel. Von A wie Aal bis Z wie Zwergschwalbe wird kein Stichwort ausgelassen, bleibt keine Frage unbeantwortet. Wer einmal anfängt zu blättern, wandert unwillkürlich von einem Verweis zum nächsten. Wachholtz Verlag, 2007.

■ *Langer, Freddy* (Herausgeber): **Sylt, Ein Reisehandbuch.** Viele Literaten waren begeistert von Sylt und drückten dies auch in Texten aus. Herausgeber *Freddy Langer* stellt in diesem Buch die Eindrücke namhafter Schriftsteller aus zwei Jahrhunderten zusammen. Gerade an den etwas älteren Beiträgen erkennt man, welches Idyll Kampen einst gewesen sein muss. Es sind aber auch einige durchaus kritische Texte darunter, insgesamt also ein facettenreiches, äußerst lesenswertes Buch. Ellert & Richter Verlag, 2015.

■ *Meier, Dirk:* **Sylt, eine Landschaftsgeschichte.** Ein Buch, das die Landschaftsentwicklung und Siedlungsgeschichte ausführlich darstellt, sehr bildhaft durch zahlreiche Grafiken, Pläne, Fotos und Skizzen. Abschließend wird auch die Frage nach dem Küstenschutz aufgeworfen, und wie es mit der Insel im Zuge des Klimawandels wohl weitergehen könnte, ob es zu erneuten Veränderungen kommen kann. Boyens Verlag, 2018.

■ *Odenwald, Andreas:* **Sylt. Champagnerluft und Nordseerausch.** Ein Sylter erzählt von Sylt. Von der herbschönen Landschaft, von Menschen, die auf Sylt ihr Glück gemacht haben, und er verrät auch einschlägige Rezepte großer Sylter Köche. Insel Verlag, 2012.

■ *Pauly, Gisa:* **Die Tote am Watt.** Eine reiche Witwe wird auf Sylt ermordet aufgefunden. Eigentlich sollte Hauptkommissar Wolf den Fall rasch aufklären, aber zufällig ist seine italienische Schwiegermama Carlotta gerade zu Besuch. Und sie hat so ganz eigene Vorstellungen von einer intuitiven Ermittlung. So prallen norddeutsches und italienisches Temperament aufeinander. Piper, 2007.

Mit diesem Band wurde eine ganze Reihe um das friesisch-italienische Ermittler-Duo eröffnet, die mittlerweile den 13. Fall mit dem Titel „Sturmflut" erreicht hat.

■ *Pauly, Gisa:* **Reif für die Insel.** Zwei Menschen zieht es nach Sylt, nachdem beider Partnerschaften zerbrochen sind. Sie wollen zur Ruhe kommen und 40 Jahre alten Jugenderinnerungen nachhängen. Dann laufen sie sich schließlich über den Weg ... Eine weitere angenehme Strandkorb-Lektüre von *Gisa Pauly.* Aufbau Taschenbuch, 2012.

■ *Pelte, Reinhard:* **Inselgötter.** Vier Menschen auf dem Weg nach Sylt verschwinden plötzlich. Alle telefonierten sie von Niebüll das letzte Mal, danach gibt es keine Spur mehr von ihnen. Kriminalrat Jung und seine Kollegin Charlotte Bakkers ermitteln und landen in einem verwirrenden Geflecht aus verschiedensten Interessen, Immobiliengeschäften und heimlichen Weltumseglungs-Wünschen. Zudem werden die beiden Ermittler von höchster Stelle beobachtet, bis sie sich bei ihrer Arbeit überwacht fühlen. Warum? Gmeiner Verlag, 2016.

■ *Pelte, Reinhard:* **Inselroulette.** Auf Sylt wird eine Frau vermisst, aber merkwürdig: Am Arbeitsplatz wird sie vermisst, von ihrer Familie nicht. Es wird schnell mysteriös und dann taucht der Verdacht auf, dass sie ein Doppelleben geführt haben könnte. Gmeiner Verlag, 2014.

■ *Raddatz, Fritz J.:* **Mein Sylt.** Eine Liebeserklärung an die Insel, wortgewaltig und kritisch, genau betrachtend und generös hinnehmend. Raddatz blickt zurück auf längst vergangene Zeiten, betrachtet aber auch die immerwährenden landschaftlichen Schönheiten, die schnell erreichbar und doch weit ab von Gosch und Sansibar liegen. marebuchverlag, 2006.

■ *Schulte-Wülwer, Ulrich:* **Sylt in der Kunst.** Ein Prachtband, in dem rund 100 Künstler vorgestellt sind, die auf Sylt wirkten. Die meisten kamen von außerhalb, viele suchten gezielt die Einsamkeit und vor allem die grandiose Natur, um sich inspirieren zu lassen. Die Künstler werden mit ihren Lebensdaten und Abbildungen wichtiger Werke mit Sylt-Motiven vorgestellt, darunter auch einige gebürtige Sylter. Ein schön gemachtes Buch zum entspannten Schmökern und zur Einstimmung auf die noch immer tolle Insel-Natur. Boyens Verlag, 2018.

■ *Timm, Ulrich:* **Gärten auf Sylt.** Ein schöner Bildband öffnet Einblicke in zumeist verborgene traumhafte Gärten hinter Friesenwall und Heckenrosen vor sehr schicken Friesenhäusern. Verschiedene Gartentypen werden vorgestellt, die je nach Insellage individuell an die klimatischen Gegebenheiten angepasst sind. Sehr schöne Fotos, einfühlsame Texte. Prestel Verlag, 2019.

■ *Tomasson, Ben Kryst:* **Sylter Affairen.** Ein neuer In-Club auf Sylt wird zum Treffpunkt von Leuten, die im Visier der Steuerfahndung stehen. Eine LKA-Ermittlerin wird undercover eingeschleust und steht dann schon bald selbst unter Mordverdacht. Auftakt einer Reihe um eine Undercover-Ermittlerin auf Sylt. Aufbau Taschenbuch, 2016.

■ *Weiss, Sabine:* **Schwarze Brandung.** Ein Sylt-Krimi um die Ermittlerin Liv Lammers, die von der Insel stammt, mit ihrer Familie brach und heute in Flensburg lebt. Nach einem Leichenfund vor Westerland muss sie nach langer Zeit wieder zurück auf die Insel, um den Täter zu suchen. Das gestaltet sich als schwierig, zugleich ist Liv schockiert über die Veränderungen auf Sylt. Und nicht zuletzt nähert sie sich vorsichtig wieder der eigenen Familie an. Leser werden viele Schauplätze wiedererkennen. Bastei Lübbe, 2017.

Zwei weitere Romane um Liv Lammers: **Finsteres Kliff.** Ein Hobby-Archäologe wird nach dem Biikebrennen tot beim Morsum-Kliff gefunden. Er war auf der Suche nach einem sagenhaften Wikingerschatz. Liv kommt der eigenen schwerreichen Familie noch näher. 2019.

Brennende Gischt. Zwei Morde passieren, und die Polizei taucht ein in Geschehnisse der 1970er und 1980er Jahre, über die auf der Insel nicht gerne geredet wurde. Auch hier spielt die Familie von Liv eine Rolle. 2018.

11

Zu Hause und unterwegs – intuitiv und informativ

▶ **www.reise-know-how.de**

- **Immer und überall** bequem in unserem Shop einkaufen
- Mit **Smartphone, Tablet** und **Computer** die passenden Reisebücher und Landkarten finden
- **Downloads** von Büchern, Landkarten und Audioprodukten
- Alle **Verlagsprodukte** und **Erscheinungstermine** auf einen Klick
- **Online** vorab in den Büchern **blättern**
- Kostenlos **Informationen, Updates** und **Downloads** zu weltweiten Reisezielen abrufen
- **Newsletter** anschauen und abonnieren
- Ausführliche **Länderinformationen** zu fast allen Reisezielen

11

Register

Der Autor

Hans-Jürgen Fründt konnte noch nicht mal laufen, da reiste er schon das erste Mal nach Sylt – erzählen jedenfalls seine Eltern. Das frühkindliche Krabbeln in den Dünen von Hörnum muss prägend gewesen sein, denn als Schleswig-Holsteiner Jung zog es ihn immer wieder an die Küste, am liebsten nach Sylt.

Seit 1982 arbeitet er als Reisebuchautor, mittlerweile sind 60 Bände erschienen, die meisten im REISE KNOW-HOW Verlag, u.a. weitere Titel zu Norddeutschland: „Ostseeküste Schleswig-Holstein", „Nordseeküste Schleswig-Holstein", „Fehmarn", je einen Band in der Reihe CityTrip zu Kiel und zu Lübeck und zwei Bände zu Hamburg.

Weiterhin schreibt er viel über seine zweite Heimat Spanien, insgesamt fünf Titel sind über die einzelnen Küsten vom Mittelmeer erschienen sowie Stadtführer zu Madrid, Barcelona, San Sebastián und Bilbao, Sevilla. Bereits zweimal wurde ein Buch von Hans-Jürgen Fründt mit dem Book Award der ITB, der weltgrößten Tourismusmesse in Berlin, als bester Reiseführer ausgezeichnet: der Band über die Ostseeküste und ein Buch zur Dominikanischen Republik.

Die Fotografin

Susanne Muxfeldt begleitet den Autor seit vielen Jahren fotografisch, auch und gerade nach Sylt. So hat sich eine produktive Arbeitsteilung ergeben: Während Autor Fründt die Fakten sammelt, widmet sich Susanne Muxfeldt der Vielfalt der fotografischen Motive zwischen Dünen, Strand und Friesenhäusern.

sylt_autor